高等院校应用型规划教材——经济管理系列

会计信息系统实验教程

马英娟 主 编
董 滢 副主编

清华大学出版社
北 京

内容简介

本书以用友 ERP-U8 V10.1 为蓝本，详细介绍了会计信息系统中最重要的系统管理、总账管理系统、工资管理系统、固定资产管理系统、会计报表系统和应收应付款系统。整套实训任务经过精心设计，难度和强度适中，课后实验资料中的操作步骤全部都在各章节内容中进行图文并茂的讲解，看完讲解内容，就能完成课后实验操作。由于作者长期从事实验课程的教学，对实验过程中学生可能遇到的问题也写在了本教材中，并通过“实验注意事项”或“可能出现的问题”进行操作指导，给出详细的解决方案。

本书适合用作高等院校以及高职高专会计、财务管理、会计信息化等专业的会计信息化课程的教材，同时，也适合用作社会培训教材或者供自学人员使用。

图书在版编目(CIP)数据

会计信息系统实验教程/马英娟主编. —北京：清华大学出版社，2018（2020.8重印）
(高等院校应用型规划教材·经济管理系列)
ISBN 978-7-302-48833-0

Ⅰ. ①会… Ⅱ. ①马… Ⅲ. ①会计信息—财务管理系统—高等学校—教材 Ⅳ. ①F232

中国版本图书馆 CIP 数据核字(2017)第 282985 号

责任编辑：姚 娜 吴艳华
装帧设计：刘孝琼
责任校对：张彦彬
责任印制：刘海龙
出版发行：清华大学出版社
网 址：http://www.tup.com.cn, http://www.wqbook.com
地 址：北京清华大学学研大厦 A 座 邮 编：100084
社 总 机：010-62770175 邮 购：010-62786544
投稿与读者服务：010-62776969, c-service@tup.tsinghua.edu.cn
质量反馈：010-62772015, zhiliang@tup.tsinghua.edu.cn
课件下载：http://www.tup.com.cn, 010-62791865
印 装 者：三河市金元印装有限公司
经 销：全国新华书店
开 本：185mm×260mm 印 张：17.25 字 数：419 千字
版 次：2018 年 5 月第 1 版 印 次：2020 年 8 月第 2 次印刷
定 价：42.00 元

产品编号：076161-01

前　言

在信息技术日新月异的背景下，高等教育作为培养高端人才的主阵地，面临课程体系结构的改革和推进任务。会计信息系统是在计算机环境中收集、加工、存储、传送会计数据和会计信息的一门边缘学科。

本书共分八章，第一章介绍会计信息系统的基本理论知识，第二章至第八章以用友ERP-U8 V10.1为蓝本，分别介绍会计信息系统中最重要的系统管理、总账管理系统、工资管理系统、固定资产管理系统、会计报表系统和应收款、应付款系统。其中第二章至第六章的业务完全按照企业操作流程进行，各部分实验具有业务上的前后关联性，确保了整个操作流程的完整性和实用性。第七章和第八章的业务相对独立。总体而言，各章实验内容都按照实验目的、实验准备、实验内容进行阐述。为了使学生顺利完成实验，各部分实验内容都贯穿在实验操作之前的内容中进行操作示范与讲解，图文并茂，对于特殊点和难点以注意事项等方式给予特别提示。

此外，对于学生在操作中遇到的问题，在各部分实验内容中都有“可能出现的问题”及解决方法，使学生在操作中更加顺畅地完成各章实验。

本书集理论性和实践性于一体，强调理论知识与实际应用能力的结合，着重培养学生的动手能力，符合当前应用型大学建设的趋势。可以作为高等院校会计、财务管理等专业“会计信息系统”“会计电算化”“计算机会计学”课程的教材，也可作为会计电算化上岗培训和自学的教材。

本书由马英娟任主编、董滢任副主编，马英娟编写第一、二、三、四章，董滢编写第五、六、七、八章，最后由马英娟进行全书的统稿和定稿工作。本书在写作过程中借鉴和参考了国内外同行的研究成果，在此深表感谢，主要参考文献附在书后。在本书的编写过程中，清华大学出版社的编辑给予了悉心指导与帮助，为本书的顺利出版付出了辛勤劳动，在此表示衷心的感谢！

由于会计信息系统是一门发展迅速的新兴学科，加之编者水平有限，书中难免有疏漏和不足之处，恳请各位读者和同行给予批评指正。

编　者

目　录

第一章　会计信息系统概述

【学习目标】

通过本章的学习，应理解会计信息系统的基本概念及建立流程，掌握建立会计信息系统所需的安装环境及软硬件配置，掌握会计软件的安装流程。

企业管理活动通常包括计划、执行、控制和评价四个步骤，管理人员在这一执行过程中需要可靠的相关信息提供支持，信息在管理活动的各个步骤中都有着重要的作用。管理人员可以从信息系统获得信息，支持业务过程的各项管理决策。

由于会计任务、会计方法和会计工作组织的发展变化，数据处理工作量成倍增加，在数据提供的及时性、数据运算的精确性、数据内容的全面性和完整性等方面提出了更高的要求，组织的业务和管理过程发生了变化，信息过程必须随之变化。会计信息系统正是基于这种变化而产生的一门新兴学科。

第一节　会计信息系统的基本概念

会计信息系统是基于互联网环境的对各种交易和事项进行确认、计量和披露的会计活动系统，它能够帮助企业实现财务与业务的协同，远程报表，报账、查账、审计等业务动态会计核算与在线财务管理，支持电子单据与电子货币，改变了财务信息的获取与利用方式。

通常情况下，在会计工作中，会计数据是产生会计信息的数据源。

一、会计数据与会计信息

1. 会计数据

会计数据是指记录下来的会计事实，是产生会计信息的源泉。在会计工作中，从不同来源、渠道取得的各种原始资料、原始凭证和记账凭证等都属于会计数据。由于会计数据主要伴随着生产经营活动或预算执行过程而产生，因此会计数据来源广泛，数据量繁多，具有连续性、系统性和周期性的特点。

2. 会计信息

会计信息是经过加工或处理的会计数据，可以用文字、数字、符号和图表等来表示。会计信息是在会计核算和会计分析中形成的，包括各种凭证、账册、会计报表、各种财务分析和预测决策等资料。会计信息既是会计核算的主要内容，也是控制和监督经济活动，进行经济决策的依据。

3. 会计信息与会计数据的关系

会计信息和会计数据是既有紧密联系又有本质区别的两个概念。会计信息是通过对会计数据的处理而产生的；会计数据只有按照一定的要求进行加工或处理，变成会计信息后，才能为管理者所用。因此，会计数据和会计信息从形式上看都反映客观情况，但会计数据强调对事实活动的客观记录，而会计信息强调的是与人们决策活动的密切联系。

二、管理信息系统与会计信息系统

1. 系统

系统是由一些相互联系、相互作用的若干要素为实现某一特定目标而组成的具有一定功能的整体。系统存在的 3 个必要条件是机构、功能和目标。任何系统都有自己的目标，要实现其目标，就要求系统具有一定的功能，而这种功能是靠一定的机构来实现的。

2. 管理信息系统

简言之，信息系统是以提供信息为目的的系统。管理信息系统是一个能够进行信息处理、为管理决策服务的信息系统。管理信息系统的三要素是系统的观点、数学的方法和计算机的应用。

管理信息系统是信息系统的一个子系统，管理信息系统又可划分为若干个子系统，如会计信息系统、人事信息系统和生产管理系统等。

3. 会计信息系统

会计信息系统是企业管理信息系统的一个子系统，是以提供会计信息为目的的系统，是专门用于处理单位会计业务，收集、加工、存储、传送会计数据和会计信息，为单位的经营活动和决策活动提供帮助，为投资者、债权人、政府和社会公众等信息的使用者提供会计信息的系统。会计信息系统本身又可以分解为若干个子系统，如总账管理系统、固定资产管理系统和工资管理系统等，这些子系统之间相互协调，共同实现会计信息系统的目标。

第二节　会计信息系统的发展历程

随着会计工作组织的变化和数据处理程序的日益复杂化，单纯依靠手工操作或机械化核算的处理已难以达到预期的要求，必须用功能、效率更强的现代化的数据处理手段来代替。因此，到了 20 世纪 40 年代，电子计算机一出现，很快就被用于会计数据的处理工作中，实现了会计数据处理的电算化，这是数据处理技术发展的必然趋势，也是现代化会计所具有的主要特征之一。这些特征主要有三点：第一，会计的具体任务和工作重点发生了三个明显的转变，由原来主要是对外报送会计报表、报告财务状况，转向对内加强管理；由原来主要是事后核算，转向事前预测、事中控制和事后核算并重；由原来主要是反映情况、提供信息，转向结合提供信息，运用信息来干预生产，推动经营和参与决策。第二，适应会计工作任务和工作重点的转变，会计方法也有了新的发展，并增加了新的内容。原有的会计方法，为适应加强内部管理和控制的需要，有了进一步的发展。例如，在成本分析中采用了本、量、利相结合的方法等。同时，为满足分析、预测、决策等方面的需要，会计方法中还增加了一些新内容。例如，高等数学、运筹学等分析方法在会计中的广泛运用等。第三，会计工作组织也出现了较大变化。为适应现代化管理的需要，改变过去那种单纯依靠管理职能建立起来的纵向的专业管理系统，而重点转向加强横向联系，建立起全面综合的管理体制，围绕以投资、利润和成本为目标建立起来的各级责任中心(如投资中心、成本中心和利润中心)来组建会计工作，以配合全面经济核算的有力实施。

一、国外会计信息系统的发展概况

电子计算机于 1946 年在美国诞生，在 20 世纪 50 年代已被一些工业发达国家应用于会计领域。1954 年 10 月美国通用电气公司第一次利用计算机对工资数据进行处理，从而引起了会计处理技术的变革。通常把这一时间称为会计信息化的起点。

20 世纪 50 年代中期到 60 年代，电子计算机几乎完成了手工簿记系统的全部业务，打破了手工方式下的一些常规结构，更重视数据的综合加工处理，并加强了内部管理。这一时期所开发的系统具有一定的反馈功能，能为基层和中层管理提供信息，但各种功能之间还未实现共享。

20 世纪 70 年代，形成了应用电子计算机的管理信息系统。企业管理中全面应用了电子计算机，各个功能系统可以共享储存在计算机上的整个企业生产经营成果的数据库。电算化会计信息系统成为管理信息系统中的一个部分，企业、公司的最高决策借助计算机系统提供的信息，提高了工作效率和管理水平。

20 世纪 80 年代，微型计算机大批涌现，进入了社会各个领域。信息革命逐渐成为新技术革命的主要标志和核心内容，人类进入了信息社会。它促使各部门把小型机、微型机的通信线路相互连接，形成计算机网络，提高了计算和数据处理的能力，取代了大型电子计算机。国际会计师联合会 1987 年 10 月在日本东京召开的以“计算机在会计中的应用”为中心议题的“第 13 届世界会计师”大会，成为计算机会计信息系统广泛普及的重要标志。

20 世纪 90 年代，随着计算机技术的飞速发展，计算机会计信息系统在国际上也呈现出广泛普及之势。美国在这一领域已步入较高的发展阶段，美国会计软件的应用也非常普及。

二、我国会计信息系统的发展概况

会计信息系统是企业信息系统的一个重要组成部分。我国会计信息系统的发展在早期是以会计电算化为基点发展起来的，根据会计信息系统结构、功能和开发技术的变化过程，可把我国会计信息系统的发展划分为四个阶段。

1. 会计信息系统理论研究与开发阶段

1979 年，财政部在长春第一汽车制造厂进行会计电算化的试点工作，这标志着我国电算化实践的开始，但此时，会计信息化处理的内容主要是工作量大、简单重复的单项会计业务；工作方式仍以手工处理为主，计算机为辅；应用范围仅限于极少数企事业单位；使用人员主要是计算机专业技术人员，而会计人员较少；硬件设备主要是中小型计算机；软件方面大多数是在 dBASE Ⅲ等小数据库上进行，所开发的会计软件系统尚处在较低的水平上。

2. 商品化会计信息系统开发阶段

在 20 世纪 80 年代中期，国内培养了一大批既懂会计又懂计算机的复合型人才，他们逐渐认识到解决中国会计电算化问题必须走通用化的道路。1988 年，中国会计学会在吉林省召开了第一届会计电算化学术讨论会，主题就是会计信息系统的通用化问题。1989 年，财政部开始组织对会计信息系统进行评审，同时出台多项对会计信息系统进行规范化管理的政策。此时的商品化会计信息系统主要是以计算机替代手工会计核算和减轻会计人员的记账工作量为目标。一般称为“核算型”会计信息系统，其主要功能包括账务处理、报表生成、工资核算、固定资产核算、材料核算、销售核算和库存核算。各模块可以独立运行，模块之间在结构关联上是松散的，不能称为一个整体系统，未能解决数据重复录入和数据一致性控制机制等问题。会计信息系统主要是基于 DOS 环境下的开发工具和小型数据库系统(如 dBase、FoxPro 等)开发完成的，软件主要运行在 DOS 操作系统上，而且以单用户为主。少数会计信息系统具有网络功能，网络体系结构也只有文件/服务器(File/Server，F/S)这一种。

3. 商品化会计信息系统不断成熟阶段

20 世纪 90 年代中期前后推出的商品化会计信息系统一般都不再是探索式开发，而是从一开始就进行规范化总体设计，力求克服开发阶段会计信息系统结构上的缺陷。这些商品化会计信息系统主要使用 Windows 环境下的开发工具，并运行在 Windows 操作系统上，大大增强了软件运行的稳定性。与此同时，图形化界面使得软件功能更直观和易于操作使用。部分软件使用了服务器数据库，如 Sybase、Oracle、Informix、SQL Server、Access 等，提高了数据的安全性。会计信息系统基本上都具有网络功能，网络结构体系主要有 F/S(文件/服务器)和 C/S(客户/服务器)两种。

4. 会计信息系统向企业管理信息系统发展阶段

伴随着我国企业探索新的管理模式的发展进程，“管理型”会计信息系统逐步被提到议事日程中。与 20 世纪 90 年代中期推出的商品化会计信息系统相比，20 世纪 90 年代末推出的大型企业管理信息系统不再仅限于解决企业财务管理问题，而是要对企业的资金流、物流和信息流进行一体化、集成化管理。从软件结构上来看，企业管理信息系统各模块不仅能独立运行，还要能集成一体化运行。从软件功能上来看，不仅包括账务处理、工资管理、固定资产管理、采购与应付账款管理、销售与应收账款管理、库存管理，还要包括对物料需求计划、生产流程、成本以及对人力资源的管理。

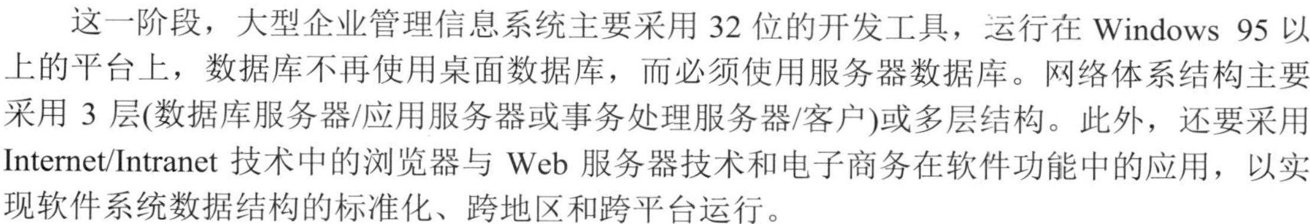

这一阶段，大型企业管理信息系统主要采用32位的开发工具，运行在Windows 95以上的平台上，数据库不再使用桌面数据库，而必须使用服务器数据库。网络体系结构主要采用3层(数据库服务器/应用服务器或事务处理服务器/客户)或多层结构。此外，还要采用Internet/Intranet技术中的浏览器与Web服务器技术和电子商务在软件功能中的应用，以实现软件系统数据结构的标准化、跨地区和跨平台运行。

第三节 会计信息系统的建立

会计信息系统的建立包括物理系统的建立、程序设计与调试、项目管理、人员培训、数据初始准备、系统转换和评价等。会计信息系统建立的主要任务，是数据库的设计和应用程序的编制，计算机系统的安装、调试和试运行，系统设备安装和调试。系统建立后的成果是一个运行在新的软件、硬件和网络环境下，已加载数据，并经过测试的符合企业需要的信息系统。

一、会计信息系统建立的软硬件配置

会计信息系统所需的软硬件设备包括计算机及其外围设备、网络设备、工作站、通信设备、计算机房等硬件设施的购置支出以及系统软件、应用软件、会计软件开发工具、数据库系统等软件的购买(或自行开发)。

企业在实际配置中，可运用基于组件的分布式技术，采用三层B/S结构，即浏览器/服务器结构，这是配合Internet/Intranet建设的最佳方案，也是目前世界范围内广泛应用的IT技术架构。三层架构即客户服务层、应用服务层和数据服务层。在客户服务层，客户端由微机担任，主要负责用户登录时的人机界面管理，检查的内容仅限于数据格式和取值范围，不包括业务本身的逻辑检查，这符合目前的“瘦客户机”趋势。在应用服务层，作为应用的主体，一方面进行数据传递，另一方面进行数据处理和安全性检查，处理除了客户服务层和数据库之外的所有统计、汇总、分析等管理功能，还可以通过发送SQL查询操作命令来操作数据库里的数据。在数据服务层，负责管理对数据库数据的改写、存储和组织，分布式管理、备份和同步等。现在主流的数据库系统有DB2、Oracle、Microsoft SQL Server、Sybase SQL Server、Informix和MySQL等。

二、会计信息系统的功能模块构成

会计信息系统的基本结构可以从系统的功能层次结构反映出来。功能结构是指系统按其功能分层分块的结构形式，即模块化的结构。一个系统可以划分为若干个子系统，每个子系统可划分为几个功能模块，每个模块都有相对独立的功能。各子系统之间、每个模块之间也有一定的联系，通过这种联系组成一个有机的整体，去实现系统目标。

用友ERP-U8系统是企业级解决方案，用以满足各级管理者对信息化的不同要求，为高层经营管理者提供大量收益与风险的决策信息，辅助企业制定长远发展战略；为中层管理人员提供企业各个运作层面的运作状况，提供事件的监控、发现、分析、解决、反馈等处理流程；为基层管理人员提供更便利的作业环境和简便快捷的操作方式。用友 ERP-U8 系统的总体结构如表 1-1 所示。

表 1-1　用友 ERP-U8 系统的总体结构

财务管理(FM)	供应链管理(SCM)	生产制造(PM)	客户关系管理(CRM)	人力资源(HR)	决策支持(DSS)	集团应用(GA)	零售管理(RM)	分销管理(DM)	系统管理集成应用	办公自动化(OA)
资金管理	进口管理	设备管理	客户调查	绩效管理	管理驾驶舱	专家分析	零售收款	通路管理	零售接口	网络调查
成本管理	质量管理	工程变更	统计分析	宿舍管理	专家财务评估	行业报表	零售开单	供应商自助	PDM 接口	内部论坛
项目管理	出口管理	车间管理	市场管理	培训管理		合并报表	日结管理	客户商务端	企业门户	档案管理
预算管理	库存管理	生产订单	费用管理	人事合同		结算中心	店存管理	综合管理	企税接口	信息管理
网上银行	委外管理	需求规划	活动管理	保险福利		集团账务	价格管理	业务记账	Web 应用	车辆管理
UFO 报表	采购管理	产能管理	商机管理	经理查询		集团预算	折扣管理	分销业务	EAI 平台	物品管理
网上报销	销售管理	主生产计划	客户管理	考勤管理			VIP 管理		系统管理	会议管理
固定资产	合同管理	物料清单		薪资管理			门店业务管理			教育培训
存货核算	售前分析			招聘管理			数据交换			知识中心
应收管理				人事信息						个人办公
应付管理										事件处理
总账管理										工作流程

从表 1-1 可见，用友 ERP-U8 系统提供了企业信息化全面解决方案，它对应了高等教育的多个专业方向，如企业管理、人力资源、物流管理、信息管理、会计、财务分析等。在教学安排上，综合考虑教学内容和教学学时，本实验教程选择了用友 ERP-U8 系统财务会计部分的常用模块构建实验体系，主要以系统管理、总账、工资、固定资产、UFO 报表和应收应付等模块为教学和练习对象。

1. 系统管理模块

系统管理模块的主要功能，是对用友 ERP-U8 软件的各个产品进行统一的操作管理和数

据维护，具体包括账套管理、年度账管理、操作员及权限管理、系统数据和运行安全的管理等方面。

2. 总账模块

总账模块是核心模块，可与多个系统集成应用。总账模块的主要功能是初始设置、凭证处理、辅助核算管理、出纳管理、期末处理和账簿管理等。

3. 工资模块

工资模块的主要功能，是工资核算体系的建立、工资核算、工资发放、工资费用分摊、工资统计、分析和个人所得税的核算等。工资模块可与总账模块联合使用，将生成的工资凭证传递到总账模块；与成本系统联合使用，可以为成本系统提供人员的费用。

4. 固定资产模块

固定资产模块的主要功能，是固定资产卡片账的建立和管理，折旧的计算，用于企业对固定资产总值、累计折旧数据的动态管理，协助设备管理部门做好管理工作。

5. UFO 报表模块

UFO 报表模块的主要功能，是生成各类自定义报表或使用报表模板生成财务报表。它可以通过取数公式从数据库中挖掘数据，也可以定义表页之间以及不同表格之间的数据钩稽运算，制作图文混排的报表。

6. 应收款管理模块

应收款管理模块的主要功能，是实现企业对应收款所进行的核算与管理，以发票、其他应收款等原始单据为依据，提供票据处理功能，实现对承兑汇票的管理；记录销售业务及其他业务形成的应收款项，处理应收款项的收回与坏账估计等业务，并进行账龄分析。

7. 应付款管理模块

应付款管理模块的主要功能，是实现企业对应付款所进行的核算与管理，及时反映各流动负债的数额及偿还流动负债所需的资金。应付款模块与采购模块、库存模块完全集成，可实现采购发票管理、供应商管理和支票管理。

第四节　会计软件的安装

目前我国商品化会计核算软件众多，如用友、金蝶、浪潮、新中大等公司是我国优秀管理软件厂商的代表，每个公司都有面向不同应用层次的多个核算软件。本书以用友公司的中端产品 ERP-U8 V10.1 教育版为例进行说明。

一、系统运行环境

用友 ERP-U8 V10.1 软件建议在单机环境下运行，对硬件环境的配置要求如表 1-2 所示。

表 1-2　用友 ERP-U8 V10.1 软件的运行环境

硬件环境		
	最低配置	推荐配置
客户端	内存 512MB 以上，CPU 频率 800MHz 以上，磁盘空间 4GB 以上，系统盘有 500M 以上的空间	内存 1GB 以上，CPU 频率 1.8GHz 以上，磁盘空间 10GB 以上，系统盘有 2G 以上空间
数据服务器	内存 1GB 以上，CPU 频率 1.8GHz 以上，磁盘空间 10GB 以上	内存 2GB 以上，CPU 2.4GHz 以上，磁盘空间 40GB 以上
发布服务器	内存 1GB 以上，CPU 频率 1.8GHz 以上，磁盘空间 10GB 以上	内存 1GB 以上，CPU 频率 1.8GHz 以上，磁盘空间 20GB 以上

软件环境	
操作系统	Windows XP+SP2 (或更高版本补丁)； Windows 2003+SP2(包括 R2) (或更高版本补丁)； Windows Vista+SP1 (或更高版本补丁)； Windows 2008+SP1 (或更高版本补丁)； Windows 7+SP1 (或更高版本补丁)； Windows 2008 R2 (SP1 或更高版本补丁)
数据库	数据库任意版本的 SP 更新必须匹配： Microsoft SQL Sever 2000+SP4①； Microsoft SQL Server 2005 + SP2(或更高版本)； Microsoft SQL Server 2008+SP1(或更高版本补丁)； Microsoft SQL Server 2008 R2 (如果安装该版本，必须安装 SQL2005 向后兼容包，在用友的 3rdProgram 目录里面找 SQLServer2005_BC.msi 或者 sqlserver2005_BC_X64.msi)
网络协议	IE6.0+spl，TCP/IP，Named Pipe
浏览器	支持微软 IE 浏览器 IE6.0 + SP1 和以上版本(IE7、IE8、IE9)使用 U8 V10.1 的 Web 产品
信息服务器	IIS 5.0 及更高版本
.NET 运行环境	.NET Framework 2.0 Service Pack 1； .NET Framework 3.5 Service Pack 1

①：Microsoft SQL Sever 2000+SP4 表示先安装 Microsoft SQL Sever 2000，再安装 SP4，下同。

二、系统安装

以 Windows 7 旗舰版操作系统+SQL Server 2005+SP2 数据库为例，简要介绍一下具体安装步骤。

(1) 确保计算机上所安装的操作系统满足上面的要求(可通过“系统属性”查看是否满

足要求)。需要注意的是，Windows 7 家庭版是不能安装 SQL Server 2005 的。

(2) 安装 IIS(Internet 信息服务)。

Windows 7 系统的 IIS 默认安装不完全，需要自己手动添加进行安装。依次执行“控制面板”→“程序”→“程序和功能”→“打开或关闭 Windows 功能”命令，打开“Windows 功能”对话框，选中“Internet 信息服务”复选框，如图 1-1 所示。

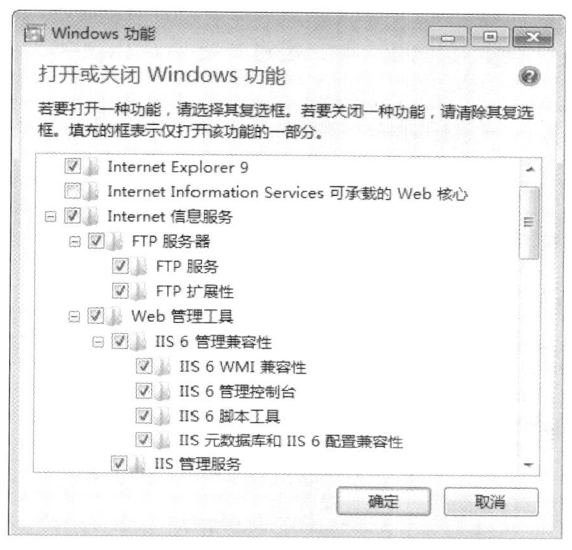

图 1-1　“Windows 功能”对话框

单击“确定”按钮，系统自动完成安装。

(3) 超级用户设置。

Windows 7 旗舰版默认登录的不是超级用户 Administrator，在后续安装软件的过程中，需要更改有关的环境设置，一般是管理员权限才能安装，因此需要右击桌面上的“计算机”图标，依次执行“管理”→“本地用户和组”→“用户”→Administrator 命令，打开“计算机管理”窗口，如图 1-2 所示。

图 1-2　“计算机管理”窗口

双击 Administrator，取消选中“账户已禁用”复选框。单击“确定”按钮，退出后重新启动操作系统。

(4) 更改用户账户控制设置。

为了安全起见，Windows 7 系统对用户的权限进行了控制，以防止非法软件被安装，但安装软件中的部分文件是需要最高权限才能安装的，不然表面上似乎安装完成，但由于安装人员的权限不够，导致在修改有关系统参数时不成功，从而导致安装后无法使用。这种问题是安装程序在安装过程中发生的，不一定进行提示，出现错误的时候很难寻找原因和解决办法。

依次执行“控制面板”→“用户账户和家庭安全”→“用户账户”→“更改用户账户控制设置”命令，打开“用户账户控制设置”对话框，拖动滑块设为最低，如图 1-3 所示。

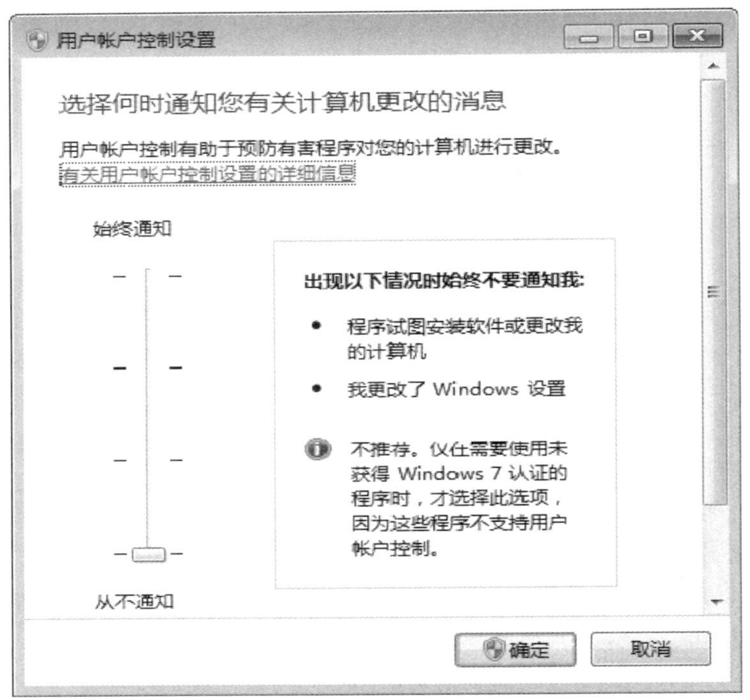

图 1-3 “用户账户控制设置” 对话框

(5) 安装 Microsoft SQL Server。

一般安装 SQL Server 2005 和 SP2。先安装 Microsoft SQL Server 2005，进入 MSSQLSERVER2005EXPRESS_sp2 目录，双击 setup.exe 安装程序，进行安装。安装过程中，可能会出现“此程序存在已知的兼容性问题”，单击“运行程序”按钮继续安装。在后续安装中遇到类似提示，也按照这种方式处理。

① 双击 Setup 命令后，进入 SQL Server 2005 安装程序，先选中“我接受许可条款和条件”单选按钮，单击“下一步”按钮，进入 “安装必备组件”窗口，单击“安装”按钮。

② 单击“安装”按钮后，系统将自动进行安装。进度条指示安装完成后，单击“下一步”按钮，直至出现“系统配置检查”界面，如图 1-4 所示。

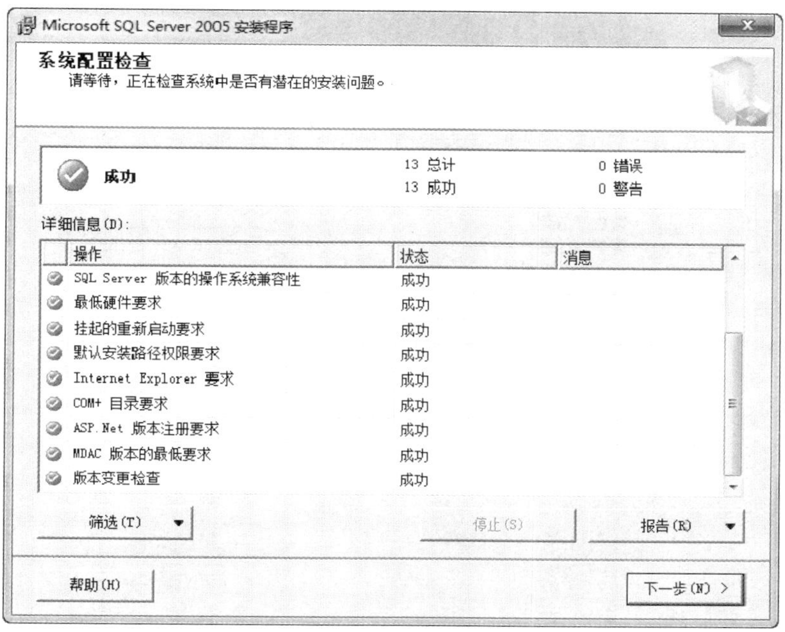

图 1-4　“系统配置检查”界面

③ 单击“下一步”按钮，出现注册信息，输入“姓名”(即计算机名)，注意不要选中“隐藏高级配置选项”复选框(默认是选择的)，如图 1-5 所示。

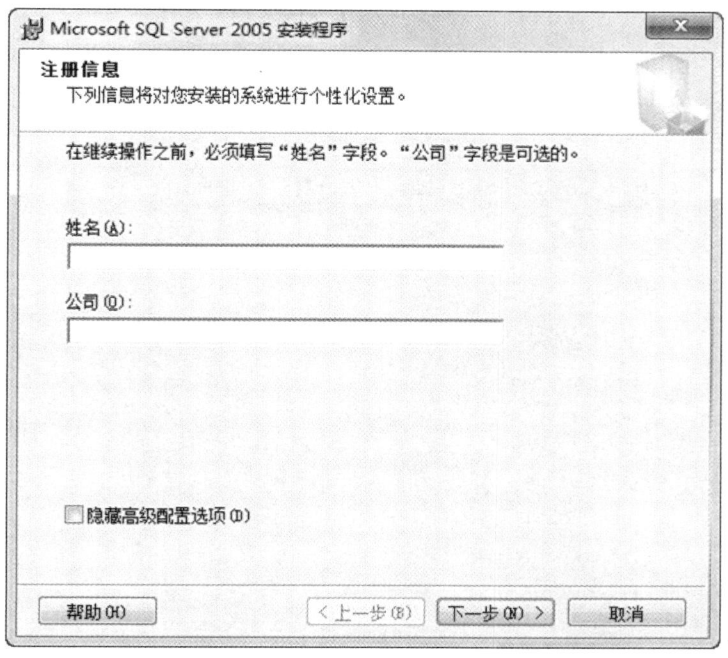

图 1-5　“注册信息”界面

④ 单击“下一步”按钮，打开“功能选择”界面，如图 1-6 所示。

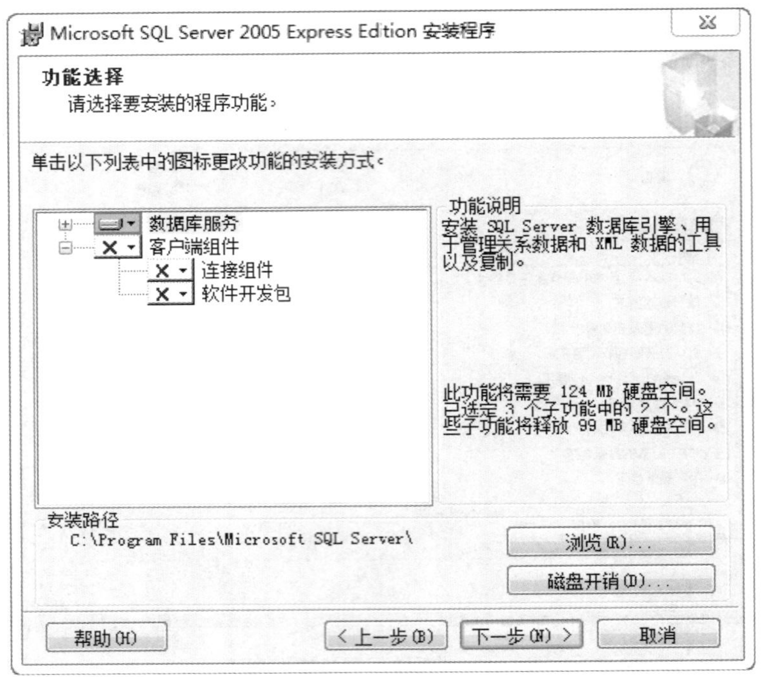

图 1-6 “功能选择”界面

⑤ 可以按系统默认进行安装，也可以全部安装，单击“下一步”按钮，进入“实例名”界面，选中“默认实例”单选按钮，如图 1-7 所示。

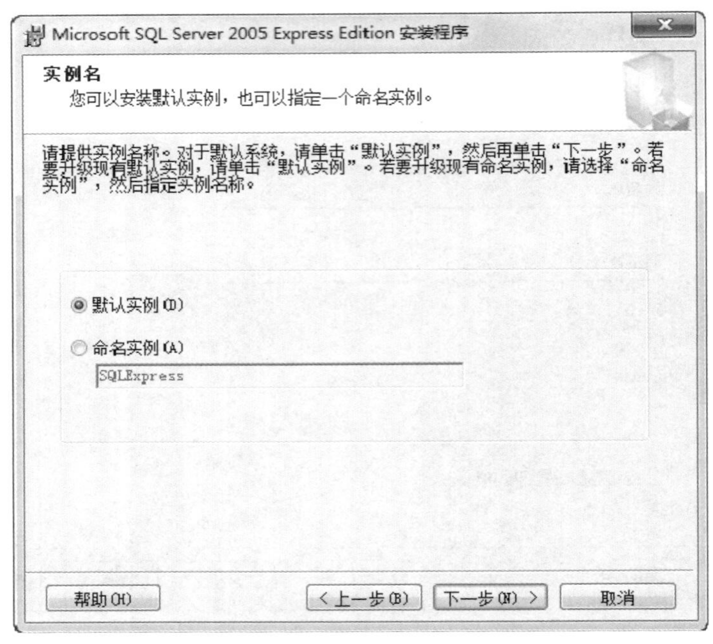

图 1-7 “实例名”界面

⑥ 单击“下一步”按钮，进入“服务账户”界面，选中“使用内置系统账户”单选按钮，如图 1-8 所示。

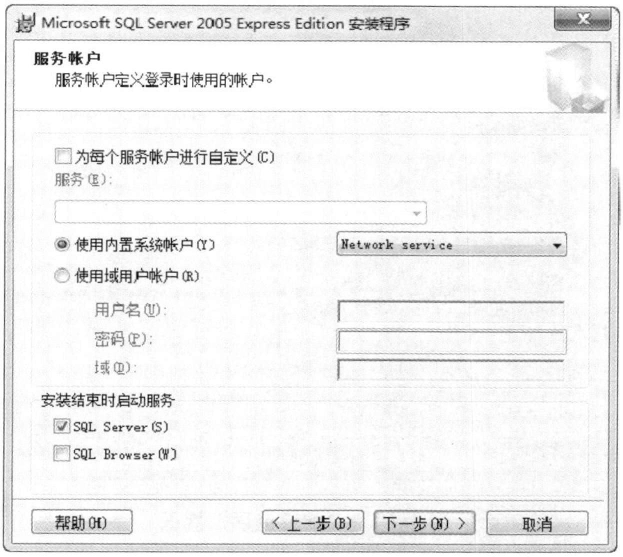

图 1-8 “服务账户”界面

⑦ 单击“下一步”按钮，进入“身份验证模式”界面，如图 1-9 所示。

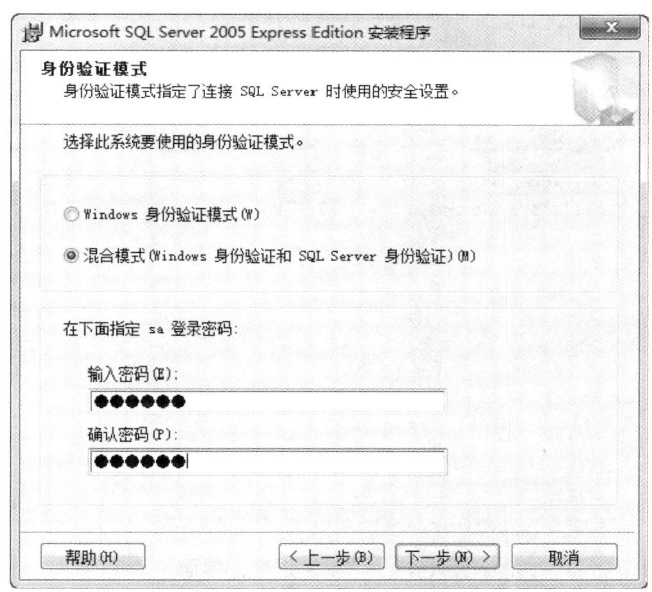

图 1-9 “身份验证模式”界面

⑧ 单击“下一步”按钮，进入“排序规则设置”界面，默认系统设置，单击“下一步”按钮，进入“配置选项”界面，选中“将用户添加到 SQL Server 管理员角色”复选框，如图 1-10 所示。

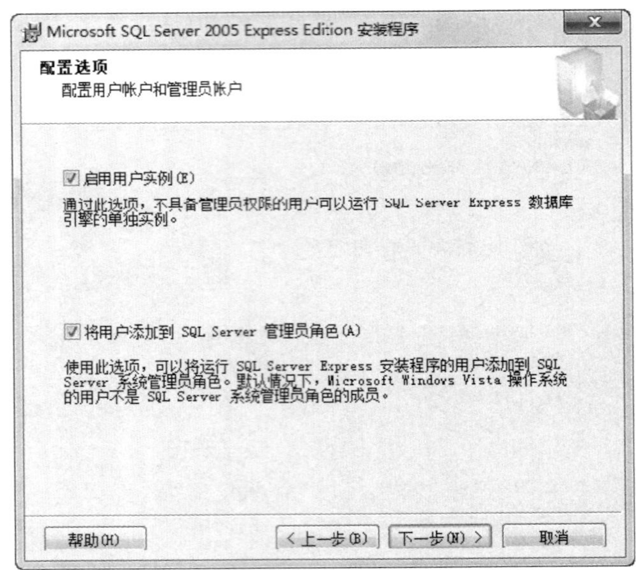

图 1-10 “配置选项”界面

⑨ 后续安装均选择系统默认设置，直至安装完毕。安装进度会显示如图 1-11 所示的信息。

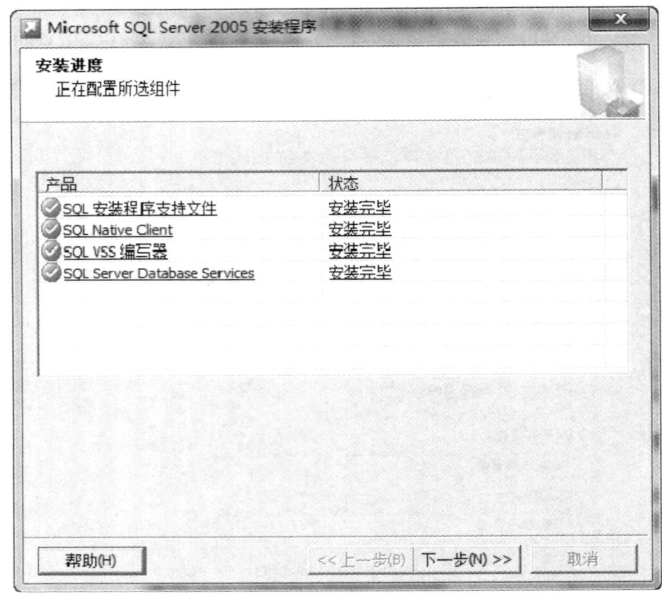

图 1-11 “安装进度”界面

⑩ 单击“下一步”按钮，再单击“完成”按钮即可。需要注意的是，要记住设置的密码，以便后续输入。安装完成后需要重新启动系统。

⑪ 重新启动后，依次执行“开始”→“所有程序”→Microsoft SQL Server 2005→“SQL Server 配置管理器”命令，在该窗口中单击“SQL Server 2005 服务”选项后，可以看到该服务已运行，如图 1-12 所示。

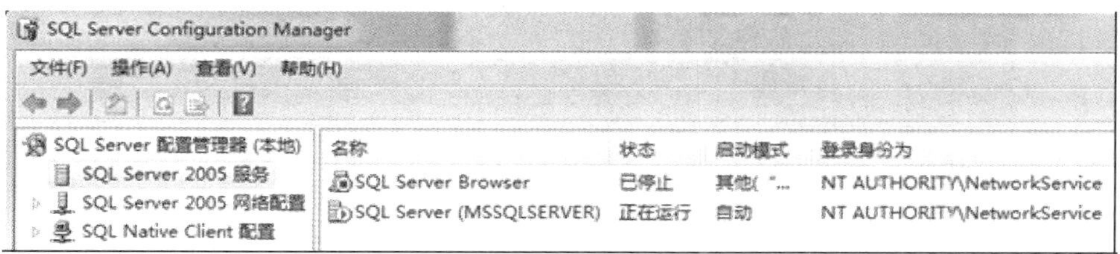

图 1-12　SQL Server 配置管理器

如果服务没有启动，可以右击，选择“启动”选项即可启动 SQL Server。

⑫ 安装 SP2 补丁程序。

(6) 安装.NET 运行环境：.NET Framework 2.0 Service Pack 1。安装文件位于“光盘\用友 ERP-U8 V10.1 安装程序\3rdProgram\NetFx20SP1_x86.exe”。

(7) 安装.NET 3.5 运行环境：.NET Framework 3.5 Service Pack 1。安装文件位于“光盘\用友 ERP-U8 V10.1 安装程序\3rdProgram\dotnetfx35.exe”。

(8) 安装 Silverlight：安装文件位于“光盘\用友 ERP-U8 V10.1 安装程序\3rdProgram\Silverlight.exe”。

(9) 安装 IE Web Control 组件：安装文件位于“光盘\用友 ERP-U8 V10.1 安装程序\3rdProgram\iewebcontrols.msi”。

(10) 上述步骤完成后，安装用友 U8V10.1 系统。

① 双击光盘\用友 ERP-U8 V10.1 安装程序\setupShell.exe 文件(标志为一个 U8 图标)，运行安装程序后出现用友 U8 V10.1 安装界面，如图 1-13 所示。

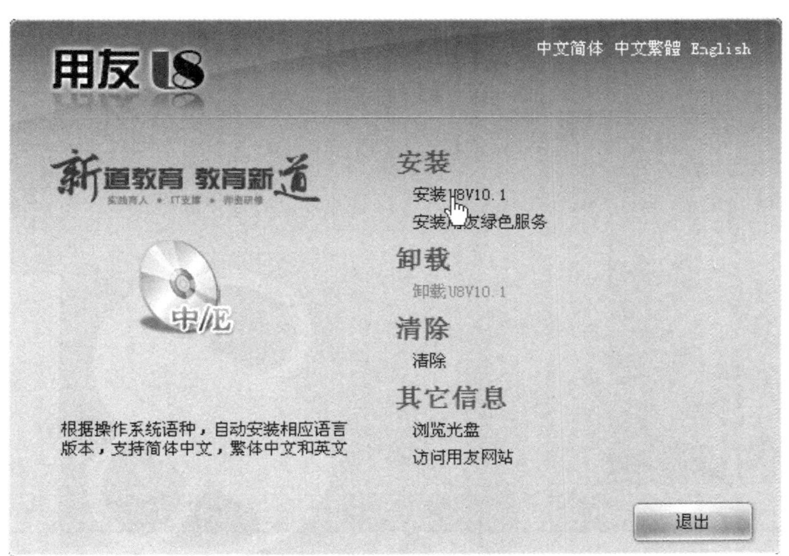

图 1-13　用友 U8 V10.1 安装界面

② 单击“安装 U8 V10.1”选项，开始安装，如图 1-14 所示。

图 1-14 “准备安装”界面

③ 安装过程中，需要选中“我接收许可证协议中的条款”单选按钮，单击“下一步”按钮。

④ U8 自动检测历史版本，有旧版本则需要清除，然后出现如图 1-15 所示的对话框。输入“用户名”和“公司名称”后，单击“下一步”按钮。

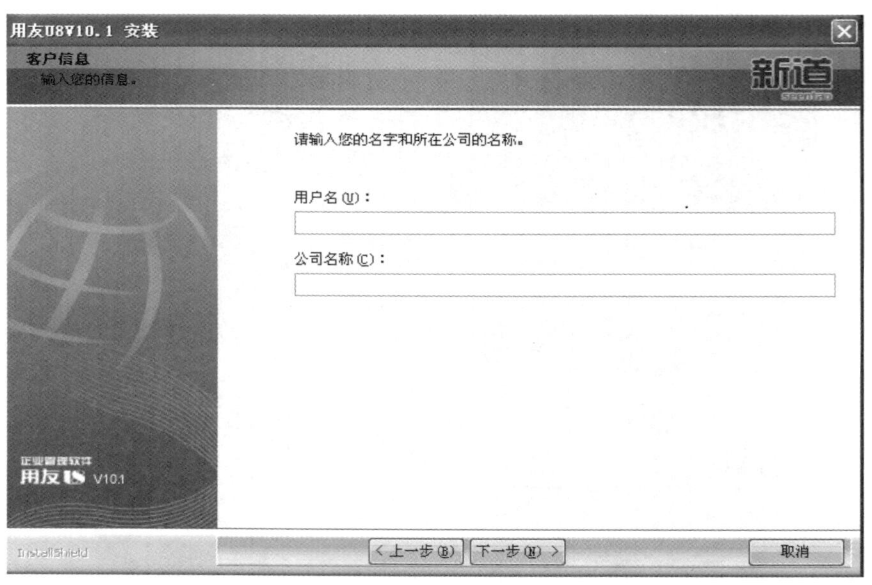

图 1-15 “客户信息”界面

⑤ 根据需要自行确定“选择安装的路径及文件夹”。

⑥ 选择安装路径后，单击“下一步”按钮，出现“安装类型”对话框，选择“全产品”类型，单击“下一步”按钮。

⑦ 进入“系统环境检测”对话框，检测系统运行环境是否符合用友软件的操作要求，若有未满足的条件，则安装不能继续进行，并在图中给出未满足的项目，此时可单击未满足的项目链接，系统会自动定位到组件所在位置，让用户手动安装，如图 1-16 所示。

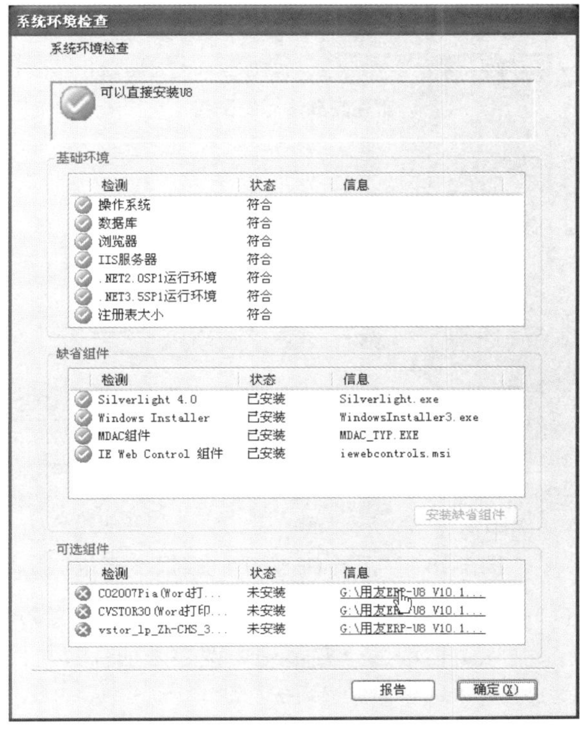

图 1-16　“系统环境检查”对话框

⑧ 接下来单击“确定”按钮，进入安装对话框，如图 1-17 所示，单击“安装”按钮即可进行后续的安装了。

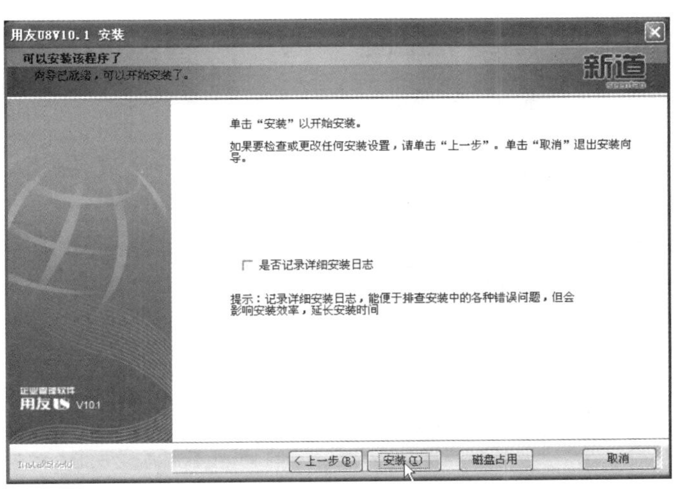

图 1-17　“用友 U8 V10.1 安装”对话框

⑨ 安装完成后，单击“完成”按钮，重新启动计算机。

⑩ 系统重启后，出现“正在完成最后的配置”提示信息，在其中输入数据库名称(即为本地计算机名称，可通过“系统属性”中的计算机名查看)，单击“测试连接”按钮，测试数据库连接。若一切正常，则会出现连接成功的提示信息，如图 1-18 所示。

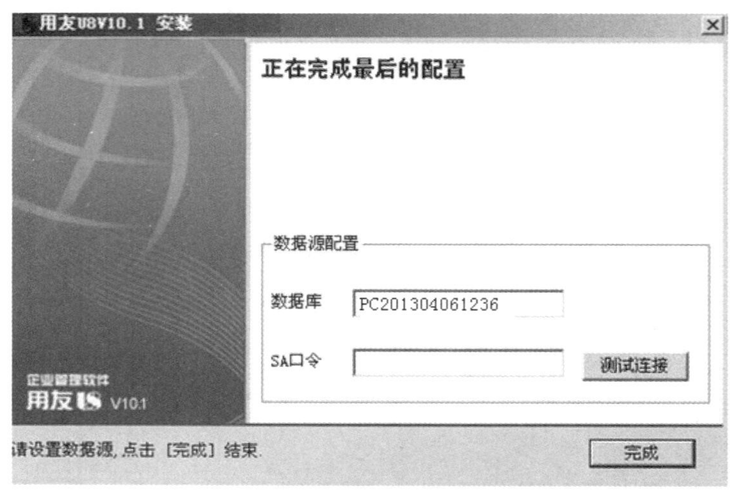

图 1-18　“用友 U8 V10.1 安装”对话框

⑪ 接下来系统会询问是否初始化数据库，单击“是”按钮，数据库初始化完成后，出现“登录”窗口。在“登录”窗口中，“登录到”选择本地计算机，“账套”选择 default，如图 1-19 所示。

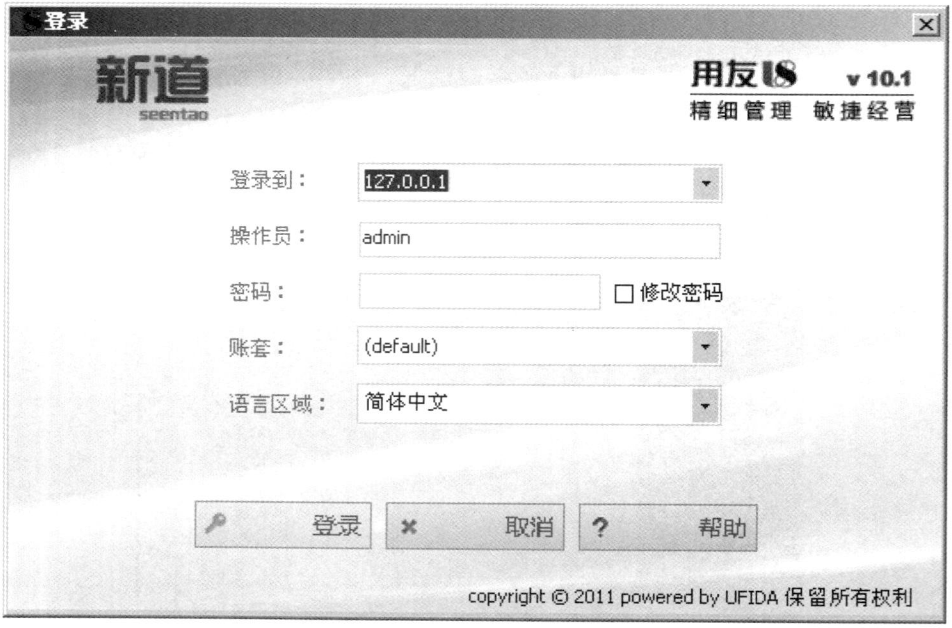

图 1-19　用友 U8 V10.1 登录窗口

由于系统中还没有任何账套数据，因此系统首先进入“创建账套”窗口，建立账套的方式将在第二章进行讲解，所以在此单击“取消”按钮。

三、软件安装注意事项及说明

(1) 建议安装 Windows 7 旗舰版，家庭版不支持 SQL Server 数据库的安装。

(2) 如果使用考试系统，U8 数据库只能使用 SQL Server 2008 R2。

(3) 安装顺序一般是在安装完操作系统后安装 SQL Server 数据库，再安装 SP2 或其他补丁包，然后安装用友软件。

第二章　系统管理与企业应用平台

【学习目标】

通过本章的学习，应理解系统管理和企业应用平台的主要功能及操作流程。掌握系统管理中的账套新建、备份和输出，操作员的新增和授权，掌握企业应用平台的基础设置等操作。

系统平台是为企业管理系统的正常运行提供基本支撑的，它为各个子系统提供了一个公共平台，用于对整个系统的公共任务进行统一管理，如基础信息及基本档案的设置、企业账套的管理、操作员的建立、角色的划分和权限的分配等。系统平台主要由“系统管理”和“企业应用平台”两部分组成。

第一节　系 统 管 理

一、系统管理概述

用友 ERP-U8 软件是由多个子系统组成的，各个子系统之间相互联系、数据共享，实现财务业务一体化的管理，为企业资金流、物流、信息流的统一管理提供有效的方法和管理工具。系统管理包括新建账套、新建年度账、账套修改、备份和删除功能，以及根据企业经营管理中的不同岗位职能建立不同的角色，新建操作员并执行权限的分配等功能。系统管理的使用者为企业的信息管理人员，即系统管理员和账套主管。

1. 账套管理

账套指的是一组相互关联的数据，每一个企业的数据在系统中都体现为一个账套。系统最多允许建立 999 个账套。

账套管理功能一般包括账套的建立、修改、引入、输出和删除等。

2. 账套与账套库

(1) 账套是账套库的上一级，由一个或多个账套库组成，一个账套库含有一年或多年的使用数据。

(2) 一个账套对应一个经营实体或核算单位，账套中的某个账套库对应这个经营实体的

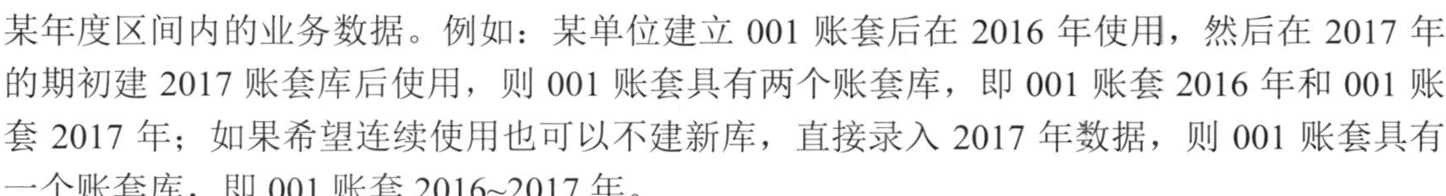

某年度区间内的业务数据。例如：某单位建立 001 账套后在 2016 年使用，然后在 2017 年的期初建 2017 账套库后使用，则 001 账套具有两个账套库，即 001 账套 2016 年和 001 账套 2017 年；如果希望连续使用也可以不建新库，直接录入 2017 年数据，则 001 账套具有一个账套库，即 001 账套 2016~2017 年。

3. 操作员及其权限管理

操作员管理包括操作员的增加、修改、删除等操作。操作员权限管理包括操作员权限的增加、修改、删除等操作。

4. 建立统一的安全机制

在系统管理中，可以监控并记录整个系统的运行过程，设置数据自动备份、清除系统运行过程中的异常任务等。

二、登录系统管理

(1) 用户可选择运行系统管理模块，在“开始”菜单中执行“程序”→“用友 ERP-V10.1”→“系统服务”→“系统管理”命令，进入“系统管理”窗口，如图 2-1 所示。

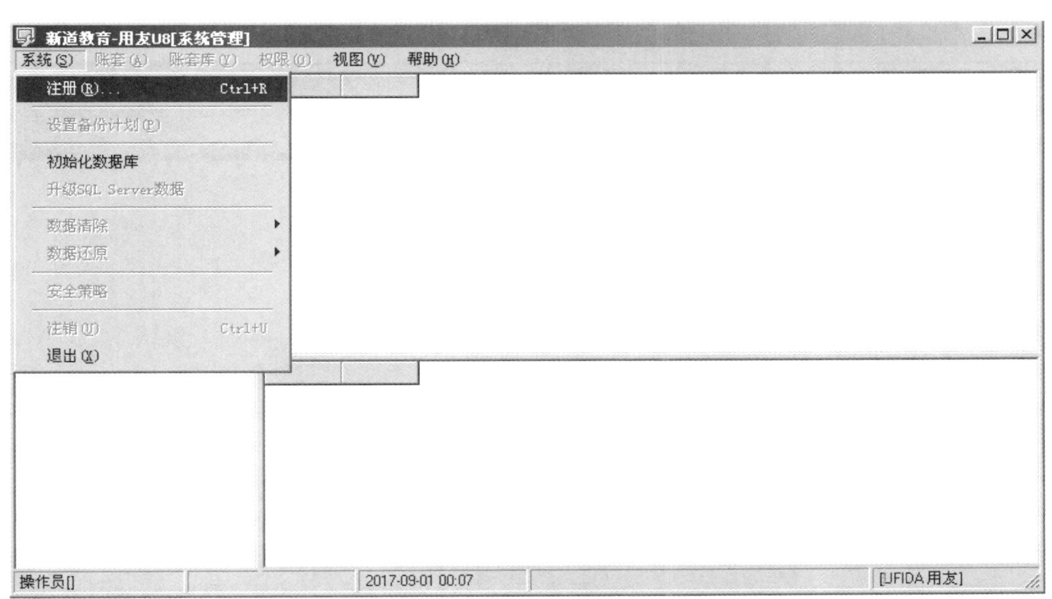

图 2-1　“系统管理”窗口

(2) 打开“系统”菜单，执行“系统”→“注册”命令，系统弹出系统管理登录对话框，在系统管理登录对话框中，“登录到”表示服务器电脑名，单机使用时，系统默认为本机电脑名。“操作员”表示登录到系统管理的用户名，系统默认为 admin。“密码”可选中“修改密码”复选框进行设置，但如果是在学校公共机房，建议设为空密码，否则系统其他用户无法使用用友软件。“账套”系统默认为 default。“语言区域”分别为简体中文、繁体中文和英文，如果安装用友 U8 时没有勾选安装指定语言，则在此不可选择，如图 2-2 所示。

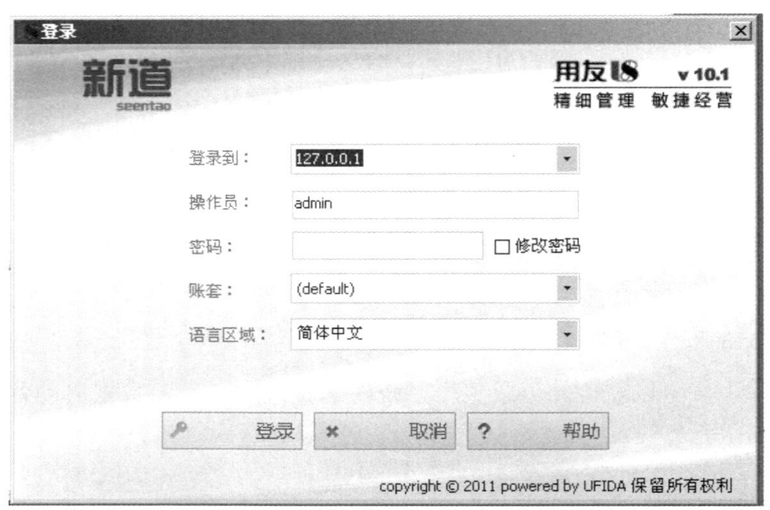

图 2-2　系统管理登录对话框

(3) 单击“登录”按钮，系统窗口分为上、下两部分，窗口上半部分显示正在运行的子系统是“系统管理”，站点名称与 SQL Server 服务管理器的名称一致，窗口下半部分中账套号、年度、操作员等显示为空，如图 2-3 所示。

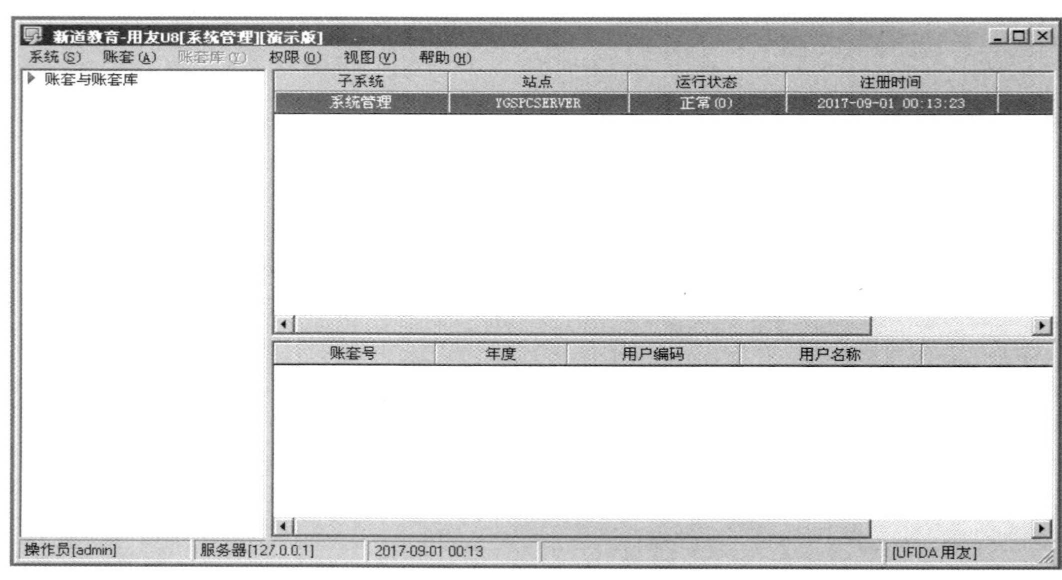

图 2-3　“系统管理”窗口

三、新建账套

1. 账套信息

(1) 以系统管理员 Admin 的身份注册进入“系统管理”，选择菜单栏中的“账套”→

“建立”命令，进入“建账方式”界面，选中“新建空白账套”单选按钮，如图 2-4 所示。

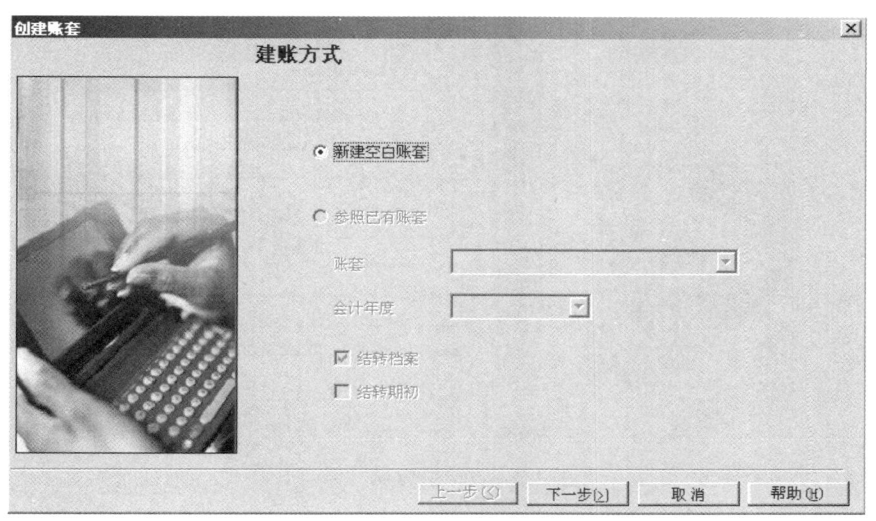

图 2-4　“建账方式”界面

(2) 单击“下一步”按钮，进入“账套信息”界面，输入账套号、账套名称和启用会计期间，账套路径一般选择系统默认设置，也可以根据需要重新选择，如图 2-5 所示。

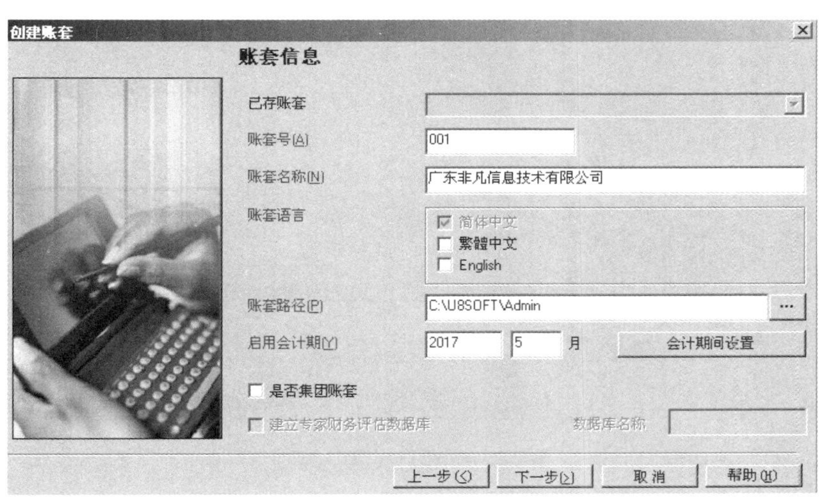

图 2-5　“账套信息”界面

需要注意的是，会计期间一经确认，不可更改。

2. 单位信息

在“账套信息”界面中单击“下一步”按钮，进入“单位信息”界面，输入单位名称、单位简称和单位地址等相关信息，如图 2-6 所示。

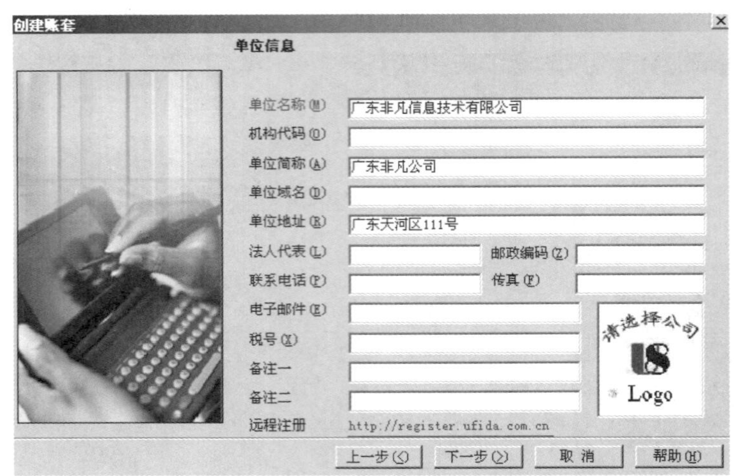

图 2-6　“单位信息”界面

3. 核算类型

在“单位信息”界面中单击“下一步”按钮，进入“核算类型”界面，如图 2-7 所示。

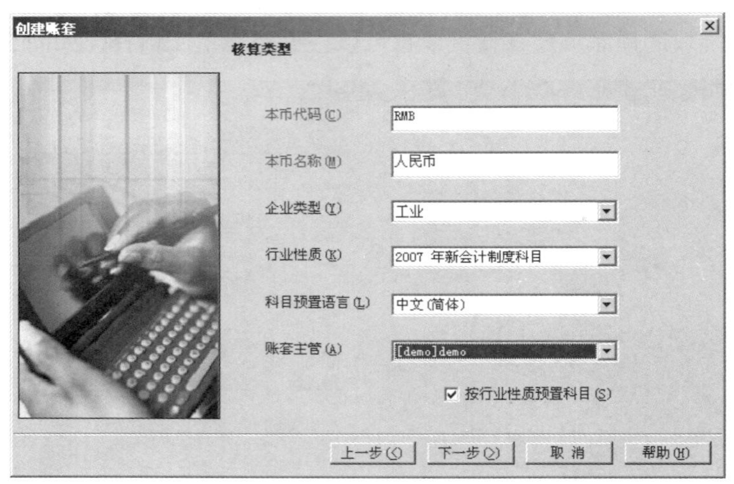

图 2-7　“核算类型”界面

(1) “本币代码”和“本币名称”由系统默认为人民币。

(2) “企业类型”由系统提供“工业”“商业”和“医药流通”三种，多数情况下，基础会计是以工业企业为例进行讲解的，所以这里一般选择“工业”。

(3) “行业性质”一定要选择“2007 年新会计制度科目”，这样后面生成的报表科目代码为 4 位，否则为 3 位。

(4) “科目预置语言”由系统默认为“中文(简体)”。

(5) “账套主管”由系统默认为 demo，可以在账套新建完成后，在系统管理的“权限”菜单中选择“用户”进行新增，这一操作将在本节“用户和权限管理”中讲述。

(6) “按行业性质预置科目”：如果用户希望预置所属行业的标准一级科目，则选中该

复选框。本章的实验内容需要选中“按行业性质预置科目”复选框。

4. 基础信息

(1) 在“核算类型”界面中单击“下一步”按钮，进入“基础信息”界面，本章实验需要对存货、客户和供应商分类，有外币核算，因此在这需要选中这四个复选框，如图 2-8 所示。

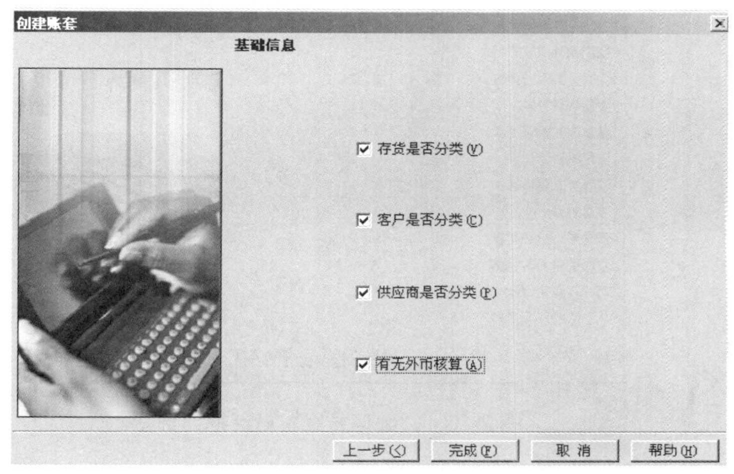

图 2-8　“基础信息”界面

(2) 单击“完成”按钮，系统弹出“开始”界面，单击 “完成”按钮，如图 2-9 所示。

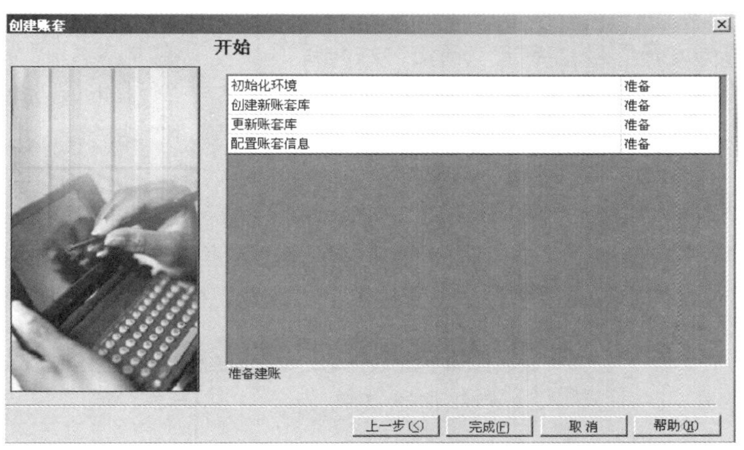

图 2-9　“开始”界面

(3) 单击 “完成”按钮后，系统弹出“可以创建账套了吗”提示对话框，单击“是”按钮，建账操作完成。

5. 分类编码方案

(1) 建账操作完成后，系统会弹出“编码方案”对话框，如图 2-10 所示。

项目	最大级数	最大长度	单级最大长度	第1级	第2级	第3级	第4级	第5级	第6级	第7级	第8级	第9级
科目编码级次	9	15	9	4	2	2	2					
客户分类编码级次	5	12	9	2	2	3						
供应商分类编码级次	5	12	9	2	2	3						
存货分类编码级次	8	12	9	1	2	2	3					
部门编码级次	5	12	9	1	2	2						
地区分类编码级次	5	12	9	2	2	3						
费用项目分类	5	12	9	1	2							
结算方式编码级次	2	3	3	1	2							
货位编码级次	8	20	9	2	3	4						
收发类别编码级次	3	5	5	1	2							
项目设备	8	30	9	2	2							
责任中心分类档案	5	30	9	2	2							
项目要素分类档案	6	30	9	2	2							
客户权限组级次	5	12	9	2	3	4						

图 2-10 “编码方案”对话框

(2) 根据实际工作的需要对基础数据的编码进行分级设置。设置完成后，单击“确定”按钮，再单击“取消”按钮。

特别提醒

在设定“编码方案”时，单击“确定”按钮后，如果不单击“取消”按钮，系统将一直停留在当前状态，只有单击“取消”按钮，系统才能进入“数据精度”对话框继续操作。设定“数据精度”时也是先单击“确定”按钮，再单击“取消”按钮。

6. 数据精度

在“编码方案”对话框中单击 “取消”按钮后，进入“数据精度”对话框，如图 2-11 所示。系统默认小数位为小数点后两位，可直接单击“取消”按钮，完成“数据精度”的设定。

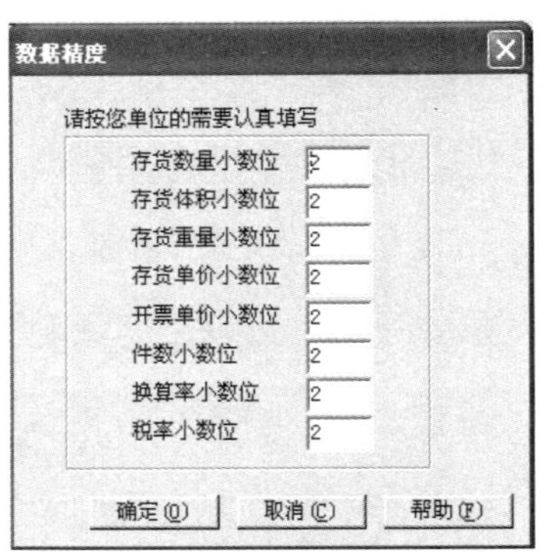

图 2-11 “数据精度”对话框

7. 系统启用

(1) “数据精度”设定完成后，系统自动弹出“创建账套”对话框询问下一步操作，单击“是”按钮，如图 2-12 所示。

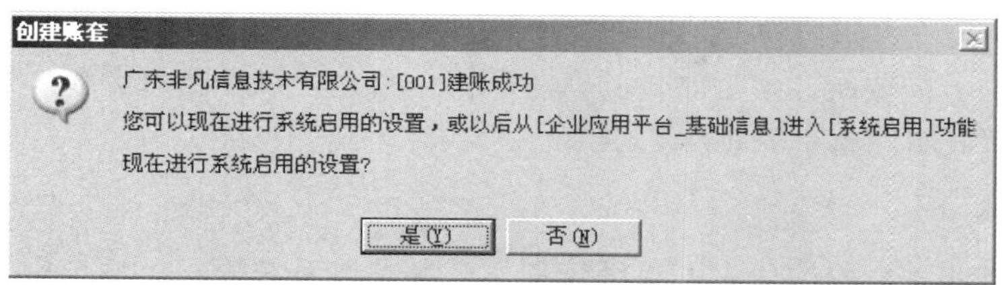

图 2-12　“创建账套”对话框

(2) 系统弹出“系统启用”窗口，如图 2-13 所示。

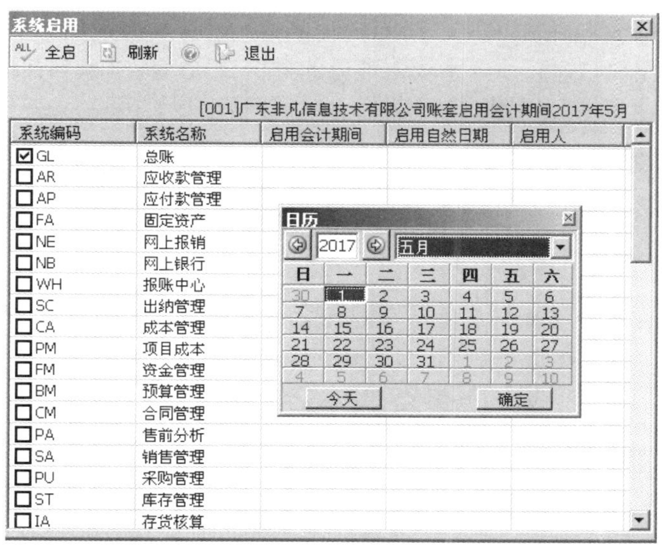

图 2-13　“系统启用”窗口

(3) 选中“总账”复选框，注意启用总账的时间应与系统建账日期一致(本例中与建账日期一致，为 2017 年 5 月 1 日)。

(4) 完成后，系统弹出提示对话框，如图 2-14 所示。

图 2-14　提示对话框

(5) 单击“确定”按钮，系统自动返回“系统管理”窗口。在系统管理中进行用户新增和权限设定操作。

四、用户和权限管理

用户是指有权限登录用友系统并进行操作的人员。每次登录用友系统时，用友系统要对操作员身份的合法性进行检查，只有合法的用户才能登录。

建立新账时，需要统计使用软件的人员和岗位角色，以便随时调整，角色和用户一旦在做账过程中被启用，就不能删除。

1. 用户设置

系统允许以两种身份注册进入系统管理。一种是以系统管理员的身份，另一种是以账套主管的身份。

1) 系统管理员

系统管理员负责整个系统的总体控制和数据维护工作。系统管理员可以进行账套的建立、引入和输出，设置角色和用户，指定账套主管，设置和修改用户的密码及其权限等。因此，定义系统操作员时，必须以系统管理员的身份注册进入“系统管理”窗口，执行“权限”→“用户”菜单命令，如图 2-15 所示。

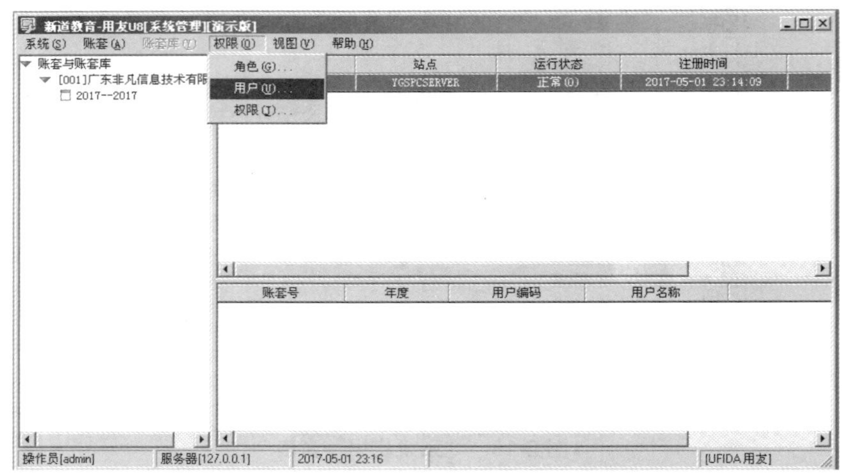

图 2-15 “系统管理”窗口

(1) 增加操作员。

① 在“系统管理”窗口中，执行“权限”→“用户”菜单命令，进入“用户管理”窗口，如图 2-16 所示。

用户管理

输出 增加 批量 删除 修改 定位 转授 刷新 退出

是否打印/输出所属角色

用户编码	用户全名	部门	Email地址	手机号	用户类型	认证方式	状态	创建时间	最后登录时间	退出时间
admin	admin				管理员用户	用户+口令(传统)	启用		2017-09-01 01:37:50	2017-09-01 01:37:50
demo	demo				普通用户	用户+口令(传统)	启用			
SYSTEM	SYSTEM				普通用户	用户+口令(传统)	启用			
UFSOFT	UFSOFT				普通用户	用户+口令(传统)	启用			

图 2-16 “用户管理”窗口

② 单击工具栏中的“增加”按钮，进入“操作员详细情况”对话框，单击“增加”按钮，输入编号、姓名、口令和所属部门等内容，如图 2-17 所示。

其中操作员的编号在系统中必须唯一，即使是不同的账套，操作员编号也不能重复。完成后，还要在“所属角色”窗格的复选框中进行选定操作。

(2) 修改或删除操作员。

以系统管理员 admin 的身份进入“系统管理”窗口，在菜单栏中执行“权限”→“用户”命令，进入“用户管理”窗口，选定要修改的用户信息，单击工具栏中的“修改”按钮，其中已启用用户可以修改口令、所属部门、E-mail 地址、手机号和所属角色等信息。此时系统会在“姓名”后出现“注销当前用户”按钮，如图 2-18 所示。如需要暂停使用该用户，则单击此按钮，此按钮会变为“启用当前用户”，可单击继续启用该用户。

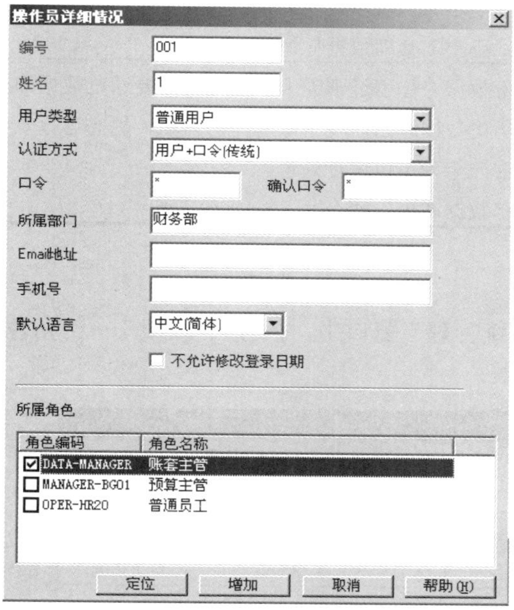

图 2-17　“操作员详细情况”对话框

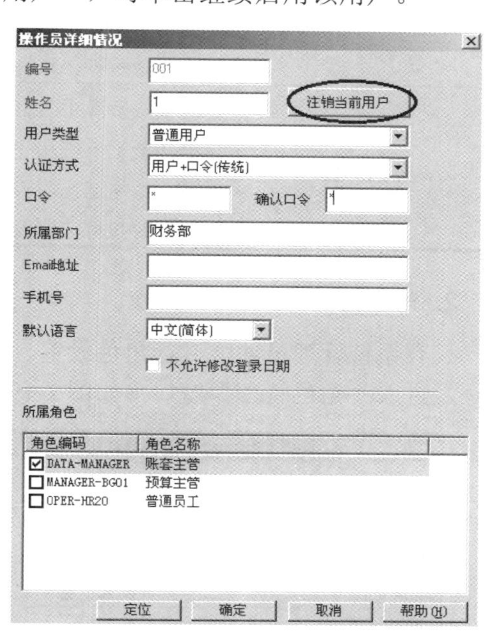

图 2-18　修改或删除操作员

2) 账套主管

账套主管负责所选账套的维护工作，主要包括设置备份计划、账套修改、决策管理设置、账套库初始化、清空账套库数据和数据卸出，具体如表 2-1 所示。

表 2-1　账套主管的常用操作权限

设置备份计划	不同于系统管理员(admin)可以进行的账套备份、账套库备份和账套库增量备份操作，账套主管只能进行“账套库备份”或“账套库增量备份”操作。 操作时执行“系统”→“设置备份计划”命令
账套修改	可以修改账套名称、单位信息、核算信息、账套分类信息和数据精度等，不允许修改基础设置信息。企业类型只能由商业企业改为医药流通企业，其他类型不允许修改。 操作时执行“账套”→“修改”命令

续表

决策管理设置	该功能为专家财务评估指定关联的分析服务器和数据库。 操作时执行“账套”→“决策管理设置”命令
账套库初始化	新建账套库后，为了支持新旧账套库之间业务衔接，通过账套库初始化功能将上一个账套库中相关模块的余额及其他信息结转到新账套库中。 操作时执行“账套库”→“账套库初始化”命令
清空账套库数据	如果不希望将上一账套库的余额或其他信息全部转到下一年度或操作中发现某账套库中错误太多，便可使用清空账套库数据的功能。“清空”并不是指将账套库的数据全部清空，为了方便用户使用清空后的账套库重新做账，系统仍然会保留基础信息、系统预置的科目报表等信息。 操作时执行“账套库”→“清空账套库数据”命令
数据卸出	一个账套库中包含很多年份数据，体积过于庞大，这时就需要通过数据卸出功能把一些历史年度的历史数据卸出，减小账套库的体积，提高运行效率。数据卸出时，只能以会计年为单位进行处理。 操作时执行“账套库”→“数据卸出”命令

2. 角色管理

只有系统管理员才能进行角色设置。在“系统管理”窗口中，执行 “权限”→“角色”命令，进入“角色管理”窗口，如图 2-19 所示。

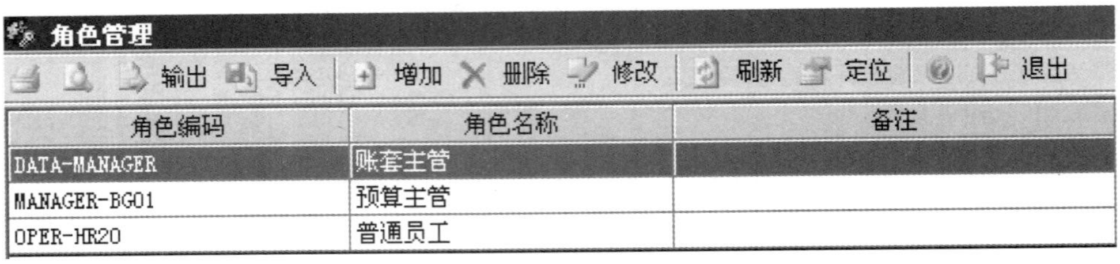

角色管理

输出 导入 增加 删除 修改 刷新 定位 退出

角色编码	角色名称	备注
DATA-MANAGER	账套主管	
MANAGER-BG01	预算主管	
OPER-HR20	普通员工	

图 2-19 “角色管理”窗口

在“角色管理”窗口中可进行增加角色、修改角色及删除角色等操作。删除角色时，如果角色下面有所属的用户，则不允许删除。只有先将用户删除后才可进行角色的删除。

3. 权限管理

系统默认账套主管自动拥有该账套的全部权限。需要给其他操作员进行授权时，在“系统管理”窗口的“权限”菜单中进行操作。

1) 权限分配设置

这里先介绍在系统管理中的权限分配设置，“数据权限分配”和“金额权限分配”的设置，必须是在系统管理的功能权限分配之后在企业应用平台中才能进行操作，以下举例说明权限分配设置的操作。

【例 2-1】给出纳李平授权，使其具有“总账—凭证—出纳签字”“总账—出纳”的操作权限。

(1) 以系统管理员身份登录“系统管理”窗口，执行“权限”→“权限”命令，进入“操作员权限”窗口，如图 2-20 所示。

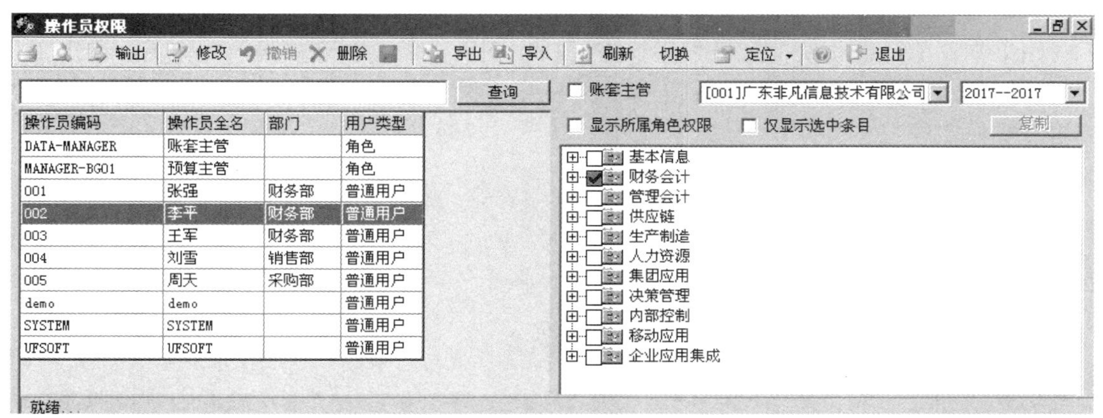

图 2-20　“操作员权限”窗口(1)

(2) 从左侧的操作员列表中选择操作员 002，单击工具栏中的“修改”按钮，在窗口右侧的窗格选中“财务会计”→“总账”→“凭证”→“出纳签字”和“总账”→“出纳”权限。完成后，单击工具栏中的“保存”按钮，然后单击“退出”按钮，如图 2-21 所示。

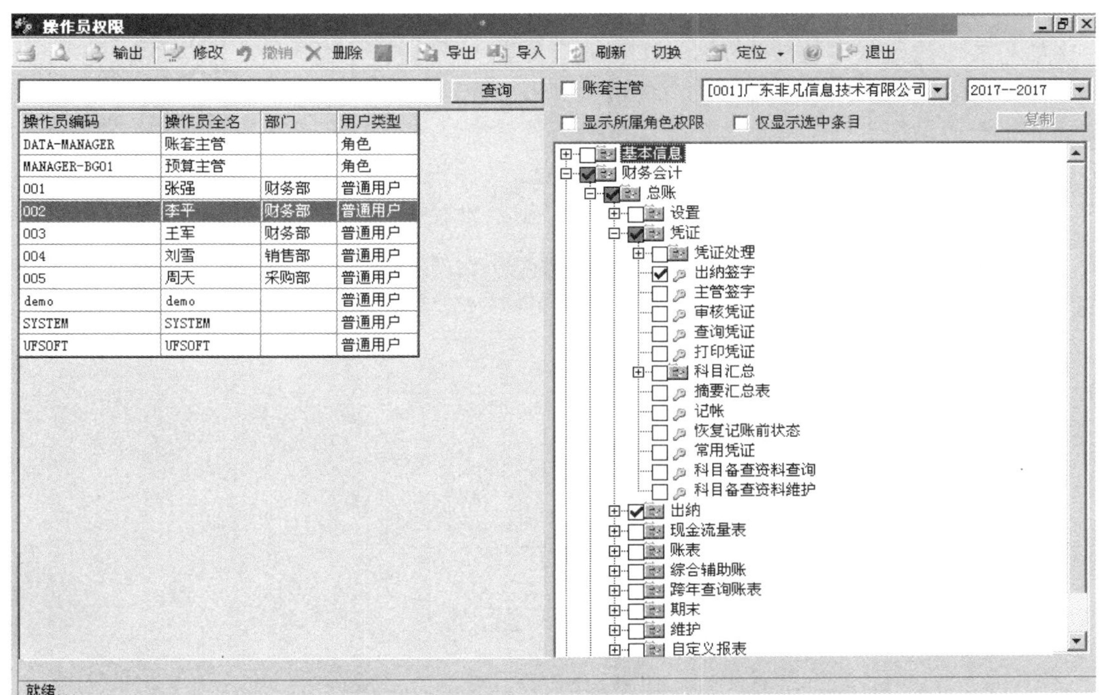

图 2-21　“操作员权限”窗口(2)

2) 删除操作员权限

系统管理员或账套主管可以对非账套主管的操作员已拥有的权限进行删除。在“操作员权限”窗口中，在窗口左侧选定需要删除权限的操作员，单击工具栏中的“删除”按钮，系统将自动弹出一个对话框，供用户对该删除操作进行确认，此时删除的是所选定操作员的所有权限。

如果需要删除操作员的部分权限，在窗口左侧选定需要删除权限的操作员，单击工具栏中的“修改”按钮，在窗口右侧取消选中所要删除的权限，再单击工具栏中的“保存”按钮，操作完成。

特别提醒

(1) 一个账套可以有多个账套主管，系统管理员可以对某个操作员赋予账套主管的角色，账套主管可以对系统中的所有子系统进行操作。所设置的操作员一旦被引用，便不能被删除和修改 ID。

(2) 功能权限的分配一般在“系统管理”窗口中执行“权限”→“权限”命令进行设置，“数据权限分配”和“金额权限分配”在“企业应用平台”→“系统服务”→“权限”中进行设置，且必须是在系统管理的功能权限分配之后才能进行。

(3) 账套主管不参加数据权限分配，账套主管拥有最高权限。

五、修改账套

修改账套.mp4

如果要修改建账参数，需以账套主管的身份进入“系统管理”窗口。如果之前是以系统管理员的身份进入“系统管理”窗口的，需要先执行“系统”→“注销”命令，再执行“系统”→“注册”命令，以账套主管的(本章中为 001 张强)身份登录“系统管理”窗口，在“账套”下拉列表中选择 001 账套，如图 2-22 所示。

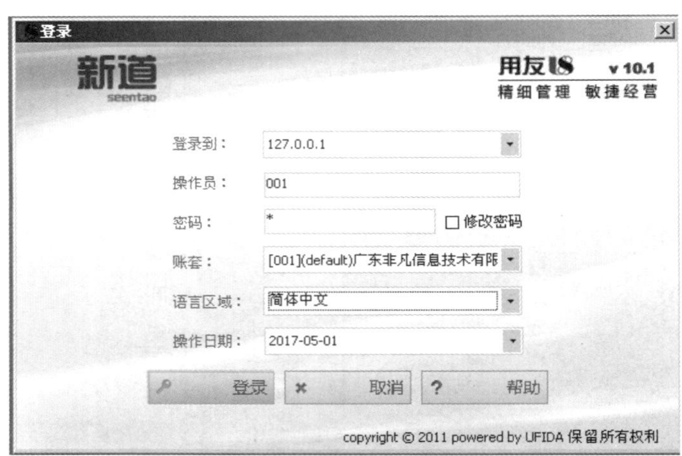

图 2-22 账套主管登录“系统管理”窗口

登录成功后，“系统管理”窗口的状态栏中会显示“操作员[张强]”，再执行“账套”→“修改”命令，进行账套的修改，如图 2-23 所示。

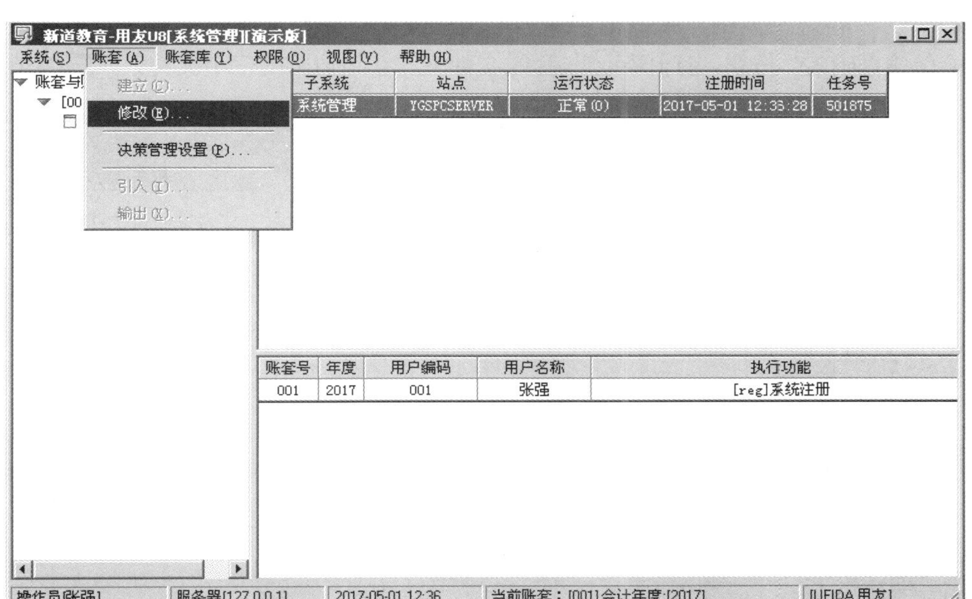

图 2-23　修改账套

六、账套备份

账套备份是指将所选的账套数据进行输出存储。如果企业由于不可预知的原因需要对数据进行恢复，此时备份数据就可以将企业的损失降到最小。账套备份可以手动进行，也可设置为自动备份，两种方式选择其中一种即可。

1. 手动备份

手动备份的操作步骤如下。

(1) 在本地硬盘 C 盘(或 D 盘)新建文件夹，命名为“广东非凡信息技术有限公司”。以系统管理员 admin 的身份登录“系统管理”窗口，执行“账套”→“输出”命令，打开“账套输出”对话框，在“账套号”下拉列表中选择需要输出的账套(本章实验中为 001)，“输出文件位置”选择为“C:\广东非凡信息技术与限公司”，如图 2-24 所示。

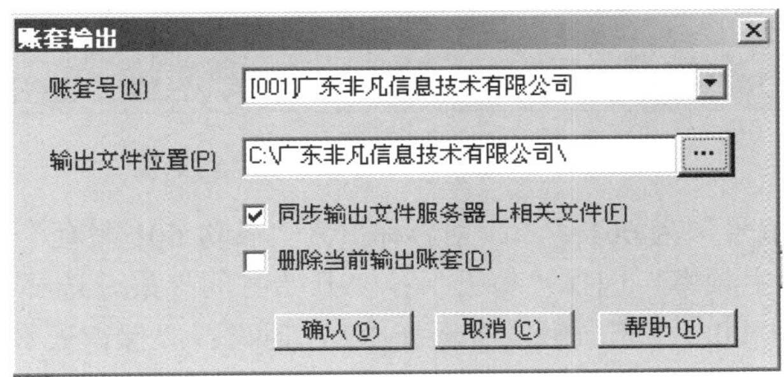

图 2-24　“账套输出”对话框

(2) 单击“确认”按钮，系统稍后弹出“输出成功”提示对话框，如图 2-25 所示。

(3) 单击“确定”按钮，打开存储账套的文件夹，看到输出的三个文件，如图 2-26 所示。

图 2-25　“输出成功”提示对话框

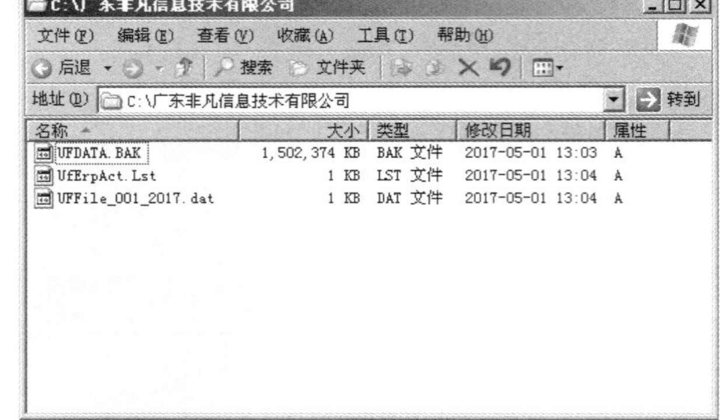

图 2-26　账套输出的三个文件

2. 自动备份

自动备份的操作步骤如下。

(1) 以系统管理员 admin 的身份登录“系统管理”窗口，执行“系统”→“设置备份计划”命令，单击“增加”按钮，进入“备份计划详细情况”对话框，如图 2-27 所示。

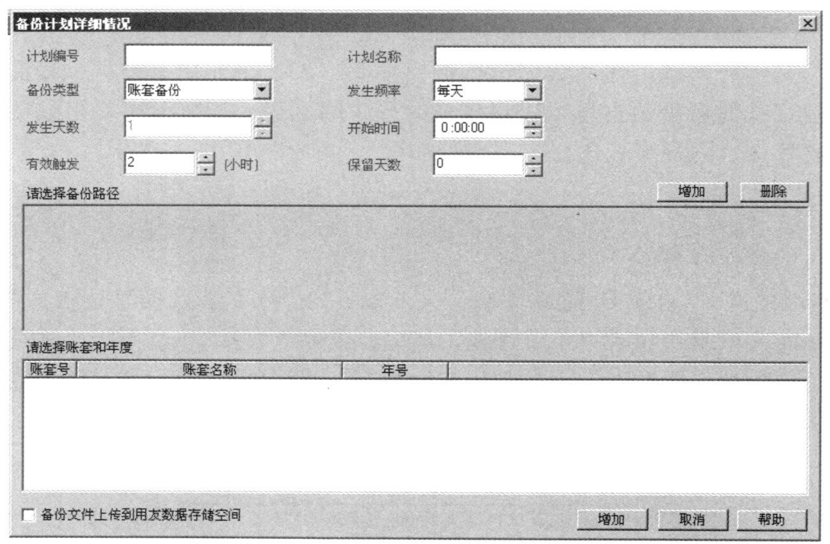

图 2-27　“备份计划详细情况”对话框

(2) 输入“计划编号”为 001；“计划名称”为“备份 001 账套”；“备份类型”选择“账套备份”；“发生频率”选择“每天”；“开始时间”最好选择无人使用用友软件的时候，在此输入 17:00:00；“有效触发”选择“2 小时”；“保留天数”为 5。再选择备份路径，只能选择本地硬盘，这里选择 C 盘的“广东非凡信息技术有限公司”文件夹，在“请选择账套和年度”窗格中，选中 001 账套，如图 2-28 所示。

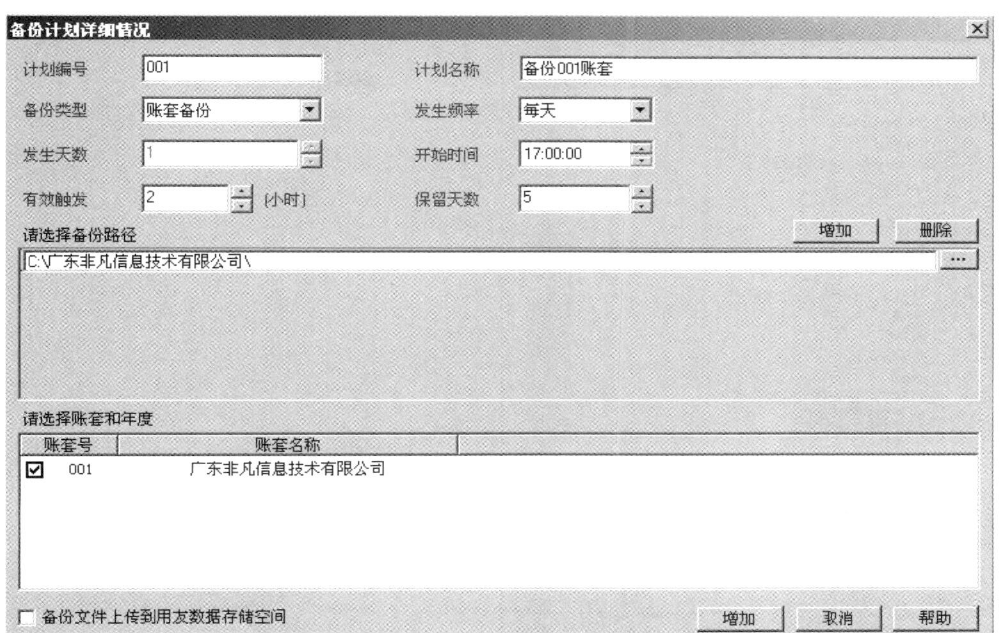

图 2-28　“备份计划详细情况”对话框

有效触发是指在备份开始后，每隔一定时间进行一次触发检查，如果备份不成功，则重新备份。系统每次备份的资料都是从建账开始到备份时的所有数据，备份资料在硬盘中保存的时间如果超过保留天数，会被系统自动删除。如本例中设置保留天数“5 天”，则系统以机器时间为准，5 天前的备份资料自动删除。最好不要设置保留天数为 0，为 0 则系统认为永不删除备份，这样，随着备份数据的不断增加，硬盘将无法承受。

(3) 单击“增加”按钮保存设置，单击“退出”按钮退出设置。

七、账套引入

账套引入是账套数据备份后进行的操作，是指将系统外已备份的账套数据引入到本系统中。该功能一方面可以恢复系统内受损的数据，另一方面有利于将子公司的账套数据定期引入到母公司的系统中，以便进行有关账套数据的分析和合并工作。操作步骤如下。

(1) 以系统管理员 admin 身份登录“系统管理”窗口，执行“账套”→“引入”命令，进入“请选择账套备份文件”对话框，选择引入路径，与前面输出时的路径一致，即“C:\广东非凡信息技术有限公司”，选择 UfErpAct.Lst 文件，单击“确定”按钮，如图 2-29 所示。

(2) 虽然在上一步中已经指定了引入路径，但此时对话框仍然会提示默认路径，如图 2-30 所示，此时不需要再次指定路径，只单击“确定”按钮即可。

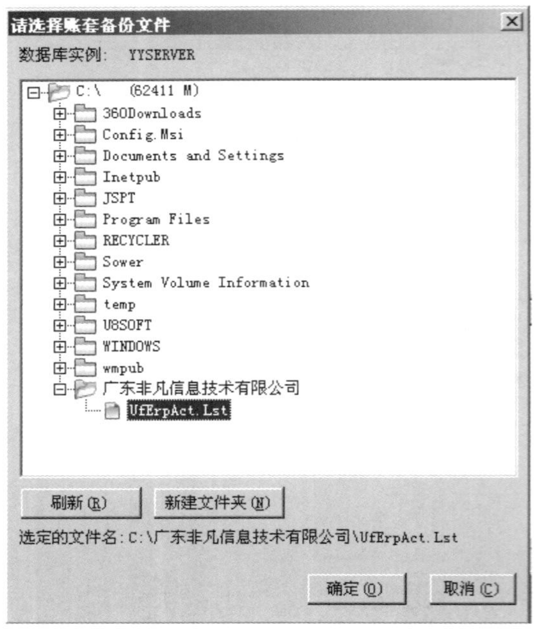

图 2-29 “请选择账套备份文件”对话框

图 2-30 账套引入路径

(3) 单击“确定”按钮后，进入“请选择账套引入的目录”对话框，如图 2-31 所示，此时单击“确定”按钮即可。

(4) 如果系统引入账套与现有正在操作的账套重名，系统将询问是否覆盖，如图 2-32 所示。

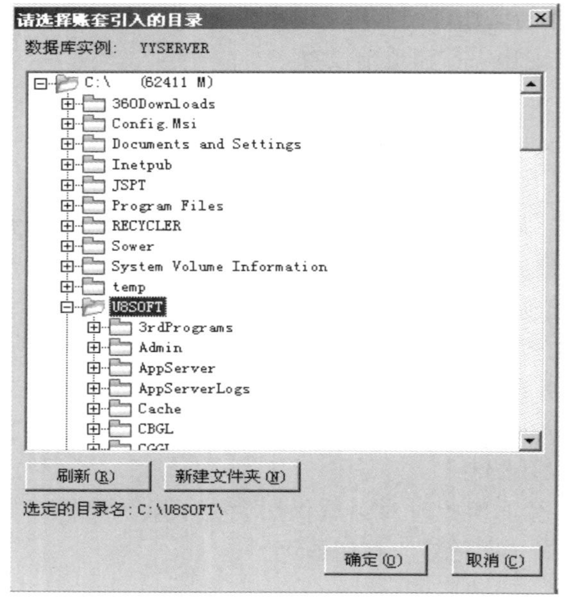

图 2-31 “请选择账套引入的目录”对话框

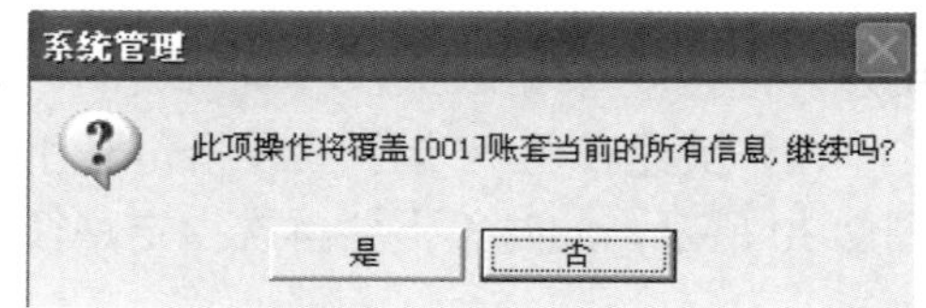

图 2-32 “系统管理”提示对话框

如果希望保存当前数据，则选择“否”；如果当前操作有误，需要恢复至上次备份状态，则选择“是”。

八、删除账套

此功能可一次性将账套下的所有数据彻底删除。操作时，以系统管理员 admin 的身份登录“系统管理”窗口，执行“账套”→“输出”命令，打开“账套输出”对话框，在对话框中选择要删除的账套号，选中“删除当前输出账套”复选框，单击“确认”按钮，如图 2-33 所示。

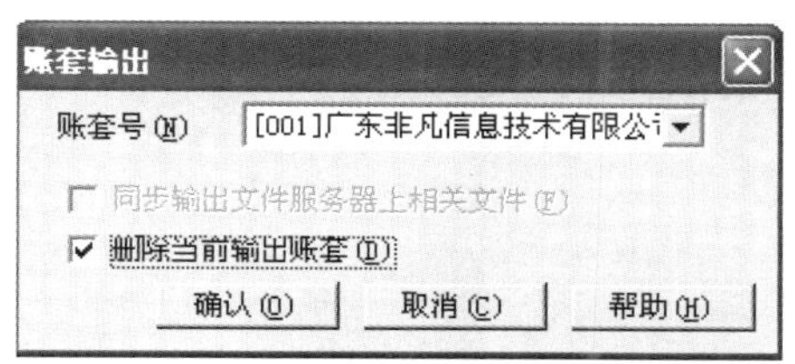

图 2-33　“账套输出”对话框

特别提醒

此操作需谨慎，操作前确保该账套留有备份(不仅是电脑硬盘有备份，移动存储设备上最好也有备份)，这样如不慎操作，仍可恢复。

第二节　企业应用平台

用友 U8 的企业应用平台将企业员工、用户和合作伙伴连接起来，使系统资源能够得到高效、合理的利用。通过企业应用平台，系统使用者能够从单一入口访问到其所需的个性化信息。同时，系统的基础档案将集中在企业应用平台上进行维护，可充分体现数据共享和系统集成的优势。

一、企业应用平台概述

企业应用平台的主要功能模块包括业务工作、基础设置和系统服务三个方面。

1. 业务工作

业务工作列表框中列示了用户有操作权限的子系统和各个功能模块，单击其中的功能菜单，即可进入相应的功能模块进行操作。通过“消息中心”可以向系统中的其他操作员发送信息。

2. 基础设置

基础设置中可以进行基本信息、基础档案、业务参数、个人参数、单据设置、档案设置和变更管理等操作。在开始日常业务之前，必须设置要用到的所有基础数据。

3. 系统服务

系统服务中有系统管理、服务器配置、工具和权限等功能。

(1) 以账套主管的身份登录企业应用平台，在“登录到”下拉列表中选择服务器，“操作员”文本框中录入 001，“密码”录入 1，“账套”下拉列表中选择 001 账套，“语言区域”默认为“简体中文”，“操作日期”为期初建账时间 2017-05-01，如图 2-34 所示。

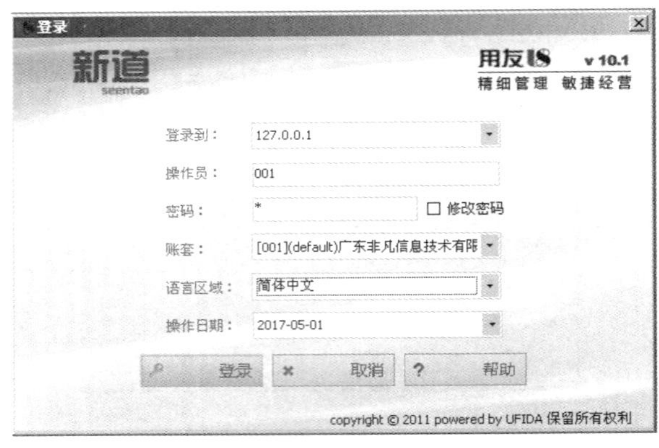

图 2-34　企业应用平台登录窗口

(2) 单击“登录”按钮，进入企业应用平台窗口，如图 2-35 所示。

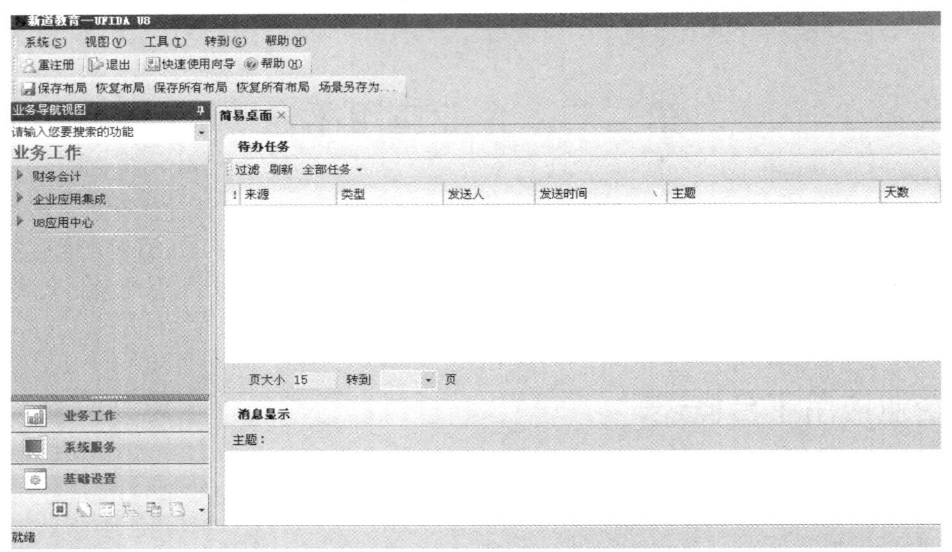

图 2-35　企业应用平台窗口

二、基础设置操作

1. 系统启用

系统启用可以表明企业在何时启用了哪些子系统，只有设置了系统启用的模块才可以登录。有两种方法可以设置系统启用：一种是在企业建账完成后立即进行系统启用；另一种是在建账结束后由账套主管在企业应用平台中进行系统启用的设置。

(1) 以账套主管的身份登录企业应用平台，在企业应用平台，窗口中执行“基础设置”→“基本信息”→“系统启用”命令，进入“系统启用”窗口，如图 2-36 所示。

系统启用

全启　刷新　退出

[001]广东非凡信息技术有限公司账套启用会计期间2017年5月

系统编码	系统名称	启用会计期间	启用自然日期	启用人
☑GL	总账	2017-05	2017-05-01	admin
□AR	应收款管理			
□AP	应付款管理			
□FA	固定资产			
□NE	网上报销			
□NB	网上银行			
□WH	报账中心			
□SC	出纳管理			
□CA	成本管理			
□PM	项目成本			
□FM	资金管理			
□BM	预算管理			
□CM	合同管理			
□PA	售前分析			
□SA	销售管理			
□PU	采购管理			
□ST	库存管理			
□IA	存货核算			

图 2-36 “系统启用”窗口

(2) 选中“总账”复选框，表示启用总账系统。

2. 基础档案

基础档案的设置应遵从一定的顺序，如图 2-37 所示。具体资料见实验二。

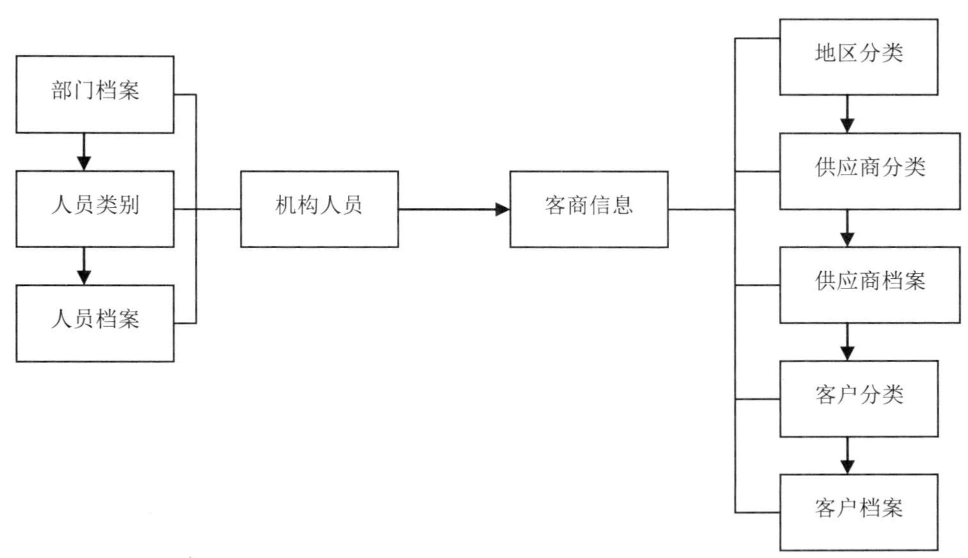

图 2-37　基础档案设置顺序

1) 部门档案设置

以账套主管的身份登录企业应用平台，执行“基础设置”→“基础档案”→“机构人员”→“部门档案”命令，根据实验二资料进行操作。

2) 人员类别设置

以账套主管的身份登录企业应用平台，执行“基础设置”→“基础档案”→“人员类别”命令，根据实验二资料进行操作。

3) 人员档案设置

以账套主管的身份登录企业应用平台，执行“基础设置”→“基础档案”→“机构人员”→“人员档案”命令，根据实验二资料进行操作。

4) 客户分类设置

以账套主管的身份登录企业应用平台，执行“基础设置”→“基础档案”→“客商信息”→“客户分类”命令，根据实验二资料进行操作。

5) 供应商分类设置

以账套主管的身份登录企业应用平台，执行“基础设置”→“基础档案”→“客商信息”→“供应商分类”命令，根据实验二资料进行操作。

6) 地区分类

以账套主管的身份登录企业应用平台，执行“基础设置”→“基础档案”→“客商信息”→“地区分类”命令，根据实验二资料进行操作。

7) 客户档案

以账套主管的身份登录企业应用平台，执行“基础设置”→“基础档案”→“客商信息”→“客户档案”命令，根据实验二资料进行操作。

8) 供应商档案

以账套主管的身份登录企业应用平台，执行“基础设置”→“基础档案”→“客商信息”→“供应商档案”命令，根据实验二资料进行操作。

特别提醒

(1) 所有档案建立时，应遵循事先设定的编码原则。

(2) 必须先建立客户分类、供应商分类档案，再建立客户档案、供应商档案。

三、数据权限设置

数据权限分配.mp4

数据权限控制设置是数据权限设置的前提，用户可以根据需要，先在数据权限默认设置表中选择需要进行权限控制的对象，系统将自动根据表中的选择在数据权限设置中显示所选对象。

【例 2-2】账套 001 中，设置操作员刘雪(004)只具有应收账款、预付账款、其他应收款、应付账款、预收账款科目的明细账查询权限，没有制单权限，具有所有部门的查询和录入权限。

(1) 以账套主管 001 的身份登录企业应用平台，执行“系统服务”→“权限”→“数据权限控制设置”命令，进入“数据权限控制设置”对话框，如图 2-38 所示。

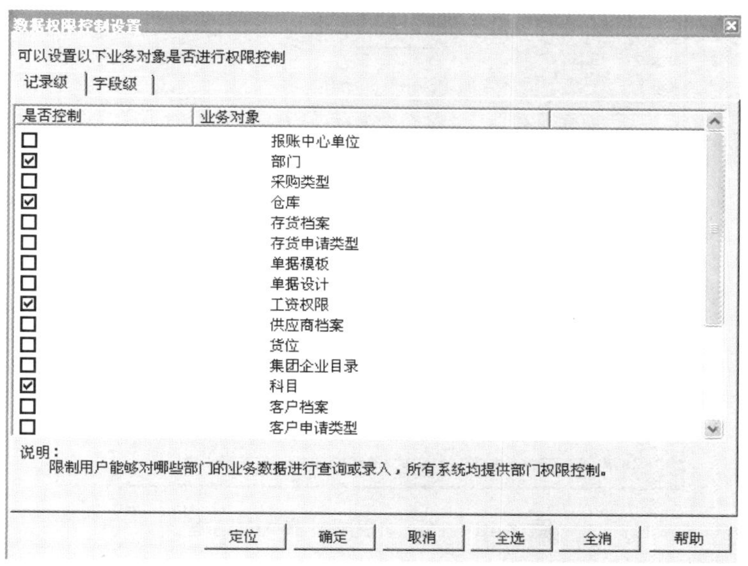

图 2-38　“数据权限控制设置”对话框

(2) 选择“记录级”选项卡，选中“部门”和“科目”两个复选框，表示需要对部门和科目进行记录级权限控制。单击“确定”按钮返回企业应用平台窗口。

(3) 在企业应用平台窗口中，选择“权限”→“数据权限分配”选项，进入“数据权限分配”界面，如图 2-39 所示。

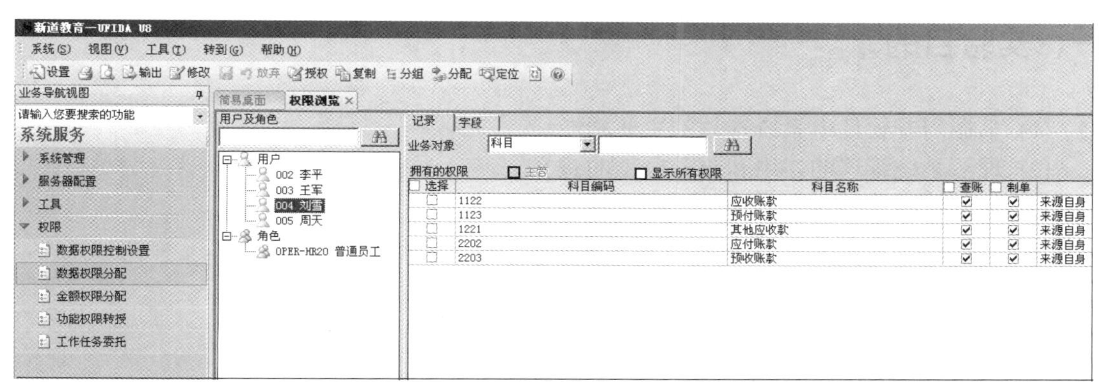

图 2-39　“数据权限分配”界面

(4) 在“数据权限分配”窗口左侧的“用户及角色”中选中“004 刘雪”，在“业务对象”下拉列表中选择“科目”，单击工具栏中的“授权”按钮，打开“记录权限设置”对话框。

(5) 选中“查账”复选框，分别从“禁用”列表框选中“应收账款”“预付账款”“其他应收款”“应付账款”和“预收账款”科目，单击 > 按钮，将其选入到“可用”列表框中，如图 2-40 所示，最后单击“保存”按钮。

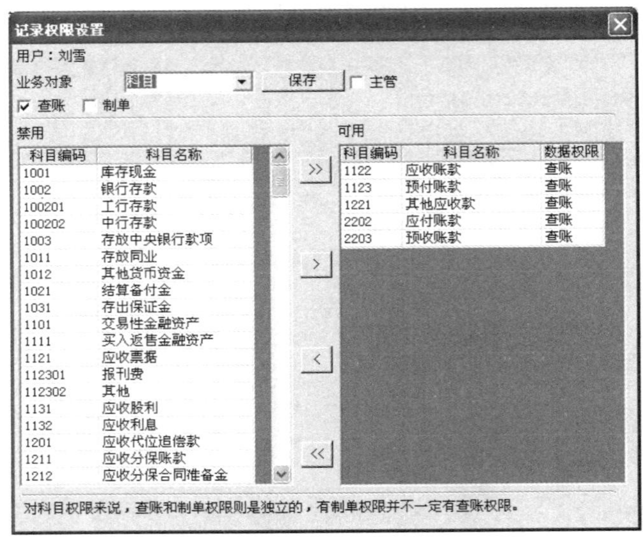

图 2-40 “记录权限设置”对话框

(6) 完成“科目”设置后，在“记录权限设置”对话框中，从“业务对象”下拉列表中选择“部门”项目，单击»按钮，将所有部门从“禁用”列表框选入“可用”列表框，单击“保存”按钮，操作完成。

第三节 实验一：系统管理

一、实验目的

(1) 掌握用友软件中系统管理的主要功能。
(2) 理解系统管理的作用和财务分工的意义。
(3) 能进行账套的建立、输出及引入等操作。

二、实验准备

(1) 已正确安装用友 U8 软件，准备好 U 盘。
(2) 修改计算机系统日期，使之与建账日期一致。

三、实验内容

1. 新建账套

1) 账套信息

账套号为 001，账套名称为“广东非凡信息技术有限公司”，账套路径采用默认，启用会计期间为 2017 年 5 月，会计期间设置为默认。

2) 单位信息

单位名称为“广东非凡信息技术有限公司”，单位简称为“广东非凡”，单位地址为“广东天河区 111 号”；法人代表为“王可”，税号为 201001201505001。

3) 核算类型

记账本位币为“人民币(RMB)”，企业类型为“工业”，行业性质为“2007 年新会计制度”，科目预置语言为“中文(简体)”，账套主管采用系统预置的 demo，选中“按行业性质预置科目”复选框。

4) 基础信息

该企业需要对存货、客户、供应商进行分类，需要进行外币核算。

5) 分类编码方案

科目编码级次：4222；客户分类编码级次：223；供应商分类编码级次：223；存货分类编码级次：1223；部门编码级次：122；地区分类编码级次：223；结算方式编码级次：12；收发类别编码级次：12。

6) 数据精度

存货数量、单价小数位数等均为 2。

7) 系统启用

启用总账系统，启用时间为 2017-05-01。

2. 财务分工

1) 001 张强

口令：1。

角色：账套主管。

操作权限：系统所有模块的全部权限。

2) 002 李平

口令：2。

所属部门：财务部。

角色：普通员工。

操作权限：财务会计—总账—凭证—出纳签字、总账—出纳。

3) 003 王军

口令：3。

所属部门：财务部

角色：普通员工。

操作权限：财务会计—总账、财务会计—应收款管理、财务会计—应付款管理的全部操作权限。

4) 004 刘雪

口令：4。

所属部门：销售部。

角色：普通员工。

操作权限：基本信息—公共单据、基本信息—公用目录设置、财务会计—总账、财务会计—应收款管理、财务会计—应付款管理、供应链—销售管理、供应链—采购管理、供应链—库存管理、供应链—存货核算的全部操作权限。

5) 005 周天

口令：5。

所属部门：采购部

角色：普通员工。

操作权限：与刘雪相同。

3. 修改账套

在系统管理中，以账套主管“001 张强”的身份登录“系统管理”窗口，执行“账套”→“修改”命令，查看账套修改窗口。

4. 备份账套

在 C 盘中新建文件夹，命名为“广东非凡信息技术有限公司”。在“系统管理”窗口中，以系统管理员 admin 身份登录，执行“账套”→“输出”命令，选择需要输出的账套 001，输出路径为“C:\广东非凡信息技术有限公司”。

5. 账套的引入

在“系统管理”窗口中，以系统管理员 admin 身份登录，执行“账套”→“引入”命令，选择引入路径，与前面的输出路径一致。

四、可能出现的问题及解决方法

问题：进行操作员权限分配时，无法选中复选框。

解决方法：先选中需要授权的人员，单击“修改”按钮，就可以授权了，如图 2-41 所示。

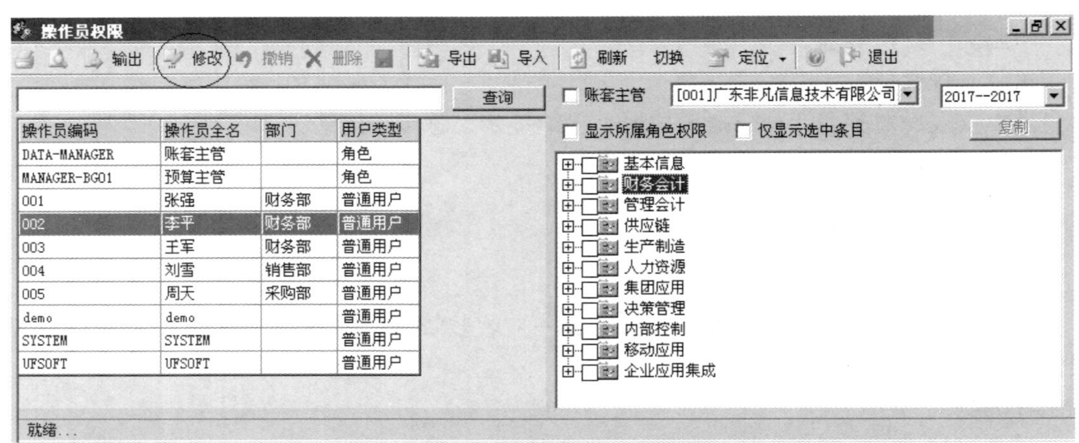

图 2-41 操作员权限的设置

第四节　实验二：基础设置

一、实验目的

(1) 掌握用友软件中企业应用平台的主要功能。
(2) 理解基础设置的顺序和财务分工的意义。
(3) 掌握基础设置的操作技能。

二、实验准备

(1) 检查 ERP-U8 系统服务和 SQL Server 是否已经启动。
(2) 引入实验一的备份账套。

三、实验内容

1. 部门档案

根据表 2-2 所示的资料完成部门档案设置。

表 2-2　部门档案设置表

编　码	名　称
1	综合部
101	总经理办公室
102	财务部
2	供销部
201	采购部
202	销售部
3	生产部
301	一车间
302	二车间

2. 正式工类别

根据表 2-3 所示的资料完成正式工类别设置。

表 2-3　正式工类别设置表

档案编码	档案名称
10101	企业管理人员
10102	经营人员
10103	车间管理人员
10104	生产人员

3. 人员档案

根据表 2-4 所示的资料完成人员档案设置，其中所有人员的“雇佣状态”均为“在职”。

表 2-4 人员档案设置表

编　号	姓　名	性　别	部　门	人员类别	是否业务员
001	张强	男	财务部	企业管理人员	是
002	李平	女	财务部	企业管理人员	是
003	王军	男	财务部	企业管理人员	是
004	刘雪	女	销售部	经营人员	是
005	周天	男	采购部	经营人员	是
006	李明	男	总经理办公室	企业管理人员	是
007	赵亮	男	采购部	经营人员	是
008	潘静	女	销售部	经营人员	是

4. 客户分类

根据表 2-5 所示的资料完成客户分类设置。

表 2-5 客户分类设置表

编　码	名　称
01	批发
02	零售

5. 供应商分类

根据表 2-6 所示的资料完成供应商分类设置。

表 2-6 供应商分类设置表

编　码	名　称
01	电脑配件供应商
02	散件供应商
03	包装材料供应商

6. 地区分类

根据表 2-7 所示的资料完成地区分类设置。

表 2-7 地区分类设置表

编　码	名　称
01	华东地区
02	华南地区
03	华北地区

续表

编　码	名　称
04	东北地区
05	西南地区
06	西北地区

7. 客户档案

根据表 2-8 所示的资料完成客户档案设置。

表 2-8　客户档案设置表

客户编码	客户简称	所属地区	所属分类	税　号	客户信息			
					地　址	邮政编码	分管部门	专管业务员
001	新华公司	03	01	0106001234567	海淀区上地路 110 号	100077	销售部	刘雪
002	思诚公司	01	01	0202001234567	徐汇区天平路 8 号	200032	销售部	刘雪
003	进取公司	02	02	0212001234567	海珠区大学城 90 号	510006	销售部	潘静
004	黑马公司	05	02	0282001234567	锦江区春熙路 11 号	610011	销售部	潘静

8. 供应商档案

根据表 2-9 所示的资料完成供应商档案设置。

表 2-9　供应商档案设置表

供应商编码	供应商简称	所属分类码	所属地区	税　号	开户银行	银行账号	联　系			
							地　址	邮政编码	分管部门	专管业务员
001	智慧公司	01	03	1101234567	建行	31012345	北京东城区东单三条 8 号	100005	采购部	周天
002	至诚公司	02	04	2001234567	工行	41012345	吉林新华南一区 11 号	132001	采购部	周天
003	仁恒公司	03	05	3101234567	中行	51012345	重庆江北区柳荫街 20 号	401147	采购部	赵亮
004	世博公司	01	06	2301234567	建行	61012345	西安雁塔区乐游路 96 号	710054	采购部	赵亮

9. 数据权限分配

在账套 001 中，设置操作员“004 刘雪”只具有应收账款、预付账款、其他应收款、应付账款、预收账款科目的明细账查询权限，没有制单权限，具有所有部门的查询和录入权限。

设置操作员“003 王军”具有所有部门的查询和录入权限。

四、可能出现的问题及解决方法

问题 1：增加人员类别时，在“档案编码”中输入 10101，“档案名称”中输入“企业管理人员”后系统提示“档案编号不规范，编码长度应该为 3 位”。

问题原因：进入“人员类别”窗口时，没有选定 101～103 中的任何一类，直接单击“增加”按钮，如图 2-42 所示。

人员类别

序号	档案编码	档案名称	档案简称	档案简拼	档案级别	上级代码	是否自定义	是否有下级	是否显示	备注
1	101	正式工	正式工	ZSG	0		用户	否	是	
2	102	合同工	合同工	HTG	0		用户	否	是	
3	103	实习生	实习生	SXS	0		用户	否	是	

图 2-42　未选定人员类别

此时新增的是除了“合同工”“实习生”和“正式工”之外的第四类，档案编码为 3 位。

解决方法：先单击选中窗口左侧人员类别(HR_CT000)中的“正式工”，再单击“增加”按钮，如图 2-43 所示。

人员类别

序号	档案编码	档案名称	档案简称	档案简拼	档案级别	上级代码	是否自定义	是否有下级	是否显示	备注
1	101	正式工	正式工	ZSG	0		用户	否	是	

图 2-43　选定人员类别

问题 2：人员档案增加完成后，在人员列表窗口中，有的人员“业务或费用部门名称”栏为空，如图 2-44 所示。

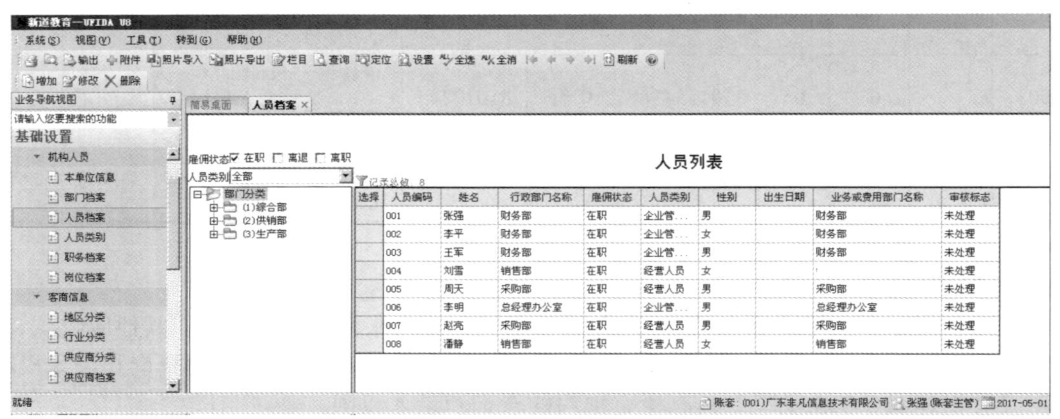
人员列表

选择	人员编码	姓名	行政部门名称	雇佣状态	人员类别	性别	出生日期	业务或费用部门名称	审核标志
	001	张强	财务部	在职	企业管...	男		财务部	未处理
	002	李平	财务部	在职	企业管...	女		财务部	未处理
	003	王军	财务部	在职	企业管...	男		财务部	未处理
	004	刘雪	销售部	在职	经营人员	女			未处理
	005	周天	采购部	在职	经营人员	男		采购部	未处理
	006	李明	总经理办公室	在职	企业管...	男		总经理办公室	未处理
	007	赵亮	采购部	在职	经营人员	男		采购部	未处理
	008	潘静	销售部	在职	经营人员	女		销售部	未处理

图 2-44　修改前的人员列表

解决方法：单击需要修改的人员(如 004 刘雪)，单击工具栏“修改”按钮，进入“人员档案”窗口，选中“是否业务员”复选框，如图 2-45 所示。

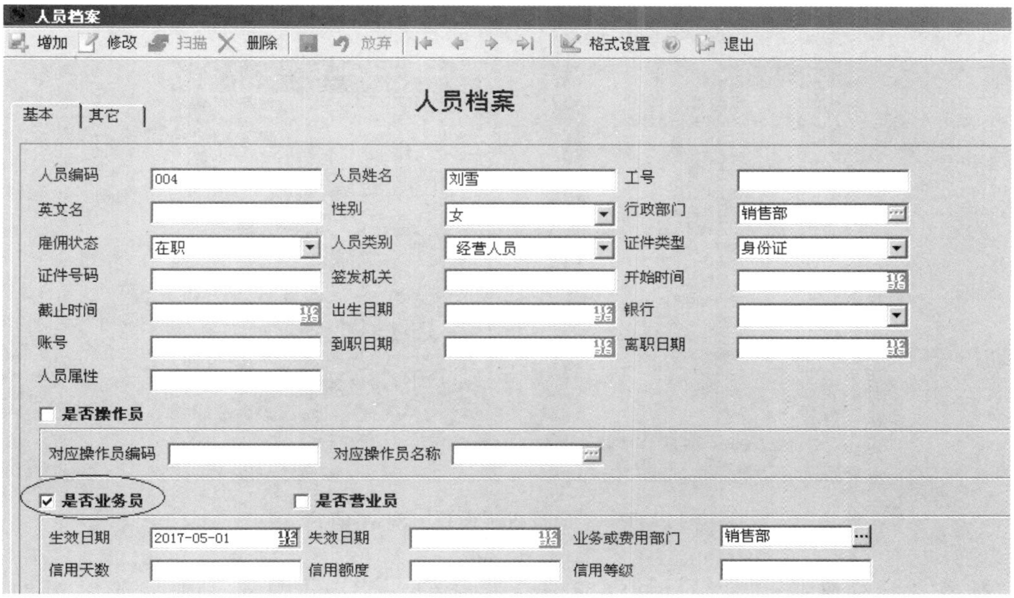

图 2-45　“人员档案”窗口

单击“保存”按钮后退出，如图 2-46 所示。

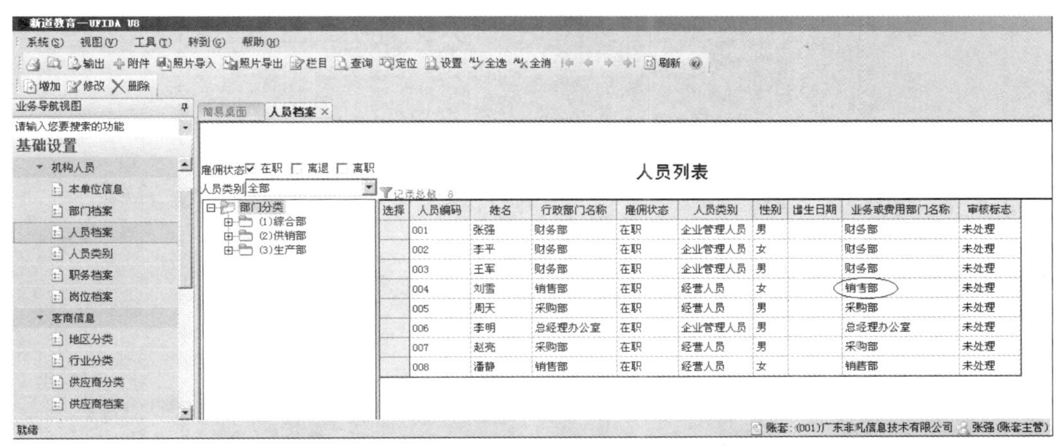

人员列表

选择	人员编码	姓名	行政部门名称	雇佣状态	人员类别	性别	出生日期	业务或费用部门名称	审核标志
	001	张强	财务部	在职	企业管理人员	男		财务部	未处理
	002	李平	财务部	在职	企业管理人员	女		财务部	未处理
	003	王军	财务部	在职	企业管理人员	男		财务部	未处理
	004	刘雪	销售部	在职	经营人员	女		销售部	未处理
	005	周天	采购部	在职	经营人员	男		采购部	未处理
	006	李明	总经理办公室	在职	企业管理人员	男		总经理办公室	未处理
	007	赵亮	采购部	在职	经营人员	男		采购部	未处理
	008	潘静	销售部	在职	经营人员	女		销售部	未处理

图 2-46　修改后的人员列表

问题 3：给操作员“004 刘雪”授权时，把应收账款、预付账款、其他应收款、应付账款、预收账款科目的明细账查询权限和制单权限一起授权了，如何取消制单权限？

解决方法：

① 在“数据权限分配”窗口中，选中 004 刘雪，单击工具栏“授权”按钮，进入“记录权限设置”对话框，如图 2-47 所示。

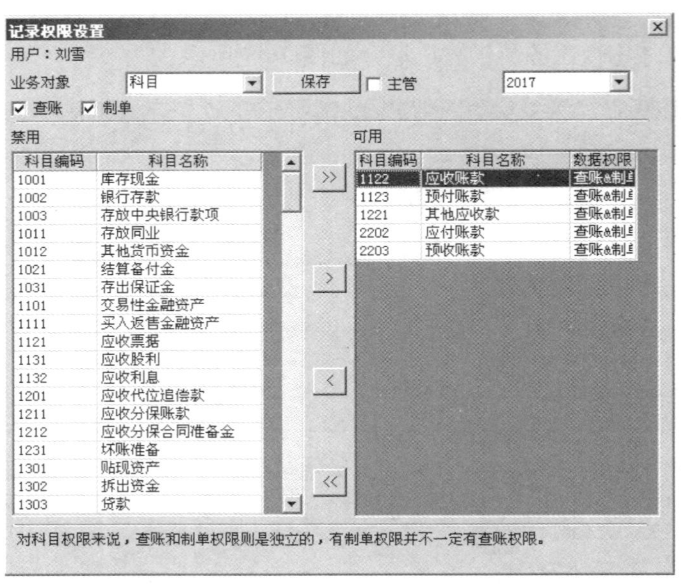

图 2-47 “记录权限设置”对话框(1)

② 在“记录权限设置”对话框中单击<<按钮，将应收账款、预付账款、其他应收款、应付账款、预收账款科目从“可用”还原到“禁用”状态，此时取消选中“制单”复选框，如图 2-48 所示。

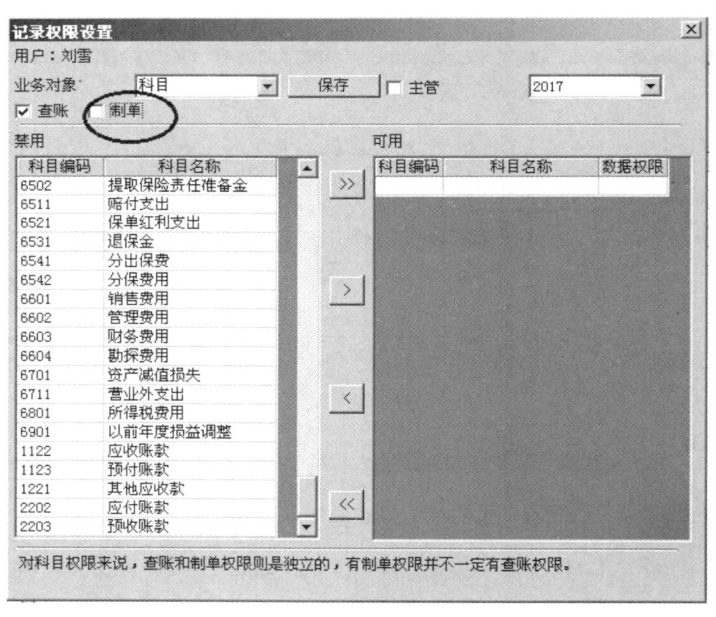

图 2-48 “记录权限设置”对话框(2)

③ 选定“应收账款”“预付账款”“其他应收款”“应付账款”和“预收账款”科目，单击>按钮，从“禁用”输出到“可用”状态，单击“保存”按钮后退出。

第三章 总账管理系统

【学习目标】

通过本章的学习，应理解总账系统的主要功能及操作流程，掌握总账系统的初始化设置，凭证的填制、修改及审核，出纳业务及总账系统的期末业务处理等操作。

总账系统又叫账务处理子系统，是会计信息系统的核心部分。总账系统以记账凭证为原始数据，通过对记账凭证的输入和处理，完成记账、结账以及对账工作，输出总分类账、日记账、明细账和有关辅助账，主要功能是进行凭证管理、账簿管理、个人往来款项管理、部门管理、项目核算和出纳管理等。

第一节 总账系统概述

一、总账系统的主要功能

总账系统的任务，是通过对会计科目与各类会计凭证、会计账簿等进行初始化设置，把一个通用的账务处理系统转化为能适合本单位会计核算要求的专用账务处理系统，在此基础上，输入和审核各类会计凭证，登记和管理各类总账、日记账和明细账，进行年终结转等日常账务处理，为本单位进行财务管理和经营管理提供基础性会计数据和其他管理信息资料。

总账系统的主要功能包括初始设置、凭证管理、出纳管理、账簿管理、辅助核算管理和期末处理等。

二、总账系统与其他系统的关系

总账系统既可独立运行，也可同其他系统协同运转。它既是会计信息系统的控制中心，又是传输中心，其他子系统的工作必须在总账系统中进行汇总、传递，总账系统的结构控制方式和接口好坏将影响到其他各子系统，它们之间的关系如图 3-1 所示。

其中，总账系统与应收/应付系统、固定资产系统、工资系统、成本系统、结算中心之间都设有接口，可接收其他系统生成的凭证。总账系统与 UFO 报表系统、决策支持系统、财务分析系统之间也设有接口，以提供财务数据，生成财务报表和其他财务分析表。

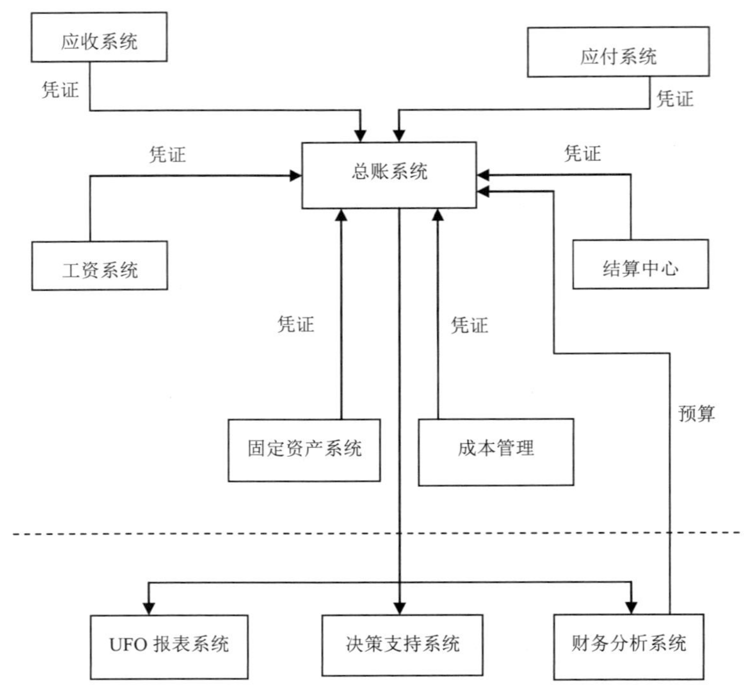

图 3-1　总账系统与其他系统的关系

三、总账系统的主要特征

总账系统具有以下主要特征。

1. 规范性强，易于通用化

总账系统采用复式记账法，并满足基本处理原则：“有借必有贷，借贷必相等”；也满足：“资产=负债+所有者权益”等会计等式。不同企事业单位虽然业务量不同，登记总账的方法也不同，但账簿格式内容却基本相同。因此，总账系统有很好的通用性。

2. 综合性强

会计信息系统中的其他子系统是局部反映供产销过程中某个经营环节或某类经济业务的。这些子系统不仅采用货币作为计量单位，而且广泛使用实物数量指标，从价值的视角综合、全面、系统地反映企业供产销的信息。因此，总账系统产生的信息具有很强的综合性和概括性。

3. 集成性要求高

总账系统处理账务的基础是原始凭证，而原始凭证来自各个子系统，这就要求总账系统与其他子系统保持高度的集成性，不仅能够从其他子系统中获取信息，而且能够向其他子系统传递信息，起到数据交互的桥梁作用。

4. 准确性要求高

由于总账系统主要内容是集中处理反映企业单位全面经济活动的综合性信息，所产生的账表要提供给投资者、债权人、管理人员、财政部门和税务部门等。因此，必须保证总账系统处理数据的准确性和结果的真实性。正确的报表数据来自正确的账簿，正确的账簿来自正确的凭证。因此，必须从记账凭证开始，对总账系统各个环节进行控制，防止错误的发生。

四、总账系统的操作流程

总账系统的操作流程如图 3-2 所示。

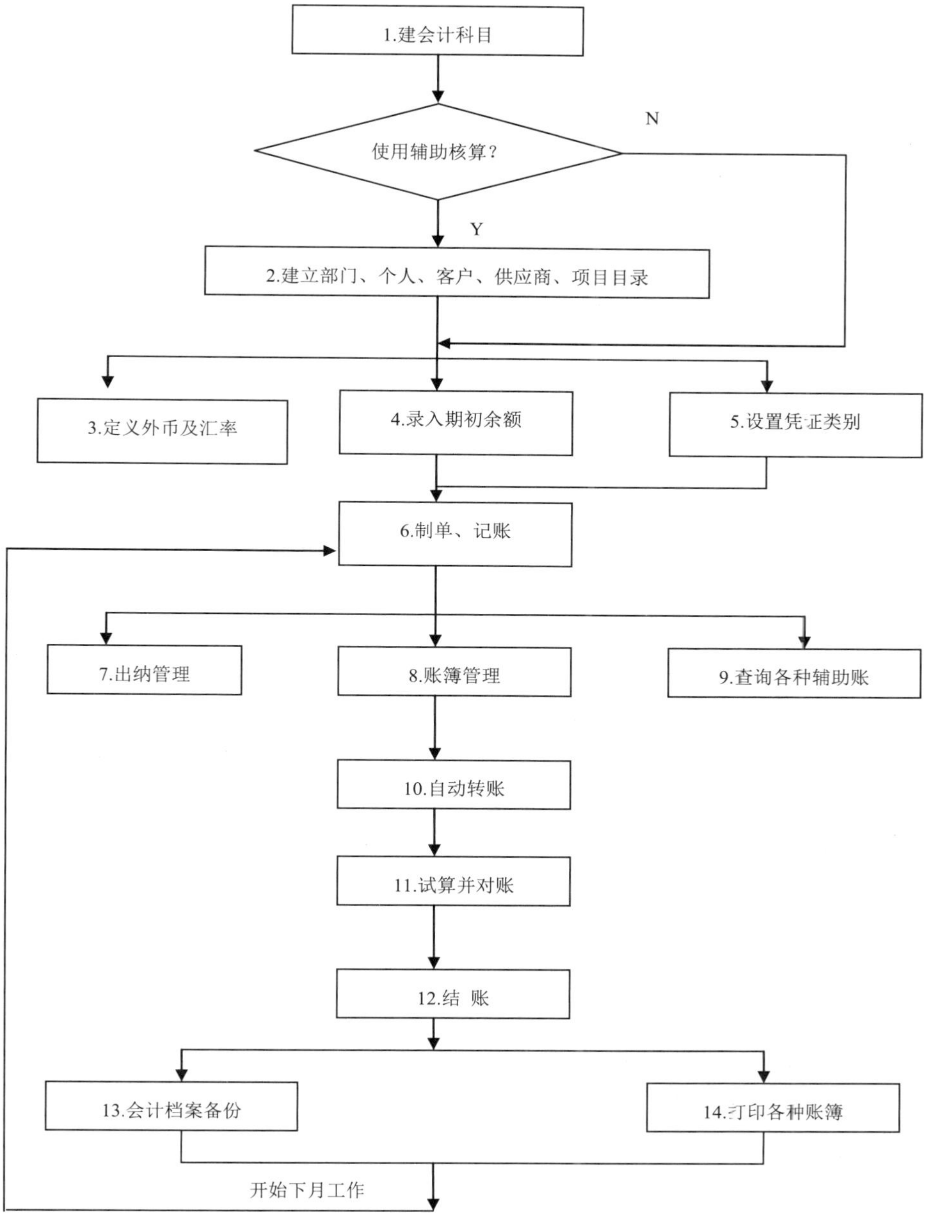

1.建会计科目

使用辅助核算？

N

Y

2.建立部门、个人、客户、供应商、项目目录

3.定义外币及汇率

4.录入期初余额

5.设置凭证类别

6.制单、记账

7.出纳管理

8.账簿管理

9.查询各种辅助账

10.自动转账

11.试算并对账

12.结　账

13.会计档案备份

14.打印各种账簿

开始下月工作

图 3-2　总账系统的操作流程

第二节　总账系统的初始化设置

总账系统初始化设置的主要内容包括单位会计核算体系的建立和期初账务处理数据的录入。基本程序包括：设置系统参数、定义外汇及汇率、设置会计科目、定义结算方式、设置凭证类别、设置项目目录和录入期初余额等。

一、设置系统参数

系统参数对账务处理的规则进行预先设定，用以规定如何使用总账系统，使总账系统的功能与控制符合企业的实际需要。控制参数包括的选项有会计日历、凭证、账簿和其他等。

在企业应用平台中，以账套主管的身份登录并执行“基础设置”→“业务参数”→“财务会计”→“总账”命令，进入系统参数设置对话框，如图 3-3 所示。

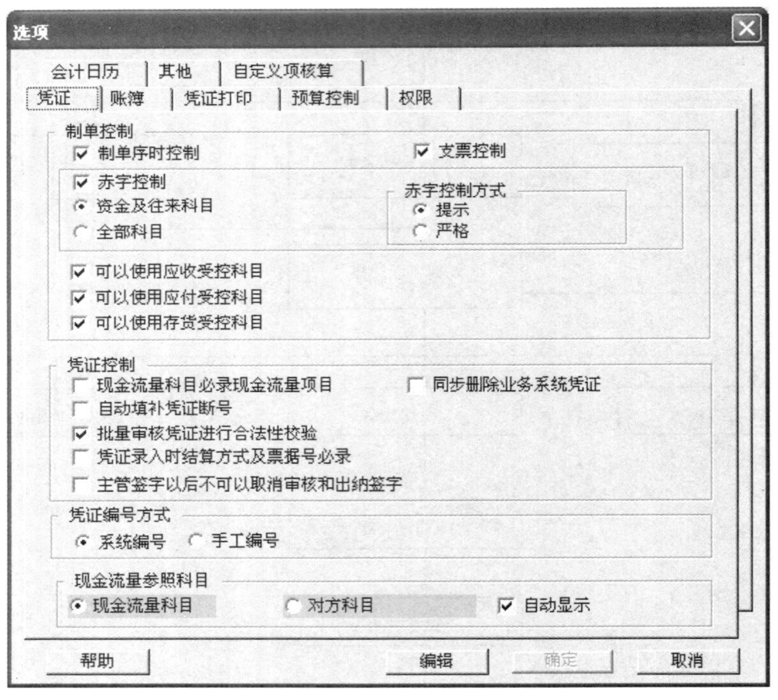

图 3-3　系统参数的设置

进入系统参数设置对话框后，首先显示的是“凭证”选项卡的内容，企业可根据自身需要进行设置，如果需要设置某个选项，只需将对应选项前的复选框选中即可。

1. “凭证”选项卡

1) 制单控制

(1) 制单序时控制。表示制单时凭证编号必须按日期顺序排列。例如，5 月 25 日编制到第30号凭证，则5月26日只能开始编制第31号凭证，即制单序时。如果有特殊需要，则可以将其改为不序时制单。

(2) 支票控制。若选择此项，则在制单时使用银行科目编制凭证，系统针对票据管理的结算方式进行登记，如果录入支票号在支票登记簿中已存在，则系统提供登记支票报销的功能；否则，系统提供支票登记簿的功能。

(3) 赤字控制。若选择了此项，在制单时，当“资金及往来科目”或“全部科目”的最新余额出现负数时，则系统将予以提示。该项提供了“提示”和“严格”两种方式，企业可根据管理的需要进行选择。

(4) 可以使用其他系统受控科目。这些选项是指某科目为其他系统的受控科目，为了防止重复制单，只允许其受控系统使用此科目进行制单，总账系统是不能使用此科目制单的。因此，如果希望在总账系统中也能使用这些科目填制凭证，则应选择此项。但需要注意的是，总账和其他业务系统使用了受控科目会引起受控系统与总账对账不平。

2) 凭证控制

(1) 现金流量科目必录现金流量项目。选择此项后，在录入凭证时，如果使用现金流量科目，则必须输入现金流量项目及金额。

(2) 自动填补凭证断号。如果选择凭证编号方式为系统编号，则在新增凭证时，系统按凭证类别自动查询本月的第1个断号，并默认为本次新增凭证的凭证号，如无断号，则为新号，与原编号规则一致。

(3) 批量审核凭证进行合法性校验。批量审核凭证是针对凭证进行二次审核，提高凭证输入的正确率，合法性校验与保存凭证时的合法性校验相同。

(4) 凭证录入时结算方式及票据号必录。该项为凭证录入控制，防止凭证录入错误，有客户供应商往来的科目和银行科目在录入凭证时，受此控制。

(5) 主管签字以后不可以取消审核和出纳签字。如果选择了这一项，则账套主管已签字的凭证是不能取消“审核”和“出纳签字”的。如需要修改凭证，需要取消主管签字(详见本章第三节中关于“修改凭证”的内容)。

3) 凭证编号方式

系统在“填制凭证”功能中一般按照凭证类别按月自动编制凭证编号，即“系统编号”；但有的企业需要系统允许在制单时手工录入凭证编号，即“手工编号”。

2. “权限”选项卡

在“选项”对话框中选择“权限”选项卡，系统显示“权限”选项卡内容，如图3-4所示，用户可进行权限参数的设置。

(1) 制单权限控制到科目。首先要在系统管理的“功能权限”中设置科目权限，再选择此项，权限设置才有效。选择此项后，制单时操作员只能使用具有相应制单权限的科目进行制单。

(2) 制单权限控制到凭证类别。必须在系统管理的“功能权限”中设置凭证类别权限，再选择此项，权限设置才有效。选择此项后，制单时只显示此操作员有权限的凭证类别。同时，在凭证类别参照中按人员的权限过滤出有权限的凭证类别。

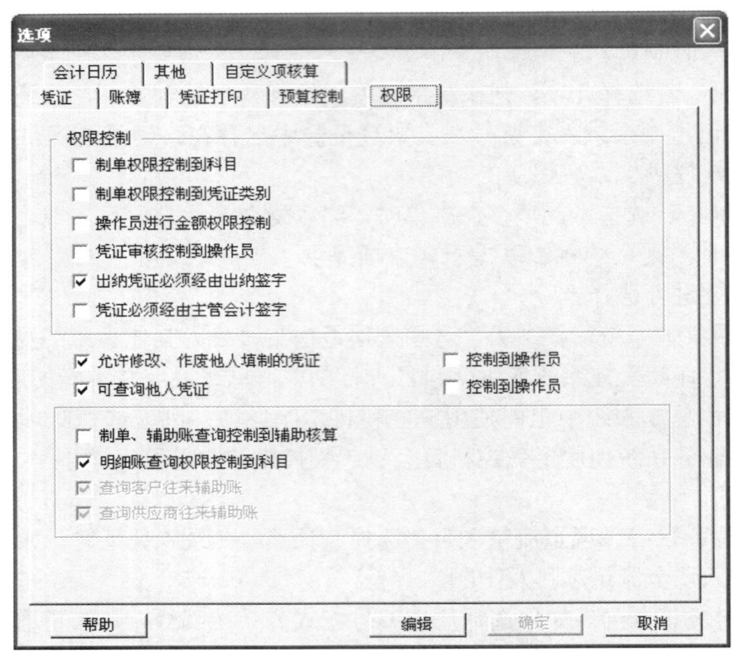

图 3-4　“权限”选项卡

(3) 操作员进行金额权限控制。选择此项，可以对不同级别的人员进行金额大小的控制。例如，财务主管可以对 10 万元以上的经济业务制单，一般财务人员只能对 5 万元以下的经济业务制单，这样可以减少由于不必要的责任事故带来的经济损失。若为外部凭证或常用凭证调用生成，则处理与预算处理相同。

(4) 凭证审核控制到操作员。若只允许某操作员审核其本部门操作员填制的凭证，则应选择此选项。

(5) 出纳凭证必须经由出纳签字。若要求现金、银行科目凭证必须由出纳人员核对签字后才能记账，则选择“出纳凭证必须经由出纳签字”复选框。

(6) 凭证必须经由主管会计签字。如要求所有凭证必须由主管签字后才能记账，则选择“凭证必须经主管签字”复选框。

(7) 允许修改、作废他人填制的凭证。若选择了此项，则在制单时，可修改或作废别人填制的凭证；否则，不能修改。

(8) 可查询他人凭证。若允许操作员查询他人的凭证，则选择“可查询他人凭证”复选框。

(9)制单、辅助账查询控制到辅助核算。设置此项权限，在制单时才能使用有辅助核算属性的科目录入分录，在辅助账查询时只能查询有权限的辅助项内容。

(10) 明细账查询权限控制到科目。这里是权限控制的开关，在系统管理中设置明细账查询权限，必须在总账系统选项中打开，才能起到控制作用。

3. “账簿”选项卡

在“选项”对话框中选择“账簿”选项卡，系统显示“账簿”选项卡内容，如图 3-5 所示。

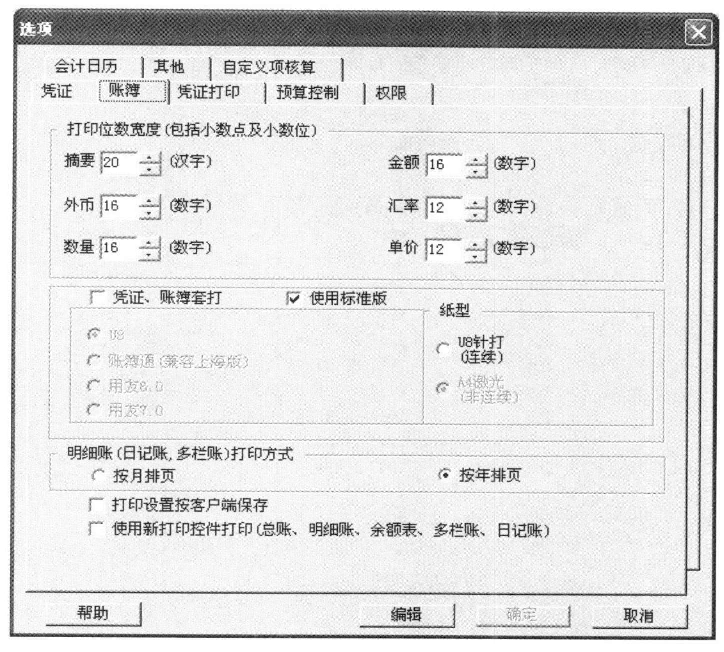

图 3-5　“账簿”选项卡

1) 打印位数宽度

定义正式账簿打印时各栏目的宽度，包括摘要、金额、外币、汇率、数量和单价。

2) 明细账(日记账、多栏账)打印输出方式

打印正式明细账、日记账或多栏账时，系统提供“按月排页”和“按年排页”两种打印格式。“按月排页”即打印时每月账页的起始页码均从第一页开始往下编号；“按年排页”即打印时从本会计年度的第一个会计月份开始将明细账按顺序排页，再将打印月份范围所在页的账簿打印输出，打印起始页号为所打印月份在全年总排页码中的页号。若所选择月份范围不是第一个月，则打印结果的页号有可能不是从第一页开始排。

3) 凭证、账簿套打

所谓套打，是指将待打印内容打印在事先印制好格线的专门打印纸上。系统提供四种套打纸型，适合用各种打印机输出管理用的表单和账簿。

4) 打印设置按客户端保存

当有多个用户在使用多台不同型号的打印机时，选择此项则按照每个用户自己的打印机类型和打印选项设置，打印凭证和账簿。

4. “会计日历”选项卡

在“选项”对话框中选择“会计日历”选项卡，系统显示“会计日历”选项卡内容，如图 3-6 所示。此处仅能查看各会计期间的开始日期与结束日期，以及启用会计年度和启用日期，如需修改，请到系统管理中进行。

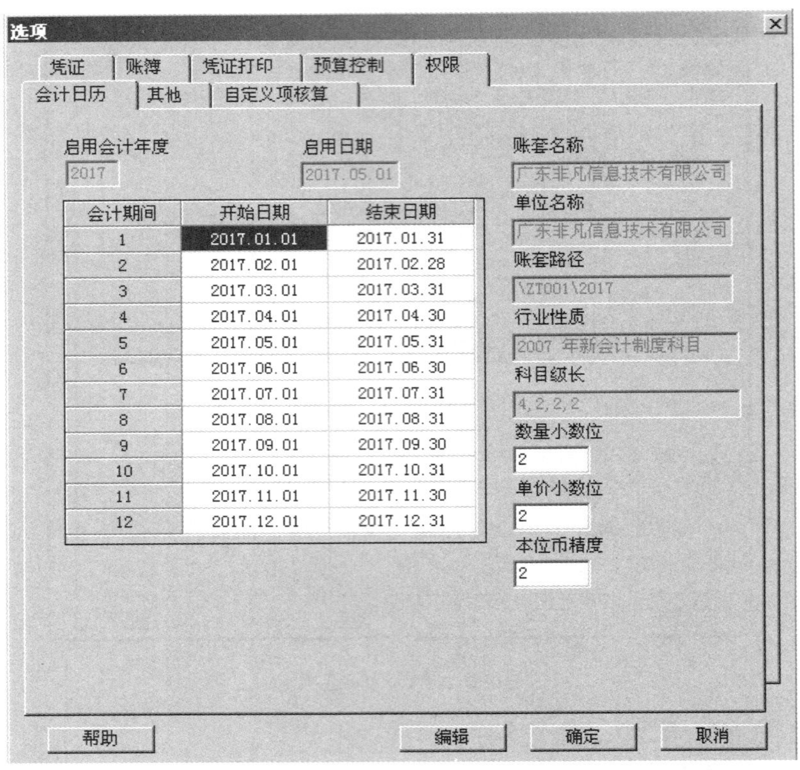

图 3-6 “会计日历”选项卡

在这里需要注意的是，总账系统的启用日期不能在系统的用户日期之前；已录入汇率后不能修改总账的启用日期；总账中已录入期初余额(包括辅助期初)则不能修改总账启用日期；总账中已制单的月份不能修改总账的启用日期，其他系统中已制单的月份不能修改总账的启用日期；第二年进入系统，不能修改总账的启用日期。

此外，还可以看到在建立账套时的一些信息，如账套名称、单位名称、账套存放的路径、行业性质和定义的科目级长等。

5. “预算控制”选项卡

在“选项”对话框中选择“预算控制”选项卡，系统显示“预算控制”选项卡内容，如图 3-7 所示。该选项卡提供了“预算管理系统”和“专家财务评估”两个选项，可进行预算控制的设置。

1) 预算管理系统

预算控制是否有效以及具体的控制方式，与是否安装了预算管理系统有关。如果选中“外部系统严格控制”复选框，外部系统生成凭证时使用的科目由预算控制，如果超预算，系统会有提示。如果选中“审核时控制”单选按钮，在审核凭证时，若超预算，系统会提示或审核不通过。

2) 专家财务评估

预算控制是否有效在此选择，但“精细预算控制”和“粗放预算控制”只能在“专家财务评估”系统中进行设置，“总账”系统中不能设置。我们在进行本章实验时，一般选择“超出预算允许保存”复选框即可。

6. 其他参数设置

在“选项”对话框中选择“其他”选项卡，系统显示“其他”选项卡内容，如图 3-8 所示。

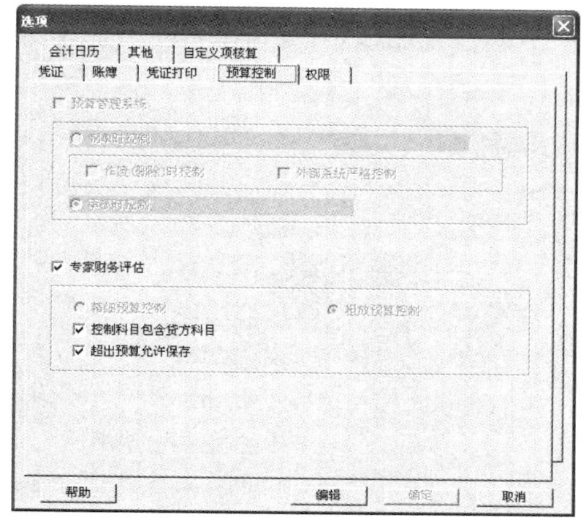

图 3-7　“预算控制”选项卡

图 3-8　“其他”选项卡

1) 外币核算

如果企业有外币业务，则应选择相应的汇率方式：固定汇率和浮动汇率。“固定汇率”是指在制单时，一个月只按一个固定的汇率折算本位币金额；“浮动汇率”是指在制单时，按当日汇率折算本位币金额。

2) 本位币

我们可以在这里输入核算的本位币的币符和币名。例如，如果企业核算本位币是人民币，那么币符为 RMB，币名为“人民币”。

3) 排序方式

(1) 部门排序方式。在查询部门账或参照部门目录时，是按部门编码排序还是按部门名称排序，可以根据需要在这里设置。

(2) 个人排序方式。在查询个人账或参照个人目录时，是按个人编码排序还是按个人名称排序，可以根据需要在这里设置。

(3) 项目排序方式。在查询项目账或参照项目目录时，是按项目编码排序还是按项目名称排序，可以根据需要在这里设置。

4) 分销联查凭证 IP 地址

在这里输入分销系统的网址，可以联查分销系统的单据。

7. 自定义项为辅助核算

选中“自定义核算”选项卡中的此项，则可得期初录入科目按自定义项组合的期初余额，在年结时，可以按科目自定义项组合结转科目期末余额。

二、定义外币及汇率

企业如有外币业务，就要进行外币及汇率的设置。以美元为例，假定 5 月初的固定汇率为 1:6.37。

在企业应用平台的“基础设置”选项卡中，执行“基础档案”→“财务”→“外币设置”命令，打开“外币设置”窗口，这里选中“固定汇率”单选按钮，输入“币符”为 USD，“币名”为“美元”，如图 3-9 所示。

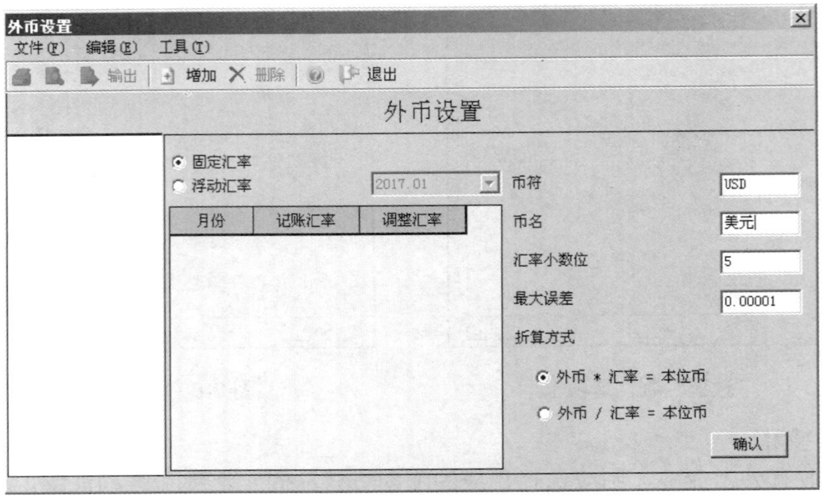

图 3-9 “外币设置”窗口

单击“增加”按钮，在对话框左侧选中“美元”选项，在中间窗格的 2017.05 右侧栏中输入 6.37，如图 3-10 所示。

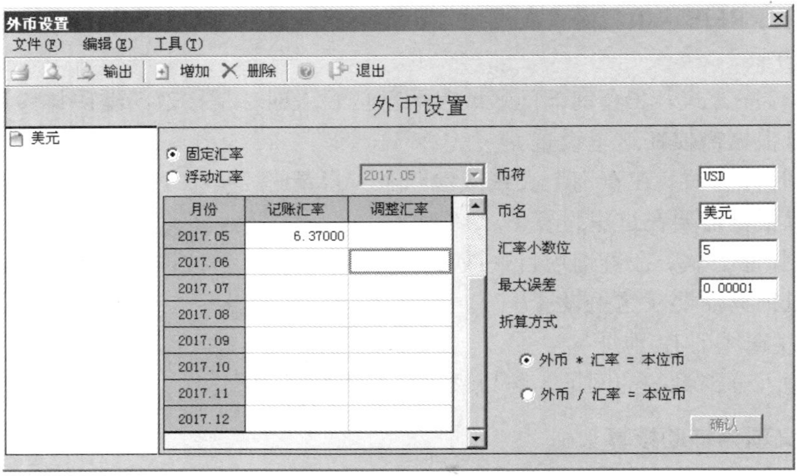

图 3-10 外币汇率的设置

三、设置会计科目

会计科目是对会计对象具体内容分门别类进行核算所规定的项目，是填制会计凭证、登记会计账簿和编制会计报表的基础。设置会计科目是会计核算方法之一，用户应根据需要在总账初始化中设置会计科目。

在企业应用平台的“基础设置”选项卡中，执行“基础档案”→“财务”→“会计科目”命令，打开“会计科目”窗口，用户可以根据业务的需要进行指定会计科目、增加科目、修改科目和删除科目等操作，如图 3-11 所示。

会计科目

文件(F)　编辑(E)　查看(V)　工具(T)

输出　增加　删除　查找　修改　退出

会计科目

科目级长 4-2-2-2　　科目个数 156

全部 | 资产 | 负债 | 共同 | 权益 | 成本 | 损益

级次	科目编码	科目名称	外币币种	辅助核算	银行科目	现金科目	计量单位	余额方向	受控系统	是否封存
1	1001	库存现金						借		
1	1002	银行存款						借		
1	1003	存放中央银行款项						借		
1	1011	存放同业						借		
1	1012	其他货币资金						借		
1	1021	结算备付金						借		
1	1031	存出保证金						借		
1	1101	交易性金融资产						借		
1	1111	买入返售金融资产						借		
1	1121	应收票据						借		
1	1122	应收账款						借		
1	1123	预付账款						借		
1	1131	应收股利						借		
1	1132	应收利息						借		
1	1201	应收代位追偿款						借		
1	1211	应收分保账款						借		
1	1212	应收分保合同准备金						借		
1	1221	其他应收款						借		
1	1231	坏账准备						贷		
1	1301	贴现资产						借		

图 3-11　“会计科目”窗口

1. 修改科目

系统预置的会计科目是按照国家相关法律法规规定设置的通用的常规科目，不能完全满足企业自身核算和管理的需要，通常都要进行修改会计科目的操作。在“会计科目”窗口中选中需要修改的科目，如 1122 应收账款，单击“修改”按钮，即可进入“会计科目_修改”对话框，如图 3-12 所示。

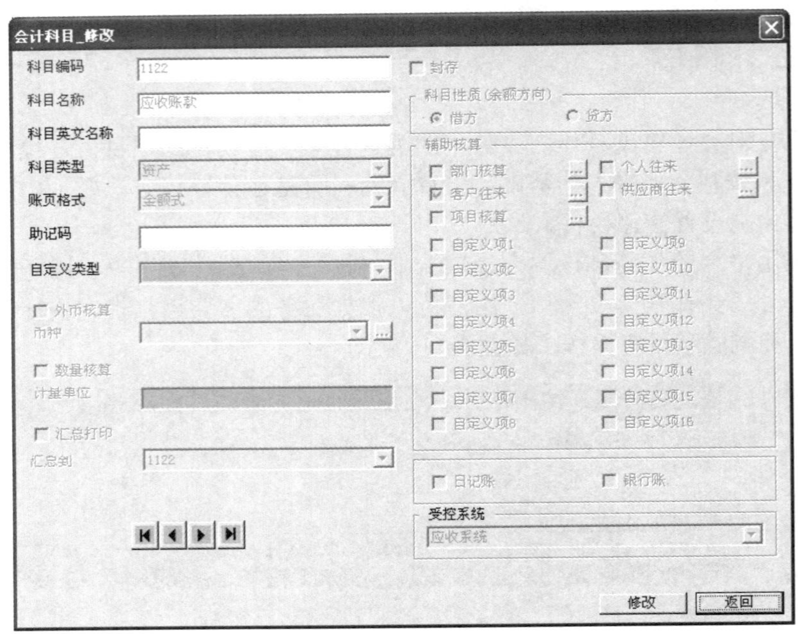

图 3-12 “会计科目_修改”对话框

此时，对话框右下角显示“修改”和“返回”两个按钮，单击“修改”按钮，即可进入科目修改的可编辑状态，右下角的按钮变为“确定”和“取消”按钮。依次对各科目进行修改后，单击“确定”按钮，即可保存修改结果。

特别提醒

需要注意的是，非末级会计科目、已经使用过的会计科目不能再修改科目编码；若需要对已经录入期初余额的会计科目进行修改，则必须首先回到余额录入窗口，将余额清零后，再回到会计科目窗口进行修改。

2. 增加会计科目

在会计科目使用前，首先要检查系统预置的会计科目能否满足需要，如果不能满足需要，则通常都要进行增加会计科目的操作。在“会计科目”窗口中单击“增加”按钮，即可进入“新增会计科目”对话框，如图 3-13 所示。

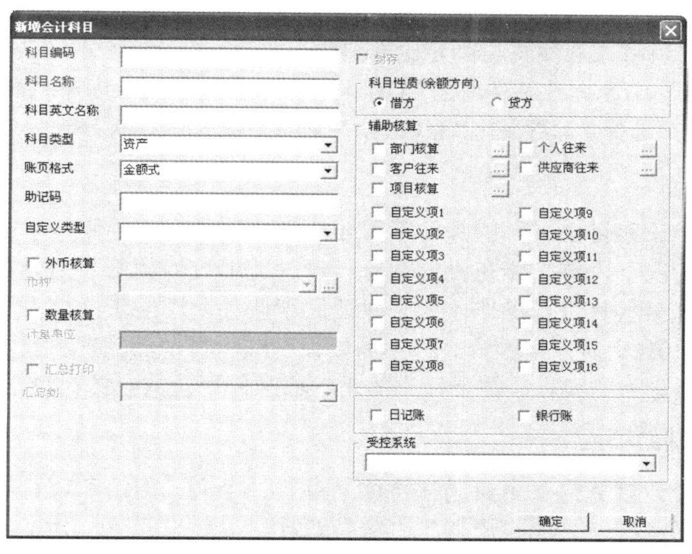

图 3-13　“新增会计科目”对话框

用户需要在对话框中录入“科目编码”和“科目名称”。对会计科目是否设有外币核算、数量核算或辅助核算进行选择，若有这些核算单位要求，则选中对应的复选框。“科目性质”通常由系统根据录入的科目编码进行判断，若增加的是明细科目，则用户不能修改。相关信息录入完毕，单击“确定”按钮，系统自动按科目编码顺序保存增加的会计科目。

3. 指定会计科目

指定科目主要是指定出纳的专管科目，这些专管科目主要包括现金科目、银行科目和现金流量科目。用友 ERP 系统规定，只有在指定“现金科目”及“银行科目”后，才能进行出纳签字的操作；只有在指定“现金流量科目”后，才能在填制凭证时录入现金流量项目，从而保证现金、银行存款管理的保密性以及为以后的现金流量统计表和现金流量明细表提供数据。

在“会计科目”窗口中执行“编辑”→“指定科目”命令，系统弹出“指定科目”对话框，如图 3-14 所示。

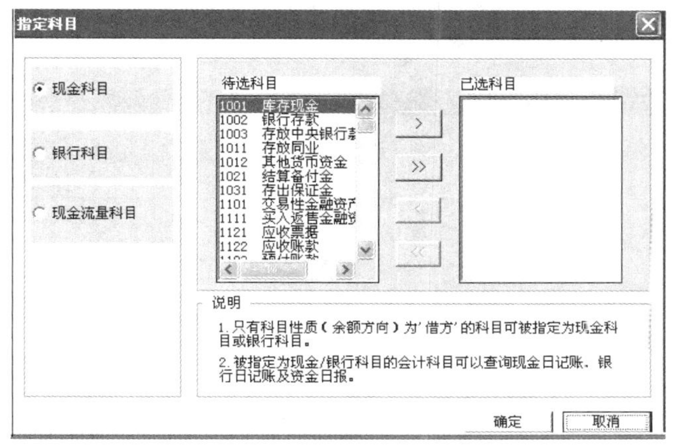

图 3-14　“指定科目”对话框

“指定科目”对话框分为左、中、右三个部分，左侧部分显示将要指定的科目大类，中间部分列示待选科目，右侧窗口列示已选科目。

在“现金科目”中选择“库存现金”(1001)，“银行科目”中选择“银行存款”(1002)，“现金流量科目”中选择“库存现金”(1001)，“工行存款”(100201)和“中行存款”(100202)。

4. 删除科目

系统预置的会计科目中有一些是并不需要的，特别是对于规模较小的企业。在有些科目不需要明细的情况下，该功能在设置会计科目时运用较为频繁，因为在应用软件中，用户一般只能对最末级科目进行操作。为了保证后续业务处理的正确性，要删除部分明细科目。若该企业“1101-交易性金融资产”不需要设明细科目，而预置科目中却有明细核算单位，则单击选择拟删除的科目。需要注意的是，已经使用过的会计科目不能删除。

5. 会计科目辅助项目

在传统手工会计核算中，企业通常将往来单位、个人、部门和项目等通过设置明细科目进行核算管理。例如，“应收账款”“应付账款”等往来科目，为了反映与各往来单位间的款项结算情况，需要按照每个往来单位设置明细科目，若企业往来单位较多，则会使企业明细科目数量庞大。为了解决这个问题，在引入 ERP-U8 财务软件后，用户可以首先在基础设置中对基础档案进行设置，主要包括部门档案、职员档案、客户及供应商档案等，这些档案的设置是设置科目辅助核算的基础；然后对相关科目设置辅助核算，这样既能够满足核算管理的需求，又能够大大减少明细科目的数量。

系统提供部门核算、个人往来、供应商往来、项目核算等辅助核算，会计科目的设置内容会对项目的管理、凭证类别的选择及期初余额的录入产生影响，所以一般需要在这些项目之前进行。

四、定义结算方式

该功能用来建立和管理用户在经营活动中所涉及的结算方式。它与财务结算方式一致，如现金结算、支票结算等。结算方式最多可以分为 2 级。结算方式一旦被引用，便不能进行修改和删除的操作。以账套主管身份登录总账系统后，执行“基础设置”→“基础档案”→“收付结算”→“结算方式”命令，进入“结算方式”窗口，如图 3-15 所示。

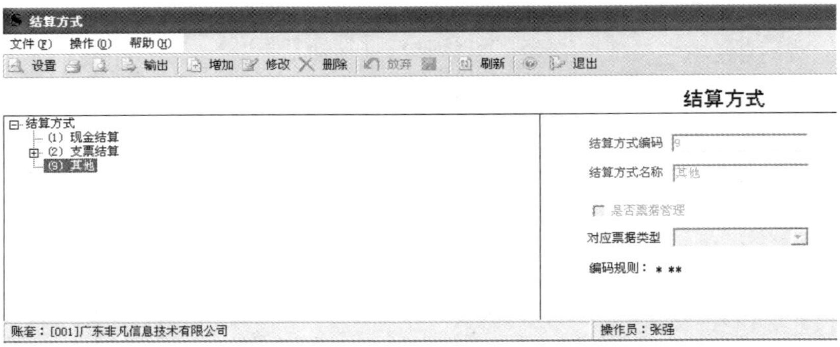

图 3-15 “结算方式”窗口

单击“增加”按钮即可将“结算方式”窗口变为可编辑状态，输入结算方式编码和结算方式名称，然后单击“保存”按钮，可将增加的结算方式显示在左侧窗口中。

特别提醒

结算方式编码用以标注某种结算方式，用户必须按照结算方式编码级次的先后顺序来进行录入，录入值必须唯一；结算方式名称最多可写 6 个汉字(或 12 个字符)；票据管理标志是方便出纳对银行结算票据的管理，用户可根据实际情况，通过选择复选框来选择该结算方式下是否要进行票据管理。

五、设置凭证类别

许多单位为了便于管理或登账方便，一般对记账凭证进行分类编制，但各单位的分类方法不尽相同，所以 ERP-U8 系统提供了“凭证类别”功能，用户完全可以按照本单位的需要对凭证进行分类。

在企业应用平台的“基础设置”选项卡中，执行“基础档案”→“财务”→“凭证类别”命令，进入“凭证类别预置”对话框，如图 3-16 所示。

系统提供了五种凭证类别设置方案，用户可根据本企业自身需要进行选择。一般地，除选择凭证类别为“记账凭证”外，其他各种设置必须在会计科目设置完成之后进行设置。例如，将凭证分为收、付、转三种常用凭证类别，选择“收款凭证 付款凭证 转账凭证”单选按钮，即可进入“凭证类别”窗口，对凭证类别进行详细设置。凭证的详细设置应根据每类凭证的特点选择限制类型和限制科目。例如，选中收款凭证所在行，单击“修改”按钮，双击“收款凭证”所在行的“限制类型”栏，从下拉列表中选择“借方必有”，在“限制科目”栏录入“1001，100201，100202”，或单击限制科目栏参照按钮，分别选择 1001，100201，100202，依此类推，对其他凭证类别进行设置。设置完成的结果如图 3-17 所示。

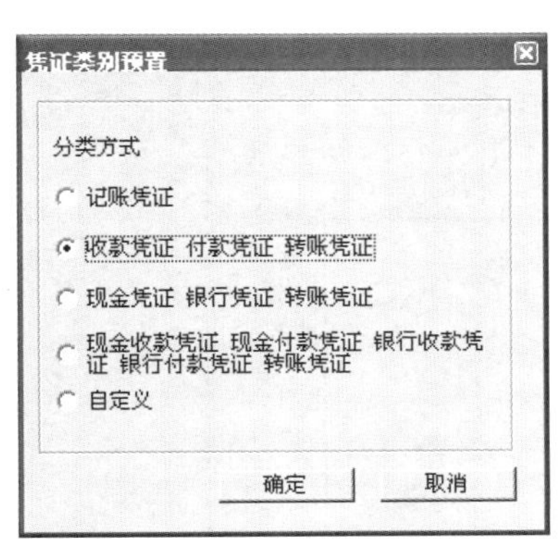

图 3-16　“凭证类别预置”对话框

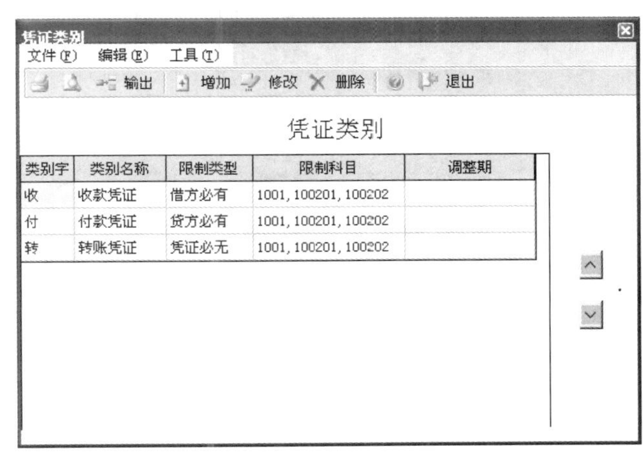

类别字	类别名称	限制类型	限制科目	调整期
收	收款凭证	借方必有	1001, 100201, 100202	
付	付款凭证	贷方必有	1001, 100201, 100202	
转	转账凭证	凭证必无	1001, 100201, 100202	

图 3-17　“凭证类别”窗口

单击“退出”按钮，即可退出当前窗口。

特别提醒

在设置凭证类别时，已使用的凭证类别不能删除，也不能修改类别；若选有科目限制(即“限制类型”不是“无限制”)，则至少要输入一个限制科目。若限制类型选“无限制”，则不能输入限制科目；若限制科目为非末级科目，则在制单时，其所有下级科目都将受到同样的限制，例如，若分类如上所设，且1001科目下有100101和100102两个下级科目，那么，在填制转账凭证时，将不能使用100101、100102及1002下的所有科目。

六、设置项目目录

设置项目目录.mp4

许多企业在实际业务处理中会对多种类型的项目进行核算和管理，例如，在建工程、对外投资、技术改造项目、项目成本管理、合同等，这些都是单独作为项目管理进行核算的。在传统手工会计中，项目核算一般需要设置大量的明细科目，然后根据科目开设账页，最后在账页中开设收入、成本、费用等专栏进行明细核算，工作量比较大。在财务软件系统中，专设项目核算辅助账，将相同特性的项目定义为一个项目大类，然后在每一大类下进行项目管理，一个项目大类可以核算多个项目，为了便于管理，还可以对这些项目进行分类管理，使其与总账业务处理过程同步进行核算管理，从而大大减轻了工作量。

使用项目核算与管理的首要步骤是设置项目档案，项目档案设置包括增加或修改项目大类，定义项目核算科目、项目分类、项目栏目结构和项目目录的维护等。

1. 增加或修改项目大类

以账套主管001的身份登录总账系统后，执行“基础设置”→“基础档案”→“财务”→“项目目录”命令，进入“项目档案”窗口，如图3-18所示。

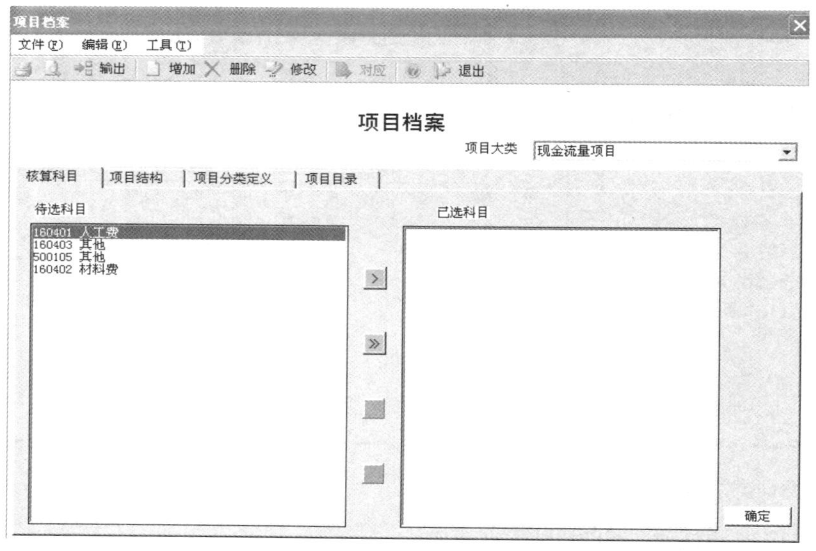

图3-18 “项目档案”窗口

上部分主要是对项目大类进行操作的区域，“增加”“删除”和“修改”按钮也是针对项目大类的相应操作而设置的。

单击“增加”按钮，进入“项目大类定义_增加”对话框，如图 3-19 所示。用户可根据本企业项目设置情况输入名称，如“生产成本”，然后，单击“下一步”按钮。

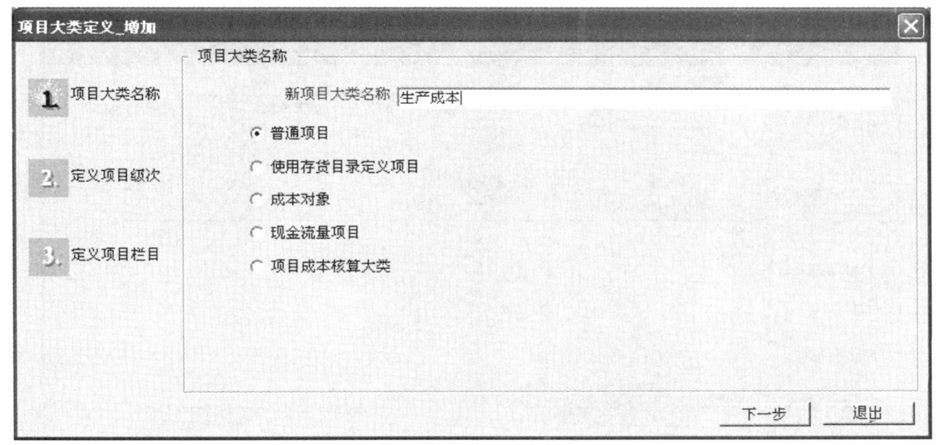

图 3-19　“项目大类定义_增加”对话框

2. 指定核算科目

指定核算科目就是具体指定核算当前项目大类所使用的会计科目，选择“项目大类”，如“生产成本”，然后选择“项目档案”窗口的“核算科目”选项，即可进入“核算科目”选项卡。在首次进入时，系统会自动将会计科目表中设置了项目核算辅助账的所有科目列示在“待选科目”栏，用户可以利用功能键将左侧的“待选科目”移至右侧的“已选科目”栏，选择完毕，单击“确定”按钮，至此核算科目指定完毕，如图 3-20 所示。

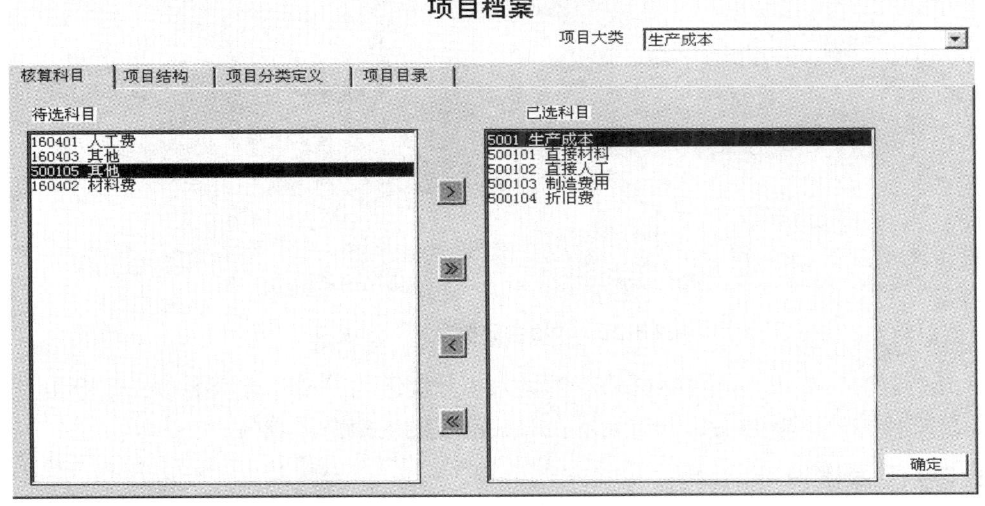

图 3-20　“核算科目”选项卡

3. 修改项目结构

项目结构可在定义项目大类过程中进行修改，也可在“核算项目”选项卡中选中“项目结构”选项卡，进入页面后单击右侧的“修改”按钮，打开“项目大类定义—修改”对话框，如图 3-21 所示。

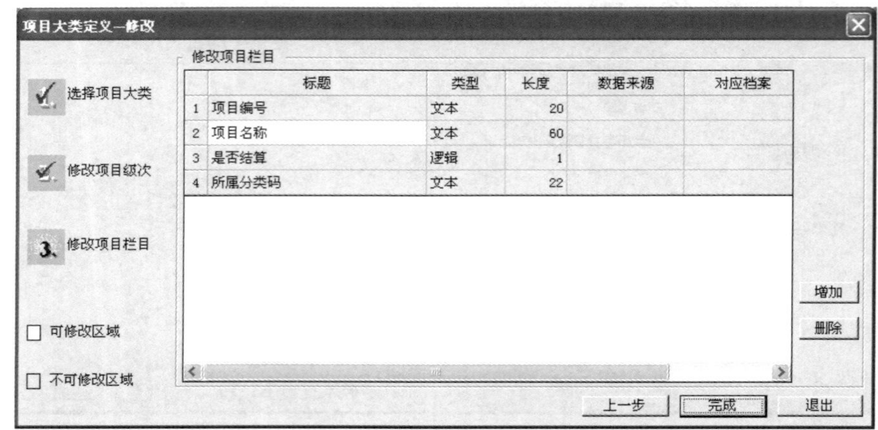

图 3-21 “项目大类定义—修改”对话框

4. 项目分类定义

为了便于统计，可对同一项目大类下的项目进行进一步划分，这就需要进行项目分类的定义。选择“项目分类定义”选项，进入“项目分类定义”选项卡，如图 3-22 所示。

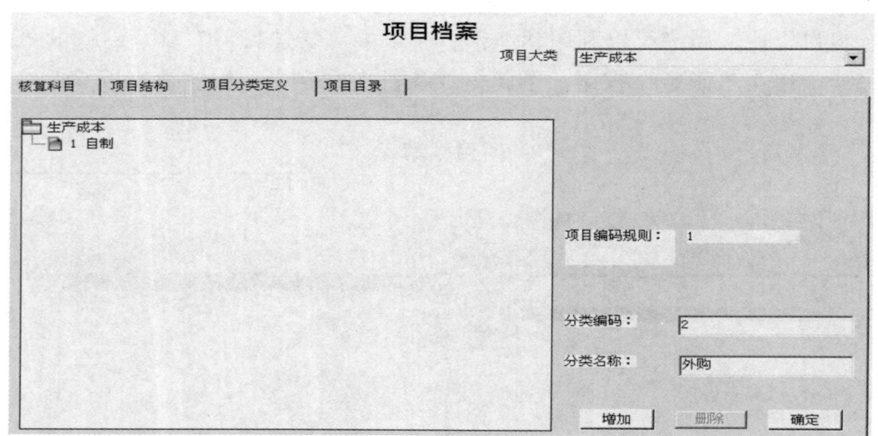

图 3-22 “项目分类定义”选项卡

单击“增加”按钮，在对话框的右侧输入“分类编码”和“分类名称”，单击“确定”按钮，系统自动将新增的项目分类显示在对话框左侧的空白区域内。

5. 项目目录维护

完成项目分类定义后，选择“项目目录”选项，即进入“项目目录”选项卡，如图 3-23

所示。

项目档案
文件(F)　编辑(E)　工具(T)
输出　增加　删除　修改　对应　退出
项目档案
项目大类　生产成本
核算科目　项目结构　项目分类定义　项目目录
项目编号　项目名称　是否结算　所属分类码
维护
停止

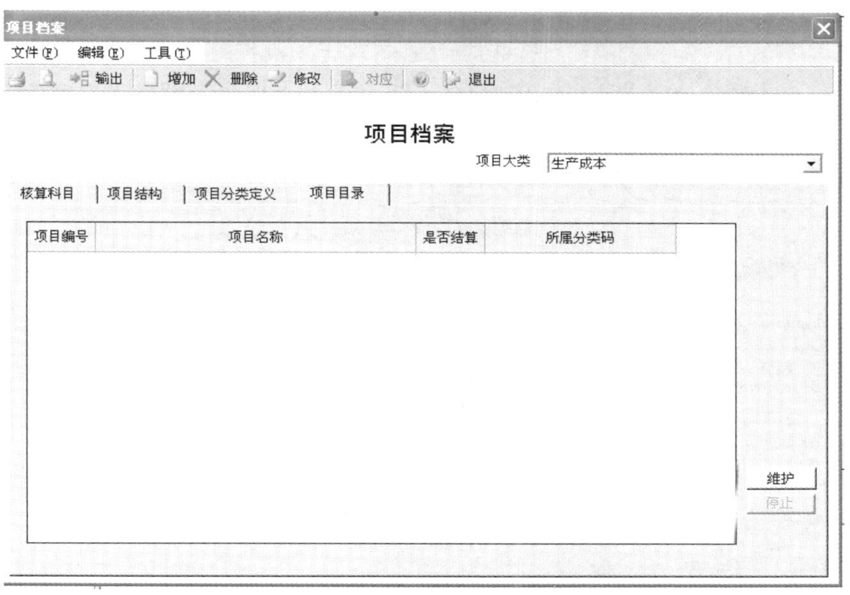

图 3-23　“项目目录”选项卡

单击右侧的“维护”按钮，即可进入“项目目录维护”窗口，如图 3-24 所示。

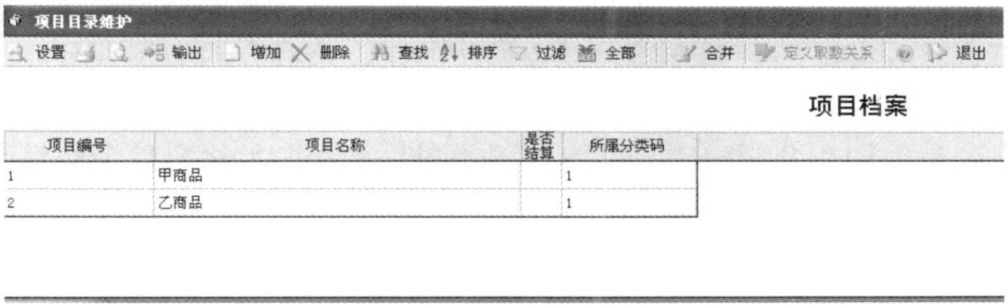

项目目录维护
设置　输出　增加　删除　查找　排序　过滤　全部　合并　定义取数关系　退出
项目档案
项目编号　项目名称　是否结算　所属分类码
1　甲商品　1
2　乙商品　1

图 3-24　“项目目录维护”窗口

在该窗口中可对项目目录进行相关操作。单击“增加”按钮，即可增加项目目录。

以上步骤全部完成后，用户如果要修改项目大类，可单击“修改”按钮，进入项目大类修改向导，即可修改项目大类名称，未定义项目分类的级次以及项目栏中可以修改项。如果要删除某项目大类，则选择要删除项目大类名称，单击“删除”按钮，可删除当前项目大类。需要注意的是，所有与该项目相关的项目信息也将被删除，所以在删除项目档案时要慎重。

七、录入期初余额

期初余额录入就是将原有手工账簿中的数据录入到计算机账中，使计算机账的数据与手工账簿数据衔接的过程。一般首次使用财务软件时需要手二录入余额，以后年度由系统自动进行结转。另外，如果是年初建账，则可以直接录入期初余额，但若为年中建账，则需要录入所建账月份的期初余额和从该年年初到该月份的科目借、贷方累计的发生额，系统会自动计算年初余额。

以账套主管 001 的身份进入"企业应用平台"后，执行"业务工作"→"财务会计"→"总账"→"设置"→"期初余额"命令，即可进入"期初余额录入"窗口，如图 3-25 所示。

图 3-25 "期初余额录入"窗口

一般地，系统会为每个科目提供一个默认的科目余额方向，但有些科目，它们的余额方向可能与默认的余额方向相反，此时，需要对科目余额方向进行调整。单击"方向"按钮，系统弹出"调整余额方向"对话框，若确实需要调整，则单击"是"按钮，该科目的余额方向即可调整为实际的余额方向。需要说明的是，余额方向的调整一般在录入期初余额之前进行，否则需要将期初余额清零才允许进行调整。

系统规定在录入期初余额时，只能录入末级科目余额，上级科目余额由系统自动计算填列，所以用户需要根据科目"期初余额"栏显示的颜色区分科目级次。白色的单元为末级科目，可以直接输入期初余额；灰色的单元为非末级科目，不允许录入期初余额，待下级科目余额录入完成后自动汇总生成。一般科目在余额录入时，将光标移到需要输入数据的余额栏，直接输入数据即可。

但若遇到浅黄色单元，则代表对该科目设置了辅助核算，不允许直接录入余额，需要在该单元格中双击，进入"辅助期初余额"对话框，在对话框中输入期初数据，完成后自动返回总账期初余额表中。现举例进行说明。

【例 3-1】在应收账款中录入如表 3-1 所示的两笔明细。

表 3-1 应收账款明细金额一览表

日期	凭证号	客户	摘要	方向	金额	业务员	票号	票据日期
2017-03-12	转—20	思诚公司	销售商品	借	70 000	刘雪	A111	2017-03-12
2017-04-20	转—40	进取公司	销售商品	借	80 000	潘静	A222	2017-04-20

在应收账款黄色单元格双击，进入"辅助期初余额"窗口，如图 3-26 所示。

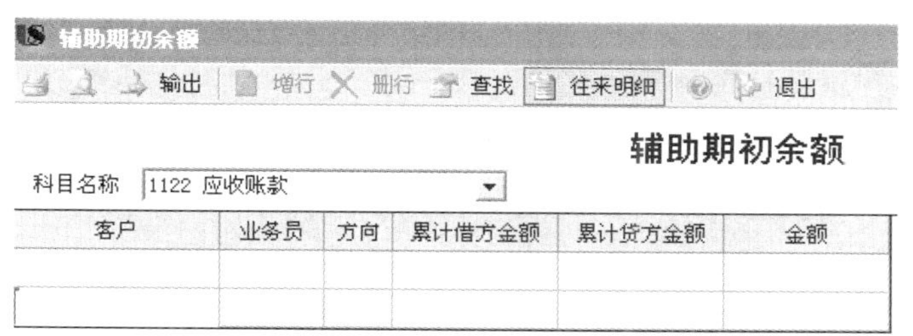

图 3-26　“辅助期初余额”窗口

单击“往来明细”按钮，进入“期初往来明细”窗口，再单击 “增行”按钮，录入表 3-1 中的两笔明细，如图 3-27 所示。

期初往来明细

输出　引入　增行　删行　查找　汇总　退出

期初往来明细

科目名称　1122 应收账款

日期	凭证号	客户	业务员	摘要	方向	金额	票号	票据日期	年度
2017-03-12	转-20	思诚公司	周天	销售商品	借	70,000.00	A111	2017-03-12	2017
2017-04-20	转-40	进取公司	潘静	销售商品	借	80,000.00	A222	2017-04-20	2017

图 3-27　“期初往来明细”窗口

最后单击“汇总”按钮，系统弹出“完成了往来明细到辅助期初表的汇总”提示对话框，如图 3-28 所示。

如果是初次使用，用户对系统不太熟悉的情况下，在进行期初设置时的一些不经意修改，可能会导致总账与辅助账、总账与明细账核对有误。而系统提供了对期初余额进行对账的功能，可以及时做到账账核对，以修正错误的账务数据。单击“对账”按钮，在系统弹出的对话框中单击“开始”按钮，系统自动进行对账工作，并提示对账结果。如果对账后发现有错误，则可单击“显示对账错误”按钮，系统将把对账中发现的问题列出来。

图 3-28　汇总提示对话框

一般地，期初余额录入工作的最后一个步骤是进行“试算平衡”，所谓试算平衡，是指对录入的期初余额，按照“资产=负债+所有者权益”的平衡公式进行平衡校验的过程。用户只需在录入所有科目余额后，单击“期初余额录入”对话框的“试算”按钮，系统自动完成检验工作，并将检验结果予以显示。

执行“试算”功能后，如果系统显示“试算结果平衡”，则总账系统初始化工作全部完成，可以开始进行日常业务处理了；但如果执行“试算”后，系统显示“试算结果不平衡”，则用户需要对期初余额进行检查，直到试算结果平衡才能开始日常业务处理。这是因为，虽然试算结果不平衡不影响凭证的填制和审核，但会导致系统不能记账。

在初次使用财务软件时，总账系统初始化工作量大且烦琐，但总账系统初始化是日常业务处理的基础，该工作完成质量的高低直接影响日常业务处理活动的顺利进行，如果在总账系统初始化工作中出现了问题或错误，将在后续业务处理过程中被体现出来，所以，这一部分的工作需要特别仔细和认真。

第三节　总账系统日常业务处理

初始化设置完成后，就可以进行总账系统日常业务处理了，主要包括凭证管理、出纳管理和账簿管理等。

一、凭证管理

凭证管理的内容包括填制凭证、修改凭证、出纳签字、审核凭证和凭证记账等。

(一) 填制凭证

1. 填制凭证的内容

(1) 凭证类别。凭证类别在初始化时设定，录入凭证时需要根据经济业务进行选择。

(2) 凭证编号。一般情况下，由系统分类按月自动生成。

(3) 制单日期。如果在设置选项时选择了序时控制，凭证日期将按日期自动排列，已结账月份不允许输入凭证。

(4) 制单、审核、出纳和记账。根据权限管理设置进行分工，谁的身份进入企业应用平台，系统就签谁的名字。

(5) 凭证中的科目名称。在科目名称栏单击，从科目表中进行选择，此处不需要手工录入。

(6) 金额。分录中的借方或贷方发生额，金额不能为零，红字金额可以以负数录入。

(7) 辅助信息的录入。在科目设置时，为了满足辅助核算和管理的需要，一般设置部门核算、个人往来、客户往来、供应商往来、项目核算、数量核算和外币核算等。在设置会计科目时需要设置辅助核算，否则做凭证时无法录入辅助核算信息。

(8) 一些快捷键的使用。

F5 键：生成新凭证；填制完毕，再按 F5 键，可保存目前的内容并生成下一张新凭证，免去了单击“增加”和“保存”两个按钮的麻烦，轻松完成凭证的保存与增加。

F4 键：调用常用凭证。

巧用 Tab、Space(空格)和=键：在填制凭证的页面用 Tab 键，可快速移动光标，以更改日期、凭证张数、摘要等内容；按 Space 键，可让数字在借方金额、贷方金额栏移动；=键常用于借贷方金额平衡，当分录为多借一贷时，在贷方金额栏按=键，贷方会自动出现合计数。

2. 业务举例

【例 3-2】提取现金类(付款凭证)业务。

5 月 2 日，财务部出纳李平从中国工商银行提取现金 10 000 元备用，结算方式为现金支票，票号 XJ01。

(1) 以 003 王军的身份登录企业应用平台，登录日期为 2017-05-02，执行“业务工作”→“财务会计”→“总账”→“凭证”→“填制凭证”命令，进入“填制凭证”窗口。单

击“增加”按钮，增加一张空白凭证，选择凭证类型为“付款凭证”，输入“制单日期”和“摘要”后按 Enter 键，摘要自动带到下一行。在“科目名称”栏选择所需的会计科目，录入借贷方金额，如图 3-29 所示。

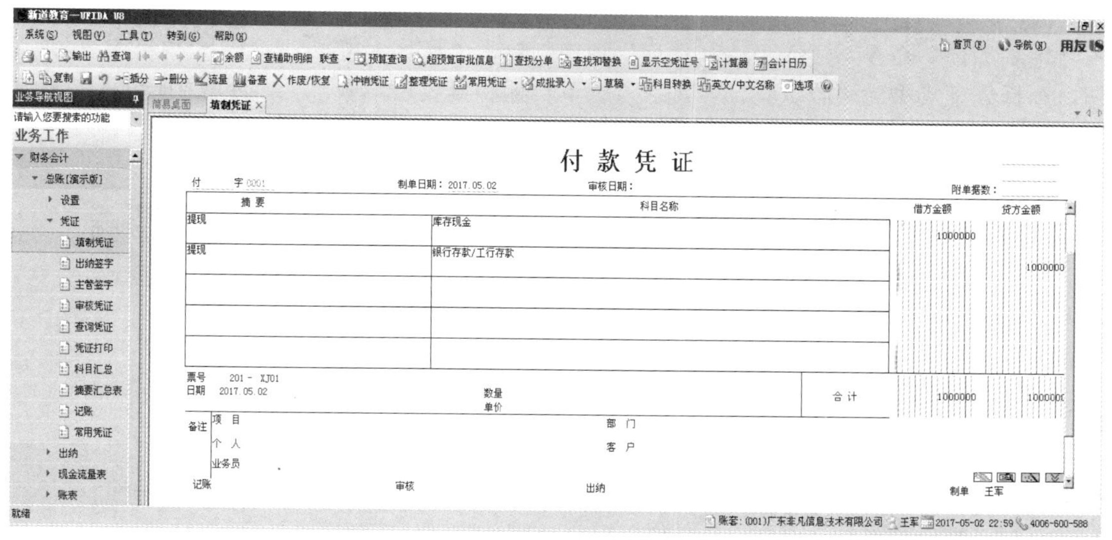

图 3-29　“填制凭证”窗口

(2) 完成凭证内容录入后，系统弹出“此支票尚未登记，是否登记？”提示对话框，单击“是”按钮，如图 3-30 所示。

(3) 在上一步单击“是”按钮选择了支票登记功能后，系统弹出“票号登记”对话框，输入“领用日期”为 2017-05-02，“领用部门”为“财务部”，“姓名”为“李平”，“限额”为 10 000，“用途”为“备用金”，如图 3-31 所示。

凭证

账号：工行存款(100201)
票号：XJ01
此支票尚未登记，是否登记？

是　否

图 3-30　“凭证”对话框

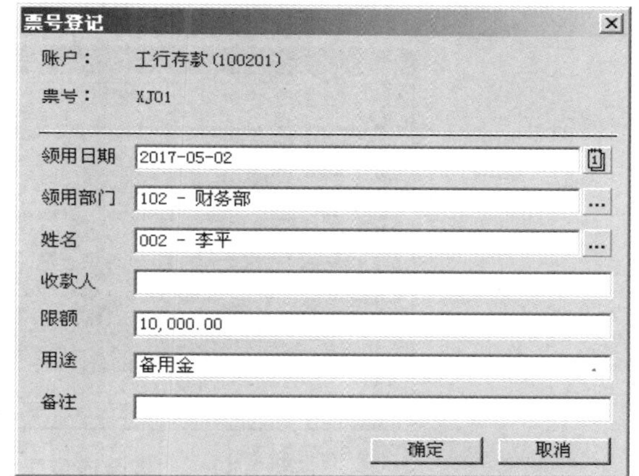

图 3-31　“票号登记”对话框

(4) 在“票号登记”对话框中，单击“确定”按钮返回。单击“保存”按钮，系统弹出“凭证已成功保存”提示对话框，单击“确定”按钮。此处如果系统提示“凭证没修改，不需保存”，可直接单击“退出”按钮。

【例 3-3】外币业务。

5 月 4 日，收到新华公司投资资金 10 000 美元，汇率 1:6.37，转账支票号为 ZW01。

外币凭证.mp4

(1) 执行“业务工作”→“财务会计”→“总账”→“凭证”→“填制凭证”命令，进入“填制凭证”窗口。单击“增加”按钮，选择凭证类型为“收款凭证”。录入制单日期和摘要后，输入外币金额 10 000，按 Enter 键，系统根据汇率 6.37，自动计算并显示本币金额 63 700，如图 3-32 所示。

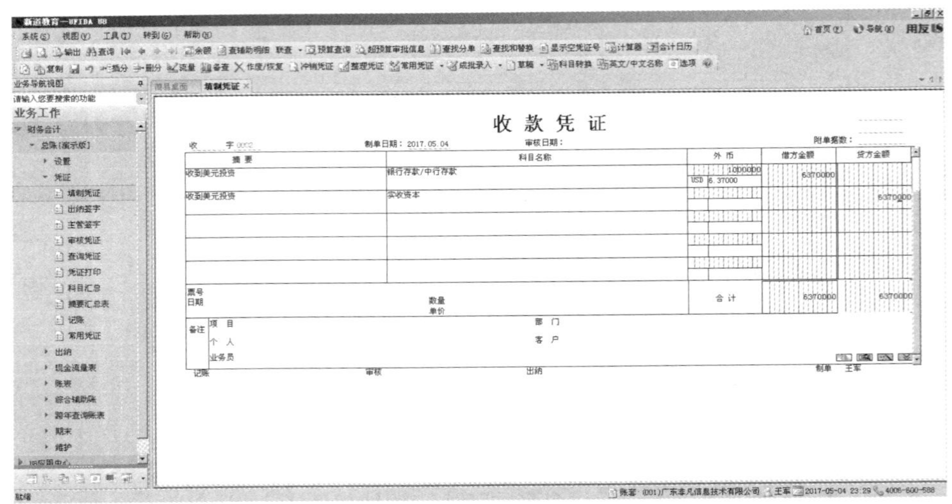

图 3-32 “填制凭证”窗口

(2) 输入完毕后单击“保存”按钮，系统弹出“现金流量录入修改”对话框，如图 3-33 所示。

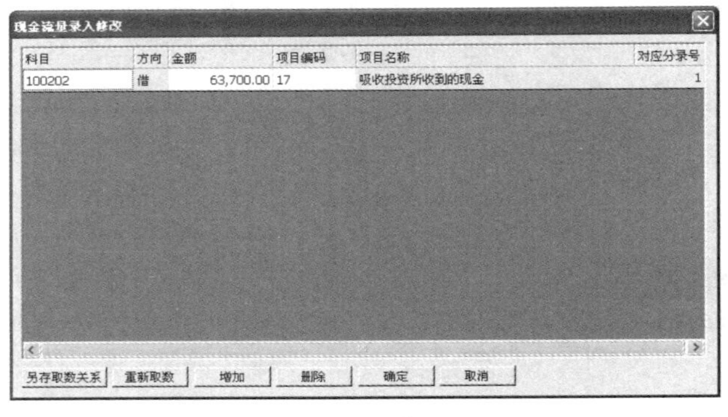

图 3-33 “现金流量录入修改”对话框

(3) 在“项目编码”栏选择项目编码 17，即“筹资活动——现金流入——吸收投资所收到的现金”。单击“确定”按钮，系统返回“填制凭证”窗口，单击“保存”按钮，系统弹出“凭证已成功保存”提示对话框，操作完毕。

【例 3-4】客户往来业务。

5 月 9 日，销售部刘雪收到思诚公司转来的一张转账支票，金额为 90 000 元，用于偿还前欠货款，转账支票号为 ZW03。

(1) 执行“业务工作”→“财务会计”→“总账”→“凭证”→“填制凭证”命令，进入“填制凭证”窗口。录入“制单日期”和“摘要”后，选择会计科目为“1122 应收账款”，由于应收账款在科目设置时做了辅助核算“客户往来”，此时会弹出“辅助项”对话框，输入客户“思诚公司”，业务员“刘雪”，票号为 ZW03，发生日期为 2017.05.09，该笔业务的现金流量为“经营活动——现金流入——销售商品、提供劳务收到的现金”。

(2) 完成后的结果如图 3-34 所示。

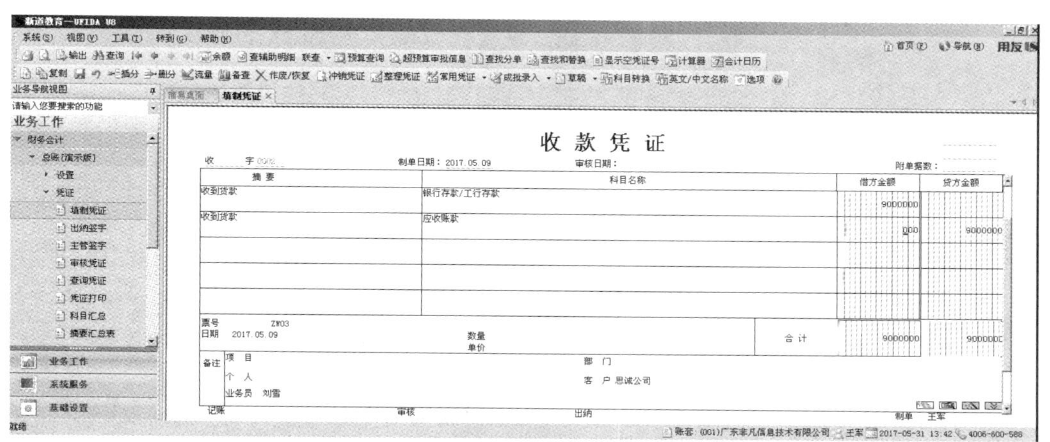

图 3-34　填制客户往来业务凭证

【例 3-5】项目核算类业务。

5 月 25 日，一车间领用材料 2 吨，单价 6000 元，用于生产甲商品。

(1) 执行“业务工作”→“财务会计”→“总账”→“凭证”→“填制凭证”命令，进入“填制凭证”窗口。录入“制单日期”和“摘要”后，选择科目名称为“生产成本——直接材料”，由于在科目设置时“生产成本——直接材料”做了辅助核算“项目核算”，此时会出现辅助核算窗口，输入项目名称“甲商品”，数量 2 吨，单价 6000 元，如图 3-35 所示。

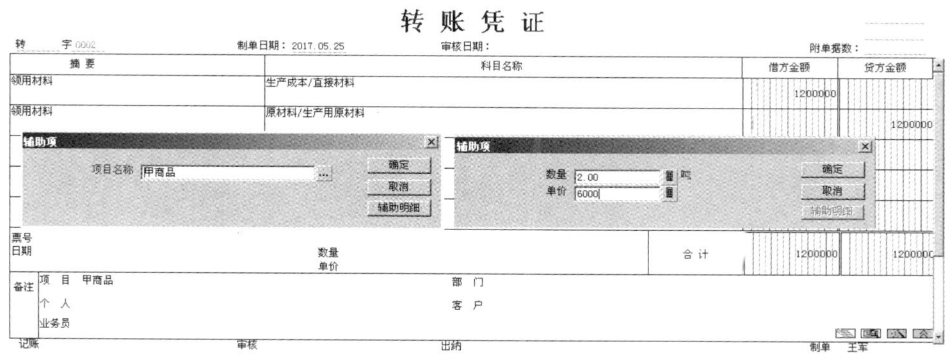

图 3-35　填制项目核算类业务凭证

(2) 完成后，单击“确定”按钮。系统返回凭证填制页面，单击“保存”按钮。

需要特别注意的是，如果在此处操作时无法录入辅助核算“甲商品”，系统提示“已结算”，应先退出企业应用平台，以账套主管 001 的身份重新登录总账系统后，执行“基础设置”→“基础档案”→“财务”→“项目目录”命令，选择“项目目录”选项卡，单击右侧的“维护”按钮，如图 3-36 所示。

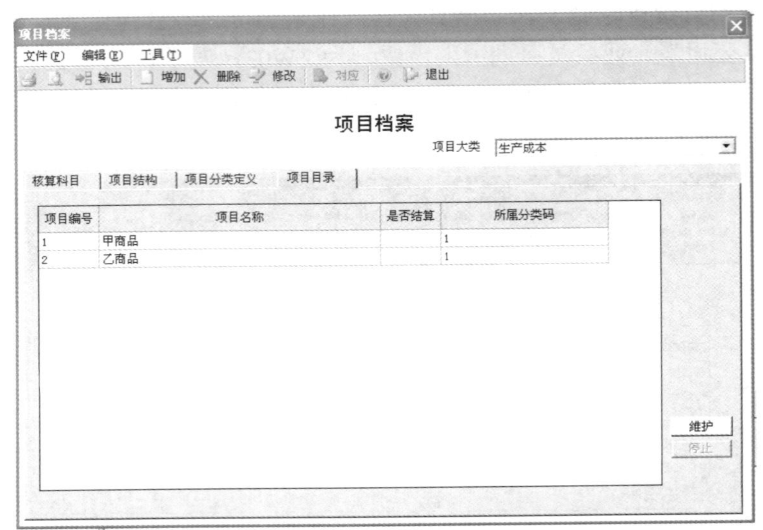

图 3-36 “项目目录”选项卡

此时在“是否结算”栏中取消“是”，在“参照”窗口中看见“是否结算”栏显示为“否”，如图 3-37 所示。

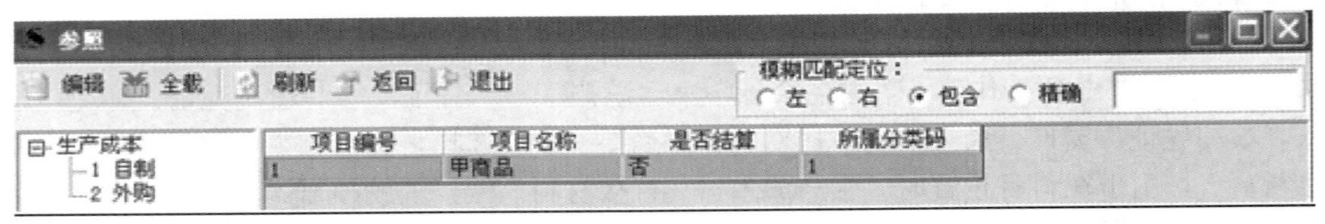

图 3-37 “参照”窗口

需要注意的是，如果不在“是否结算”栏中取消“是”，则项目名称中的“甲商品”在后续录入凭证时系统提示已结算，该项目将无法使用。

(二) 修改凭证

1. 直接修改

【例 3-6】 5 月 30 日，总经理办公室李明购买办公用品 1000 元。操作员王军在录入凭证时，误将 1000 元输入为 1500 元(假定不考虑增值税)。

借：管理费用——办公费　　1500

　贷：库存现金　　　　　　　　1500

(1) 以 003 王军的身份登录账套，执行“业务工作”→“财务会计”→“总账”→“凭证”→“查询凭证”命令，进入“查询凭证列表”窗口，如图 3-38 所示。

图 3-38　“查询凭证列表”窗口

(2) 选中要修改的凭证，本例中为“付-0003”号凭证，选定后进入“查询凭证”窗口，单击“修改”按钮，直接将金额 1500 元修改为 1000 元，如图 3-39 所示。

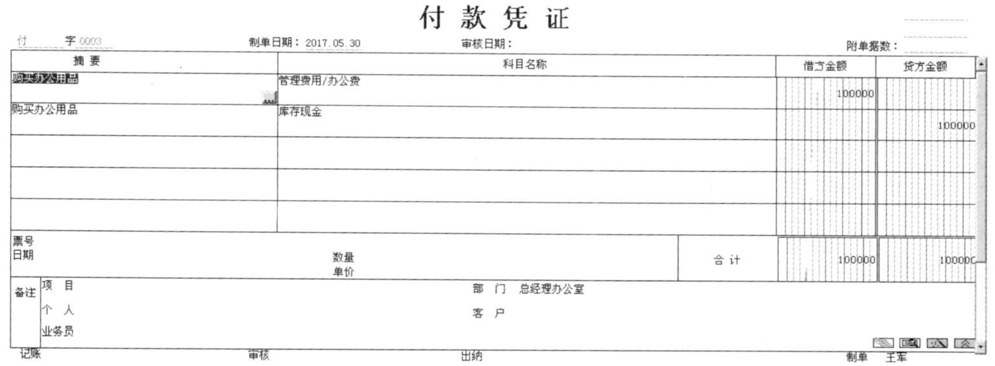

图 3-39　“查询凭证”窗口

(3) 修改完成后，单击“保存”按钮，此时弹出“现金流量录入修改”对话框，单击“金额”栏，将金额由 1500 元改为 1000 元，如图 3-40 所示。

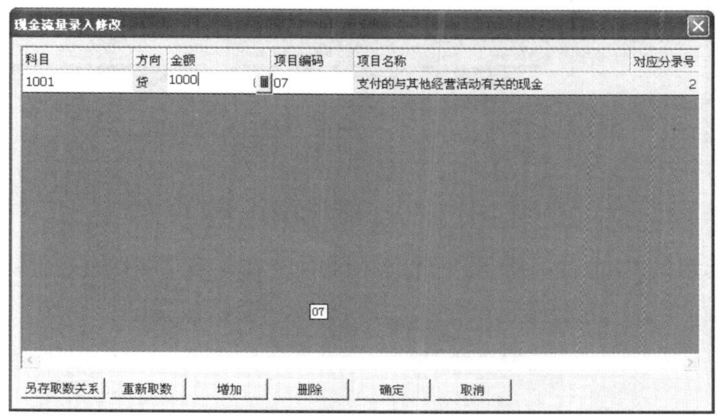

图 3-40　“现金流量录入修改”对话框

(4) 现金流量修改完成后，单击“确定”按钮，系统返回“查询凭证”窗口，单击“保存”按钮，系统提示“凭证已保存”，操作完成。

若在“选项”对话框中设置了“制单序时”控制选项，则在修改制单日期时，不能在上一编号凭证的制单日期之前，即 5 月份制的凭证不能将制单日期改为 6 月份的日期。

若在“选项”对话框中未设置“允许修改、作废他人填制的凭证”，则不能修改他人填制的凭证。

未经审核的错误凭证可通过“填制凭证”制单功能直接修改。

已审核的凭证应先取消审核，再通过凭证制单功能进行修改。

外部系统传过来的凭证不能在总账系统中进行修改，只能在生成该凭证的系统中进行修改。

2. 删除凭证

如果作废凭证不想保留，可以通过整理凭证功能将其彻底删除，并对未记账凭证重新编号。该方法适用于凭证尚未审核、尚未出纳签字和记账。如果已经审核、签字并记账，需要先取消这些操作后再删除凭证。

以【例 3-6】中的错误凭证为例，假设没有选择“直接修改”，而是选择删除。

(1) 以 003 王军的身份登录账套，执行“业务工作”→“财务会计”→“总账”→“凭证”→“查询凭证”命令，进入“查询凭证列表”窗口，选定要删除的凭证“付-0003”，如图 3-41 所示。

新道教育—UFIDA U8

系统(S) 视图(V) 工具(T) 转到(G) 帮助(H)

输出

查询

业务导航视图

请输入您要搜索的功能

业务工作

- 财务会计
  - 总账[演示版]
    - 设置
    - 凭证
      - 填制凭证
      - 出纳签字
      - 主管签字
      - 审核凭证

简易桌面 | 查询凭证列表

凭证共 8张 已审核 0 张 未审核 8 张 凭证号排序 制单日期排序

制单日期	凭证编号	摘要	借方金额合计	贷方金额合计	制单人	审核人	系统名	备注	审核日期	年度
2017-05-04	收 - 0001	收到美元投资	63,700.00	63,700.00	王军					2017
2017-05-09	收 - 0002	收到货款	90,000.00	90,000.00	王军					2017
2017-05-20	收 - 0003	报销差旅费	9,000.00	9,000.00	王军					2017
2017-05-02	付 - 0001	提现	10,000.00	10,000.00	王军					2017
2017-05-06	付 - 0002	采购材料	80,000.00	80,000.00	王军					2017
2017-05-30	付 - 0003	购买办公用品	1,500.00	1,500.00	王军					2017
2017-05-14	转 - 0001	购入电脑配件	8,190.00	8,190.00	王军					2017
2017-05-25	转 - 0002	领用材料	12,000.00	12,000.00	王军					2017
		合计	274,390.00	274,390.00						

图 3-41 “查询凭证列表”窗口

(2) 双击所选定的凭证后，进入“查询凭证”窗口，在窗口的快捷菜单中单击“作废/恢复”按钮，凭证的左上角上显示红字的“作废”，表示该凭证已作废，如图 3-42 所示。

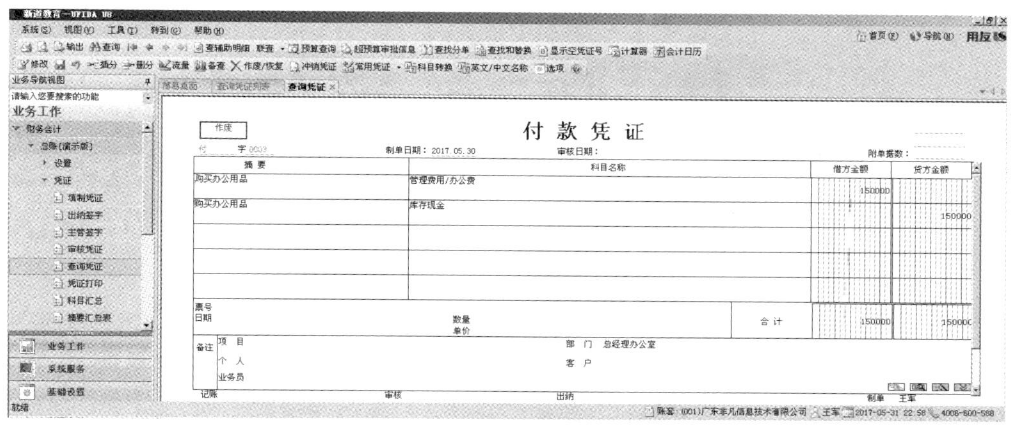

图 3-42　“查询凭证”窗口

(3) 凭证左上角出现“作废”字样后，单击“退出”按钮，进入“填制凭证”窗口，在打开的任意一张凭证窗口中单击“整理凭证”选项，选择整理凭证期间为 2017.05，如图 3-43 所示。

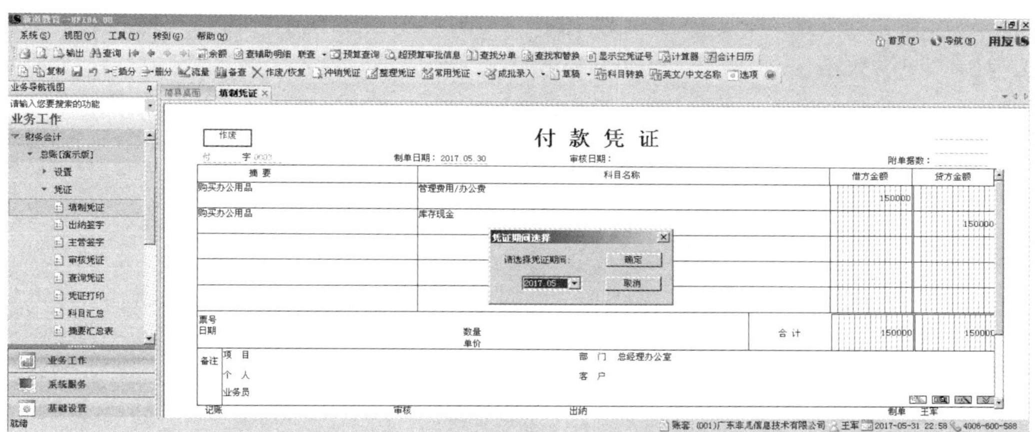

图 3-43　“填制凭证”窗口

(4) 单击“确定”按钮，系统弹出“作废凭证表”对话框，如图 3-44 所示。单击“删除”栏中的字母 Y，表示确认删除，然后单击“确定”按钮。

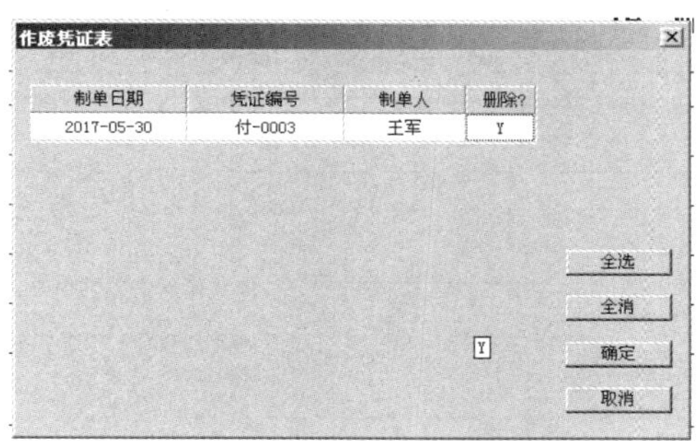

图 3-44　“作废凭证表”对话框

(5) 单击“确定”按钮后，系统弹出整理凭证断号的提示信息，如图 3-45 所示。

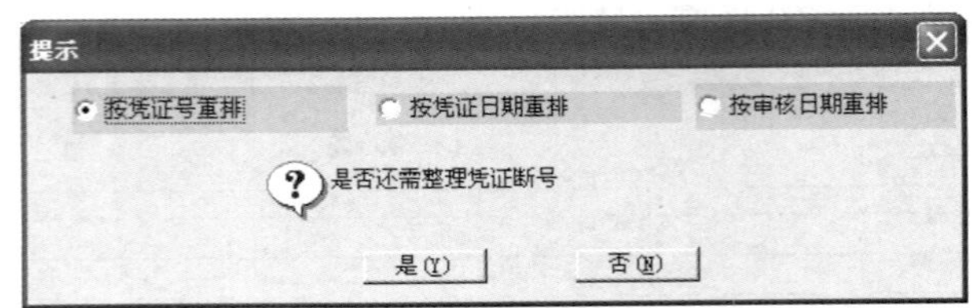

图 3-45 整理凭证断号的提示信息

(6) 单击“是”按钮，系统自动将作废凭证彻底删除，并对未记账凭证重新编号。

整理凭证功能只能对未记账的凭证做凭证整理。对已记账凭证做凭证整理时，应先恢复本月月初的记账前状态，再做凭证整理。

3. 冲销凭证

冲销凭证用于凭证已经记账后的修改操作。

【例 3-7】承【例 3-6】，假设该笔凭证在已记账后发现有误。

(1) 以 003 王军的身份登录账套，执行“业务工作”→“财务会计”→“总账”→“凭证”→“填制凭证”命令，进入“填制凭证”窗口。单击工具栏上的“冲销凭证”按钮，系统弹出“冲销凭证”对话框，如图 3-46 所示。

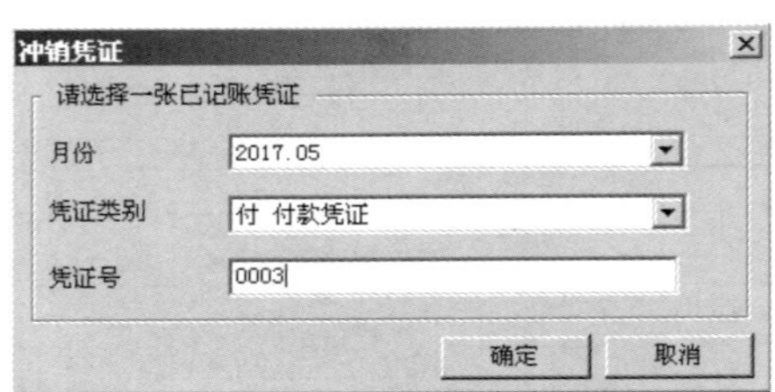

图 3-46 “冲销凭证”对话框

(2) 凭证月份默认为当前操作月份 5 月，在“凭证类别”下拉列表中选择“付—付款凭证”，“凭证号”输入 0003，单击“确定”按钮。系统自动生成一张红字冲销凭证，如图 3-47 所示。

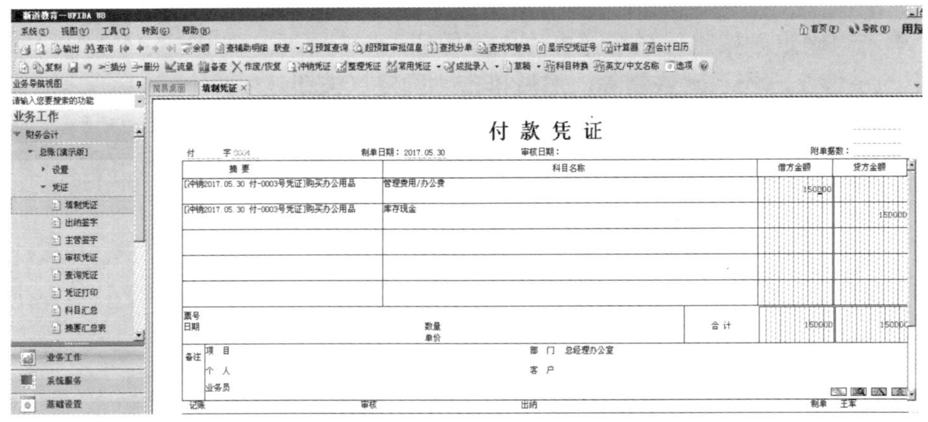

图 3-47 红字冲销凭证

(3) 系统自动生成的红字冲销凭证将错误凭证冲销后，需要再编制正确的蓝字凭证进行补充。填制凭证的方式前面已经讲述，正确凭证如图 3-48 所示。

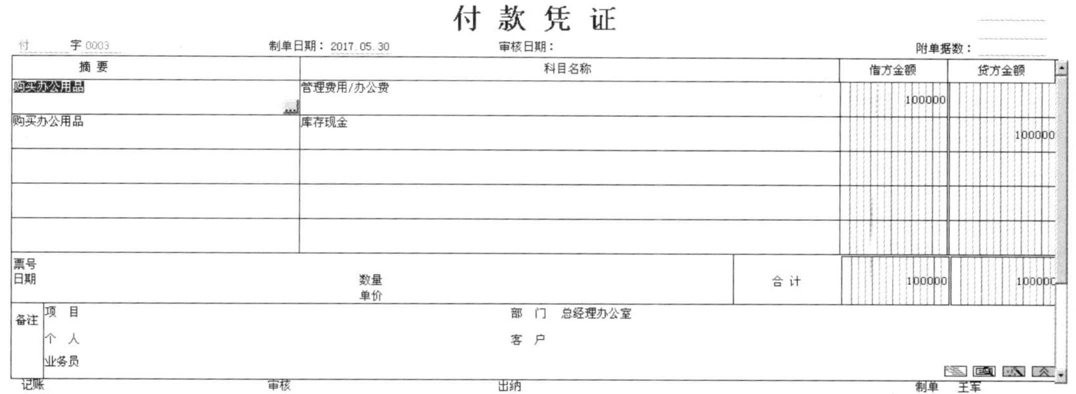

图 3-48 正确蓝字凭证

通过红字冲销法增加的凭证，应视同正常凭证进行保存。

(三) 出纳签字

由于在总账控制参数的“权限”选项卡中设置了“出纳凭证必须经由出纳签字”，所以在收款和付款凭证中必须有出纳签字才能审核凭证并记账。凭证一经出纳签字，就不能修改或删除；除非由出纳人员取消出纳签字才能修改或删除凭证。

【例 3-8】对后面实验四中的收款凭证和付款凭证进行出纳签字。

(1) 以出纳的身份(002)登录企业应用平台，执行“业务工作”→“财务会计”→“总账”→“凭证”→“出纳签字”命令，进入“出纳签字”对话框，如图 3-49 所示。

图 3-49 “出纳签字”对话框

(2) 在“凭证标志”中选中“全部”单选按钮，单击“确定”按钮。在“出纳签字列表”中选中任意一张凭证，进入“出纳签字”窗口，单击“批处理”按钮，选中“成批出纳签字”选项，结果如图 3-50 所示。

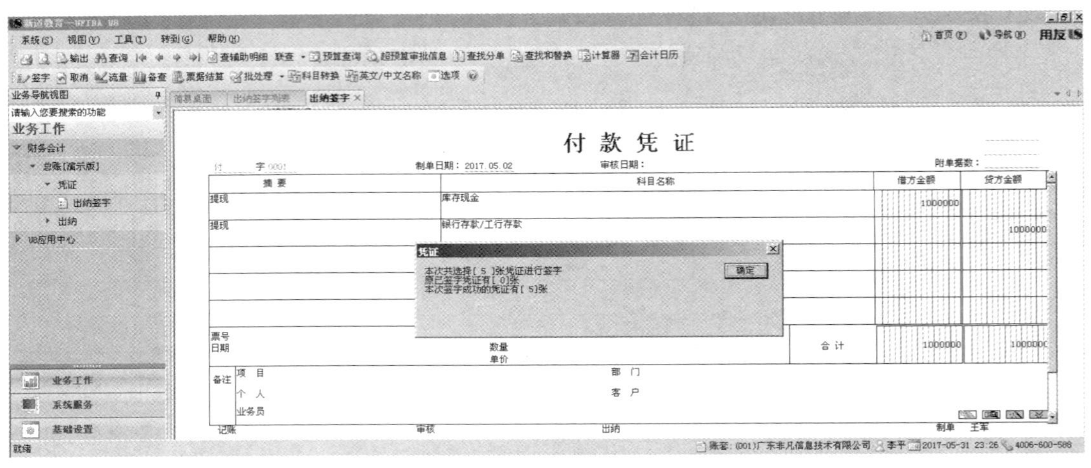

图 3-50 “出纳签字”窗口

(四) 审核凭证

凭证的审核是指具有审核权限的操作员对制单人填制的凭证从业务内容的真实性、会计分录的合理性和数据的准确性等方面进行的检查。审核和制单不能是同一人，审核人必须具有审核权，如果在选项中设置了“凭证审核控制到操作员”，审核人还需要有对制单人所制凭证的审核权。需要注意的是，作废凭证不能被审核，也不能被标错。审核过的凭证不能修改和删除，需要修改的，先要取消凭证审核签字和出纳签字。

【例 3-9】以 001 张强的身份对凭证进行审核。

(1) 以张强的身份(001)登录企业应用平台，执行“业务工作”→“财务会计”→“总账”→“凭证”→“审核凭证”命令，打开“凭证审核列表”窗口，如图 3-51 所示。

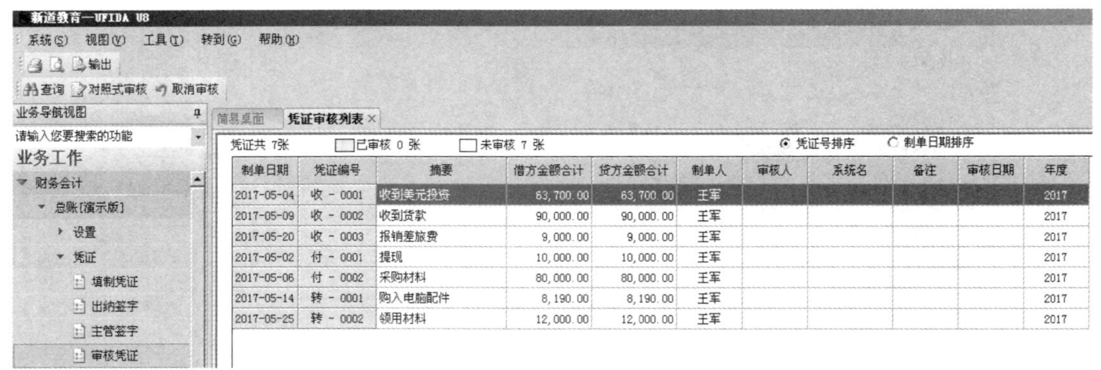

图 3-51 “凭证审核列表”窗口

(2) 选中需要审核的凭证，单击“确定”按钮后，进入“审核凭证”窗口，执行“审核”→“审核凭证”命令，凭证底部的“审核”处自动签上审核人的姓名，如图 3-52 所示。

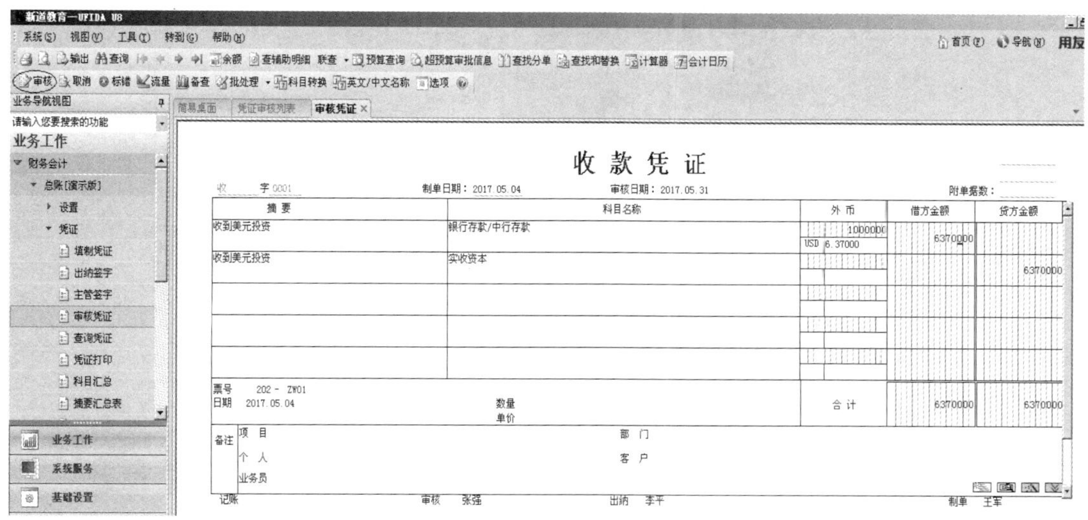

图 3-52　“凭证审核”窗口

(五) 凭证记账

在记账前，确保凭证已审核，否则不能记账。如果是第一次记账，要检查期初余额试算是否平衡，否则不能记账。

(1) 以张强的身份(001)登录企业应用平台，执行“业务工作”→“财务会计”→“总账”→“凭证”→“记账”命令，弹出“记账”对话框，如图 3-53 所示。

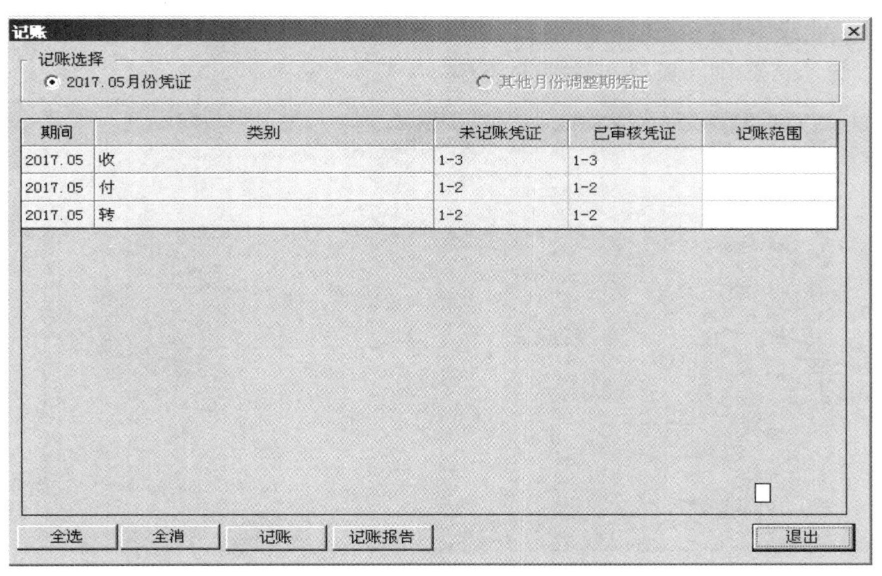

图 3-53　“记账”对话框

(2) 单击“全选”按钮，在“记账范围”栏中系统显示全部凭证，下一步单击“记账”按钮，系统弹出“期初试算平衡表”对话框，如图 3-54 所示。

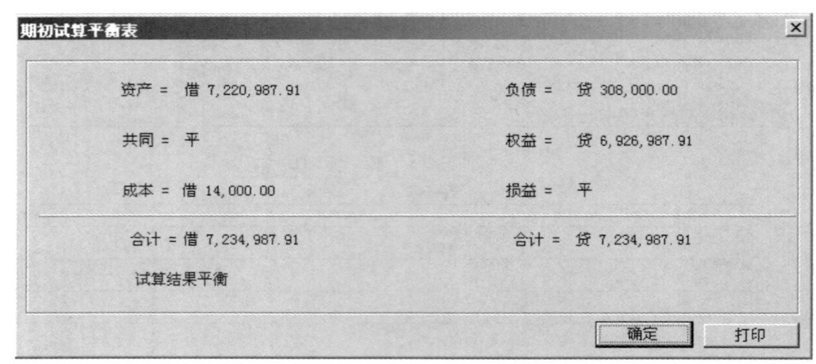

图 3-54　“期初试算平衡表”对话框

(3) 单击“确定”按钮，系统自动登记有关的总账、明细账和辅助账。登记完毕后，弹出“记账完毕”的信息提示对话框，如图 3-55 所示。

(4) 在“记账完毕”的信息提示对话框中单击“确定”按钮，记账完毕。

需要注意的是，作废凭证不需要审核，可以直接记账。

图 3-55　“记账完毕”提示对话框

(六) 取消凭证记账

记账后发现凭证有误或其他需要修改的事项，可以取消记账。首先激活“恢复记账前状态”菜单，再恢复记账前状态。

(1) 在企业应用平台，执行“业务工作”→“财务会计”→“总账”→“期末”→“对账”命令，进入“对账”窗口，如图 3-56 所示。

图 3-56　“对账”窗口

(2) 按 Ctrl+H 快捷键，系统弹出“恢复记账前状态功能已被激活”提示对话框，如图 3-57 所示。

图 3-57　“恢复记账前状态功能已被激活”提示对话框

(3) 同时，在“凭证”菜单中显示这一菜单，如图 3-58 所示。

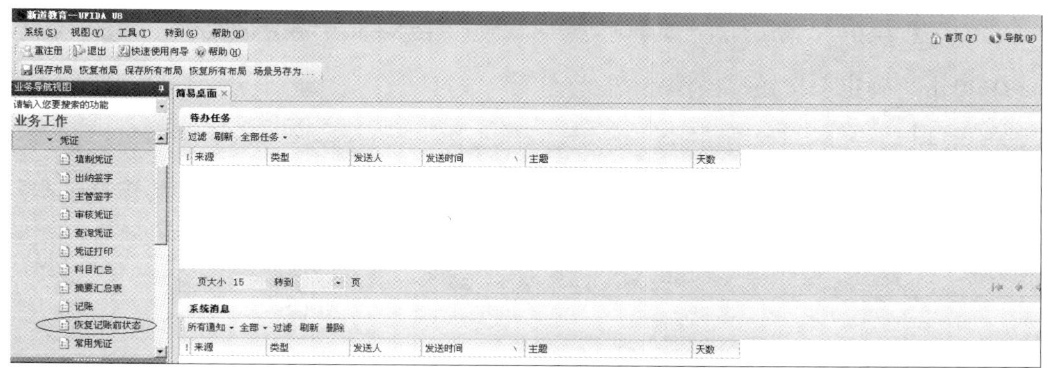

图 3-58　“凭证”菜单中显示“恢复记账前状态”菜单

(4) 此时，执行“凭证”→“恢复记账前状态”命令，打开“恢复记账前状态”对话框，如图 3-59 所示。

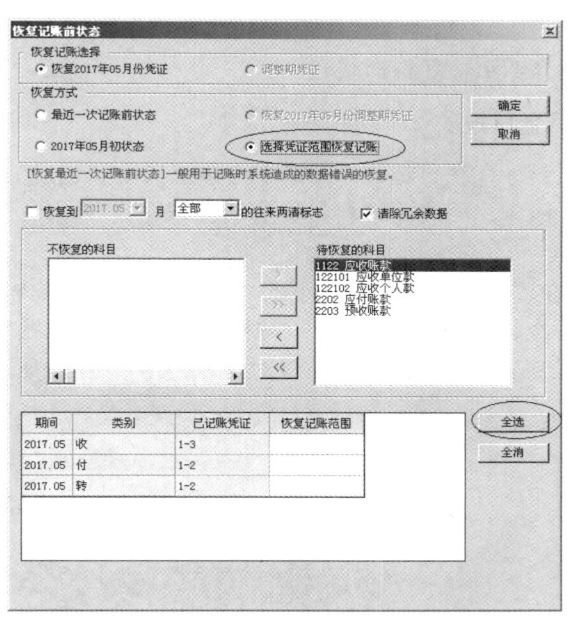

图 3-59　“恢复记账前状态”对话框

(5) 选中“选择凭证范围恢复记账”单选按钮，在对话框右侧单击“全选”按钮，单击“确定”按钮，系统弹出“输入”对话框，如图 3-60 所示。

(6) 输入口令 1，单击“确定”按钮，稍后系统弹出“恢复记账完毕”提示对话框，如图 3-61 所示。

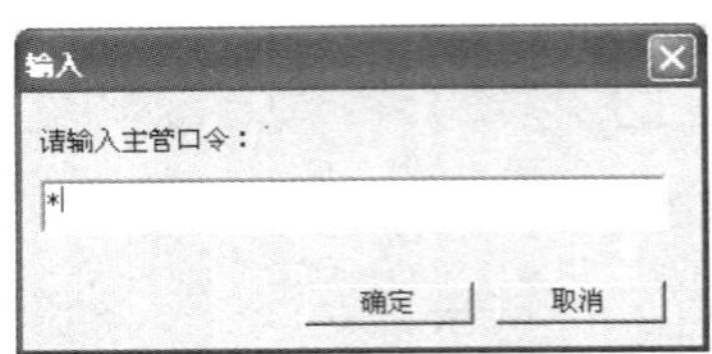

图 3-60　“输入”对话框

图 3-61　“恢复记账完毕”提示对话框

(7) 单击“确定”按钮，操作完成。

特别提醒

需要注意的是，已结账月份的数据不能取消记账，取消记账后，一定要重新记账。如果在“期末”→“对账”窗口中按 Ctrl+H 快捷键，或者退出系统后再次进入系统，系统将重新隐藏“恢复记账前状态”功能。

二、出纳管理

出纳管理是总账系统为出纳人员提供的一套管理工具，主要完成现金和银行存款日记账的输出和支票登记簿的管理，进行银行对账，以及为长期未达账项提供审计报告等工作。

1. 出纳签字

该功能已经在前面介绍审核凭证时讲过。

2. 查询日记账及资金日报表

日记账是指现金和银行存款日记账。日记账由系统自动登记，在建立会计科目时在“日记账”选项打上“√”标志，即表明该科目要登记日记账。

1) 查询现金日记账

(1) 现金科目必须在“会计科目”功能下的“指定科目”中预先指定。以 002 李平的身份登录企业应用平台，执行“业务工作”→“财务会计”→“总账”→“出纳”→“现金日记账”命令，打开“现金日记账查询条件”对话框，如图 3-62 所示。

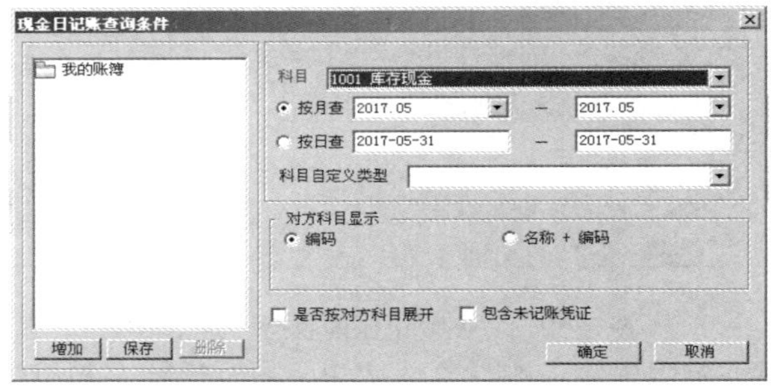

图 3-62　“现金日记账查询条件”对话框

(2) 选择“科目”为“1001 库存现金”，单击“确定”按钮，即可查看“现金日记账”，如图 3-63 所示。

现金日记账

科目 1001 库存现金

2017年 月	日	凭证号数	摘要	对方科目	借方	贷方	方向	余额
			月初余额				借	30,000.00
05	02	付-0001	提现	100201	10,000.00		借	40,000.00
05	02		本日合计		10,000.00		借	40,000.00
05	20	收-0003	报销差旅费	122102	1,000.00		借	41,000.00
05	20		本日合计		1,000.00		借	41,000.00
05			当前合计		11,000.00		借	41,000.00
05			当前累计		11,000.00		借	41,000.00
			结转下年				借	41,000.00

图 3-63 现金日记账

(3) 如果在总账系统参数设置时，在“选项”对话框的“权限”选项卡中选中“明细账查询权限控制到科目”复选框，则需要账套主管赋予出纳“库存现金”科目和“银行存款”科目的查询权限。为了后面支票登记簿操作方便，还要一并授予部门权限（详见实验四的“出纳管理”）。

2) 查询银行存款日记账

银行存款日记账的查询与现金日记账的查询操作基本相同，所不同的只是银行存款日记账多了“结算号”栏，主要在对账时使用，如图 3-64 所示。

银行日记账

金额式

科目 1002 银行存款　　　　日期 2017.05.01-2017.05.31

2017年 月	日	凭证号数	摘要	结算号	对方科目	借方	贷方	方向	余额
			月初余额					借	1,000,000.00
05	02	付-0001	提现_201_XJ01_2017.05.02	现金支票-XJ01	1001		10,000.00	借	990,000.00
05	02		本日合计				10,000.00	借	990,000.00
05	04	收-0001	收到美元投资_202_ZW01_2017.05.04	转账支票-ZW01	4001	63,700.00		借	1,053,700.00
05	04		本日合计			63,700.00		借	1,053,700.00
05	06	付-0002	采购材料_202_ZW02_2017.05.06	转账支票-ZW02	140301		80,000.00	借	973,700.00
05	06		本日合计				80,000.00	借	973,700.00
05	09	收-0002	收到货款_202_ZW03_2017.05.09	转账支票-ZW03	1122	90,000.00		借	1,063,700.00
05	09		本日合计			90,000.00		借	1,063,700.00
05			当前合计			153,700.00	90,000.00	借	1,063,700.00
05			当前累计			153,700.00	90,000.00	借	1,063,700.00

图 3-64 银行存款日记账

3) 查询资金日报表

(1) 以 002 李平的身份登录企业应用平台，执行“业务工作”→“财务会计”→“总账”→“出纳”→“资金日报”命令，打开“资金日报表查询条件”对话框，如图 3-65 所示。

图 3-65 “资金日报表查询条件”对话框

(2) 输入查询日期2017-05-31，选中“有余额无发生也显示”复选框，单击“确定”按钮，系统显示2017年5月31日的日报表，如图3-66所示。

资金日报表

日期:2017.05.31

科目编码	科目名称	币种	今日共借	今日共贷	方向	今日余额	借方笔数	贷方笔数
1001	库存现金				借	41,000.00		
1002	银行存款				借	1,063,700.00		
合计					借	1,104,700.00		
		美元			借	10,000.00		

图3-66　“资金日报表”窗口

3. 支票登记簿

总账系统的支票登记簿，可以详细登记支票领用人、领用日期、支票用途和是否报销等情况。

只有在会计科目中设置了银行账辅助核算的科目才能使用支票登记簿。只有在结算方式设置中选择了票据控制，才能选择登记银行科目。领用日期和支票号必须输入。支票登记簿中的报销日期栏，一般由系统自动填写，但对于有些已报销由于人为原因而造成系统未能自动填写报销日期的支票，可进行手工填写。已报销的支票不能进行修改，可以取消报销标志，再进行修改。

【例3-10】 5月26日，采购部周天借转账支票一张，票号166，预计金额3000元。

(1) 以002李平的身份登录企业应用平台，执行“业务工作”→“财务会计”→“总账”→“出纳”→“支票登记簿”命令，打开“银行科目选择”对话框，如图3-67所示。

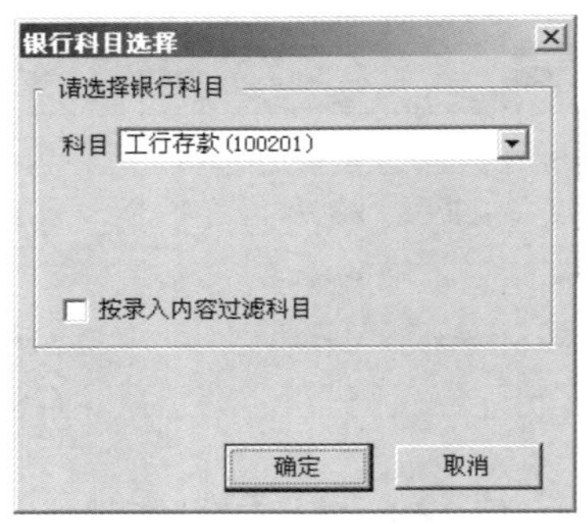

图3-67　“银行科目选择”对话框

(2) 选择“科目”为“工行存款(100201)”，单击“确定”按钮，进入“支票登记簿”窗口，如图3-68所示。

支票登记簿

科目：工行存款(100201)　　支票张数：2(其中：已报2 未报0)

领用日期	领用部门	领用人	支票号	预计金额	用途	收款人	对方科目	付款银行名称	银行账号	预计转账日期	报销日期	备注	实际金额	支票密码	领用部门编码
2017.05.02	财务部	李平	XJ01	10,000.00	备用金						2017.05.02		10,000.00		102
2017.05.06	采购部	周天	ZW02	80,000.00							2017.05.06		80,000.00		201
2017.05.26															

图3-68　“支票登记簿”窗口

(3) 单击“增加”按钮。输入“领用日期”为2017-05-26，“领用部门”为“采购部”，

“领用人”为“周天”，“支票号”为 166，预计金额 3000，用途为“采购材料”，单击“保存”后关闭对话框，操作完成。

4. 银行对账

为了准确掌握银行存款的实际金额，及时了解实际可动用的货币资金数额，防止记账差错，企业必须定期将银行存款日记账与银行出具的对账单进行核对，并编制银行存款余额调节表。

银行对账一般通过以下步骤完成：输入银行对账期初数据、输入银行对账单、银行对账、编制余额调节表和核销已达账项。

【例 3-11】 以实验四中“出纳管理”中的资料为例讲解。

1) 输入银行对账期初数据

(1) 以 002 李平的身份登录企业应用平台，执行“业务工作”→“财务会计”→“总账”→“出纳”→“银行对账”→“银行对账期初录入”命令，打开“银行科目选择”对话框，如图 3-69 所示。

(2) 在“银行科目选择”对话框中选择“科目”为“工行存款(100201)”，单击“确定”按钮，进入“银行对账期初”窗口，确定“启用日期”为 2017-05-01，输入单位日记账调整前余额 500 100 和银行对账单的调整前余额 520 200，如图 3-70 所示。

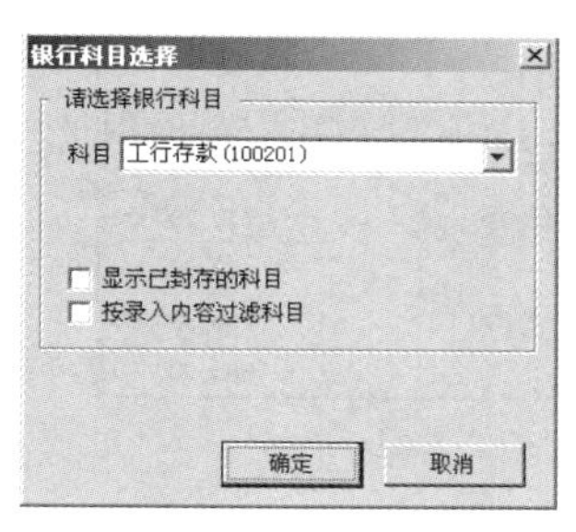

图 3-69　“银行科目选择”对话框

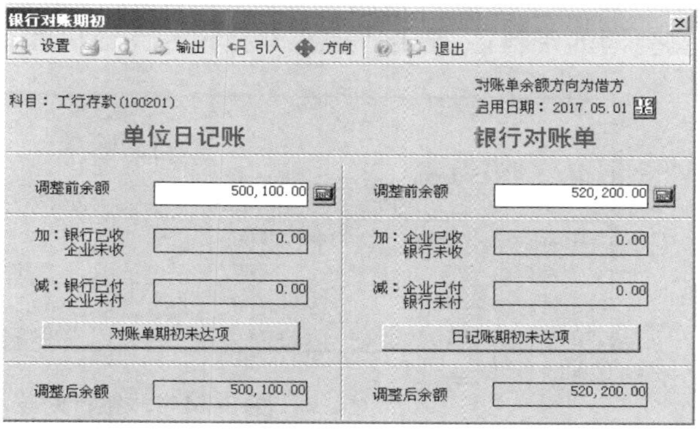

图 3-70　“银行对账期初”窗口

(3) 单击“对账单期初未达项”按钮，进入“银行方期初”窗口，如图 3-71 所示。

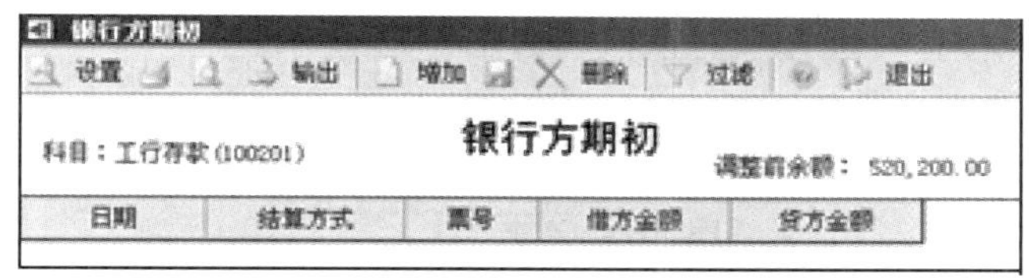

图 3-71　“银行方期初”窗口

(4) 单击“增加”按钮，录入未达账项一笔，日期选择为 2017-04-30，结算方式为 202，借方金额为 20 100 元，单击“保存”按钮，再单击“退出”按钮。系统返回“银行对账期初”窗口，此时单位日记账金额中已由系统自动填入 20 100 元，如图 3-72 所示。

(5) 单击“退出”按钮，完成操作。

2) 输入银行对账单

(1) 以 002 李平的身份登录企业应用平台，执行“业务工作”→“财务会计”→“总账”→“出纳”→“银行对账”→“银行对账单”命令，打开“银行科目选择”对话框，如图 3-73 所示。

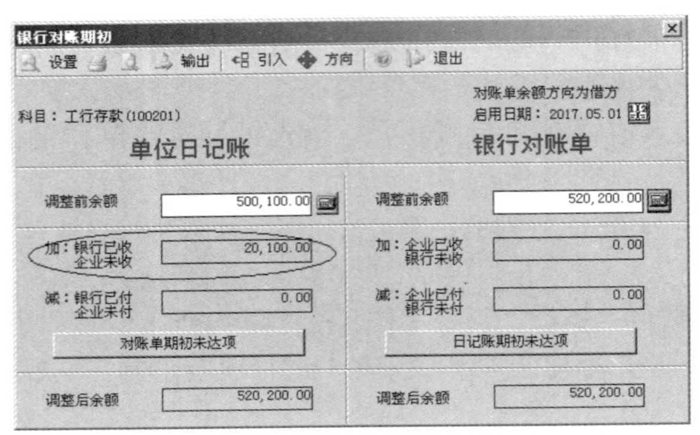

图 3-72 “银行对账期初”窗口

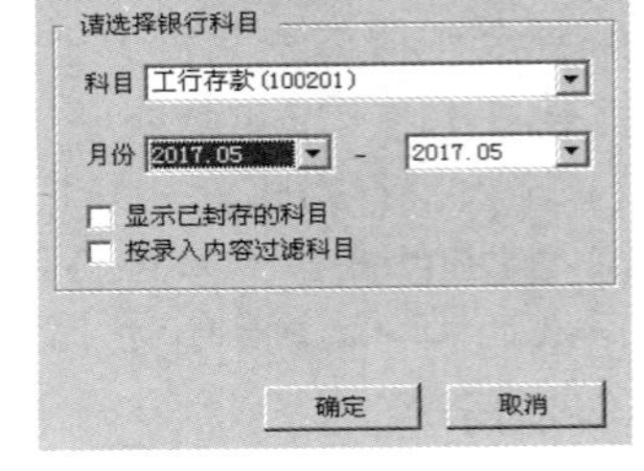

图 3-73 “银行科目选择”对话框

(2) 选择“科目”为“工行存款(100201)”，“月份”为 2017.05—2017.05，单击“确定”按钮，进入“银行对账单”窗口，单击“增加”按钮，输入“5 月份银行对账单”数据(见实验四的资料)，单击“保存”按钮，完成后的银行对账单如图 3-74 所示。

银行对账单

科目：工行存款(100201)　　对账单账面余额:583,900.00

日期	结算方式	票号	借方金额	贷方金额	余额
2017.05.03	201	XJ01		10,000.00	510,200.00
2017.05.05	202	ZW01	63,700.00		573,900.00
2017.05.07	202	ZW02		80,000.00	493,900.00
2017.05.10	202	ZW03	90,000.00		583,900.00

图 3-74 “银行对账单”窗口

3) 银行对账

(1) 自动对账。

① 以 002 李平的身份登录企业应用平台，执行“出纳”→“银行对账”→“银行对账”命令，系统弹出“银行科目选择”对话框，如图 3-75 所示。

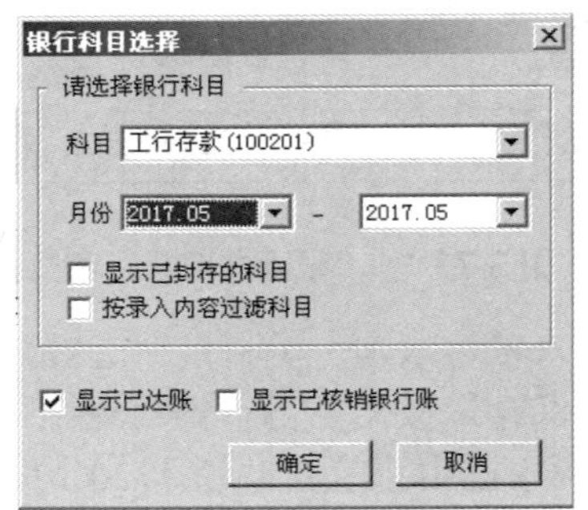

图 3-75 “银行科目选择”对话框

② 选择“科目”为“工行存款(100201)”，“月份”为 2017.05—2017.05，单击“确定”按钮，进入“银行对账”窗口，如图 3-76 所示。

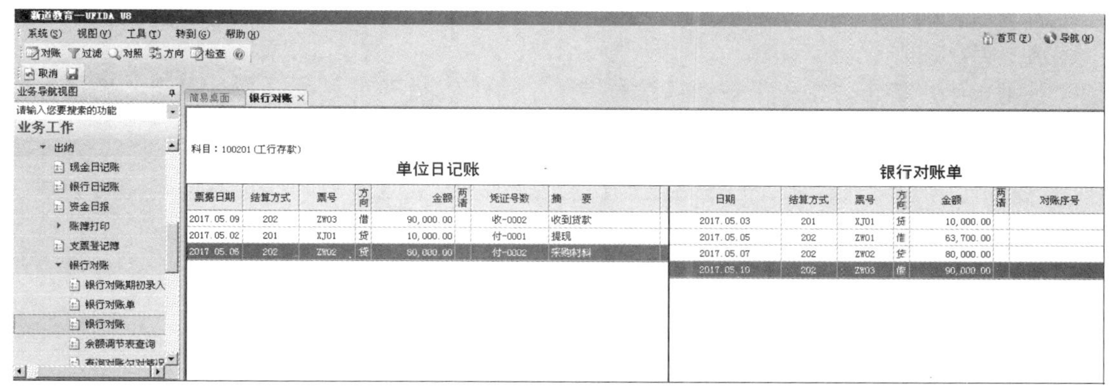

图 3-76 “银行对账”窗口

③ 单击“对账”按钮，打开“自动对账”对话框，如图 3-77 所示。

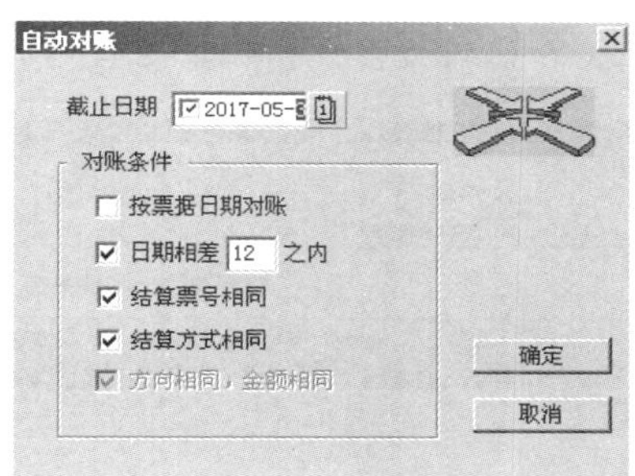

图 3-77 “自动对账”对话框

④ 输入“截止日期”为 2017-05-31，默认系统提供的其他对账条件。单击“确定”按钮，显示自动对账结果，如图 3-78 所示。

新道教育—UFIDA U8

科目：100201 (工行存款)

单位日记账

票据日期	结算方式	票号	方向	金额	两清	凭证号数	摘要
2017.05.09	202	ZW03	借	90,000.00	○	收-0002	收到货款
2017.05.02	201	XJ01	贷	10,000.00	○	付-0001	提现
2017.05.06	202	ZW02	贷	80,000.00	○	付-0002	采购材料

银行对账单

日期	结算方式	票号	方向	金额	两清	对账序号
2017.05.03	201	XJ01	贷	10,000.00	○	2017053100001
2017.05.05	202	ZW01	借	63,700.00		
2017.05.07	202	ZW02	贷	80,000.00	○	2017053100002
2017.05.10	202	ZW03	借	90,000.00	○	2017053100003

图 3-78 “银行对账单”对账结果

对账条件中的方向、金额相同是必选条件，对于已达账项，系统自动在银行存款日记账和银行对账单双方的“两清”栏打上圆圈标志。

(2) 手工对账。

在自动对账不能完全对上的情况下，可采用手工对账。在银行对账窗口，对于一些应勾对而未勾上的账项，可分别双击“两清”栏，直接进行手工调整。手工对账的标志为 Y，以区别于自动对账标志。

对账完毕，单击“检查”按钮，检查结果平衡，如图 3-79 所示，然后单击“确定”按钮即可。

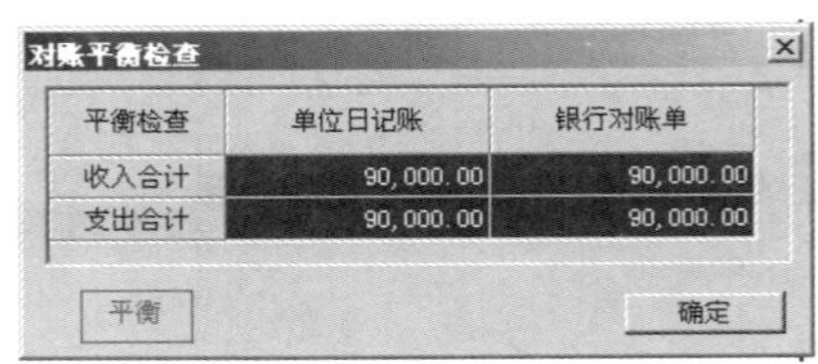

图 3-79 “对账平衡检查”对话框

5. 输出余额调节表

(1) 以 002 李平的身份登录企业应用平台，执行“出纳”→“银行对账”→“余额调节表查询”命令，进入“银行存款余额调节表”窗口，如图 3-80 所示。

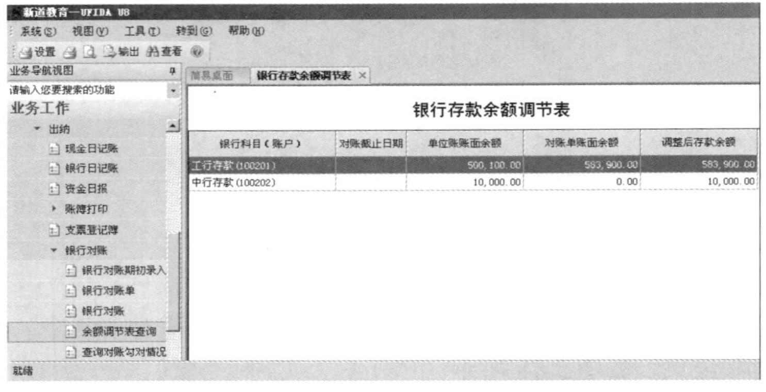

图 3-80 “银行存款余额调节表”窗口

(2) 选择银行科目为“工行存款(100201)”，单击“查看”按钮，即显示该银行账户的银行存款余额调节表，如图 3-81 所示。

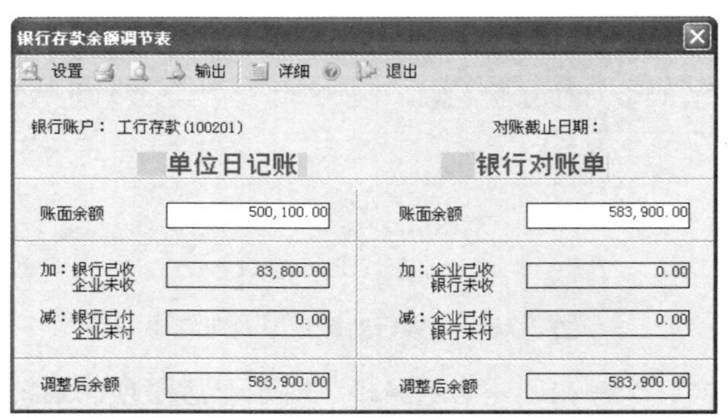

图 3-81 调整后的银行存款余额调节表

同理，选择“银行科目”为“中行存款(100202)”，单击“查看”按钮，即可查看该银行账户的银行存款余额调节表。

三、账簿管理

以账套主管的身份进入企业应用平台。

1. 查询科目账

(1) 查询总账。执行“账表”→“科目账”→“总账”命令。

(2) 查询发生额及余额。执行“账表”→“科目账”→“余额表”命令。

(3) 查询明细账。执行“账表”→“科目账”→“明细账”命令。

2. 查询部门账

1) 查询部门总账

(1) 执行“账表”→“部门辅助账”→“部门总账”→“部门三栏总账”命令，输入查询条件(如科目“660204 差旅费”、部门“总经理办公室”)，系统弹出“部门三栏总账条件”对话框，如图 3-82 所示。

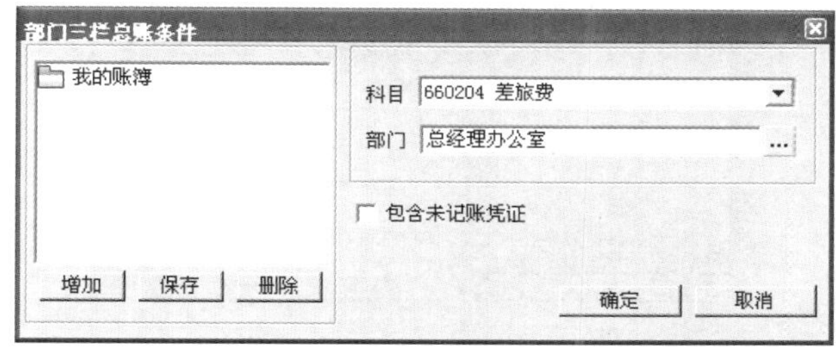

图 3-82　“部门三栏总账条件”对话框

(2) 单击“确定”按钮，系统弹出“部门三栏总账”窗口，显示查询结果，如图 3-83 所示。

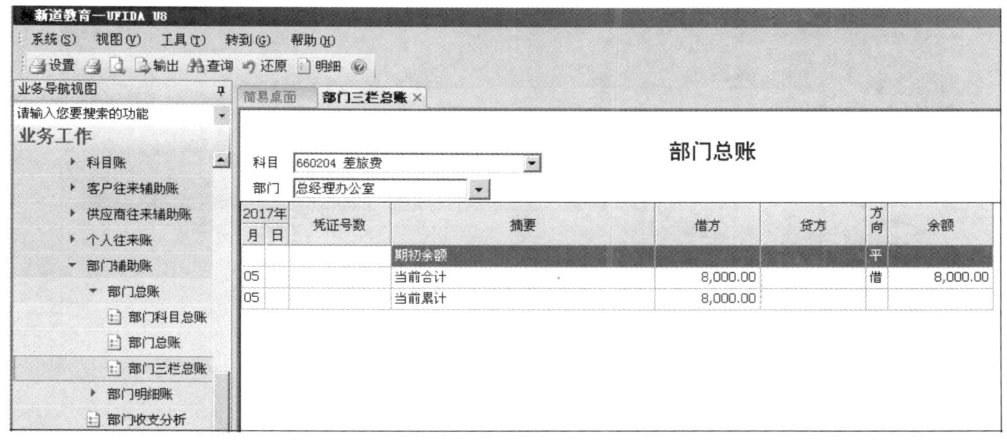

2017年 月	日	凭证号数	摘要	借方	贷方	方向	余额
			期初余额			平	
05			当前合计	8,000.00		借	8,000.00
05			当前累计	8,000.00			

图 3-83　“部门总账”窗口

(3) 双击“摘要”项目下的“当前合计”栏，进入“部门明细账”界面，如图 3-84 所示。

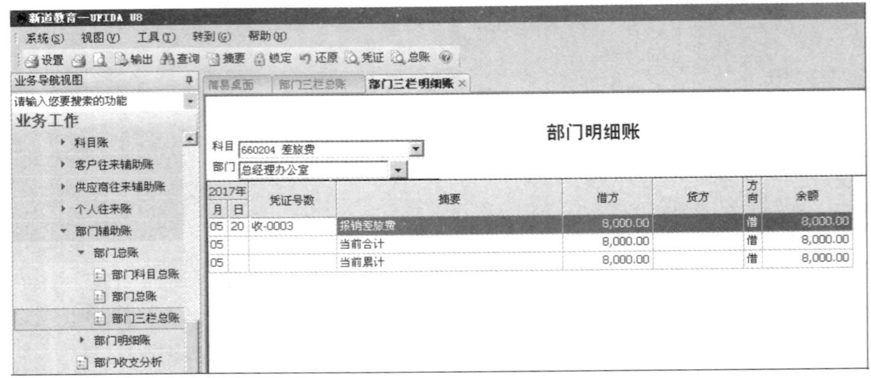

图 3-84 “部门明细账”界面

2) 查询部门明细账

(1) 执行“账表”→“部门辅助账”→“部门明细账”→“部门多栏式明细账”命令，系统弹出“部门多栏明细账条件”对话框，如图 3-85 所示。

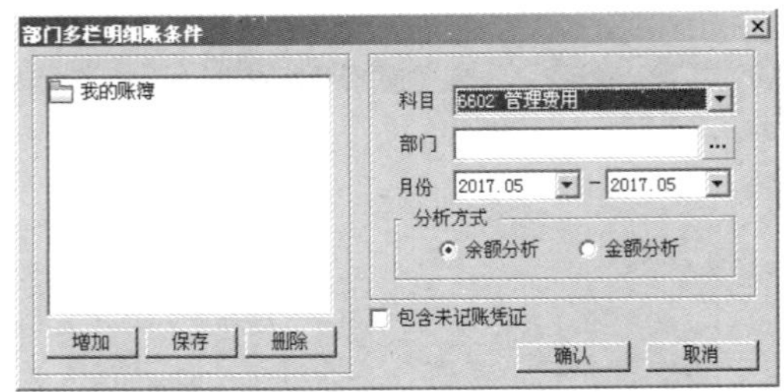

图 3-85 “部门多栏明细账条件”对话框

(2) 输入查询条件，“科目”为“6602 管理费用”，“部门”为“总经理办公室”，“月份”为“2017.05—2017.05”，“分析方式”选择“金额分析”，单击“确认”按钮，进入“部门多栏明细账”窗口，如图 3-86 所示。

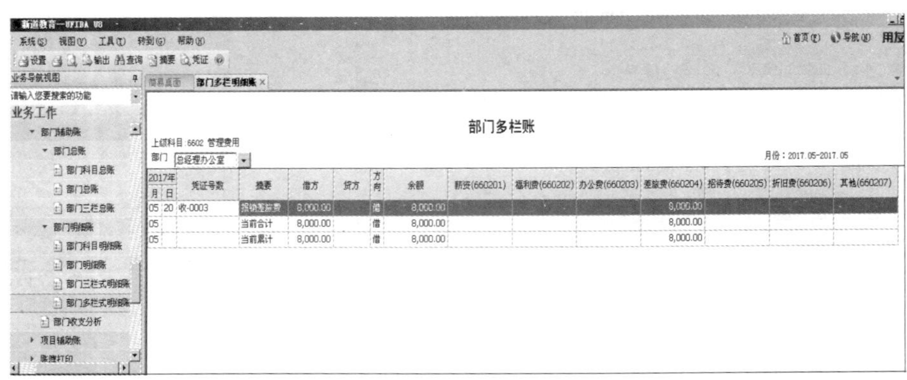

图 3-86 “部门多栏明细账”窗口

(3) 双击某一日的业务，可以查看该笔业务的凭证。

3) 部门收支分析

(1) 执行“账表”→“部门辅助账”→“部门收支分析”命令，系统弹出“部门收支分析条件”对话框，如图 3-87 所示。

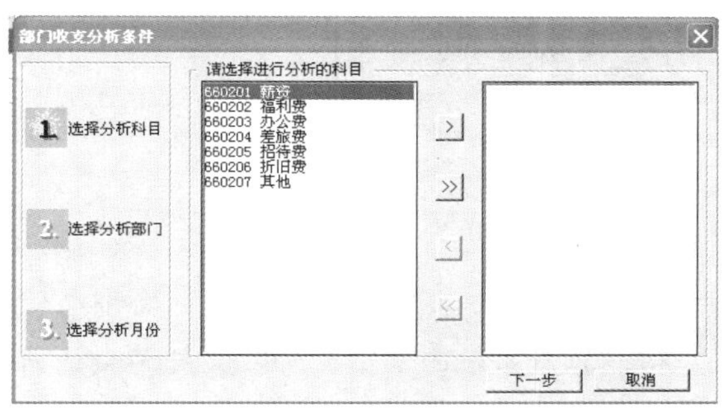

图 3-87　“部门收支分析条件”对话框

(2) 输入查询条件。在“选择分析科目”栏，单击»按钮，表示全选；单击“下一步”按钮，在“选择分析部门”栏，单击»按钮，表示全选；单击“下一步”按钮，在“选择分析月份”栏输入月份范围“2017.05—2017.05”，单击“完成”按钮，进入“部门收支分析”窗口，如图 3-88 所示。

图 3-88　“部门收支分析”窗口

第四节 总账系统期末处理

总账系统的期末处理是指会计人员将本月所发生的日常经济业务全部登记入账后，在每个会计期末都需要完成的一些特定的会计工作，主要包括期末转账、对账、结账与反结账等。

一、期末转账

转账分为外部转账和内部转账。外部转账是指将其他专项核算子系统生成的凭证转入总账系统中；内部转账是指在总账系统内部把某个或某几个会计科目的余额或本期发生额结转到一个或多个会计科目中。

定义转账凭证是期末总账处理的第一步。第一次使用总账系统时，应先进行“转账定义”，即设置自动转账分录，在以后各月只需调用“转账生成”，即可快速生成转账凭证。当某转账凭证的转账公式有变化时，需先在“转账定义”中修改转账凭证内容，然后再转账。期末转账操作主要包括自定义转账、期间损益结转和转账生成。

1. 自定义转账

自定义转账.mp4

【例 3-12】按短期借款期末余额的 0.2%计提短期借款利息。

借：财务费用——利息支出(660301)

贷：其他应付款(2241)

(1) 以 003 王军的身份登录企业应用平台，执行“业务工作”→“财务会计”→“总账”→“期末”→“转账定义”→“自定义转账”命令，系统弹出“自定义转账设置”对话框，单击“增加”按钮，打开“转账目录”对话框，如图 3-89 所示。

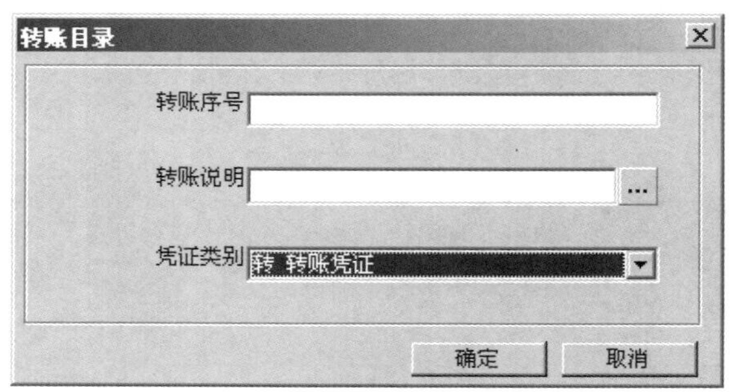

图 3-89 “转账目录”对话框

(2) 输入“转账序号”0001，“转账说明”为“计提短期借款利息”，“凭证类别”选择“转 转账凭证”。单击“确定”按钮，系统返回“自定义转账设置”窗口，如图 3-90 所示。

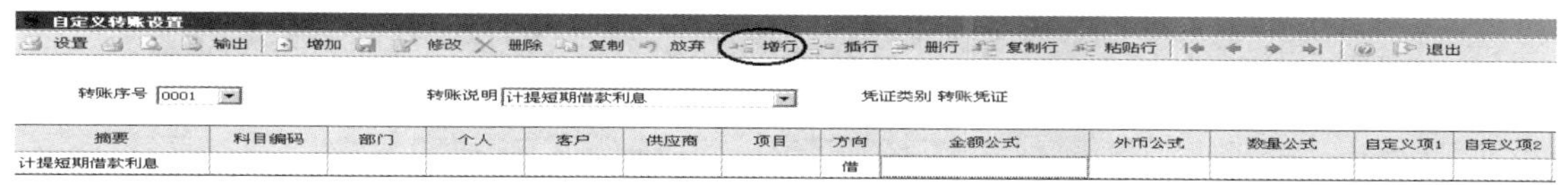

图 3-90 “自定义转账设置”窗口

(3) 单击“增行”按钮，选择科目编码 660301，方向为“借”，双击“金额公式”栏，选择参照按钮[...]，打开“公式向导”对话框，如图 3-91 所示。

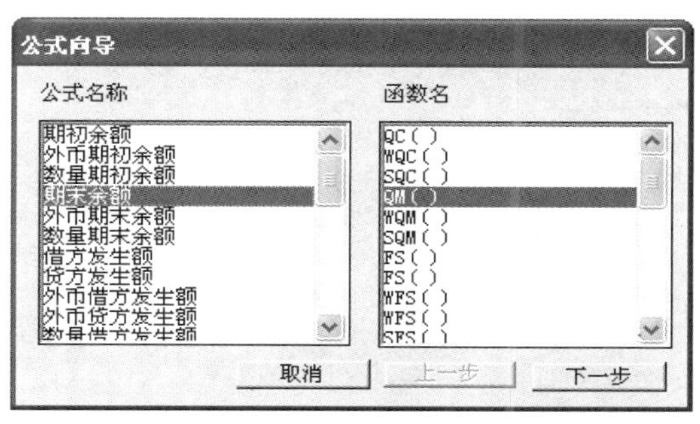

图 3-91 “公式向导”对话框

(4) 选择“期末余额”函数，单击“下一步”按钮，选择科目为 2001，其他默认，单击“完成”按钮，系统返回“自定义转账设置”窗口，将光标移至金额公式末尾，输入*0.002，按 Enter 键确定。单击“增行”按钮，确定分录的贷方信息，选择科目编码 2241，方向为“贷”，输入金额公式 JG()。单击“保存”按钮，如图 3-92 所示。

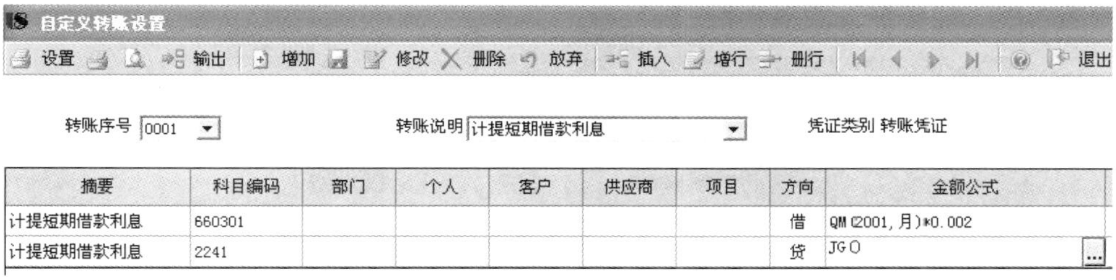

自定义转账设置

设置 输出 增加 修改 删除 放弃 插入 增行 删行 退出

转账序号 0001　　转账说明 计提短期借款利息　　凭证类别 转账凭证

摘要	科目编码	部门	个人	客户	供应商	项目	方向	金额公式
计提短期借款利息	660301						借	QM(2001,月)*0.002
计提短期借款利息	2241						贷	JG()

图 3-92 “自定义转账设置”窗口

公式 JG()含义为“取对方科目计算结果”，其中的()必须为英文符号，否则系统会提示“金额公式不合法：未知函数名”。

(5) 单击“退出”按钮，操作完成。

2. 期间损益结转

执行“业务工作”→“财务会计”→“总账”→“期末”→“转账定义”→“期间损益”命令，系统弹出“期间损益结转设置”对话框。在“期间损益结转设置”对话框中选择“凭证类别”为“转　转账凭证”，选择“本年利润科目”为 4103，单击“确定”按钮，如图 3-93 所示。

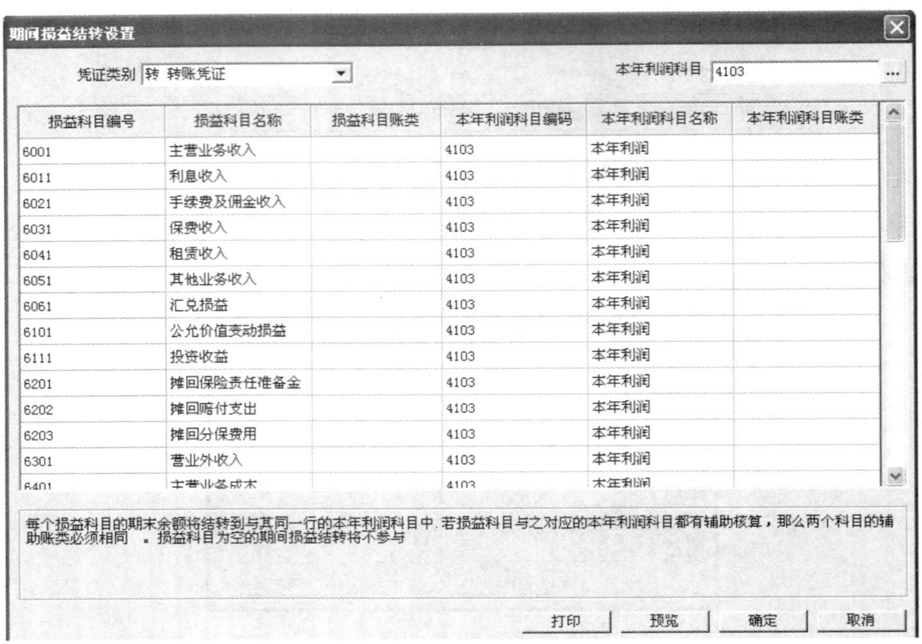

图 3-93 “期间损益结转设置”对话框

3. 转账生成

1) 生成自定义转账的凭证

(1) 执行“业务工作”→“财务会计”→“总账”→“期末”→“转账生成”命令，打开“转账生成”对话框，如图 3-94 所示。

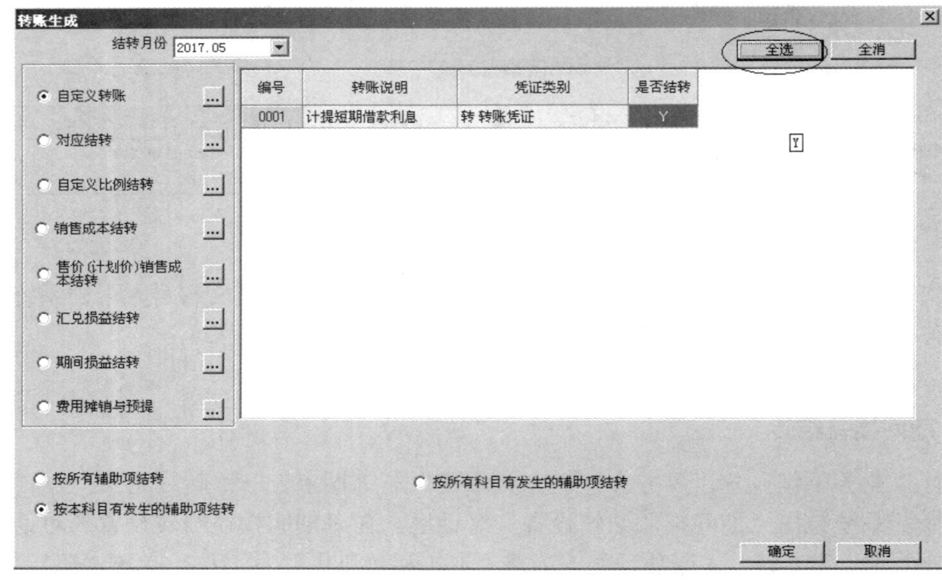

图 3-94 “转账生成”对话框

(2) 选中“自定义转账”单选按钮，单击“全选”按钮，再单击“确定”按钮，生成转账凭证。单击“保存”按钮，凭证左上角显示“已生成”字样，系统自动将当前凭证追加到未记账凭证中，如图 3-95 所示。

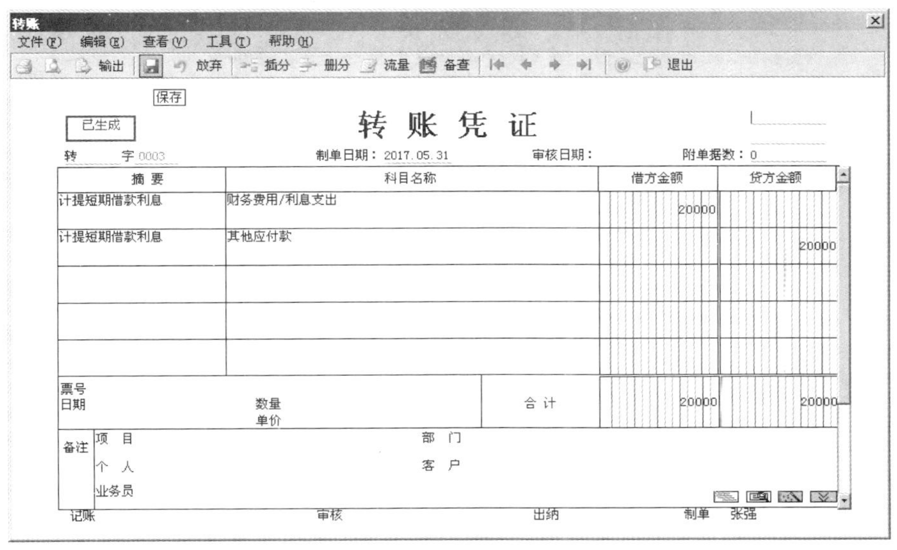

图 3-95　生成的转账凭证

2) 生成期间损益结转的凭证

期间损益结转前，先将上一张自动转账凭证以 001 张强的角色审核、记账，否则损益结转的数据将会出现错误。

(1) 以 003 王军的身份登录企业应用平台，执行“业务工作”→“财务会计”→“总账”→“期末”→“转账生成”命令，打开“转账生成”对话框，如图 3-96 所示。

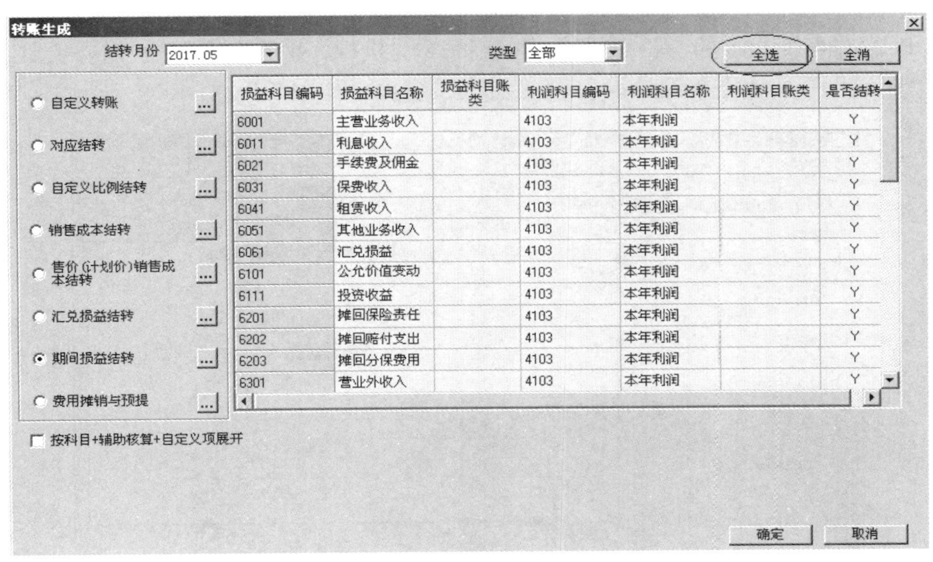

图 3-96　“转账生成”对话框

(2) 选中“期间损益结转”单选按钮，单击“全选”按钮，再单击“确定”按钮，生成转账凭证。单击“保存”按钮，凭证左上角显示“已生成”字样，系统自动将当前凭证追加到未记账凭证中，如图 3-97 所示。

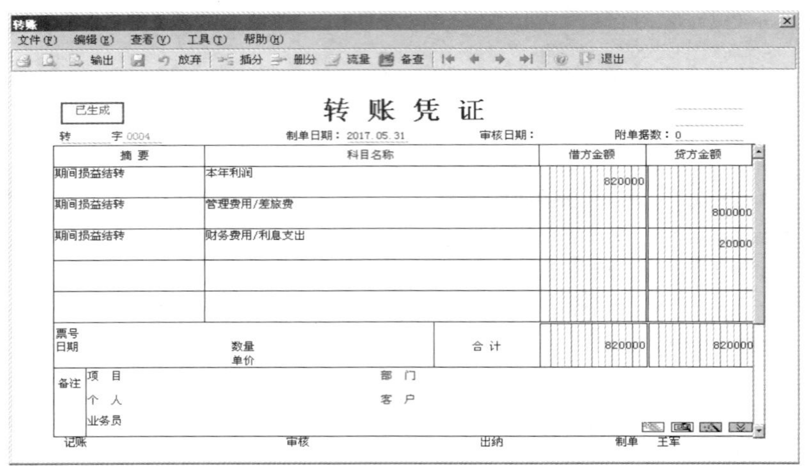

图 3-97　生成后的转账凭证

(3) 期间损益结转后，将生成的转账凭证以 001 张强的角色审核、记账。

二、对账

总账系统中的对账是系统对账簿数据进行核对，以检查记账是否正确以及账簿的金额是否平衡，这与手工会计核算方式下的对账不同。

对账的内容主要是指核对各类账簿与凭证的记录内容以完成账证核对，核对总账与明细账及辅助账的数据以完成账账核对。

(1) 以账套主管 001 的身份登录企业应用平台，执行“业务工作”→“财务会计”→“总账”→“期末”→“对账”命令，打开“对账”窗口，如图 3-98 所示。

对账
对账 选择 错误 试算 检查 退出

☑ 检查科目档案辅助项与账务数据的一致性

选择核对内容
☑ 总账与明细账
☑ 总账与辅助账
☑ 辅助账与明细账
☐ 总账与多辅助账
☐ 辅助账与多辅助账
☐ 多辅助账与明细账

月份	对账日期	对账结果	是否结账	是否对账
2017.01			Y	
2017.02			Y	
2017.03			Y	
2017.04			Y	
2017.05				
2017.06				
2017.07				
2017.08				
2017.09				
2017.10				
2017.11				
2017.12				

图 3-98　“对账”窗口

(2) 选择要对账的月份 2017.05，单击“选择”按钮，再单击“对账”按钮，开始自动对账，并显示对账结果，如图 3-99 所示。

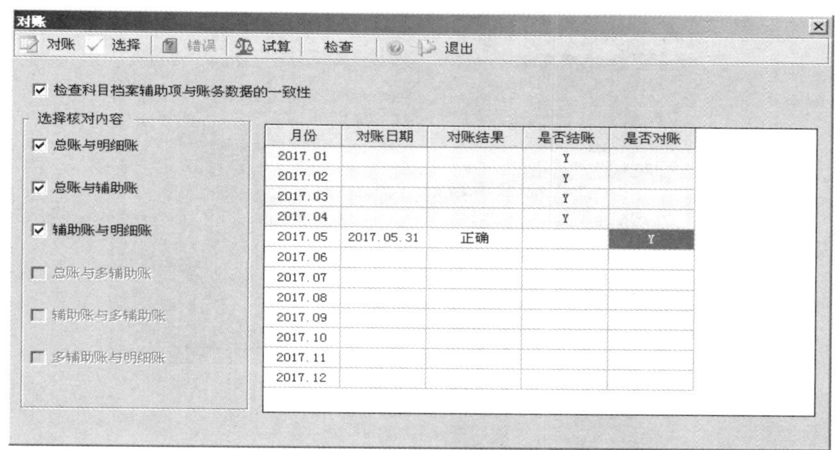

图 3-99　“对账”结果

(3) 单击“试算”按钮，可以对各科目类别余额进行试算平衡。系统弹出“2017.05 试算平衡表”对话框，如图 3-100 所示。

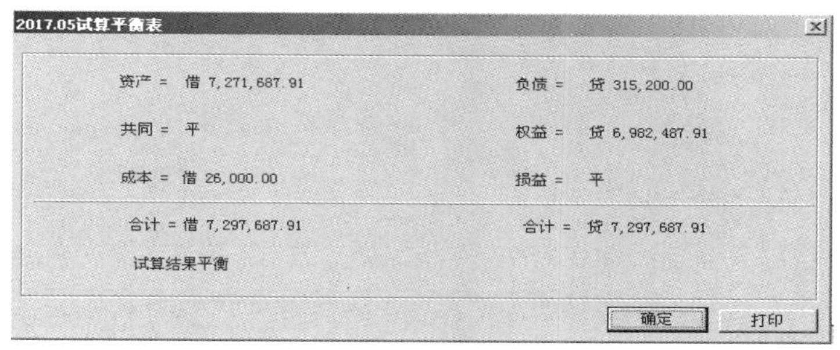

图 3-100　“2017.05 试算平衡表”对话框

(4) 单击“确定”按钮，操作完成。

三、结账与反结账

1. 结账

结账前要进行下列检查。

(1) 检查本月业务是否全部记账，有未记账凭证不能结账。

(2) 月末结转必须全部生成并记账，否则本月不能结账。

(3) 检查上月是否已结账，上月未结账，则本月不能结账。

(4) 核对总账与明细账、主体账与辅助账、总账管理系统与其他子系统数据是否已一致，不一致不能结账。

(5) 损益类账户是否全部结转完毕，否则本月不能结账。

(6) 若与其他子系统联合使用，则检查其他子系统是否已结账，若没有，则本月不能结账。

以账套主管 001 的角色执行“业务工作”→“财务会计”→“总账”→“期末”→“结账”命令，弹出“结账”对话框，如图 3-101 所示。

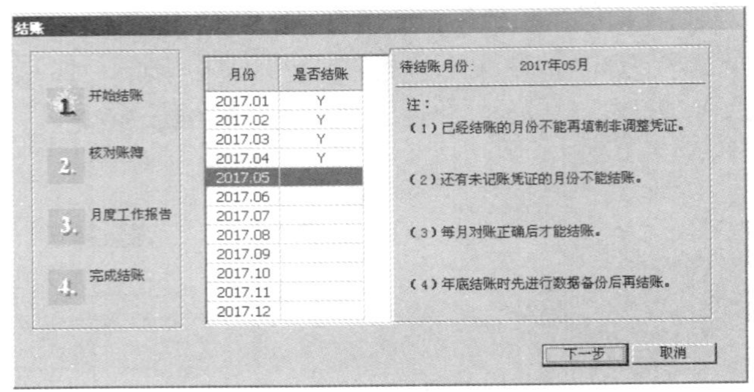

图 3-101 “结账”对话框

选择要结账的月份 2017.05，单击“下一步”按钮。进入“结账”对话框的“核对账簿”界面，单击“下一步”按钮，系统对要结账的月份进行账账核对，如图 3-102 所示。

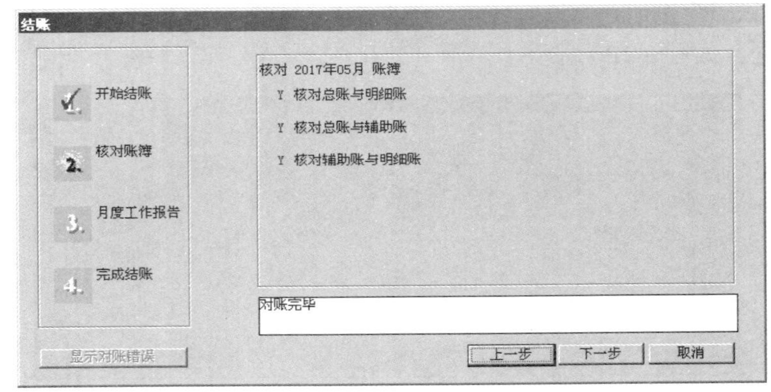

图 3-102 “结账”对话框的“核对账簿”界面

单击“下一步”按钮，进入“2017 年 5 月工作报告”界面，如图 3-103 所示。

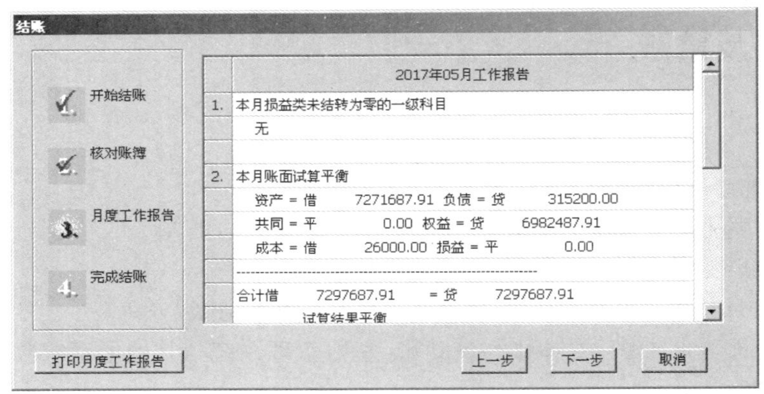

图 3-103 “2017 年 5 月工作报告”界面

查看工作报告后，单击“下一步”按钮，再单击“结账”按钮，若符合结账要求，系统将进行结账，否则不予结账，如图 3-104 所示。

图 3-104 结账

2. 反结账

如果结账以后发现结账错误，可以进行“反结账”，取消结账标志，然后进行修正，再进行结账工作。

(1) 以账套主管 001 的身份登录企业应用平台，执行“业务工作”→“财务会计”→“总账”→“期末”→“结账”命令，弹出“结账”对话框，如图 3-105 所示。

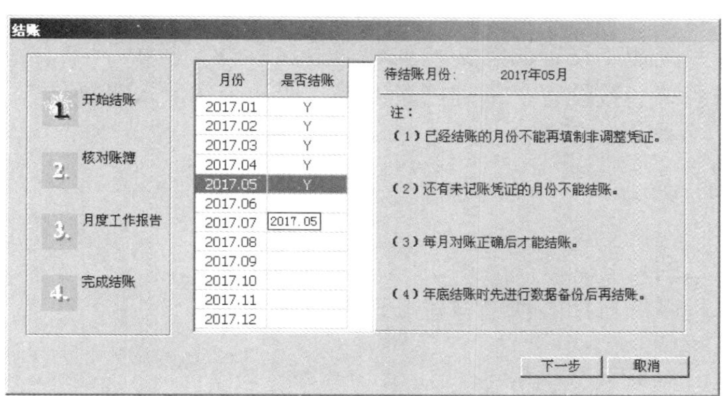

图 3-105 “结账”对话框

(2) 选择要取消结账的月份 2017.05，按 Ctrl+Shift+F6 快捷键，激活“取消结账”功能，弹出“确认口令”对话框，如图 3-106 所示。

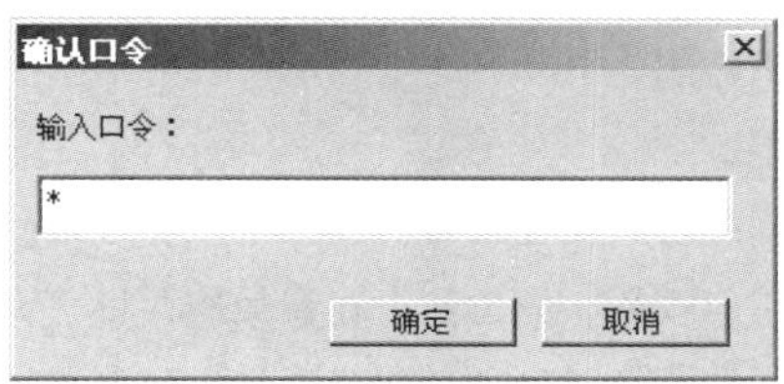

图 3-106 “确认口令”对话框

(3) 输入口令 1，单击“确定”按钮，可以看到“结账”对话框中月份为 2017.05 的“是否结账”栏中的 Y 消失了，表示取消了结账，如图 3-107 所示。

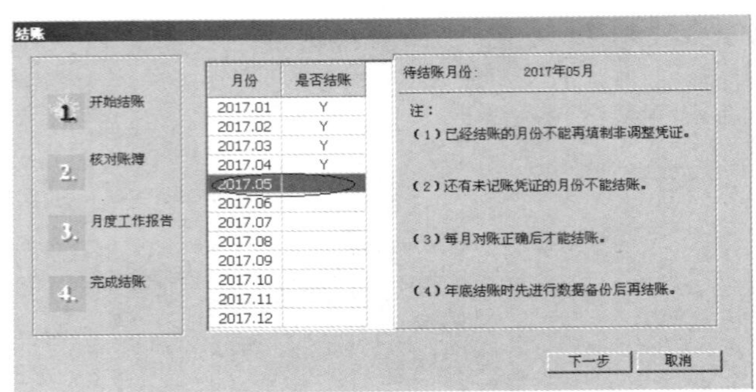

图 3-107　取消结账

(4) 单击“取消”按钮，操作完成。

第五节　实验三：总账系统初始设置

一、实验目的

(1) 掌握用友软件中总账系统初始设置的相关内容。
(2) 理解总账系统初始设置的意义。
(3) 掌握总账系统参数设置、基础档案设置、期初余额录入等操作。

二、实验准备

(1) 引入实验二的账套。
(2) 修改计算机系统日期，使之与建账日期一致。

三、实验内容

1. 设置如表 3-2 所示的总账控制参数

表 3-2　总账控制参数设置表

凭证	制单序时控制。 支票控制。 赤字控制：资金及往来科目。赤字控制方式：提示。 可以使用应收款、应付款、存货受控科目。 勾选“现金流量科目必录现金流量科目”选项。 凭证编号：系统编号

续表

账簿	账簿打印位数按软件的标准设定。 明细账打印按年排页
凭证打印	打印凭证的制单、出纳、审核、记账等人员姓名
预算控制	超出预算允许保存
权限	出纳凭证必须经由出纳签字。 允许修改、作废他人填制的凭证。 可查询他人凭证。 明细账查询权限控制到科目
会计日历	会计日历为1月1日—12月31日。 数量小数位和单价小数位设置为2位
其他	外币核算采用固定汇率。 部门、个人、项目按编码方式排序

2. 设置如下基础数据

(1) 外币及汇率。

币符：USD；币名：美元。固定汇率1:6.37，即2017.05的记账汇率为6.37。

(2) 根据表3-3的内容设置会计科目及录入期初余额。

需要注意的是，此处只做会计科目的修改或新增，先不录入期初余额。做完项目目录的设置后，再录入期初余额。

表3-3　2017年5月会计科目设置及期初余额表

科目名称	辅助核算	方　向	币别或计量	期初余额
库存现金(1001)	日记账	借		30 000
银行存款(1002)	日记账、银行账	借		1000 000
工行存款(100201)	日记账、银行账	借		1000 000
中行存款(100202)	日记账、银行账	借	美元 USD	
应收账款(1122)	客户往来	借		150 000
其他应收款(1221)		借		7 000
应收单位款(122101)	客户往来	借		
应收个人款(122102)	个人往来	借		7 000
坏账准备(1231)		借		4 000
预付账款(1123)	供应商往来	借		
报刊费(112301)		借		
其他(112302)				
材料采购(1401)		借		
原材料(1403)		借		
生产用原材料(140301)	数量核算	借	吨	120 000

续表

科目名称	辅助核算	方　向	币别或计量	期初余额
材料成本差异(1404)		借		1 500
库存商品(1405)		借		225 600
委托加工物资(1408)		借		
周转材料(1411)		借		
固定资产(1601)		借		6 004 000
累计折旧(1602)		贷		313 112.09
在建工程(1604)		借		
人工费(160401)	项目核算	借		
材料费(160402)	项目核算	借		
其他(160403)	项目核算	借		
无形资产(1701)		借		
待处理财产损溢(1901)				
待处理流动资产损溢(190101)				
待处理固定资产损溢(190102)				
短期借款(2001)		贷		100 000
应付账款(2202)	供应商往来	贷		200 000
预收账款(2203)	客户往来	贷		
应付职工薪酬(2211)		贷		
应交税费(2221)		贷		
应交增值税(222101)		贷		
进项税额(22210101)		贷		
销项税额(22210105)		贷		
应付股利(2232)				800
其他应付款(2241)		贷		
实收资本(4001)		贷		5 815 853.59
本年利润(4103)		贷		
利润分配(4104)		贷		
未分配利润(410415)		贷		1 111 134.32
生产成本(5001)	项目核算	借		14 000
直接材料(500101)	项目核算	借		3 000
直接人工(500102)	项目核算	借		4 000
制造费用(500103)	项目核算	借		5 000
折旧费(500104)	项目核算	借		2 000
制造费用(5101)		借		
工资(510101)		借		

续表

科目名称	辅助核算	方　向	币别或计量	期初余额
折旧费(510102)		借		
主营业务收入(6001)		贷		
其他业务收入(6051)		贷		
投资收益(6111)		贷		
主营业务成本(6401)		借		
营业税金及附加(6403)		借		
其他业务成本(6402)		借		
销售费用(6601)		借		
管理费用(6602)		借		
薪资(660201)	部门核算	借		
福利费(660202)	部门核算	借		
办公费(660203)	部门核算	借		
差旅费(660204)	部门核算	借		
招待费(660205)	部门核算	借		
折旧费(660206)	部门核算	借		
其他(660207)	部门核算	借		
财务费用(6603)		借		
利息支出(660301)		借		
现金折扣(660302)		借		

应收账款科目期初数据如表 3-4 所示。

表 3-4　应收账款科目期初数据

日　期	凭证号	客　户	业务员	摘　要	方　向	金　额	票　号	票据日期
2017-03-12	转—20	思诚公司	刘雪	销售商品	借	70 000	A111	2017-03-12
2017-04-20	转—40	进取公司	潘静	销售商品	借	80 000	A222	2017-04-20

其他应收款——应收个人款科目期初数据如表 3-5 所示。

表 3-5　其他应收账——应收个人款科目期初数据

日　期	凭证号	部　门	个　人	摘　要	方　向	期初余额
2017-04-10	付—10	采购部	赵亮	出差借款	借	3 000
2017-04-22	付—20	销售部	潘静	出差借款	借	4 000

应付账款科目期初数据如表 3-6 所示。

表 3-6　应付账款科目期初数据

日　期	凭证号	供应商	业务员	摘　要	方　向	金　额	票　号	票据日期
2017-04-15	转—30	智慧公司	周天	购进材料	贷	200 000	B111	2017-04-15

生产成本科目期初数据如表 3-7 所示。

表 3-7　生产成本科目期初数据

科目名称	甲商品	乙商品	合计
直接材料(500101)	1 000	2 000	3 000
直接人工(500102)	1 000	3 000	4 000
制造费用(500103)	2 000	3 000	5 000
折旧费(500104)	1 000	1 000	2 000
合计	5 000	9 000	14 000

(3) 编辑——指定科目。

在现金科目中选择库存现金(1001)；在银行科目中选择银行存款(1002)；在现金流量科目中选择库存现金(1001)、工行存款(100201)、中行存款(100202)。

(4) 设置如表 3-8 所示的凭证类别。

表 3-8　凭证类别设置

凭证类别	限制类型	限制科目
收款凭证	借方必有	1001，100201，100202
付款凭证	贷方必有	1001，100201，100202
转账凭证	凭证必无	1001，100201，100202

(5) 设置如表 3-9 所示的结算方式。

表 3-9　结算方式设置

结算方式编码	结算方式名称	票据管理
1	现金结算	不选
2	支票结算	不选
201	现金支票	是
202	转账支票	是
9	其他	不选

(6) 设置如表 3-10 所示的项目目录。

表 3-10　项目目录

项目设置步骤	设置内容
项目大类	生产成本
核算科目	5001,500101,500102,500103,500104
项目分类定义	1.自制；2.外购
项目目录——维护	1.甲商品(自制)；2.乙商品(自制)

在项目目录—维护中，输入项目名称“甲商品”“乙商品”时，系统中“是否结算”处不做任何选择。否则选择了“结算”后，后续录入凭证时将提示已结算，该项目无法使用。

(7) 根据表 3-3 中的 2017 年 5 月会计科目及期初余额表表格数据，完成期初余额录入。

四、可能出现的问题及解决方法

(1) 完成会计科目明细科目增加后，一定要选择编辑指定科目，如果在这里不指定科目，实验四中的凭证“出纳签字”操作就做不了。

(2) 首先完成会计科目修改及新增、凭证类别、结算方式、项目目录，再完成期初余额录入。

(3) 中行存款(100202)在设置辅助核算时，除了要设置“日记账”和“银行账”外，一定要在“外币核算”复选框中进行勾选，否则后面在做外币凭证的时候会出现错误。

第六节　实验四：总账系统日常业务处理

一、实验目的

(1) 掌握用友软件中总账系统日常业务处理的相关内容。

(2) 熟悉总账系统日常业务处理的主要流程。

(3) 掌握凭证的填制、修改及审核、出纳相关业务的操作及记账、账簿的查询与输出。

二、实验准备

(1) 引入实验三账套。

(2) 修改系统日期为 2017-05-31，以这个日期登录企业用平台，就可以在录入凭证时修改为 5 月任意一天的业务日期 。

(3) 以 003 王军的身份填制凭证，以 002 李平的身份进行出纳签字和现金、银行存款日记账的查询、支票登记等工作，以 001 张强的身份进行凭证审核、记账、查询账簿等操作。

三、实验内容

1. 凭证录入

1) 提现类

5 月 2 日，财务部出纳李平从工商银行提取现金 10 000 元备用，结算方式为现金支票，票号 XJ01，发生日期 2017-05-02。(付款凭证)

借：库存现金(科目代码 1001)　10 000

　贷：银行存款——工行存款(科目代码 100201)　　10 000

"票号登记"对话框中，领用日期为2017-05-02，领用部门为"财务部"，姓名为"李平"，限额为10 000，用途为"备用金"。

该笔业务不影响现金流量的净额，因此不必填写现金流量项目。

2) 涉及外币业务类

5月4日，收到新华公司投资资金10 000美元，汇率为1:6.37，结算方式为转账支票，支票号为ZW01。(收款凭证)

借：银行存款——中行存款(100202)　63 700

　贷：实收资本(4001)　　63 700

该笔业务的现金流量项目为"筹资活动——现金流入——吸收投资所收到的现金"。

3) 数量金额类

5月6日，采购部周天采购原材料10吨，每吨8 000元，材料直接入库，货款以银行存款支付，转账支票ZW02。(付款凭证)

借：原材料——生产用原材料(140301)　80 000

　贷：银行存款——工行存款(100201)　　80 000

该笔业务的现金流量项目为"经营活动——现金流出——购买商品、接受劳务支付的现金"。

4) 客户往来类

5月9日，销售部刘雪收到思诚公司转来的一张转账支票，金额为90 000元，用于偿还前欠货款，转账支票号为ZW03。(收款凭证)

借：银行存款——工行存款(100201)　90 000

　贷：应收账款(1122)　　90 000

注：此处若提示金额赤字，是否继续，选择"是"。

该笔业务的现金流量项目为"经营活动——现金流入——销售商品、提供劳务收到的现金"。

5) 供应商往来类

5月14日，采购部周天从至诚公司购入电脑配件7000元，增值税1190元，款项暂欠，商品已验收入库，票号为ZW04。(转账凭证)

借：库存商品(1405)　7 000

　　应交税费——应交增值税(进项税额)(22210101)　1 190

　贷：应付账款(2202)　　8 190

6) 个人往来类

5月20日，总经理办公室李明出差回来，报销差旅费8 000元，交回现金1000元。票号P01，发生日期2017.5.20。(收款凭证)

借：管理费用——差旅费(660204)　8 000

　　库存现金(1001)　1 000

　贷：其他应收款(122102)　　9 000

注：此处若提示金额赤字，是否继续，选择"是"。

该笔业务的现金流量项目为"经营活动——现金流入——收到的其他与经营活动有关的现金"。

7) 项目核算类

5月25日，一车间领用材料2吨，单价6000元，用于生产甲商品。(转账凭证)

借：生产成本——直接材料(500101)　　　　12 000

　贷：原材料——生产用原材料(140301)　　　　12 000

注意：辅助项的项目名称为“甲商品”。

2. 凭证修改

5月30日，总经理办公室李明购买办公用品1000元。操作员王军在录入凭证时，误将1000元输入为10 000元(假定不考虑增值税)。

借：管理费用——办公费(660203)　　10 000

　贷：库存现金 (1001)　　　　10 000

该笔业务的现金流量项目为“经营活动——现金流出——支付的其他与经营活动有关的现金”。

要求：先录入这张付款凭证，保存后，再次进入，直接在凭证上进行金额的修改；再作废凭证，最后使用凭证整理功能删除该笔分录。

3. 凭证审核、记账

以账套主管张强的身份重新注册进入企业应用平台，进行凭证审核、记账。

4. 出纳管理

(1) 账套主管授权给出纳002李平“库存现金”和“银行存款”科目的查询权限。为了后面支票登记簿操作方便，再授予出纳所有部门的查询和录入权限。

(2) 操作员002李平完成凭证中的出纳签字和现金、银行存款日记账的查询等工作。

(3) 操作员002李平完成支票登记。

5月26日，采购部周天借转账支票一张，票号166，预计金额3000元。

(4) 银行对账期初数据。

银行对账期初的启用日期设定为2017-05-01，工行存款人民币户日记账调整前余额为500 100元，银行对账单调整前余额为520 200元，未达账项一笔，系企业已收银行未收款，日期为2017-04-30，结算方式为202，借方金额为20 100元。

(5) 根据表3-11所示内容完成银行对账单的录入。

表3-11　5月份银行对账单

日　期	结算方式	票　号	借方金额	贷方金额
2017-5-03	201	XJ01		10 000
2017-5-05	202	ZW01	63 700	
2017-5-07	202	ZW02		80 000
2017-5-10	202	ZW03	90 000	

(6) 银行对账。

(7) 银行存款余额调节表查询。

5. 账簿的查询

以账套主管张强的身份查询科目账、部门总账、部门明细账、部门收支分析等。

四、可能出现的问题及解决方法

问题 1：实验过程中可能会出现某操作员的操作正在被锁定的情况，如图 3-108 所示。

图 3-108　操作员被锁定的提示信息

解决办法：在系统管理平台中执行“视图”→“清除单据锁定”命令，在“删除工作站的所有锁定”对话框中，选择账套及年度(本例中为 001 账套，年度 2017)，单击“确定”按钮。

问题 2：在出纳“查询现金日记账”时，系统弹出“此操作员无科目编码 1001 的权限”提示对话框，如图 3-109 所示。

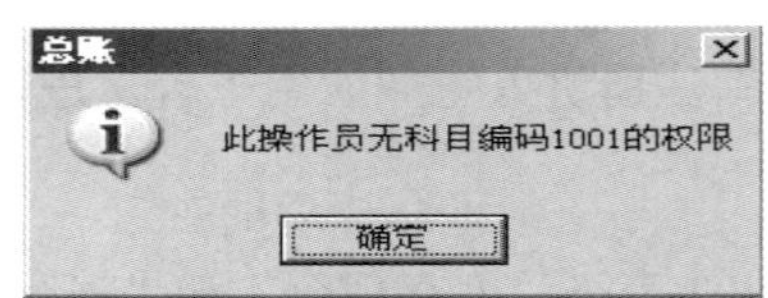

图 3-109　操作员无操作权限的提示信息

原因分析：如果在总账控制参数中设置了“明细账查询权限控制到科目”，而又未将“库存现金”和“银行存款”科目的查询权限赋予出纳人员，则出纳人员无法查看现金和银行存款日记账信息。

解决方法：以账套主管身份进入企业应用平台，执行“系统服务”→“数据权限”→“数据权限设置”命令，为出纳人员设置“库存现金”和“银行存款”科目的查询权限。赋权时应注意先将设置对话框中的“制单”权限取消，以防止人为扩大出纳人员的权限范围。

问题 3：银行对账操作时，单位日记账为空白，如图 3-110 所示。

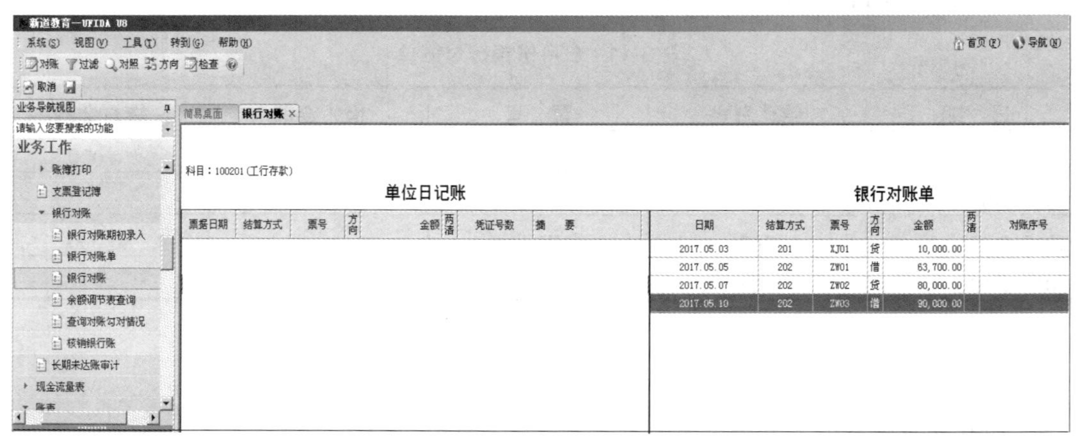

图 3-110　单位日记账数据为空

解决方法：原因是记账凭证没有记账，单位日记账中就是空白的，应由会计主管进行凭证的审核和记账，然后单位日记账的数据就会自动传递过来了。

第七节　实验五：总账系统期末业务处理

一、实验目的

(1) 掌握用友软件中总账系统期末业务处理的相关内容。

(2) 熟悉总账系统期末业务处理的主要流程。

(3) 掌握自动转账定义的操作、对账、结账等操作。

二、实验准备

(1) 引入实验四的账套。

(2) 以 003 王军的身份完成自定义凭证的生成，以 001 张强的身份进行凭证审核、记账、对账、结账等操作。

三、实验内容

(1) 自动转账定义及生成。

按短期借款期末余额的 0.2%计提短期借款利息。

借：财务费用——利息支出(660301)

　贷：其他应付款(2241)

(2) 期间损益结转。

期间损益结转前，先将上一张自动转账凭证审核、记账。

期间损益结转后，再将期间损益结转形成的凭证审核、记账。

(3) 对账。

(4) 结账。

(5) 取消结账。

四、可能出现的问题及解决方法

(1) 公式定义有两种方法：一是直接输入计算公式；二是采用公式向导录入公式。

(2) 如果使用应收款、应付款管理系统，则在总账管理系统中，不能按客户、供应商辅助项进行结转，只能按科目总数进行结转。

(3) 转账科目可以为非末级科目，部门可为空，表示所有部门。

(4) 反结账时，同时按下 Ctrl+Shift+F6 快捷键没有任何反应。原因：可能是 Ctrl、Shift、

F6 中某个键失灵，可以用屏幕键盘输入。

解决方法：执行“开始”→“运行”命令，在文本框内输入 osk，单击“确定”按钮后弹出屏幕键盘，在屏幕键盘中依次按下 Ctrl 键、Shift 键和 F6 键即可。

第四章　工资管理系统

【学习目标】

通过本章的学习，了解工资管理系统的主要功能及操作流程。掌握工资管理系统的初始化设置、日常业务处理和期末业务处理等操作。

工资是指用人单位根据国家有关规定或劳动合同的约定，以货币形式直接支付给劳动者的劳动报酬。工资管理是企业管理的重要组成部分，是每个单位财务部门最基本的业务之一，不仅关系到每个职工的切身利益，也直接影响产品的成本核算。工资核算具有数据量大、业务处理时效性强、准确性要求高的特点，而手工进行工资核算，需要占用财务人员大量的精力和时间，并且容易出错，因此，利用计算机进行工资核算，可以有效地提高工资核算的准确性和及时性。

第一节　工资管理系统概述

用友 U8 中的工资管理系统适用于企业、行政、事业及科研单位，它提供了简单、方便的工资核算和发放功能以及强大的工资分析和管理功能，并提供了同一企业存在多种工资核算类型的解决方案。

一、工资管理系统概述

1. 工资管理系统的功能模块

工资管理系统主要的功能模块包括工资类别管理、基础设置、业务处理、统计分析和数据维护五个模块。

1) 工资类别管理

系统提供多个工资类别管理功能，在新建工资账套时按系统选项中所提供的多个工资类别选项进行选择，可执行该功能。

2) 基础设置

工资管理系统的基础设置主要完成参数设置、工资项目设置、人员设置、银行名称设置、人员类别设置、人员档案设置、部门设置、计件工资标准及计件工资方案设置等。

3) 业务处理

工资管理系统的业务处理主要包括计件工资的统计、工资变动表的编制、个人所得税的扣缴、工资的分配、计提和制单功能。若企业工资以现金形式发放，则提供工资分钱清单功能；若通过银行发放，则提供银行代发功能。当本期业务处理完毕后，必须进行月末处理。

4) 统计分析

统计分析主要完成账表及凭证的查询和输出。

5) 数据维护

数据维护主要完成数据的上报、采集、人员的调动及数据的接口管理。

2. 工资管理系统的任务

(1) 根据相关资料及时准确输入与职工工资有关的原始数据并计算职工工资，正确计算应发工资、应扣款项、实发工资以及个人所得税等。

(2) 根据职工所属部门和工作性质，汇总分配工资费用和福利费等。

(3) 计提职工福利费、劳动保险费等并生成相应的凭证。按工资的用途、部门进行计提分配，通过自动转账方式传递给总账，以便正确计入相关成本费用。

(4) 打印工资发放表、各种汇总表及个人工资条，采用适当的方法支付工资。处理职工调入、调出、内部调动及工资调整数据。根据管理的需要提供有关的工资统计分析数据。按机构层次和统计口径进行汇总，提供多种方式的查询，实现工资分析和管理。

3. 工资核算的特点

工资核算系统具有以下几个方面的特点。

(1) 及时性、准确性要求高，工资核算的时限性也强。

(2) 工资计算重复性强、数据量大。企业职工多，它将是一项非常繁重的工作。

(3) 输入数据来源分散、涉及面广。因此，工资核算软件应当具备可灵活设置工资项目和工资表格，实用、方便、功能强和处理效率高等特点，这样才能满足工资核算及时、准确的要求。

二、工资核算处理数据流程图

工资核算处理的数据流程，如图 4-1 所示。

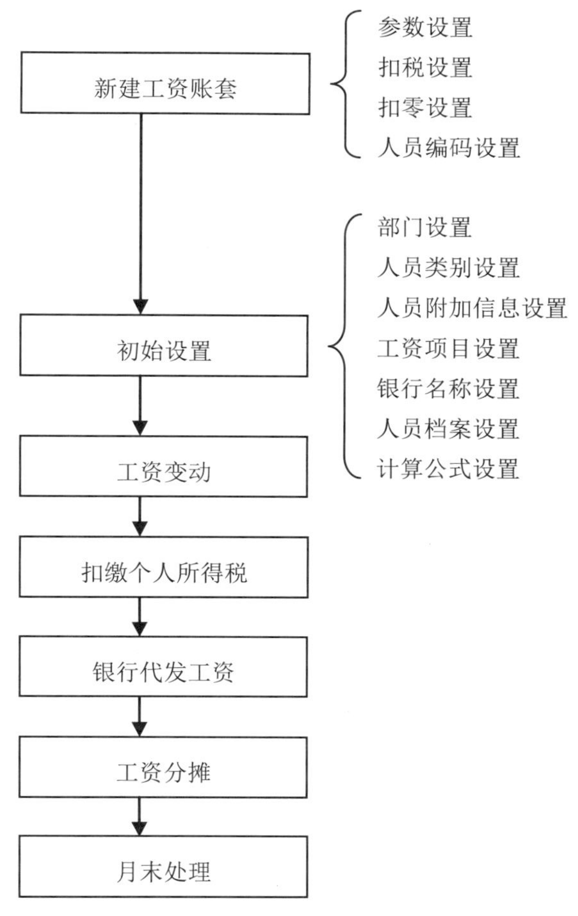

图 4-1　工资核算处理的数据流程

三、工资系统与其他系统的关系

工资管理系统是会计信息系统的子系统，与会计信息系统中的其他系统存在数据传递管理关系。具体来说，工资管理系统与其他系统存在以下的关系。

(1) 工资管理系统与系统管理共享基础数据。

(2) 工资管理系统将工资分摊的结果生成转账凭证，并传递到账务处理系统。

(3) 工资管理系统为成本管理系统传递相关费用的合计数据。

(4) 报表系统通过函数读取工资管理系统的计算结果和统计数据，供用户自定义有关工资报表。

(5) 如果进行项目核算和管理，涉及项目的人工费用(工资、福利费等)数据还要传递给项目管理系统。

第二节　工资管理系统的初始化设置

工资管理系统的初始化设置主要包括参数设置和基础信息设置。工资管理系统的初始化设置是从建立工资账套开始的。第一次使用工资管理系统时，必须首先进行系统基础参数设置，包括建立并注册工资账套，设置部门档案、人员类别和工资项目。

一、设置参数

工资账套与系统管理中的账套是不同的概念，系统管理中的账套是针对整个核算系统，而工资账套是针对工资子系统。工资账套的参数设置主要包括参数设置、扣税设置、扣零设置和人员编码四部分。

1. 工资系统的启用

(1) 以001张强身份登录企业应用平台，操作日期选择2017-05-01，进入后，执行“基础设置”→“基本信息”→“系统启用”命令，打开“系统启用”窗口，选中“WA薪资管理”复选框，弹出“日历”对话框，选择薪资管理系统启用日期2017-05-01，如图4-2所示。

(2) 在“系统启用”窗口中，单击“确定”按钮。系统弹出“确实要启用当前系统吗”提示对话框，单击“是”按钮，关闭对话框。

(3) 在企业应用平台中，打开“业务工作”选项卡，选择“人力资源”中的“薪资管理”选项，如果是第一次打开，系统弹出“建立工资套”对话框，如图4-3所示。

图4-2　“系统启用”窗口

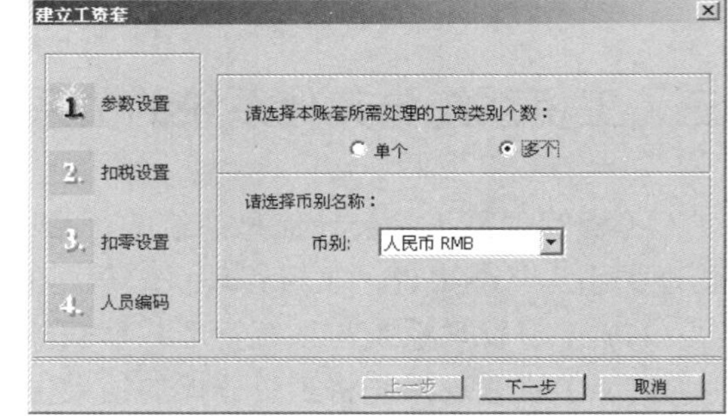

图4-3　“建立工资套”对话框

(4) 在“建立工资套”对话框中选择“多个”单选按钮，单击“下一步”按钮，其余设置按课后实验要求完成即可。

2. 参数设置

1) 工资类别个数

如果单位工资按周发放或一个月多次发放，或者单位中有多种不同类别(部门)的人员，

工资发放项目不尽相同，计算公式亦不相同，但需进行统一工资核算管理，应选择“多个”单选按钮。类别的设置还与成本核算子系统有关，当成本核算子系统人工费用来自工资子系统时，需要选择工资类别。如果单位中所有人员的工资统一管理，而人员的工资项目、工资计算公式全部相同，选择“单个”单选按钮，可提高系统的运行效率。

2) 币别

若选择账套本位币以外的其他币别，需要在工资类别参数维护中设置汇率。

3) 扣税

核算单位需为职工代扣代缴个人所得税的，需选中“是否从工资中代扣个人所得税”复选框。以后系统将自动生成工资项目“代扣税”，并自动进行代扣税金的计算。

4) 扣零

扣零是指系统在每次发放工资时依据扣零类型(扣零至元、扣零至角、扣零至分)将零头扣下，积累取整，于下次工资发放时补上。凡选择此项，系统自动在固定工资项目中增加“本月扣零”和“上月扣零”两个项目，此后不必在计算公式中设置有关扣零处理的计算公式，“应发合计”中也不用包括“上月扣零”，“扣款合计”中不用包括“本月扣零”。

5) 人员编码

以数字作为人员编码。系统要求与公共平台中的人员编码保持一致，但总长不能超过10位字符。

二、设置基础信息

建立工资账套以后，要对整个系统运行所需的一些基础信息进行设置。

1. 人员附加信息的设置

(1) 以001张强身份登录企业应用平台，执行“工资”→“设置”→“人员附加信息设置”命令，打开“人员附加信息设置”对话框，单击“增加”按钮，在“栏目参照”下拉列表中选择“性别”，如图4-4所示。

图4-4 “人员附加信息设置”对话框

(2) 单击“确定”按钮，操作完成。

2. 工资项目设置

工资项目设置即定义工资项目的名称、类别、长度、小数和增减项。系统中有一些固定项目是必不可少的，包括应发合计、扣款合计和实发合计，这些项目不能删除和重命名。

(1) 以 001 张强的身份登录企业应用平台，执行“业务工作”→“人力资源”→“薪资管理”→“设置”→“工资项目设置”命令，打开“工资项目设置”对话框，如图 4-5 所示。

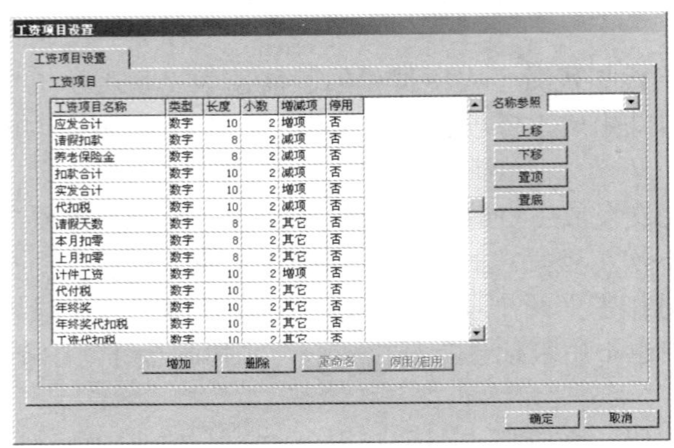

图 4-5 “工资项目设置”对话框

(2) 在设置工资项目时，可通过移动“上移”“下移”按钮调整工资项目的排列顺序，工资项目类型如为字符型，小数位不可用，增减项如为“其他”，不直接参与应发合计与扣款合计的计算。

3. 银行名称设置

(1) 以 001 张强的身份登录企业应用平台，执行“基础设置”→“基础档案”→“收付结算”→“银行档案”命令，打开“银行档案”对话框，单击“增加”按钮，进入“增加银行档案”窗口。

(2) 输入“银行编码”为 03001，“银行名称”为“建设银行天河区分行”，默认“个人账户规则”为“定长”，“账号长度”为 11，“自动带出账号长度”为 7，如图 4-6 所示。

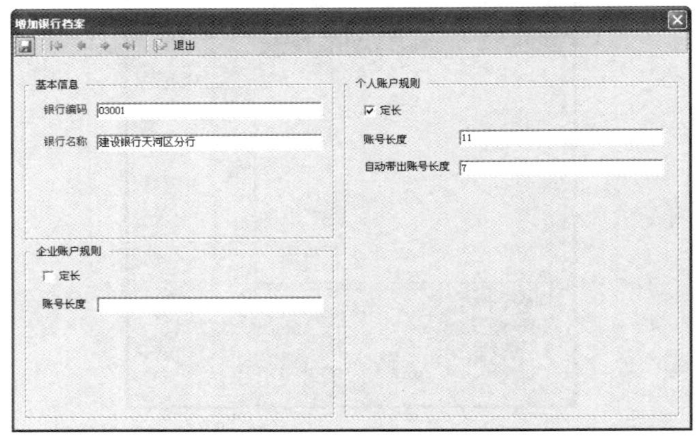

图 4-6 “增加银行档案”窗口

(3) 单击“保存”按钮后退出，操作完成。

第三节　工资管理系统的日常业务处理

工资系统是按工资类别来进行管理的，每个工资类别下有工资项目设置、人员档案导入或新增、计算公式设置等。工资系统的日常业务处理主要包括以下几项：第一，因职工个人工资数据的调整以及某些工资项目的变化而需要进行工资数据修改；第二，个人所得税的计算与申报；第三，工资分发以及银行代发。

一、设置工资类别

如在初始化时，工资类别设定为多个，就必须将所有工资类别所涉及的工资项目全部设置完，对工资类别的维护包括建立、打开、删除、关闭和汇总。

1. 建立工资类别

(1) 以 001 张强的身份登录企业应用平台，执行“业务工作”→“人力资源”→“薪资管理”→“工资类别”→“新建工资类别”命令，打开“新建工资类别”对话框，输入工资类别“正式人员”，单击“下一步”按钮。选中“选定全部部门”按钮，单击“完成”按钮，如图 4-7 所示。

(2) 系统弹出“是否以 2017-05-01 为当前工资类别的启用日期？”提示对话框，单击“是”按钮，返回薪资管理系统。

(3) 执行“工资类别”→“关闭工资类别”命令，关闭“正式人员”工资类别。

如需新建其他工资类别，重复上述步骤即可。

2. 工资类别的初始设置

以正式人员工资类别为例进行说明。

(1) 以 001 张强的身份登录企业应用平台，执行“工资类别”→“打开工资类别”命令，打开“打开工资类别”对话框，如图 4-8 所示。

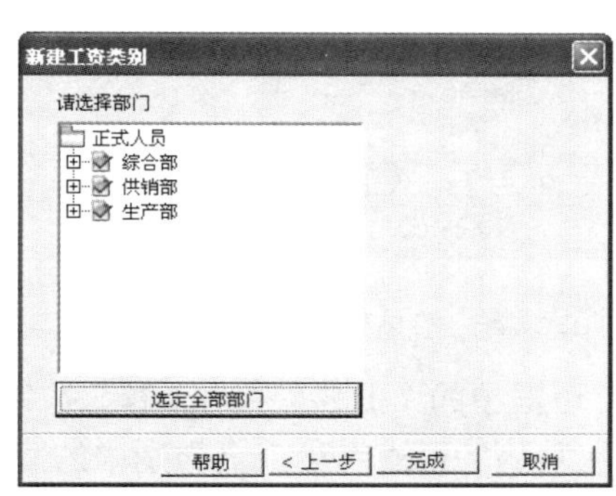

图 4-7　“新建工资类别”对话框

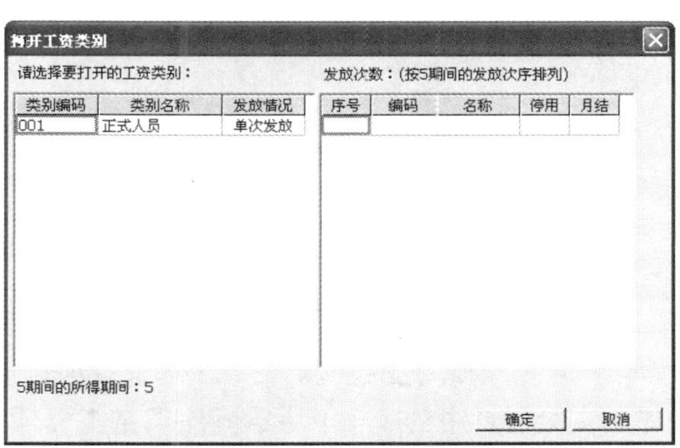

图 4-8　“打开工资类别”对话框

(2) 选择“正式人员”工资类别，单击“确定”按钮。

(3) 执行“设置”→“工资项目设置”命令，打开“工资项目设置”对话框，如图 4-9 所示。

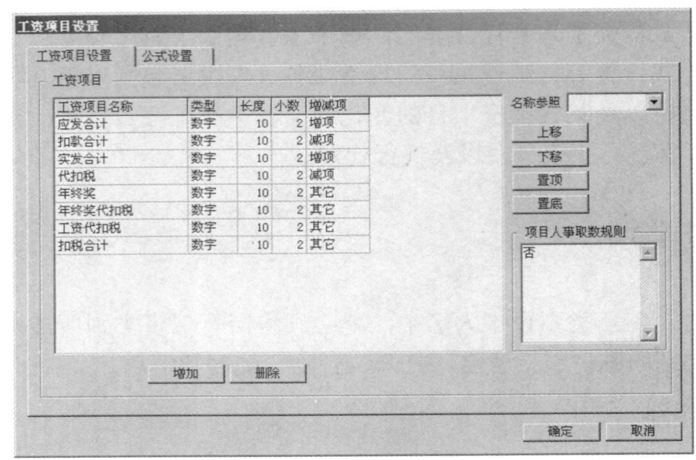

图 4-9 “工资项目设置”对话框

(4) 选择“工资项目设置”选项卡，单击“增加”按钮，工资项目列表中增加一空行。单击“名称参照”下拉列表框，从下拉列表框中选择“基本工资”选项，工资项目名称、类型、长度、小数和增减项都自动带出，不能修改。单击“增加”按钮，按照此方法依次增加其他工资项目，如图 4-10 所示。

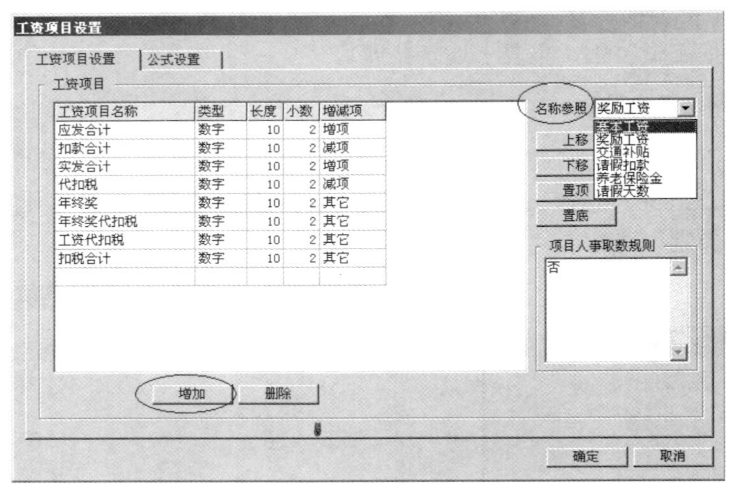

图 4-10 正式人员工资类别中的“工资项目设置”对话框

(5) 所有项目增加完成后，单击“工资项目设置”对话框中的“上移”和“下移”按钮，按课后实验资料中的表 4-1 所给顺序调整工资项目的排列位置，正式人员工资类别中的“工资项目设置”对话框，如图 4-11 所示。

(6) 增加完工资项目并进行排序后，单击“确定”按钮，操作完成。

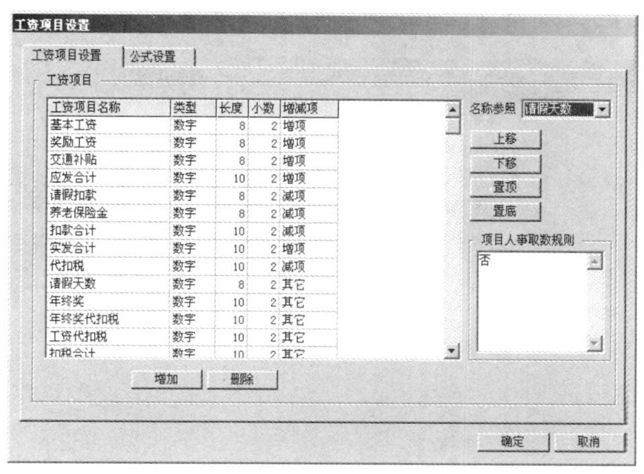

图 4-11　完成后的正式人员工资类别中的“工资项目设置”

特别提醒

需要注意的是，没有选择的工资项目不允许在计算公式中出现。不能删除已输入数据的工资项目和已设置计算公式的工资项目。

3. 设置人员档案

(1) 以 001 张强的身份登录企业应用平台，执行“基础设置”→“基础档案”→“机构人员”→“人员档案”命令，打开“人员档案”窗口，可以新增刘文、王涛、赵月等职工的档案。

(2) 在工资系统中，执行“设置”→“人员档案”命令，进入“人员档案”窗口，如图 4-12 所示。

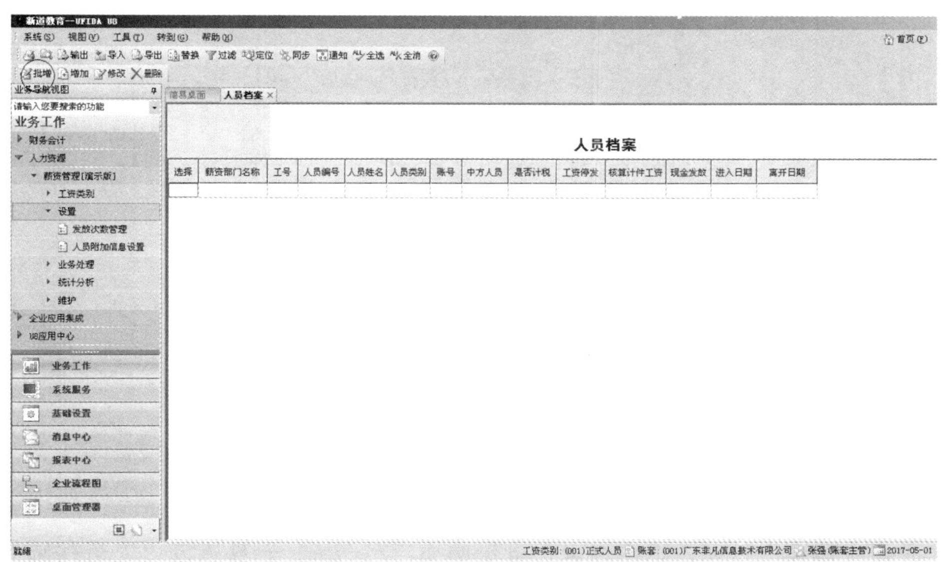

图 4-12　“人员档案”窗口

(3) 单击工具栏中的“批增”按钮，弹出“人员批量增加”对话框，如图 4-13 所示。

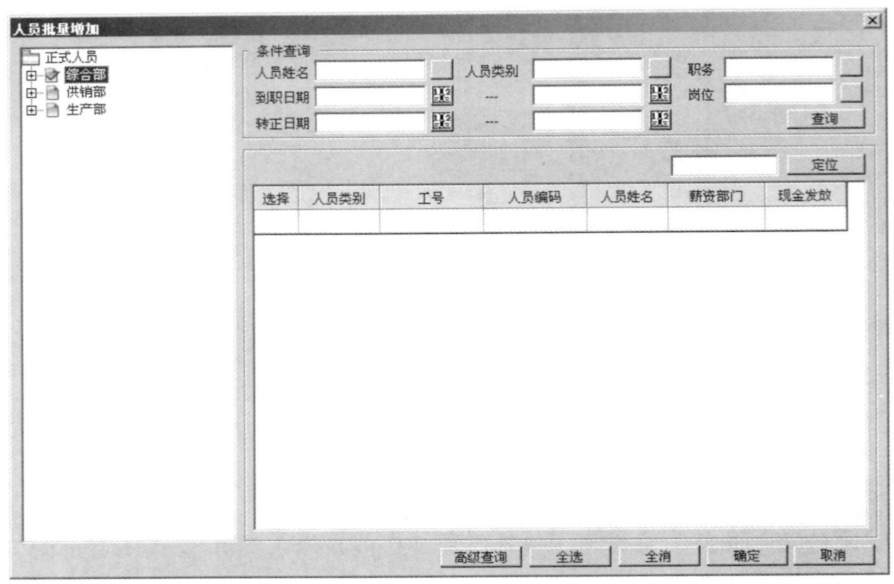

图 4-13　“人员批量增加”对话框(1)

(4) 在左侧的“正式人员”列表中，分别选中“综合部”“供销部”和“生产部”选项，单击“条件查询”选项区中的“查询”按钮，人员类别全部出现在右侧列表框中，如图 4-14 所示。

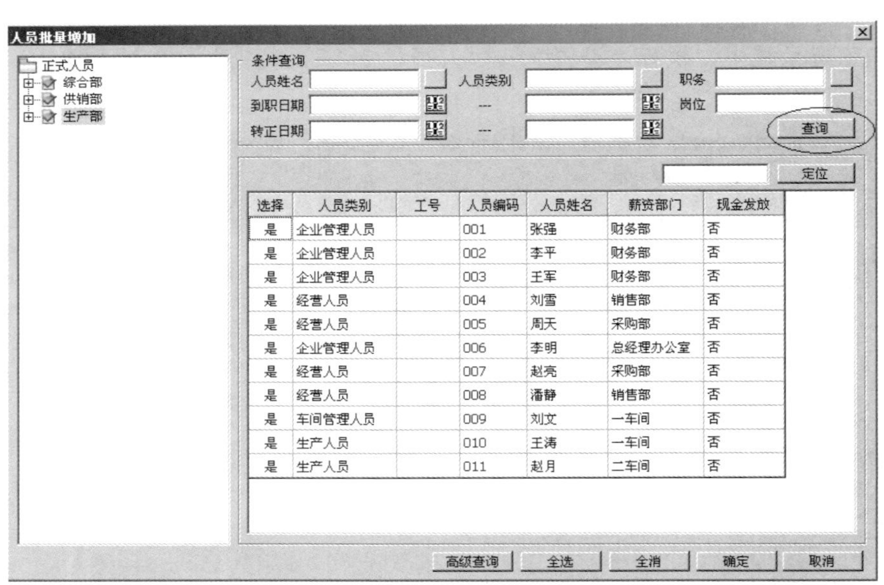

图 4-14　“人员批量增加”对话框(2)

(5) 单击“确定”按钮，退出“人员批量增加”对话框，系统返回“人员档案”窗口，单击工具栏中的“修改”按钮，弹出“人员档案明细”对话框，如图 4-15 所示。

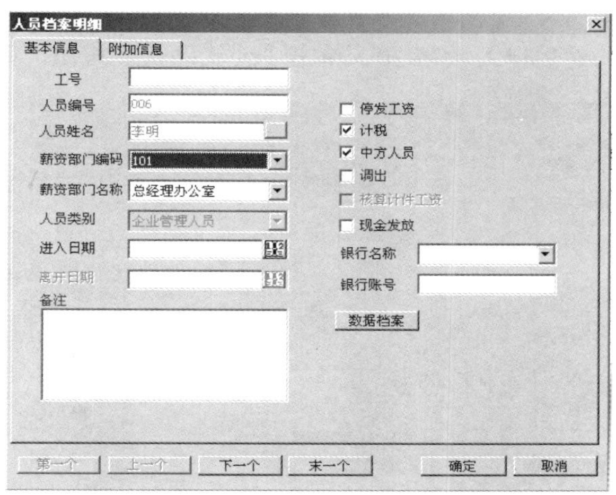

图 4-15 “人员档案明细”对话框

(6) 在“银行名称”下拉列表框中选择“建设银行天河区分行”，在“银行账号”栏补充输入银行账号信息，单击“确定”按钮完成。

二、设置计算公式

【例 4-1】设置“请假扣款=请假天数×20”公式。

(1) 以 001 张强的身份登录企业应用平台，执行“工资类别”→“打开工资类别”命令，选择“正式人员”工资类别。

(2) 继续执行“设置”→“工资项目设置”命令，打开“工资项目设置”对话框，选择“公式设置”选项卡，进入“公式设置”界面，如图 4-16 所示。

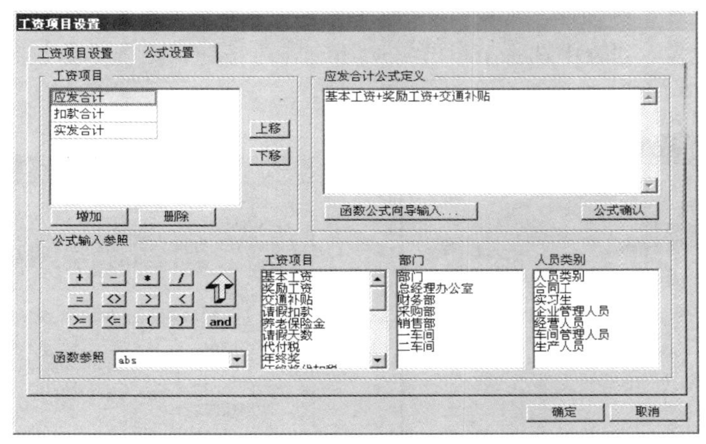

图 4-16 “公式设置”界面(1)

(3) 单击“增加”按钮，在“工资项目”列表中增加一空行，单击该行，在下拉列表中选择“请假扣款”选项。

(4) 单击“请假扣款公式定义”文本框，选择“工资项目”列表中的“请假天数”。

(5) 单击运算符*，然后输入数字 20，单击“公式确认”按钮，如图 4-17 所示。

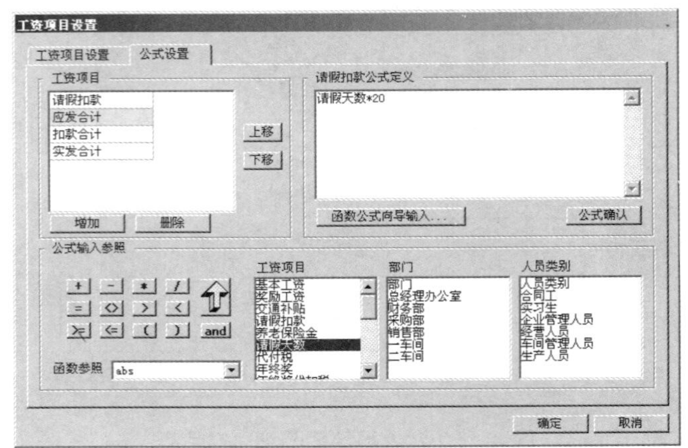

图 4-17 “公式设置”界面(2)

【例 4-2】设置给企业管理人员或车间管理人员每人交通补贴 100 元，其余人员每人 50 元交通补贴的计算公式。

格式设置为：交通补贴= iff(人员类别=“企业管理人员”OR 人员类别=“车间管理人员”，100，50)。

(1) 以 001 张强的身份登录企业应用平台，执行“设置”→“工资项目设置”命令，打开“工资项目设置”对话框，选择“公式设置”选项卡。

(2) 单击“增加”按钮，在“工资项目”列表中增加一空行，单击该行，在下拉列表中选择“交通补贴”选项。

(3) 单击“交通补贴公式定义”文本框，再单击“函数公式向导输入”按钮，打开“函数向导——步骤之 1”对话框，如图 4-18 所示。

(4) 从“函数名”列表中选择 iff，单击“下一步”按钮，出现“函数向导——步骤之 2”对话框，如图 4-19 所示。

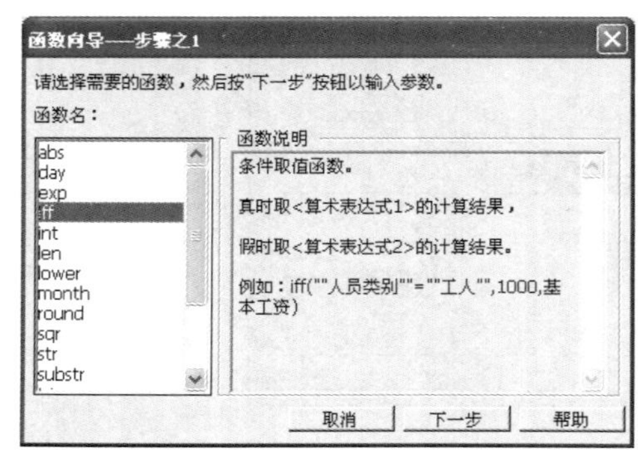

图 4-18 “函数向导——步骤之 1”对话框

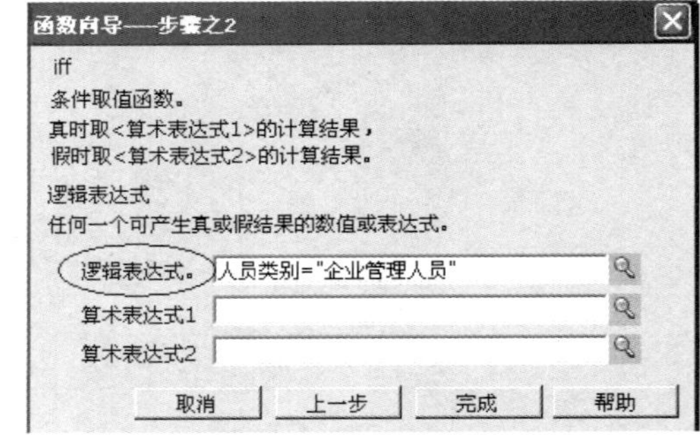

图 4-19 “函数向导—步骤之 2”对话框

(5) 单击“逻辑表达式”参照按钮，打开“参照”对话框，如图 4-20 所示。

(6) 从“参照列表”下拉列表中选择“人员类别”，从下面的列表中选择“企业管理人员”，单击“确定”按钮。

(7) 在“逻辑表达式”文本框中的公式后继续单击，输入 OR(OR 前后应有空格)后，再次单击“逻辑表达式”参照按钮，出现“参照”对话框，从“参照列表”的下拉列表中选择“人员类别”，从下面的列表中选择“车间管理人员”，单击“确定”按钮，如图 4-21 所示。

单击“确定”按钮后返回“函数向导—步骤之 2”对话框。

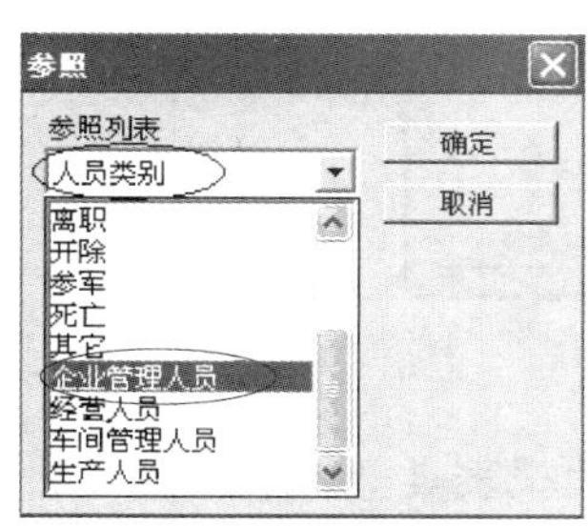

图 4-20　“参照”对话框

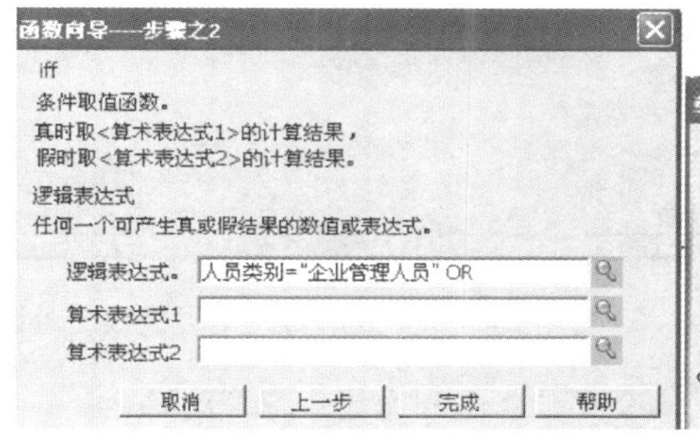

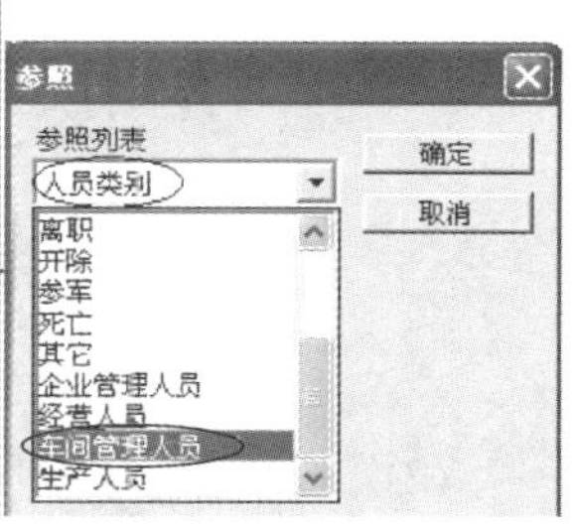

图 4-21　继续设置参照

(8) 在“函数向导——步骤之 2”对话框中“算术表达式 1”后的文本框中输入 100，在“算术表达式 2”后的文本框中输入 50，单击“完成”按钮，返回“公式设置”界面，单击“公式确认”按钮，再单击“确定”按钮，设置完成后的公式如图 4-22 所示。

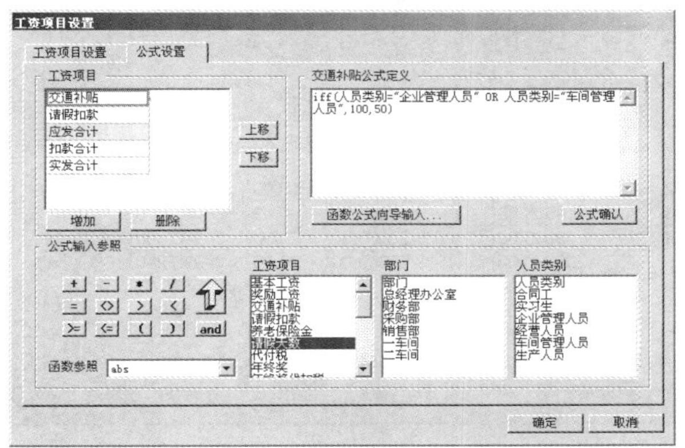

图 4-22　“工资项目设置”对话框中的“交通补贴公式定义”

三、设置所得税纳税基数

设置所得税的纳税基数对于准确计算需要缴纳的个人所得税十分重要。

设置所得税纳税基数的操作步骤如下。

(1) 以 001 张强的身份登录企业应用平台，执行“人力资源”→“薪资管理”→“业务处理”→“扣缴所得税”命令，系统弹出有关“薪资管理”操作的“继续执行”信息提示对话框，单击“确定”按钮，系统弹出“个人所得税申报模板”对话框，如图 4-23 所示。

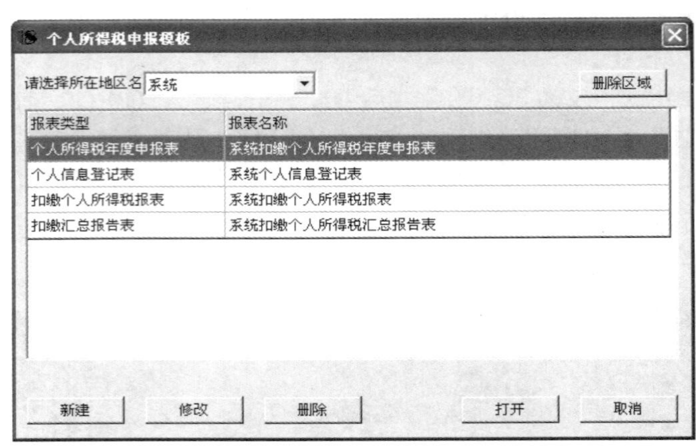

图 4-23 “个人所得税申报模板”对话框

(2) “请选择所在地区名”下拉列表中默认为“系统”，在“报表类型”中选择“个人所得税年度申报表”，单击“打开”按钮。

(3) 默认所得税申报查询范围栏的内容，单击“确定”按钮，进入“个人所得税申报表——税率表”对话框，单击工具栏中的“税率”按钮，查询所得税纳税基数为 3500，如图 4-24 所示。

级次	应纳税所得额下限	应纳税所得额上限	税率(%)	速算扣除数
1	0.00	1500.00	3.00	0.00
2	1500.00	4500.00	10.00	105.00
3	4500.00	9000.00	20.00	555.00
4	9000.00	35000.00	25.00	1005.00
5	35000.00	55000.00	30.00	2755.00
6	55000.00	80000.00	35.00	5505.00
7	80000.00		45.00	13505.00

图 4-24 “个人所得税申报表——税率表”对话框

(4) 单击“取消”按钮返回“个人所得税申报模板”对话框。在“个人所得税扣缴申报表”窗口中，单击工具栏中的“退出”按钮，操作完成。

四、人员变动

如有新增人员，可先在“基础设置”的“人员档案”中进行新增操作，然后打开“工资类别”进行操作。

1. 输入人员基本工资数据

工资管理系统用来编辑所有职工的工资数据信息(对于每月的工资变动情况也需在此进行设置)。

(1) 以 001 张强的身份登录企业应用平台，打开“正式人员”工资类别，执行“人力资源”→“薪资管理”→“业务处理”→“工资变动”命令，打开“工资变动”设置窗口，如图 4-25 所示。

工资变动

过滤器 所有项目　　□ 定位器

选择	工号	人员编号	姓名	部门	人员类别	基本工资	奖励工资	交通补贴	应发合计	请假扣款	养老保险金	扣款合计	实发合计	代扣税	请假天数	扣税合计
		006	李明	总经理办公室	企业管理人员											
		001	张强	财务部	企业管理人员											
		002	李平	财务部	企业管理人员											
		003	王军	财务部	企业管理人员											
		005	周天	采购部	经营人员											
		007	赵亮	采购部	经营人员											
		004	刘雪	销售部	经营人员											
		008	潘静	销售部	经营人员											
		009	刘文	一车间	车间管理人员											
		010	王涛	一车间	生产人员											
		011	赵月	二车间	生产人员											
合计						0.00	0.00	0.00	0.00	0.00	0.00	0.00	0.00	0.00	0.00	0.00

图 4-25　“工资变动”设置窗口

(2) 进入“工资变动”窗口后，屏幕显示所有人员的所有工资项目以供查看，在此可以双击表格的某一格，直接录入或修改一些数据。

(3) 为了更快速、准确、方便地录入数据，系统提供了页编辑功能，可对选定人员进行工资数据的快速录入。在“工资变动”窗口单击“编辑”图标编辑，进入“工资数据录入——页编辑”对话框，如图 4-26 所示。

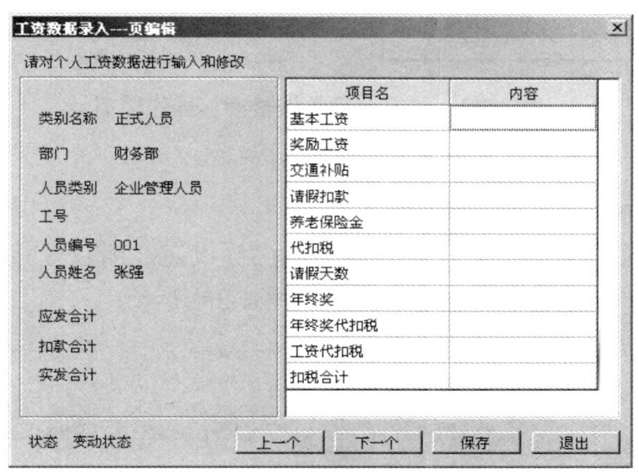

图 4-26　“工资数据录入——页编辑”对话框

2. 输入人员工资变动数据

1) 招聘人员

操作与前述“设置人员档案”相同。

2) 替换操作

【例 4-3】给销售部人员增加奖励工资 200 元。

(1) 以 001 张强的身份登录企业应用平台，执行“人力资源”→“薪资管理”→“业务处理”→“工资变动”命令，进入“工资变动”窗口后，屏幕显示所有人员，选择“销售部”的刘雪、潘静和沈星，在前面的“选择”栏中会出现 Y。

(2) 单击工具栏中的替换按钮，打开“工资项数据替换”对话框，在“将工资项目”下拉列表中选择“奖励工资”选项，在“替换成”文本框中输入“奖励工资+200”。

工资替换.mp4

(3) 在“替换条件”列表中分别选择“部门”“=”“销售部”，单击“确认”按钮，系统弹出“数据替换后将不可恢复。是否继续？”提示对话框，单击“是”按钮。系统弹出“3 条记录被替换，是否重新计算？”提示对话框，如图 4-27 所示，单击“是”按钮，系统就会自动完成工资计算。

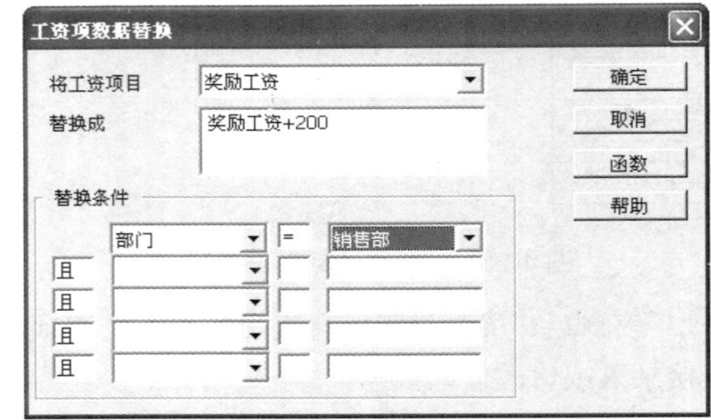

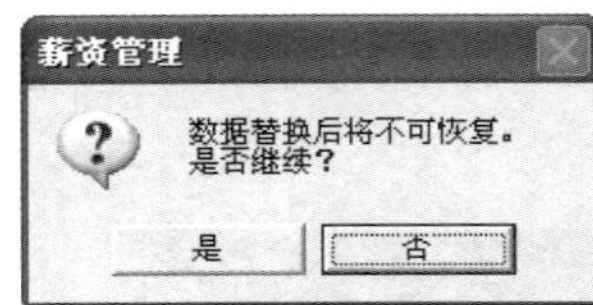

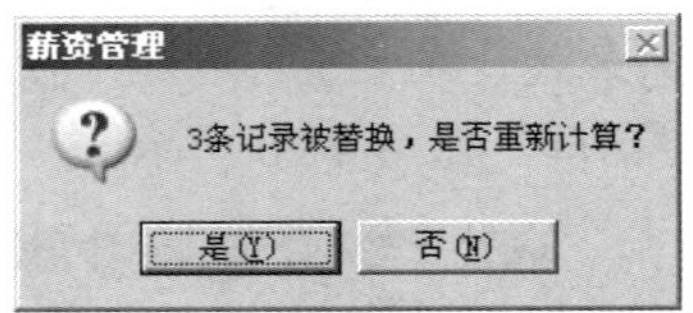

图 4-27 “工资项数据替换”操作窗口

3) 人员请假

【例 4-4】周天请假 2 天，刘雪请假 1 天。

在“工资变动”窗口中，由于计算公式前面已经设定，所以直接在周天的“请假天数”里输入 2，在刘雪的“请假天数”里输入 1，如图 4-28 所示。

工资变动

过滤器 所有项目　　定位器

选择	工号	人员编号	姓名	部门	人员类别	基本工资	奖励工资	交通补贴	应发合计	请假扣款	养老保险金	扣款合计	实发合计	代扣税	请假天数	工资代扣税	扣税合计
		006	李明	总经理办公室	企业管理人员	5,000.00	500.00	100.00	5,600.00		250.00	330.00	5,270.00	80.00		80.00	80.00
		001	张强	财务部	企业管理人员	5,000.00	500.00	100.00	5,600.00		250.00	330.00	5,270.00	80.00		80.00	80.00
		002	李平	财务部	企业管理人员	4,500.00	450.00	100.00	5,050.00		225.00	264.75	4,785.25	39.75		39.75	39.75
		003	王军	财务部	企业管理人员	5,000.00	450.00	100.00	5,550.00		250.00	325.00	5,225.00	75.00		75.00	75.00
		005	周天	采购部	经营人员	4,000.00	400.00	50.00	4,450.00	40.00	200.00	261.30	4,188.70	21.30	2.00	21.30	21.30
		007	赵亮	采购部	经营人员	4,500.00	450.00	50.00	5,000.00		225.00	263.25	4,736.75	38.25		38.25	38.25
		004	刘雪	销售部	经营人员	3,500.00	600.00	50.00	4,150.00	20.00	175.00	208.65	3,941.35	13.65	1.00	13.65	13.65
		008	潘静	销售部	经营人员	3,500.00	600.00	50.00	4,150.00		175.00	189.25	3,960.75	14.25		14.25	14.25
		014	沈星	销售部	经营人员	2,000.00	200.00	50.00	2,250.00		100.00	100.00	2,150.00				
		009	刘文	一车间	车间管理人员	4,000.00	500.00	100.00	4,600.00		200.00	227.00	4,373.00	27.00		27.00	27.00
		010	王涛	一车间	生产人员	3,500.00	450.00	50.00	4,000.00		175.00	184.75	3,815.25	9.75		9.75	9.75
		011	赵月	二车间	生产人员	3,500.00	450.00	50.00	4,000.00		175.00	184.75	3,815.25	9.75		9.75	9.75
合计						48,000.00	5,550.00	850.00	54,400.00	60.00	2,400.00	2,868.70	51,531.30	408.70	3.00	408.70	408.70

图 4-28 “工资变动”窗口

3. 数据计算与汇总

(1) 以 001 张强的身份登录企业应用平台，执行“人力资源”→“薪资管理”→“业务处理”→“工资变动”命令，打开“工资变动”窗口，单击工具栏中的“计算”按钮，计算工资数据。

(2) 单击工具栏中的“汇总”按钮，汇总工资数据。

(3) 退出“工资变动”窗口。

4. 查看个人所得税

执行“人力资源”→“薪资管理”→“业务处理”→“扣缴所得税”命令，打开“栏目选择”对话框，“报表类型”选择“扣缴个人所得税报表”，分别单击“打开”“确定”按钮，查看个人所得税报表，如图 4-29 所示。

所得税申报

输出 税率 栏目 内容 邮件 过滤 定位 退出

系统扣缴个人所得税报表

2017年5月 -- 2017年5月

总人数：12

序号	纳税义务人姓名	身份证照类型	身份证号码	职业编码	所得项目	所得期间	收入额	允许扣除的税费	费用扣除标准	准予扣除的捐赠额	应纳税所得额	税率	应扣税额	已扣税额	备注
1	张强	身份证				5	5600.00		3500.00		1850.00	10	80.00	80.00	
2	李平	身份证				5	5050.00		3500.00		1325.00	3	39.75	39.75	
3	王军	身份证				5	5550.00		3500.00		1800.00	10	75.00	75.00	
4	刘雪	身份证				5	4150.00		3500.00		455.00	3	13.65	13.65	
5	周天	身份证				5	4450.00		3500.00		710.00	3	21.30	21.30	
6	李明	身份证				5	5600.00		3500.00		1850.00	10	80.00	80.00	
7	赵亮	身份证				5	5000.00		3500.00		1275.00	3	38.25	38.25	
8	潘静	身份证				5	4150.00		3500.00		475.00	3	14.25	14.25	
9	刘文	身份证				5	4600.00		3500.00		900.00	3	27.00	27.00	
10	王涛	身份证				5	4000.00		3500.00		325.00	3	9.75	9.75	
11	赵月	身份证				5	4000.00		3500.00		325.00	3	9.75	9.75	
12	沈星	身份证				5	2250.00		3500.00		0.00	0	0.00	0.00	
合计							54400.00		42000.00		11290.00		408.70	408.70	

图 4-29 “所得税申报”窗口

五、工资分钱清单

工资分钱清单是工资发放时分钱票面额的清单，会计人员根据此表从银行取款并发给各部门。系统提供了票面额设置的功能，用户可根据单位的需要自由设置，系统就会根据实发工资项目分别计算出按部门、按人员、按企业的各种面额张数。

工资分钱清单的操作步骤如下。

(1) 以 001 张强的身份登录企业应用平台，执行“人力资源”→“薪资管理”→“业务处理”→“工资分钱清单”命令，打开“票面额设置”对话框，如图 4-30 所示。

(2) 单击“确定”按钮，打开“工资分钱清单”窗口。“工资分钱清单”分为“部门分钱清单”“人员分钱清单”和“工资发放取款单”三类，根据需要进行选择。

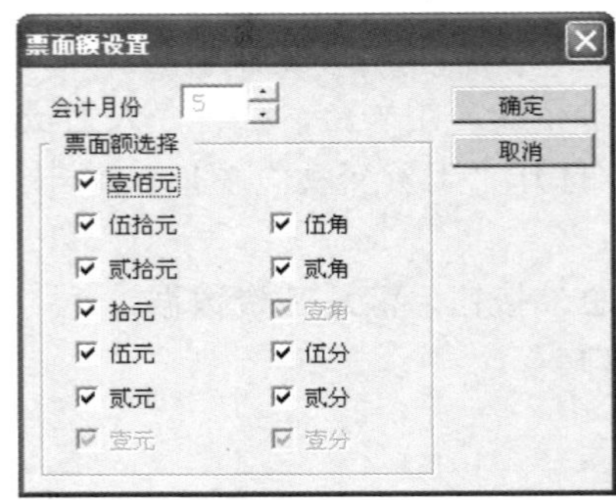

图 4-30　“票面额设置”对话框

特别提醒

(1) 系统默认用户要进行分钱的工资数据项目为“实发工资”项目。

(2) 用户设置扣零至角，则一元票面必须选择；用户未设置扣零，但实发工资包含元、角、分，则一元、一角、一分票面必须选择。

(3) 用户需要选择部门级别，由于各部门的级别不同，选定的级别大于已有的部门级别，则该部门按末级分发。

六、银行代发

目前社会上许多单位发放工资时都采用职工凭工资信用卡去银行取款的方式。这样做，既减轻了财务部门发放工资的工作强度，又有效地避免了财务去银行提取大笔款项所承担的风险，同时还提高了对员工个人工资的保密程度。系统的“银行代发”功能就是针对这种需要设计的。

“银行代发”的操作步骤如下。

(1) 以 001 张强的身份登录企业应用平台，执行“人力资源”→“薪资管理”→“业务处理”→“银行代发”命令，在“请选择部门范围”对话框中选中所有部门，打开“银行文件格式设置”对话框，如图 4-31 所示。

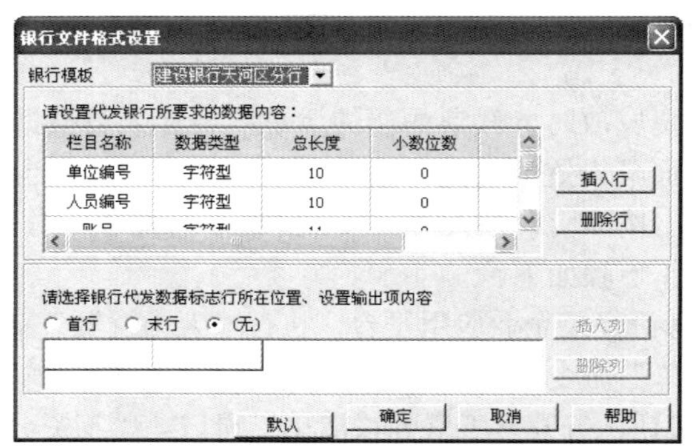

图 4-31　“银行文件格式设置”对话框

(2) 在“银行模板”下拉列表中选择“建设银行天河区分行”，将所需信息设置完毕后单击“确认”按钮，打开“银行代发”窗口，得到“银行代发一览表”，如图 4-32 所示。

银行代发一览表

名称：建设银行天河区分行

单位编号	人员编号	账号	金额	录入日期
1234934325	001	20150050001	5270.00	20170501
1234934325	002	20150050002	4785.25	20170501
1234934325	003	20150050003	5225.00	20170501
1234934325	004	20150050004	3941.35	20170501
1234934325	005	20150050005	4188.70	20170501
1234934325	006	20150050006	5270.00	20170501
1234934325	007	20150050007	4736.75	20170501
1234934325	008	20150050008	3960.75	20170501
1234934325	009	20150050009	4373.00	20170501
1234934325	010	20150050010	3815.25	20170501
1234934325	011	20150050011	3815.25	20170501
1234934325	014	20150050014	2150.00	20170501
合计			51,531.30	

图 4-32　银行代发一览表

第四节　工资管理系统的期末处理

工资管理系统期末处理主要包括工资分摊以及工资数据汇总、查询、输出等功能。

一、工资分摊设置

把工资数据文件送达银行后，财会部门还需根据工资费用分配表，将工资费用根据用途进行分配，并计提各项经费，最后编制相关的记账凭证。

工资分摊的操作步骤如下。

1. 工资分摊类型设置

(1) 以 001 张强的身份登录企业应用平台，执行“人力资源”→“薪资管理”→“业务处理”→“工资分摊”命令，即可进入“工资分摊”对话框，如图 4-33 所示。

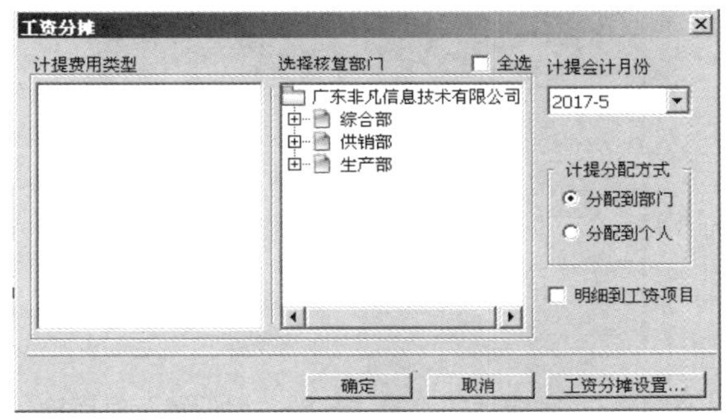

图 4-33　“工资分摊”对话框

(2) 单击“工资分摊设置”按钮，打开“分摊类型设置”对话框，如图 4-34 所示。

(3) 单击“增加”按钮，打开“分摊计提比例设置”对话框，输入“计提类型名称”为“应付工资”，如图 4-35 所示。

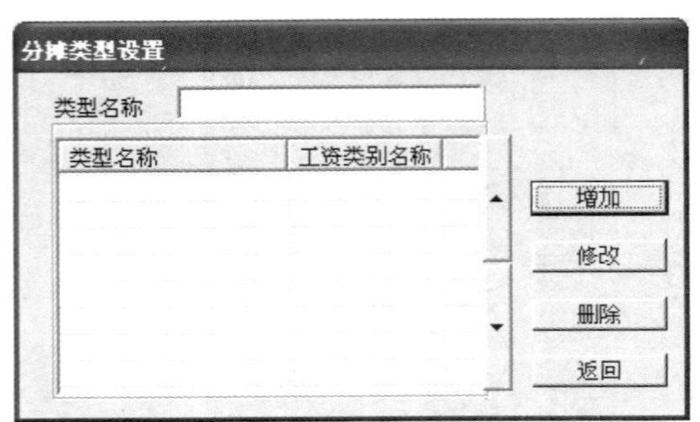

分摊类型设置
类型名称
类型名称
工资类别名称
增加
修改
删除
返回

图 4-34 “分摊类型设置”对话框

分摊计提比例设置
计提类型名称：
应付工资
分摊计提比例：
100%
下一步
取消

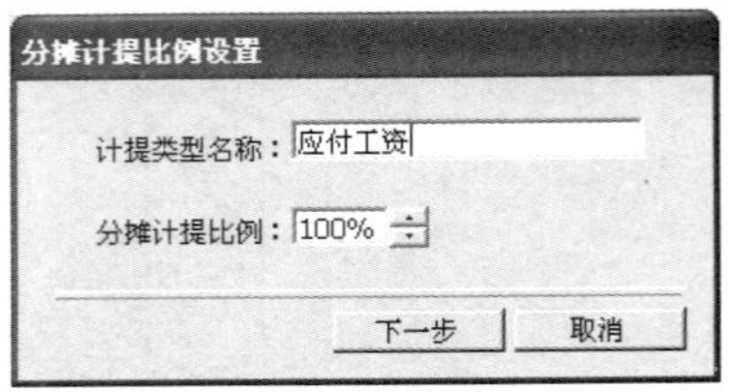

图 4-35 “分摊计提比例设置”对话框

(4) 单击“下一步”按钮，打开“分摊构成设置”对话框，以课后实验资料为例，在“部门名称”栏中选择需要进行工资费用分摊的部门。在“工资项目”中选择“实发合计”，输入“借方科目”和“贷方科目”。以相同的操作步骤，可完成工会经费、职工教育经费的设置。完成后如图 4-36 所示。

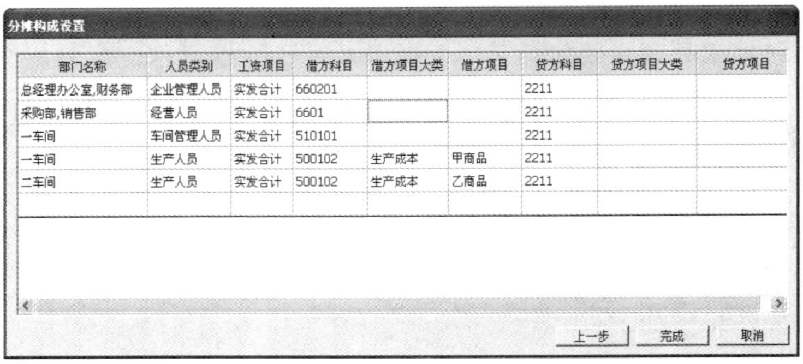

分摊构成设置
部门名称 人员类别 工资项目 借方科目 借方项目大类 借方项目 贷方科目 贷方项目大类 贷方项目
总经理办公室,财务部 企业管理人员 实发合计 660201 2211
采购部,销售部 经营人员 实发合计 6601 2211
一车间 车间管理人员 实发合计 510101 2211
一车间 生产人员 实发合计 500102 生产成本 甲商品 2211
二车间 生产人员 实发合计 500102 生产成本 乙商品 2211
上一步
完成
取消

图 4-36 “分摊构成设置”对话框

需要注意的是，应付工资的分摊计提比例是 100%，工会经费的分摊计提比例需要设置为 2%，职工教育经费的分摊计提比例设置为 2.5%，如图 4-37 所示。

分摊类型设置
类型名称
职工教育经费
类型名称
工资类别名称
应付工资 100%
工会经费 2%
职工教育经费 2.5%
增加
修改
删除
返回

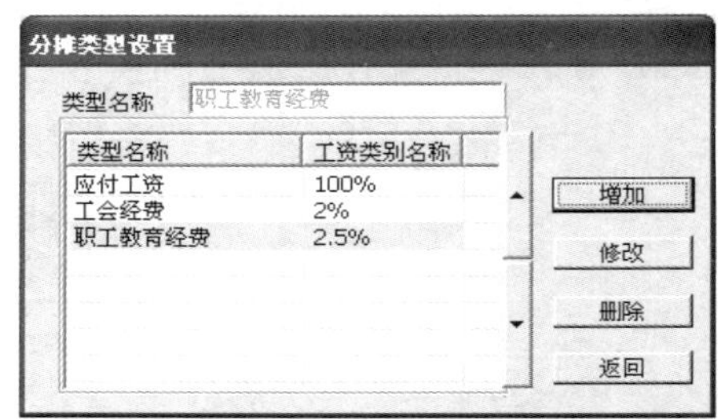

图 4-37 完成后的工资“分摊类型设置”对话框

2. 分摊工资费用

(1) 以 001 张强的身份登录企业应用平台，执行“人力资源”→“薪资管理”→“业务处理”→“工资分摊”命令，打开“工资分摊”对话框，选择需要分摊的“计提费用类型”，确定分摊计提月份为 2017-5，选择所有核算部门，“计提分配方式”选择“分配到部门”单选按钮，如图 4-38 所示。

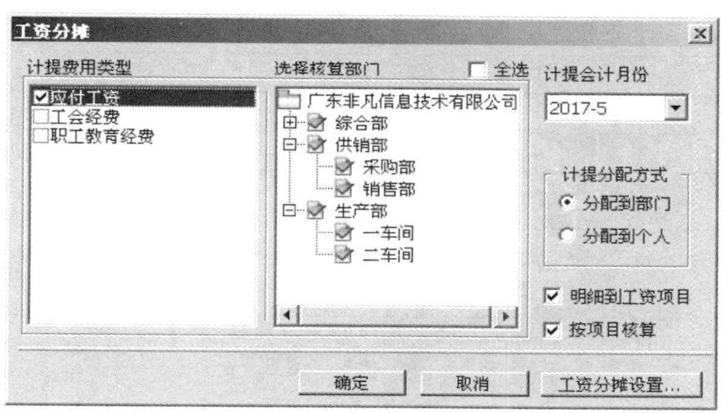

图 4-38　“工资分摊”对话框

(2) 选中“明细到工资项目”和“按项目核算”复选框，单击“确定”按钮。

需要注意的是，如果不选“按项目核算”复选框，在第(5)步生成凭证时，系统会出现提示“第 6 条分录：项目核算科目的项目不能为空”的对话框。

(3) 如果在第(1)步选择了计提费用类型“应付工资”，系统将自动打开“应付工资一览表”界面，如图 4-39 所示。

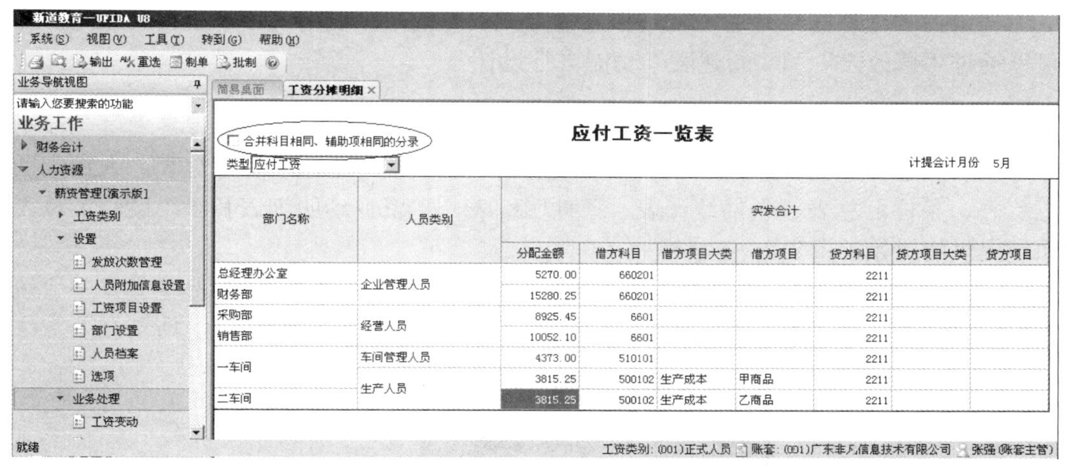

部门名称	人员类别	分配金额	借方科目	借方项目大类	借方项目	贷方科目	贷方项目大类	贷方项目
总经理办公室	企业管理人员	5270.00	660201			2211		
财务部		15280.25	660201			2211		
采购部	经营人员	8925.45	6601			2211		
销售部		10052.10	6601			2211		
一车间	车间管理人员	4373.00	510101			2211		
	生产人员	3815.25	500102	生产成本	甲商品	2211		
二车间		3815.25	500102	生产成本	乙商品	2211		

图 4-39　应付工资一览表

(4) 选中“合并科目相同、辅助项相同的分录”复选框，单击工具栏中的“制单”按钮，即生成记账凭证。

(5) 单击凭证左上角的“字”位置，选择“转账凭证”选项，输入附单据数为 1。单击“保存”按钮，凭证左上角将会出现“已生成”戳记，此时，该凭证已传递到总账系统，如图 4-40 所示。

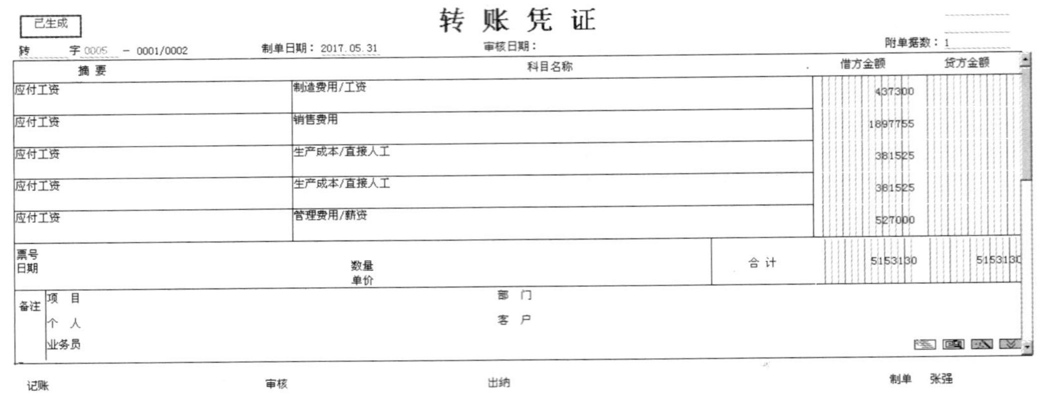

图 4-40　应付工资生成的“转账凭证”

(6) 在“填制凭证”窗口中，单击工具栏中的“退出”按钮，返回“工资分摊”对话框，继续生成计提“工会经费”和计提“职工教育经费”的转账凭证。

生成的转账凭证由工资系统自动传递到总账系统。

二、工资数据查询统计

工资数据的处理结果是通过工资报表的形式反映的，报表格式由系统自动设定，用户也可以通过“修改表”和“新建表”功能自行设计。

1. 工资表

工资表是包括工资发放签名表、工资发放条、工资卡、部门工资汇总表、人员类别工资汇总表、条件汇总表、条件统计表、条件明细表、工资变动明细表和工资变动汇总表等由系统提供的原始工资表。

(1) 以 001 张强的身份登录企业应用平台，执行“人力资源”→“薪资管理”→“统计分析”→“账表”→“工资表”命令，打开“工资表”对话框，如图 4-41 所示。

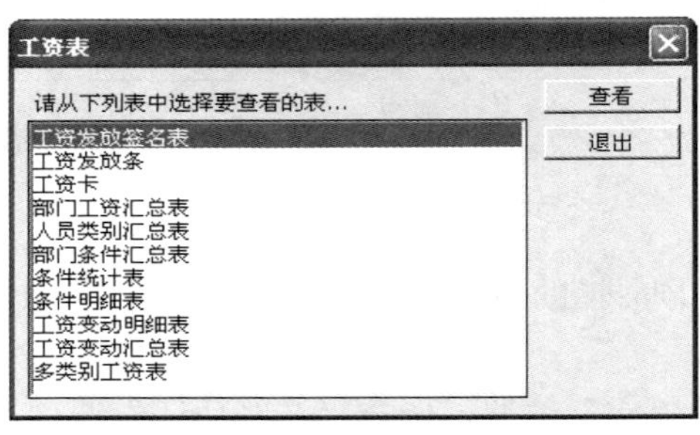

图 4-41　“工资表”对话框

(2) 工资发放签名表是工资发放清单或工资发放签名表，一个职工一行。工资发放条是发放工资时给职工的工资项目清单。部门工资汇总表是按单位(或各部门)工资汇总的查

询。人员类别汇总表是按人员类别进行工资汇总的查询。条件统计表是由用户指定条件生成的工资汇总表。条件明细表是由用户指定条件生成的工资发放表。

2. 工资分析表

工资分析表是以工资数据为基础，对部门、人员类别的工资数据进行分析和比较，产生各种分析表，供决策人员使用的表格。其中包括分部门各月工资构成分析表、分类统计表(按部门、项目、月)、工资项目分析表(按部门)、工资增长情况、部门工资项目构成分析表、员工工资汇总表和员工工资项目统计表。

(1) 以 001 张强的身份登录企业应用平台，执行“人力资源”→“薪资管理”→“统计分析”→“账表”→“工资分析表”命令，打开“工资分析表”对话框，如图 4-42 所示。

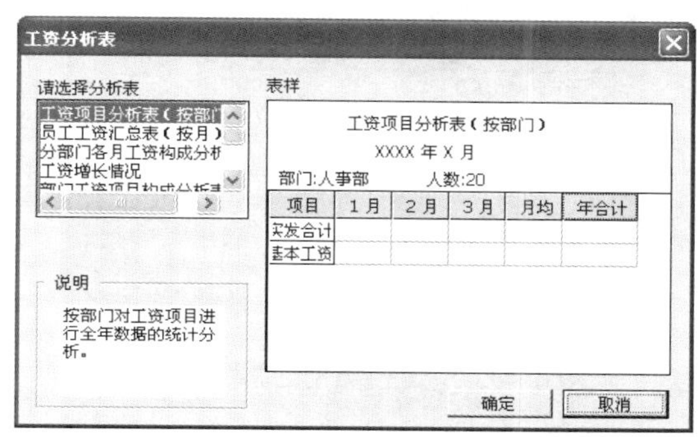

图 4-42　“工资分析表”对话框

(2) 在“工资分析表”对话框左侧选中需要查看的报表，对话框右侧即可查看到表格的样式，单击“确定”按钮，根据工作需要选择所需项目后，系统自动进行分析，生成相应的表格。

3. 凭证查询

以 001 张强的身份登录企业应用平台，执行“人力资源”→“薪资管理”→“统计分析”→“凭证查询”命令，打开“凭证查询”窗口，如图 4-43 所示。

凭证查询

删除　冲销　单据　凭证　修改　退出

业务日期	业务类型	业务号	制单人	凭证日期	凭证号	标志
2017-05-31	应付工资	1	张强	2017-05-31	转-5	记账
2017-05-31	工会经费	2	张强	2017-05-31	转-6	记账
2017-05-31	职工教育经费	3	张强	2017-05-31	转-7	记账

图 4-43　“凭证查询”窗口

三、期末处理

期末处理主要包括汇总工资类别、月末结转和年末结转。

1. 汇总工资类别

(1) 以 001 张强的身份登录企业应用平台，执行“人力资源”→“薪资管理”→“工资类别”→“关闭工资类别”命令，关闭工资类别。继续执行“人力资源”→“薪资管理”→“维护”→“工资类别汇总”命令，打开“工资类别汇总”对话框，如图 4-44 所示。

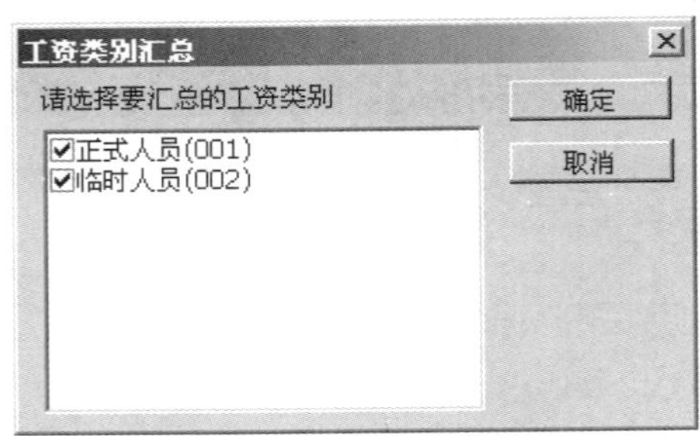

图 4-44　“工资类别汇总”对话框

(2) 选择要汇总的工资类别“正式人员”和“临时人员”，单击“确定”按钮，完成工资类别汇总。

(3) 执行“人力资源”→“薪资管理”→“工资类别”→“打开工资类别”命令，选择“998 汇总工资类别”，如图 4-45 所示。

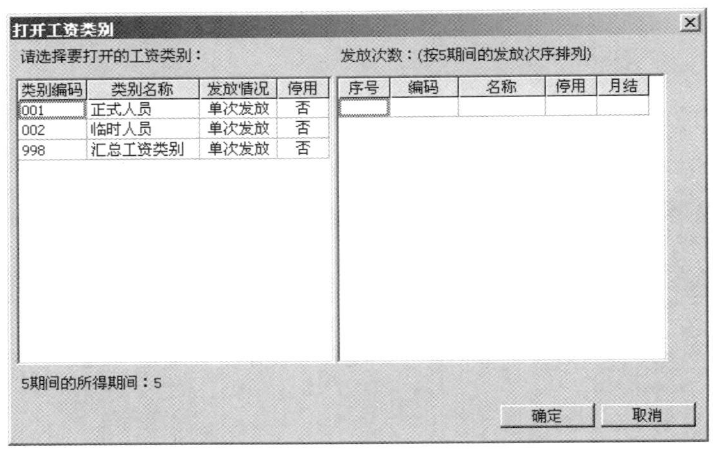

图 4-45　“打开工资类别”对话框

(4) 单击“确认”按钮，在“工资变动”窗口中查看工资类别汇总后的各项数据。

2. 月末结转

月末结转是将当月数据经过处理后结转至下月的工作。每月工资数据处理完毕后，均需进行月末结转操作。由于在工资项目中，有的项目数据是不变的，称为固定数据(如工龄)；有的项目是变动的，称为变动数据(如请假天数)。在每月工资处理时，均需对变动数据项目进行“清零”操作。

(1) 以001张强的身份登录企业应用平台，先打开“正式人员”工资类别，执行“人力资源”→“薪资管理”→“业务处理”→“月末处理”命令，打开“月末处理”对话框，如图4-46所示。

(2) 单击“确认”按钮，系统弹出“是否进行清零处理？”提示对话框，单击“是”按钮，系统弹出“选择清零项目”对话框，在“请选择清零项目”列表框中，单击选择“请假天数”“请假扣款”和“奖励工资”项目，单击>按钮，将所选项目移动到右侧的列表框中，如图4-47所示。

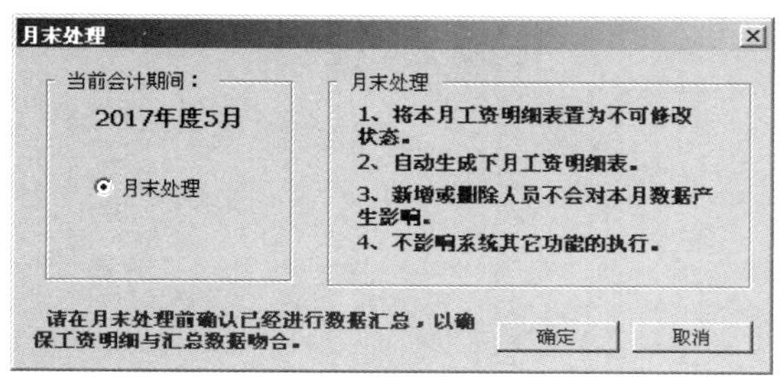

图4-46 “月末处理”对话框

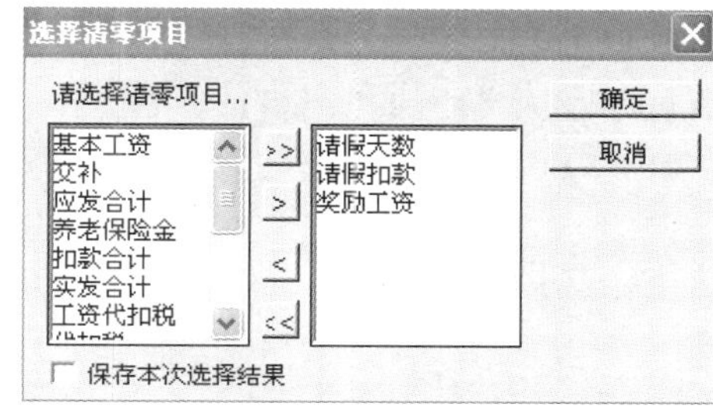

图4-47 “选择清零项目”对话框

(3) 单击“确定”按钮，系统弹出“月末处理完毕!”提示对话框，单击“确定”按钮，操作完成，关闭“正式人员”工资类别。

(4) 同理，完成“临时人员”工资类别的月末处理。

特别提醒

(1) 月末结转只能在会计年度的1月至11月进行。

(2) 月末结转只有在当月工资数据处理完毕后才可进行。

(3) 若为多个工资类别的处理，则应先打开工资类别，再按类别分别进行月末处理。

(4) 若本月工资数据未汇总，系统将不允许进行月末结转。用户在进行月末结转时，系统将给予警告提示：“本月数据未进行汇总，不能进行月末结转！”

(5) 进行期末处理后，当月数据将不再允许变动。

(6) 月末处理功能只有主管人员才能执行。

3. 年末结转

年末结转是将工资数据经过处理后结转至下年的工作。进行年末结转后，新年度账将自动建立。只有处理完所有工资类别的工资数据(对多工资类别，应关闭所有工资类别)后，才可进行上年数据的结转。

若当年工资数据未汇总，系统将不允许进行年末结转。进行年末结转后，本年各月数据将不允许变动。若用户跨月进行年末结账，系统将给予提示。

第五节 实验六：工资管理系统

一、实验目的

(1) 通过上机实验，熟悉工资系统初始化和业务处理的各项功能。

(2) 理解工资系统初始化和业务处理的基本步骤，掌握工资系统初始化和业务处理的操作技能。

(3) 理解并掌握工资系统与总账系统的数据关系。

二、实验准备

(1) 引入实验五的账套。

(2) 以 001 张强的身份进行工资业务处理。

三、实验内容

1. 系统初始化

1) 建立工资账套

工资类别个数设置为“多个”，核算币种设置为“人民币 RMB”，要求从工资中代扣个人所得税，不进行扣零处理，人员编码长度设置为“3 位”，启用日期设置为 2017 年 5 月。

2) 基础设置

(1) 人员附加信息设置。

增加“性别”“身份证号”作为人员附加信息。

(2) 根据表 4-1 的内容进行工资项目设置。注意系统已有项目不需新增。

表 4-1 工资项目表

项目名称	类 型	长 度	小数位数	增 减 项
基本工资	数字	8	2	增项
奖励工资	数字	8	2	增项
交通补贴	数字	8	2	增项
应发合计(系统已有)	数字	10	2	增项
请假扣款	数字	8	2	减项
养老保险金	数字	8	2	减项
扣款合计(系统已有)	数字	10	2	减项
实发合计(系统已有)	数字	10	2	增项
代扣税(系统已有)	数字	10	2	减项
请假天数	数字	8	2	其他

注意：系统中的“工资代扣税”的“增减项”是“其他”，因为是系统固定项目，不能修改为“减项”。所以这里选择“代扣税”项目。

3) 银行档案设置

银行编码：03001。

银行名称：建设银行天河区分行。

个人账户规则：定长。账号长度：11。自动带出个人账号长度：7。

4) 工资类别设置

(1) 工资类别一：正式人员。

部门选择：所有部门。

工资项目：基本工资、奖励工资、交通补贴、应发合计(系统已有)、请假扣款、养老保险金、扣款合计(系统已有)、实发合计(系统已有)、代扣税(系统已有)、请假天数。

根据表 4-2 的内容进行正式人员的档案设置。

表 4-2　正式人员的档案一览表

人员编号	人员姓名	性　别	部门名称	人员类别	账　号	中方人员	是否计税	核算计件工资
001	张强	男	财务部	企业管理人员	20150050001	是	是	否
002	李平	女	财务部	企业管理人员	20150050002	是	是	否
003	王军	男	财务部	企业管理人员	20150050003	是	是	否
004	刘雪	女	销售部	经营人员	20150050004	是	是	否
005	周天	男	采购部	经营人员	20150050005	是	是	否
006	李明	男	总经理办公室	企业管理人员	20150050006	是	是	否
007	赵亮	男	采购部	经营人员	20150050007	是	是	否
008	潘静	女	销售部	经营人员	20150050008	是	是	否
009	刘文	男	一车间	车间管理人员	20150050009	是	是	否
010	王涛	男	一车间	生产人员	20150050010	是	是	否
011	赵月	男	二车间	生产人员	20150050011	是	是	否

注意：所有人员的雇佣状态均为“在职”，银行均为建设银行天河区分行。

根据表 4-3 的内容进行计算公式的设置。

表 4-3　正式人员工资的公式设置表

工资项目	定义公式
请假扣款	请假天数×20
养老保险金	基本工资×0.05
交通补贴	iff(人员类别="企业管理人员"　OR 人员类别="车间管理人员"，100，50)

注意：交通补贴给企业管理人员或车间管理人员每人 100 元，其余人员每人 50 元。

(2) 工资类别二：临时人员。

部门选择：采购部、销售部。

工资项目：基本工资、请假扣款、请假天数。

根据表 4-4 的内容进行临时人员的档案设置。

表 4-4 临时人员的档案一览表

人员编号	人员姓名	性别	部门名称	人员类别	账 号	中方人员	是否计税	核算计件工资
012	何强	男	采购部	合同工	20150050012	是	是	否
013	罗军	男	销售部	合同工	20150050013	是	是	否

注意：临时人员的雇佣状态均为“在职”。

2. 工资业务处理

1) 工资数据

(1) 5 月初正式人员工资情况。

根据表 4-5 的内容进行正式人员的工资录入。

表 4-5 正式人员的工资表

姓 名	基本工资	奖励工资
李明	5000	500
张强	5000	500
李平	4500	450
王军	5000	450
周天	4000	400
赵亮	4500	450
刘雪	3500	400
潘静	3500	400
刘文	4000	500
王涛	3500	450
赵月	3500	450

(2) 5 月初临时人员工资情况。

根据表 4-6 的内容进行临时人员的工资录入。

表 4-6 临时人员的工资表

姓 名	基本工资
何强	1800
罗军	1500

2) 5 月份工资变动情况

(1) 因需要，决定招聘沈星(编号 014)到销售部担任经营人员，基本工资 2000 元，无奖励工资，代发工资银行账号：20150050014。

(2) 因去年销售部推广产品业绩较好，每人增加奖励工资 200 元(正式人员)。

(3) 考勤情况：周天请假 2 天，刘雪请假 1 天。

3. 代扣个人所得税

1) 代扣个人所得税

计税基数 3500 元。

2)查看个人所得税年度申报表的扣税情况。

4. 工资分摊设置

1) 工资分摊

应付工资总额等于工资项目“实发合计”，应付福利费、工会经费、职工教育经费也以此为计提基数。

根据表 4-7 的内容进行正式人员的工资分摊设置。

表 4-7 正式人员的工资分摊表

<table>
<tr><th colspan="2" rowspan="2">工资分摊
部门</th><th colspan="2">应付工资</th><th colspan="2">工会经费(2%)</th><th colspan="2">职工教育经费(2.5%)</th></tr>
<tr><th>借方科目</th><th>贷方科目</th><th>借方科目</th><th>贷方科目</th><th>借方科目</th><th>贷方科目</th></tr>
<tr><td>总经理办公室、财务部</td><td>企业管理人员</td><td>660201</td><td rowspan="5">2211</td><td rowspan="5">660207</td><td rowspan="5">2211</td><td rowspan="5">660207</td><td rowspan="5">2211</td></tr>
<tr><td>采购部、销售部</td><td>经营人员</td><td>6601</td></tr>
<tr><td rowspan="2">一车间</td><td>车间管理人员</td><td>510101</td></tr>
<tr><td>生产人员①</td><td>500102</td></tr>
<tr><td>二车间</td><td>生产人员②</td><td>500102</td></tr>
</table>

注意：①借方项目大类：生产成本　　借方项目：甲商品

②借方项目大类：生产成本　　借方项目：乙商品

2) 根据工资分摊设置的结果生成转账凭证

在总账系统中以 003 王军身份对工资系统生成的凭证审核并记账。

3) 在工资系统的“统计分析”中进行“凭证查询”操作

5. 工资期末处理

(1) 关闭工资类别后，按“正式人员”和“临时人员”汇总工资类别。

(2) 月末处理中对“请假天数”“请假扣款”和“奖励工资”项目进行清零处理。

四、可能出现的问题及解决方法

(1) 在打开正式人员类别后，设置完工资项目后，应先完成“银行设置”及“人员档案”设置，再做计算公式的设置。

(2) 在做工资变动时，由于李明(编号 006)属于总经理办公室，在排序时排到了前面，录入工资数据时一定要看清第一行的工资数据是李明。

(3) 在替换操作时，首先应在“工资变动”窗口中选择人员，在选定人员前应出现 Y，再单击工具栏中的“替换”按钮。如果不事先选定人员，替换操作可能不成功。

(4) 在做工资分摊生成凭证时，可能会出现提示，如图 4-48 所示。

图 4-48 信息提示

原因是在做工资费用的分摊时，只选中了“明细到工资项目”复选框，未选中“按项目核算”复选框(如前述内容中的图 4-38“工资分摊”对话框)。

第五章 固定资产管理系统

【学习目标】

通过本章的学习，了解固定资产管理系统的主要功能及操作流程。掌握固定资产管理系统的初始化设置、日常业务处理和期末业务处理等操作。

固定资产，是指同时具有下列特征的有形资产：使用寿命超过一个会计年度，为生产商品、提供劳务、出租或经营管理而持有的资产。用友 U8 中的固定资产管理系统是利用计算机对固定资产进行管理的信息系统，它可以帮助企业进行固定资产总值、累计折旧资料的动态管理，协助企业进行成本管理，同时为设备管理部门提供关于固定资产实体的各项指标，有助于企业实现资产的保值增值，增强企业的综合竞争实力。

第一节 固定资产管理系统概述

用友 U8 中的固定资产管理系统主要完成企业固定资产日常业务的核算和管理，生成固定资产卡片，按月反映固定资产的增加、减少及其他变动，按月自动计提折旧，生成凭证、账簿等。

一、固定资产管理系统概述

1. 固定资产管理系统的功能

固定资产系统的主要功能包括初始设置、日常业务处理、凭证处理、信息查询和期末处理等。

1) 初始设置

固定资产管理系统的初始设置主要是核算单位的建立，固定资产卡片项目和样式的设置，折旧方法和增减方式的设置，使用部门、状况和资产类别等信息的设置，以及固定资产原始卡片的录入。

2) 日常业务处理

固定资产管理系统的日常业务处理主要是固定资产的业务发生增减变动等情况时，对固定资产卡片进行更新，并依据初始设置的折旧方法进行自动处理，生成相应的表单。

3) 凭证处理

根据初始设置的固定资产使用状况和部门所对应的折旧科目进行相关单据的处理。单据的处理是根据固定资产业务先自动生成转账凭证，然后自动传递到总账等相关系统中等待进一步处理，对于生成的转账凭证，有时也需要人工录入凭证所需的数据。

4) 信息查询

固定资产管理系统可以进行查询的信息有固定资产卡片、固定资产增减变动表、固定资产分类统计表、固定资产折旧计算表和转账数据汇总表等有关账表。所有的信息系统均可进行输出操作，用户可根据需要选择输出方式。

5) 期末处理

固定资产管理系统的期末处理主要是对账和结账的操作。

2. 固定资产管理系统使用前的准备工作

1) 固定资产卡片项目整理

卡片项目是资产卡片上要显示的用来记录资产资料的栏目，如资产名称、原值、使用年限、折旧方法等。

2) 卡片样式整理

卡片样式是指卡片的整个外观，包括其格式(是否有表格线、对齐形式、字号大小、字形等)、所包含的项目和项目的位置。不同的企业所设置的卡片样式可能不同，所以系统提供了卡片样式定义功能，增加了系统的灵活性。

3) 折旧方法整理

系统给出了最常用的折旧方法：平均年限法(两种计算公式)、工作量法、双倍余额递减法和年数总和法。如果不能满足要求，可根据需要对折旧方法的名称和计算公式重新定义。

4) 资产类别整理

资产按类别管理时，需要整理出本单位的固定资产是如何分类的，包括编码、名称及其净残值率、使用年限、计量单位和折旧方法等。在使用本系统时，必须进行固定资产类别设置。

5) 建账期初数据整理

整理单位内所有资产的数据及其他资料，目的是将这些原始资料，主要是卡片及附属资料录入系统，保持管理和核算的连贯性。

6) 报表整理

需要整理常用的资产账和报表，与系统默认的报表及格式对照一下，看是否符合要求，如有不符合要求的，可通过报表自定义或自定义查询表得到。

7) 其他信息整理

系统中涉及的设置还有使用状况、增减方式、部门对应折旧科目等。

二、固定资产管理系统处理数据流程图

固定资产管理系统处理数据的流程如图 5-1 所示。

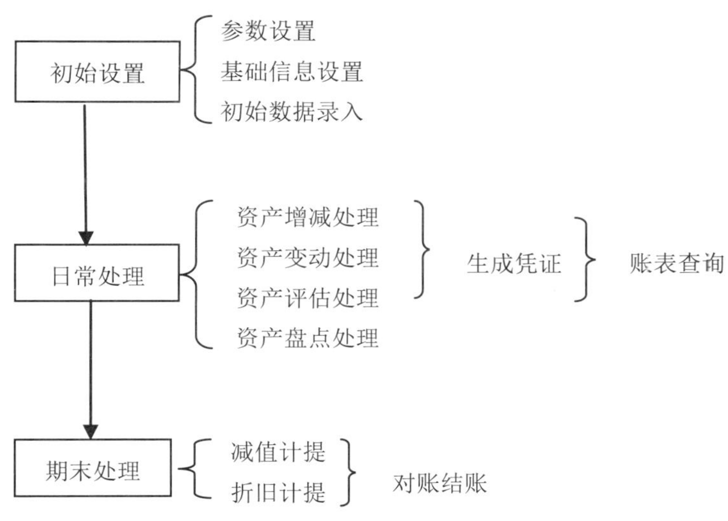

图 5-1　固定资产管理系统处理数据的流程

三、固定资产管理系统与其他系统的关系

固定资产管理系统是会计信息系统的子系统，与会计信息系统中的其他系统存在数据传递关系。具体地说，固定资产管理系统与其他系统存在以下关系。

(1) 固定资产管理系统与系统管理共享基础数据。

(2) 固定资产管理系统中的各类增减变动、原值和累计折旧等业务的有关数据通过记账凭证的形式传递到总账管理系统，并通过对账保持与总账账目的平衡。

(3) 固定资产管理系统为成本管理系统提供计提折旧等相关数据。

(4) 报表系统通过函数分析读取固定资产管理系统中的核算数据。

第二节　固定资产管理系统的初始化设置

固定资产管理系统的初始化设置包括设置控制参数、设置基础数据和输入期初固定资产卡片等。

一、设置控制参数

1. 业务参数的设置

在固定资产系统初次启用时需设定启用月份、折旧信息、编码方式以及财务接口等信息。

(1) 以 001 张强的身份登录企业应用平台，操作日期选择 2017-05-01，单击“确定”按钮后，执行“基础设置”→“基本信息”→“系统启用”命令，打开“系统启用”窗口，选中“固定资产”复选框，弹出日历对话框，选择系统启用日期为 2017-05-01，如图 5-2 所示。

图 5-2 “系统启用”窗口

(2) 在“系统启用”窗口中，单击“确定”按钮。系统弹出“确实要启用当前系统吗”提示对话框，单击“是”按钮，再单击“退出”按钮。

(3) 在企业应用平台中执行“业务工作”→“财务会计”→“固定资产”命令，如果是第一次使用固定资产模块，系统将弹出“是否进行初始化”提示对话框，单击“是”按钮，系统弹出“初始化账套向导”对话框，如图 5-3 所示。

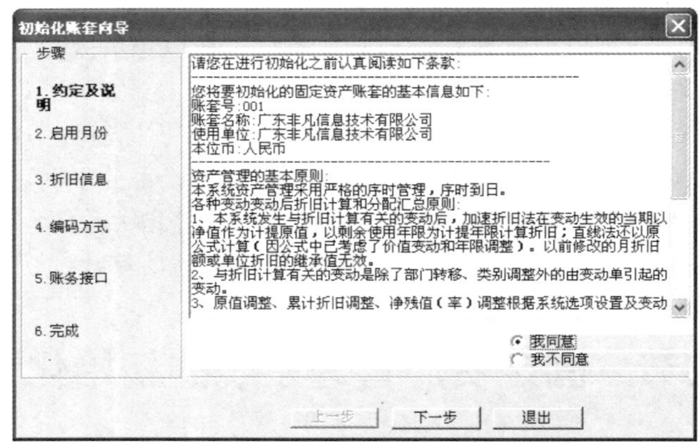

图 5-3 “初始化账套向导”对话框

(4) 在“是否进行初始化”提示对话框中阅读“约定及说明”，选中“我同意”单选按钮，然后单击“下一步”按钮，并按“步骤”顺序设置“启用月份”为 2017-05，如图 5-4 所示。

(5) 在“初始化账套向导——启用月份”界面中单击“下一步”按钮，进入“初始化账套向导——折旧信息”界面，如图 5-5 所示。

(6) 根据课后实验七的资料完成“折旧信息”的设置。完成后单击“下一步”按钮，进入“初始化账套向导——编码方式”界面，如图 5-6 所示。

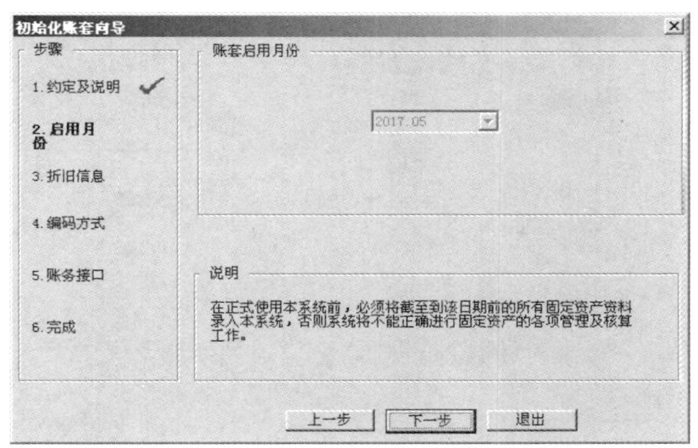

图 5-4 “初始化账套向导——启用月份”界面

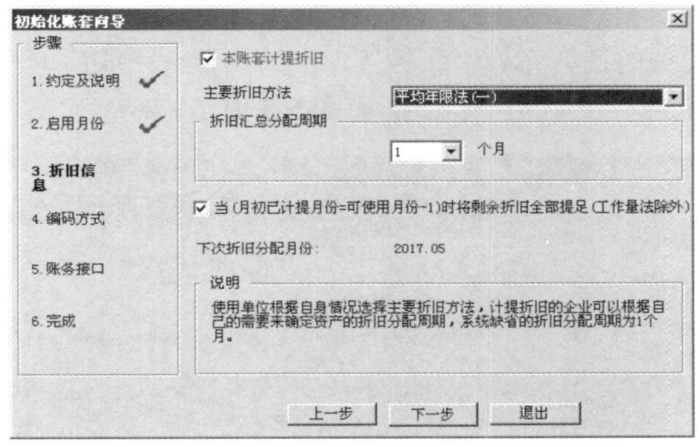

图 5-5 “初始化账套向导——折旧信息”界面

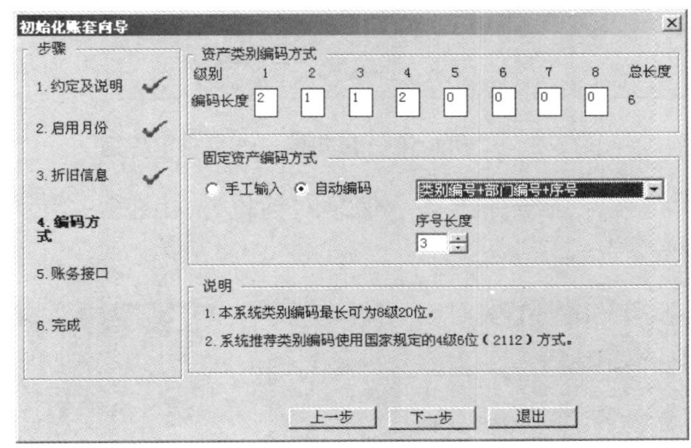

图 5-6 “初始化账套向导——编码方式”界面

(7) 根据课后实验七的资料完成“编码方式”的设置。完成后单击“下一步”按钮，进入“初始化账套向导——账务接口”界面，如图 5-7 所示。

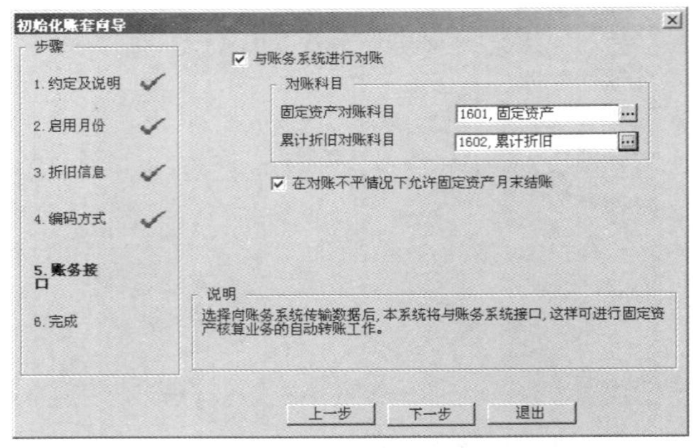

图 5-7 “初始化账套向导——账务接口”界面

(8) 根据课后实验七的资料完成“账务接口”的设置。完成后单击“下一步”按钮，系统弹出“初始化账套向导——完成”界面，如图 5-8 所示。

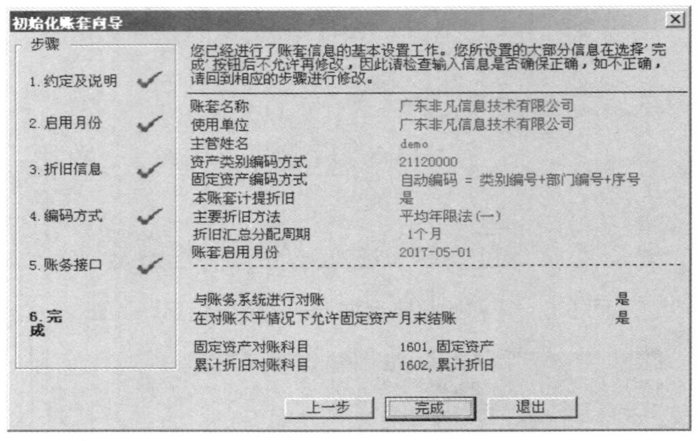

图 5-8 “初始化账套向导——完成”界面

(9) 单击“完成”按钮，系统弹出提示信息对话框，如图 5-9 所示，分别单击“是”按钮和“确定”按钮，操作完成。

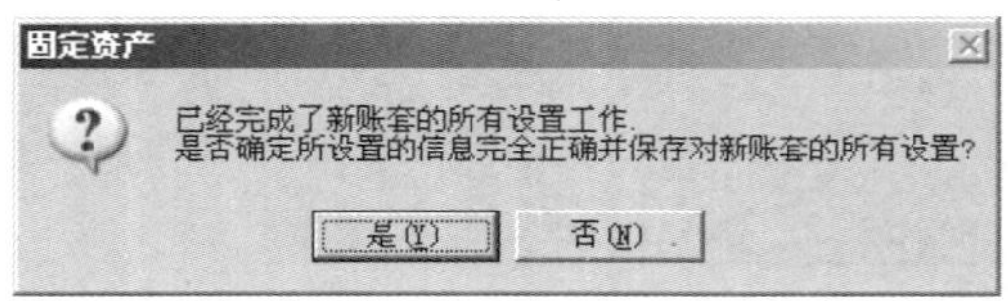

图 5-9 信息提示对话框

2. 补充参数的设置

(1) 以账套主管的身份登录企业应用平台，执行“业务工作”→“财务会计”→“固定资产”→“设置”→“选项”命令，打开“选项”对话框，如图 5-10 所示。

(2) 选择“折旧信息”选项卡，如图 5-11 所示。

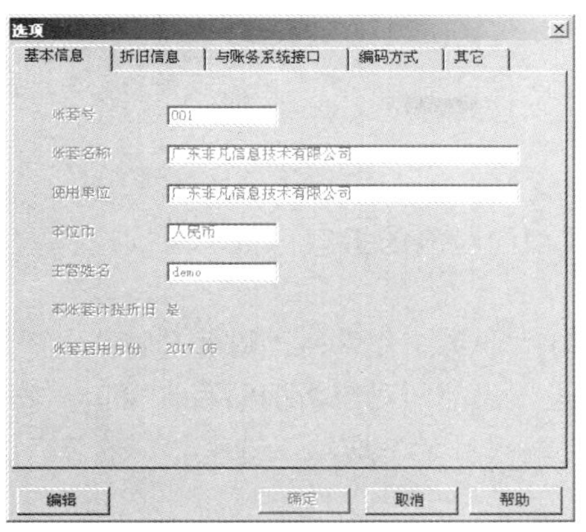

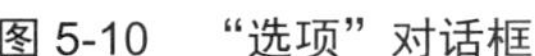
图 5-10 “选项”对话框

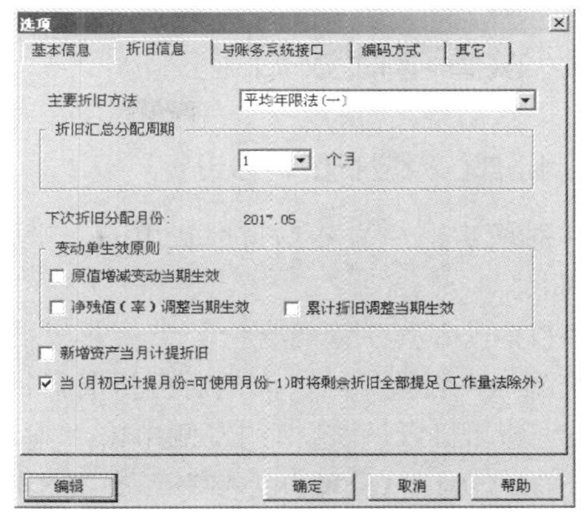

图 5-11 “折旧信息”选项卡

此选项卡信息在初次启用固定资产管理系统时已经设定完毕，所以这里无须再设置。

(3) 在“选项”对话框中，选择“与账务系统接口”选项卡，如图 5-12 所示。

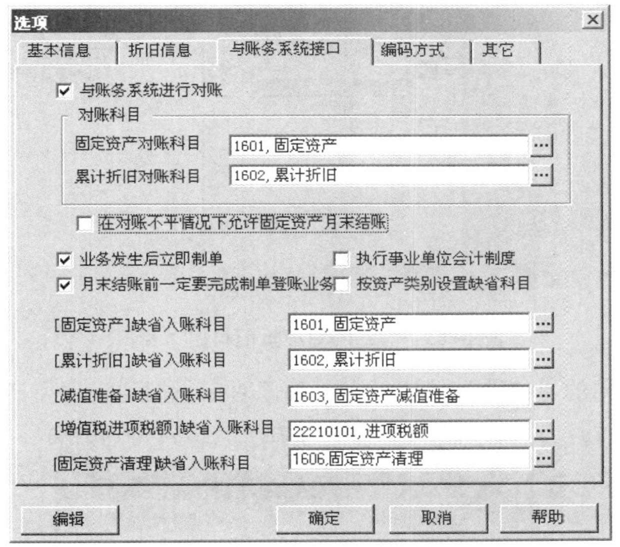

图 5-12 “与账务系统接口”选项卡

(4) 单击“编辑”按钮，选中“业务发生后立即制单”和“月末结账前一定要完成制单登账业务”复选框；单击“[固定资产]缺省入账科目”文本框右侧的 按钮，选择“1601,固定资产”科目，单击“[累计折旧]缺省入账科目”文本框右侧的 按钮，选择“1602,累计折旧”科目，单击“[减值准备]缺省入账科目”文本框右侧的 按钮，选择“1603,固定资产减值准备”科目，同理，“增值税进项税额”科目选择 22210101，“固定资产清理”科目选择 1606，单击“确定”按钮完成操作。

二、设置基础数据

1. 部门对应折旧科目设置

对应折旧科目是指折旧费用的入账科目，设置部门对应的折旧科目时必须选择末级会计科目。

(1) 以账套主管的身份登录企业应用平台，执行“业务工作”→“财务会计”→“固定资产”→“设置”→“部门对应折旧科目”命令，进入“部门对应折旧科目”窗口，在“部门对应折旧科目”窗口的左侧单击“固定资产部门编码目录”选项，选择“综合部”文件夹下的“101 总经理办公室”，如图5-13所示。

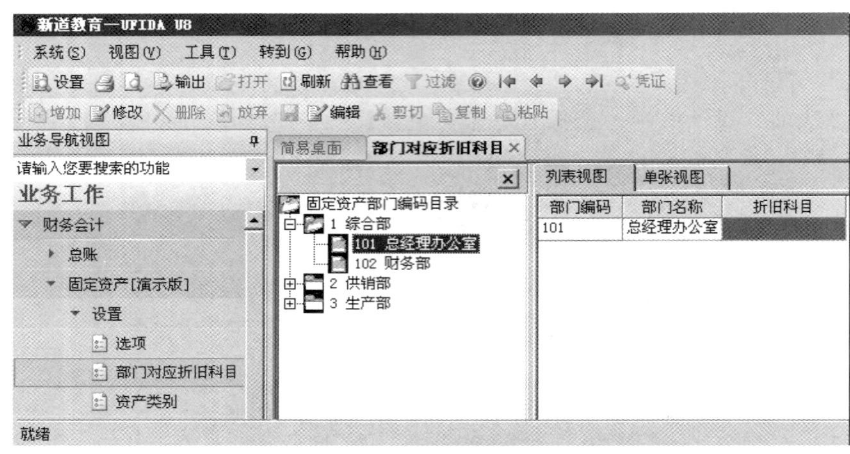

图 5-13 “部门对应折旧科目”窗口

(2) 单击工具栏中的“修改”按钮，在“部门对应折旧科目”窗口右侧的“折旧科目”文本框右侧单击⋯按钮，弹出“科目参照”对话框，如图5-14所示。

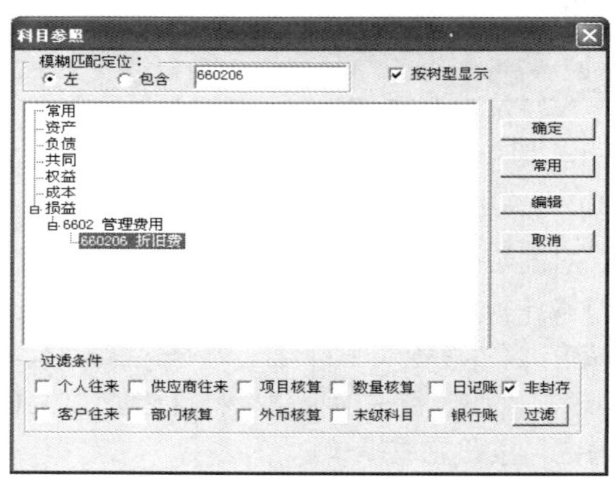

图 5-14 “科目参照”对话框

(3) 选择“管理费用\折旧费”，单击“确定”按钮，系统返回“部门对应折旧科目”

窗口，单击“保存”按钮。照此方法依次对其他部门折旧科目进行设定。

2. 资产类别

固定资产的种类繁多，为了及时准确地进行固定资产核算，需要科学地对固定资产进行分类，为核算和统计管理提供依据。

(1) 以账套主管的身份登录企业应用平台，执行“业务工作”→“财务会计”→“固定资产”→“设置”→“资产类别”命令，进入“资产类别”窗口，单击工具栏中的“增加”按钮，如图 5-15 所示。

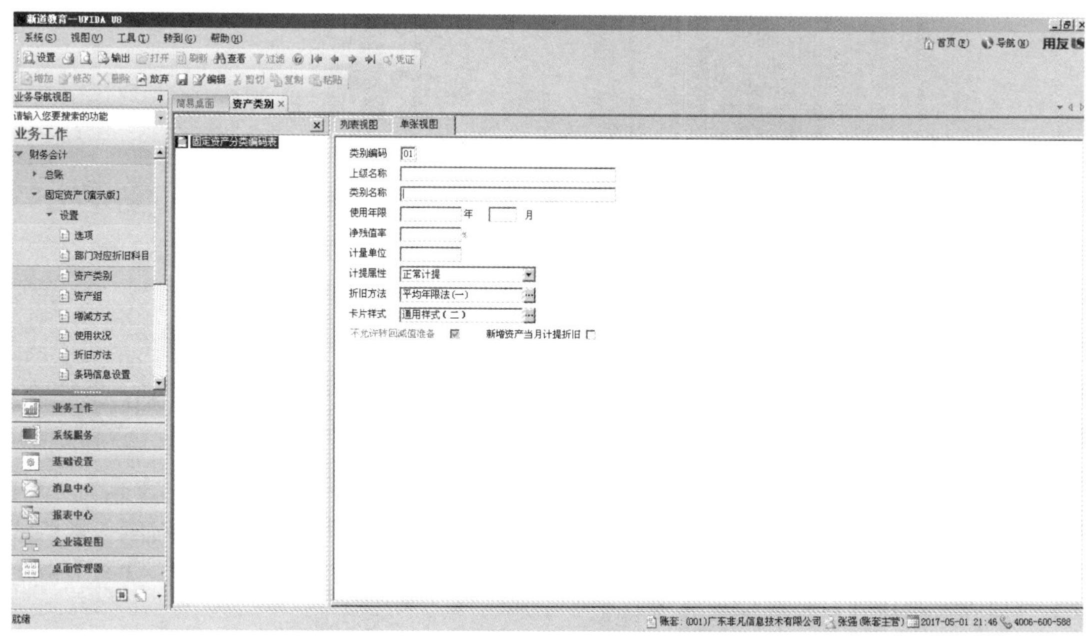

图 5-15　“资产类别”窗口

特别提醒

在固定资产类别设置的时候，因为是大类设置，所以先不录入使用年限，等录入固定资产原始卡片的时候，再根据设备情况录入使用年限。

(2) 依次输入“类别编码”“类别名称”“净残值率”“计量单位”“计提属性”“折旧方法”和“卡片样式”等信息，单击“保存”按钮。照此方法依次将所需要的所有类别输入并保存。

3. 增减方式设置

固定资产的增减方式包括增加方式和减少方式两类。系统预置的增加方式有直接购入、投资者投入、捐赠、盘盈、在建工程转入和融资租入等方式；系统预置的减少方式有出售、盘亏、投资转出、捐赠转出、报废、毁损和融资租出等方式。

(1) 以账套主管的身份登录企业应用平台，执行“业务工作”→“财务会计”→“固定资产”→“设置”→“增减方式”命令，进入固定资产“增减方式”窗口，如图 5-16 所示。

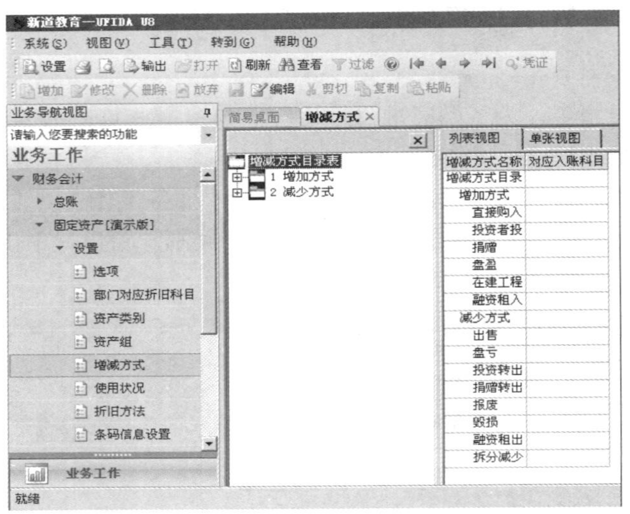

图 5-16　固定资产“增减方式”窗口

特别提醒

需要注意的是，系统预置的增减方式中“盘盈”“盘亏”“毁损”的方式不能修改和删除，因为系统提供的报表中有固定资产盘盈盘亏报告表。非明细级增减方式不能删除；已使用的增减方式也不能删除。

(2) 在固定资产“增减方式”窗口左侧的“增减方式目录表”中选择增加方式为“直接购入”，单击工具栏中的“修改”按钮，系统打开“单张视图”界面，在“对应入账科目”文本框右侧单击…按钮，弹出“科目参照”对话框，选中入账科目为“100201，工行存款”，单击“保存”按钮，结果如图 5-17 所示。

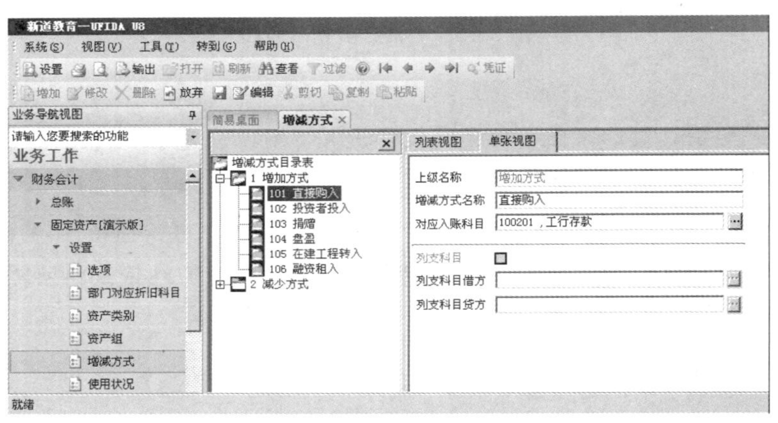

图 5-17　“单张视图”界面

“对应入账科目”的设置是为了生成凭证时自动显示科目。如资产增加时，以购入方式增加资产，“对应入账科目”设置为“银行存款”，生成凭证时，该科目将自动显示。如果生成凭证时，入账科目发生了变化，可以进行调整。

4. 使用状况设置

从固定资产核算和管理的角度考虑，需要明确资产的使用状况，主要有在用、季节性停用、经营性出租、大修理停用、不需用和未使用等状况。如果这些使用状况不满足需要，可以自行增加或删除。

(1) 以账套主管的身份登录企业应用平台，执行“业务工作”→“财务会计”→“固定资产”→“设置”→“使用状况”命令，进入固定资产“使用状况”窗口，如图 5-18 所示。

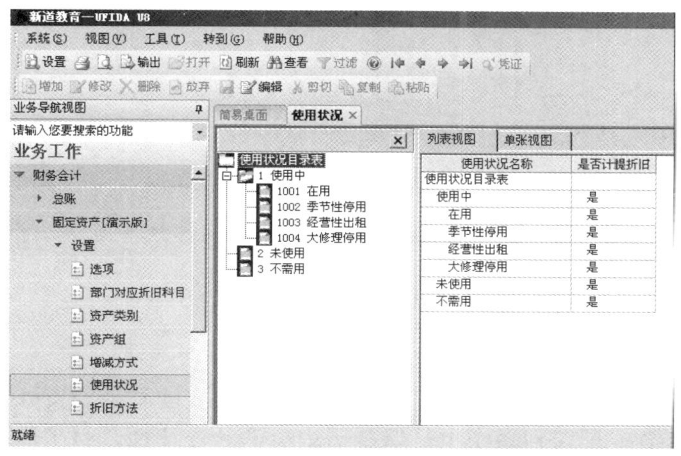

图 5-18 固定资产“使用状况”窗口

(2) 如果需要增加一种使用状况，可以在“使用状况目录表”中选择一种，单击工具栏中的“增加”按钮；如果需要修改或删除一种使用状况，在“使用状况目录表”中选择要修改或删除的状况，单击工具栏中的“修改”或“删除”按钮。

特别提醒

需要注意的是，“使用中”“未使用”和“不需用”这三种一级使用状况是不能增加、修改或删除的，只能在其一级使用状况下增加二级使用状况。

5. 折旧方法设置

折旧方法设置是系统自动计算固定资产折旧的基础。系统预置了七种折旧方法，即不提折旧、平均年限法(一)、平均年限法(二)、工作量法、年数总和法、双倍余额递减法(一)和双倍余额递减法(二)。这七种方法只能选用，不能修改和删除。如果这七种方法不能满足需要，系统提供了折旧方法的自定义功能，可以根据实际情况自定义折旧方法和计算公式。

(1) 以账套主管的身份登录企业应用平台，执行“业务工作”→“财务会计”→“固定资产”→“设置”→“折旧方法”命令，进入固定资产“折旧方法”窗口，如图 5-19 所示。

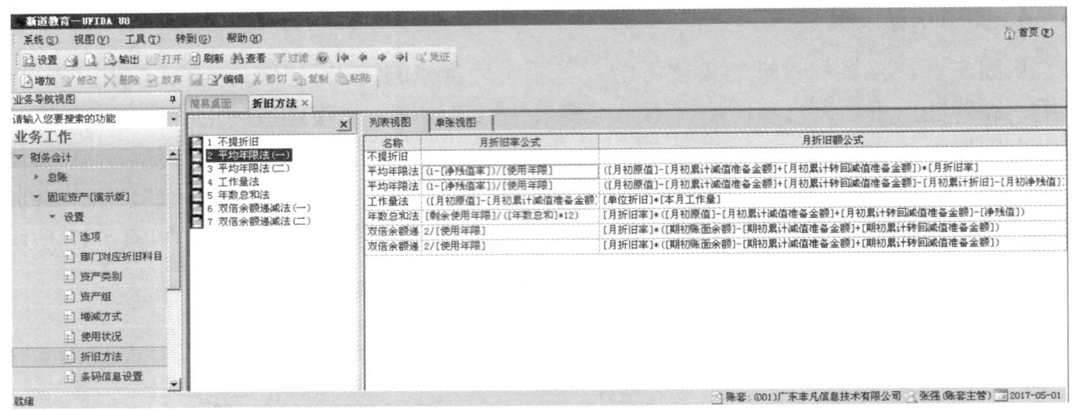

图 5-19 固定资产“折旧方法”窗口

(2) 在“折旧方法”窗口中，可分别单击系统预置的这几种方法，查看计算公式。

三、输入期初固定资产卡片

在使用固定资产管理系统进行核算前，除了前面必要的基础设置外，还必须将建账日期以前的固定资产数据录入到系统中，保持历史数据的连续性。对于原始卡片的录入不限制必须在第一次核算期间结账前，任何时间都可以录入。

1. 原始卡片录入

【例 6-1】总经理办公室购入一辆轿车，2016 年 4 月 1 日开始使用，当年 5 月 1 日开始计提折旧，原值 300 000 元，预计净残值率 5%，使用平均年限法(一)计提折旧，预计使用 6 年，截至 2017 年 5 月 1 日累计折旧已计提 47 500 元。

(1) 以账套主管的身份登录企业应用平台，执行“业务工作”→“财务会计”→“固定资产”→“卡片”→“录入原始卡片”命令，系统弹出“固定资产类别档案”窗口，如图 5-20 所示。

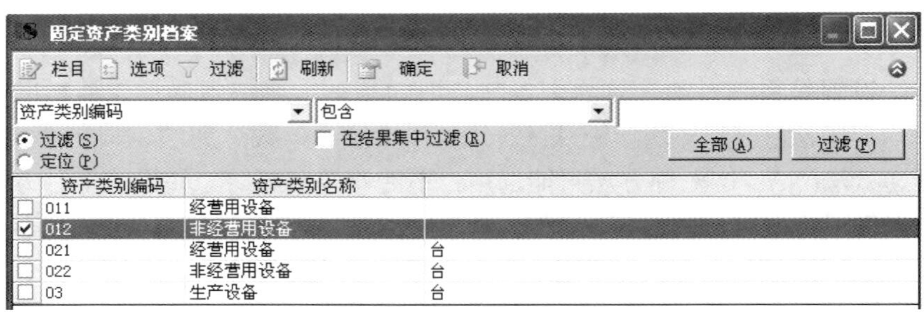

图 5-20 “固定资产类别档案”窗口

(2) 选择资产类别为“非经营用设备”，单击“确定”按钮，出现“固定资产卡片”窗口，单击工具栏中的“编辑”按钮，自动新增卡片编号为 0001 的卡片，如图 5-21 所示。

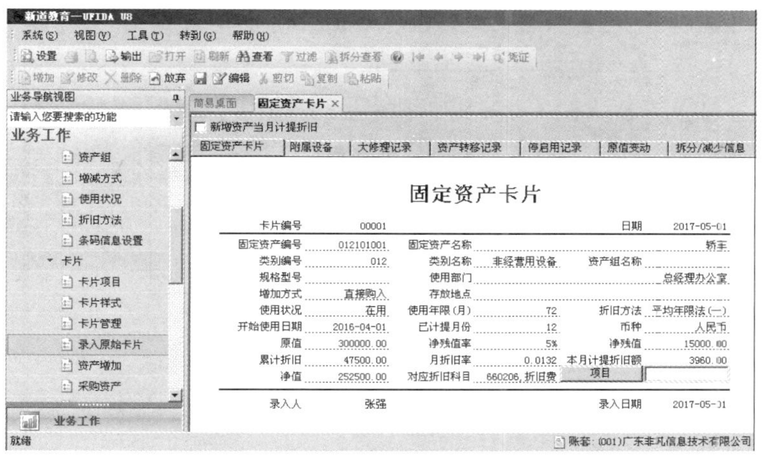

图 5-21　“固定资产卡片”窗口

(3) 在 0001 卡片中，录入“固定资产名称”为“轿车”，“使用部门”(单部门)为“总经理办公室”，“增加方式”为“直接购入”，“使用状况”为“在用”，“使用年限(月)”为 72，“开始使用日期”为 2016-04-01，“原值”为 300 000 元，“累计折旧”为 47 500 元，“对应折旧科目”为“管理费用/折旧费”。单击“保存”按钮，操作完成。

特别提醒

需要注意的是，卡片编号不能修改，如果删除一张卡片，又不是最后一张时，系统将保留空号。

2. 原始卡片查询

(1) 根据课后实验资料，将原始卡片全部录入完成后，以账套主管的身份登录企业应用平台，执行“业务工作”→“财务会计”→“固定资产”→“卡片”→“卡片管理”命令，系统弹出“查询条件选择—卡片管理”对话框，如图 5-22 所示。

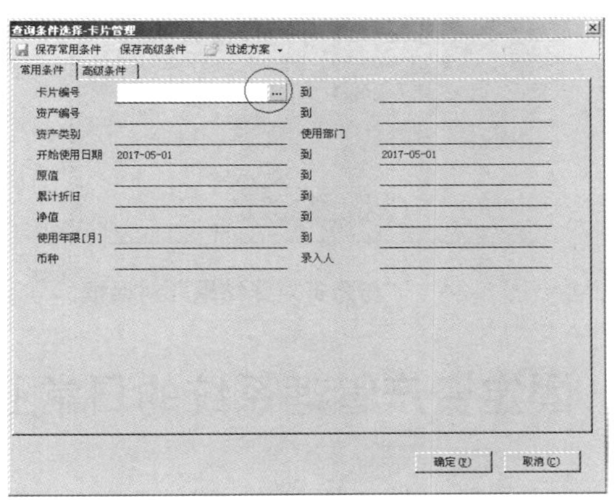

图 5-22　“查询条件选择—卡片管理”对话框

(2) 单击“卡片编号”的…按钮，进入“固定资产卡片档案”窗口，如图 5-23 所示。

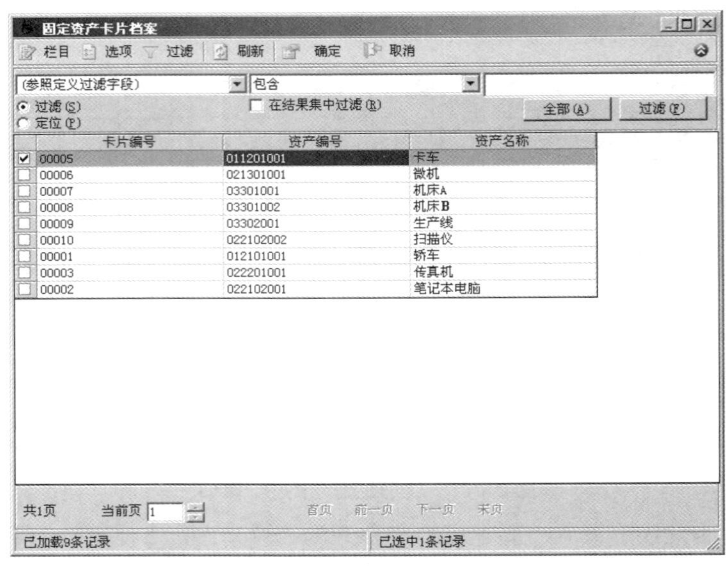

图 5-23 “固定资产卡片档案”窗口

在“查询条件选择—卡片管理”对话框中显示的是期初录入的原始卡片列表，可以双击选择任何一张卡片进行查看。

3. 期初对账

以账套主管的身份登录企业应用平台，执行“业务工作”→“财务会计”→“固定资产”→“处理”→“对账”命令，打开“与账务对账结果”对话框，系统将固定资产录入的明细资料数据汇总并与总账系统初始数据核对，显示与总账系统的对账结果，如图 5-24 所示。

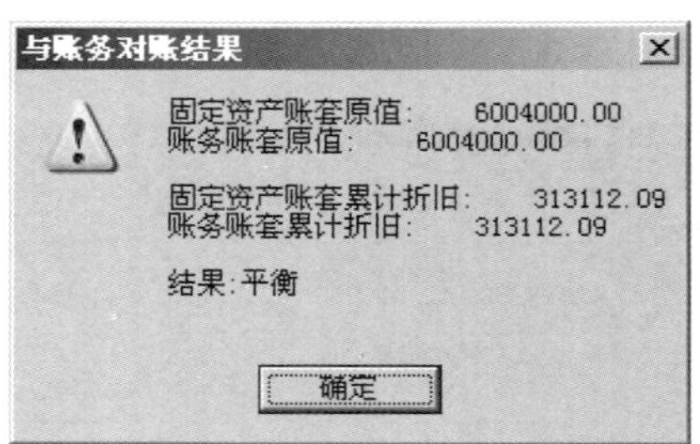

图 5-24 “与账务对账结果”对话框

第三节 固定资产管理系统的日常业务处理

日常业务处理是固定资产管理中非常重要的一部分内容，主要包括资产的增减变动处理、变动单处理、折旧处理、资产盘点和凭证处理。月末时，还需要准确计提本月折旧，及时生成凭证。

一、固定资产的增加

在日常经营过程中，企业可能会购进或通过其他方式增加资产，这些资产通过“资产增加”操作录入系统。

【例 6-2】2017 年 5 月 8 日，财务部购买扫描仪一台，价值 1500 元，净残值率 5%，预计使用年限为 5 年。

(1) 以账套主管的身份登录企业应用平台，登录日期设定为 2017-05-08，执行“业务工作”→“财务会计”→“固定资产”→“卡片”→“资产增加”命令，打开“固定资产类别档案”窗口，如图 5-25 所示。

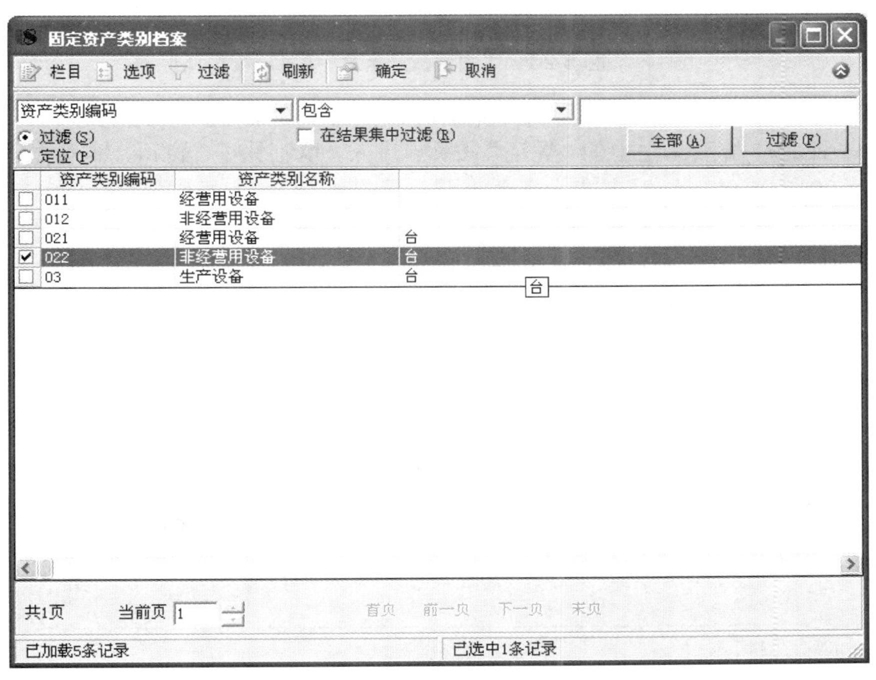

图 5-25　“固定资产类别档案”窗口

(2) 选中资产类别编码 022 复选框，单击“确定”按钮，出现“固定资产卡片”窗口。在“固定资产卡片”窗口中输入“固定资产名称”为“扫描仪”，“使用部门”选择“财务部”，“增加方式”为“直接购入”，“使用状况”为“在用”，“使月年限(月)”为 60，“开始使用日期”为 2017-05-08，“原值”为 1500 元，“净残值率”为 5%，如图 5-26 所示。单击“保存”按钮。

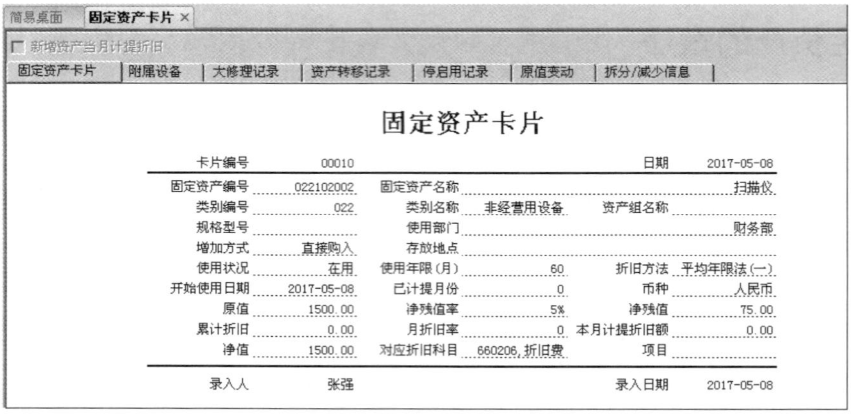

简易桌面 | 固定资产卡片 ×

新增资产当月计提折旧

固定资产卡片 | 附属设备 | 大修理记录 | 资产转移记录 | 停启用记录 | 原值变动 | 拆分/减少信息

固定资产卡片

卡片编号	00010			日期	2017-05-08
固定资产编号	022102002	固定资产名称			扫描仪
类别编号	022	类别名称	非经营用设备	资产组名称	
规格型号		使用部门			财务部
增加方式	直接购入	存放地点			
使用状况	在用	使用年限(月)	60	折旧方法	平均年限法(一)
开始使用日期	2017-05-08	已计提月份	0	币种	人民币
原值	1500.00	净残值率	5%	净残值	75.00
累计折旧	0.00	月折旧率	0	本月计提折旧额	0.00
净值	1500.00	对应折旧科目	660206, 折旧费	项目	
录入人	张强			录入日期	2017-05-08

图 5-26 “固定资产卡片”窗口

(3) 如果在参数设置时选中了“业务发生后立即制单”复选框，系统将自动进入“填制凭证”窗口；或者单击工具栏中的“凭证”按钮，进入“填制凭证”窗口，输入凭证字“付”，制单日期为 2017.05.08，结算方式为现金支票，票号为 XJ06，发生日期为 2017-05-08，设置现金流量项目为“投资活动现金流量—现金流出—购建固定资产、无形资产和其他长期资产支付的现金”后，单击“保存”按钮，如图 5-27 所示。

付 款 凭 证

付 字 0003　　制单日期：2017.05.08　　审核日期：　　附单据数：1

摘 要	科目名称	借方金额	贷方金额
直接购入资产.	固定资产	150000	
直接购入资产.	银行存款/工行存款		150000
票号 日期	数量 单价 合 计	150000	150000

备注　项 目　　部 门

个 人　　客 户

业务员

记账　　审核　　出纳　　制单 张强

图 5-27 “填制凭证”窗口

特别提醒

(1) 需要注意的是，新增卡片录入的第一个月不计提折旧，折旧额为空或零。

(2) 新增卡片信息输入后，可以不用立即制单，月末时进行批量制单。

二、变动单处理

变动单是指资产在使用过程中由于固定资产卡片上某些项目调整而编制的原始凭证。需要通过变动单进行处理的资产变动有原值变动、部门转移、使用状况变动、使用年限调

整、折旧方法调整、净残值(率)调整、工作总量调整、累计折旧调整和资产类别调整等情况。这些变动单不能修改，只能在当月进行删除重做，必须保证变动后的净值大于变动后的净残值。

1. 资产原值变动

【例 6-3】2017 年 5 月 10 日，给总经理办公室的轿车(卡片 00001)添置新配件 15 000 元。

(1) 以账套主管的身份登录企业应用平台，登录日期设定为 2017-05-10，执行“业务工作”→“财务会计”→“固定资产”→“卡片”→“变动单”→“原值增加”命令，进入“固定资产变动单”窗口，输入“卡片编号”为 00001，“增加金额”为 15 000，“变动原因”为“增加配件”，单击“保存”按钮，如图 5-28 所示。

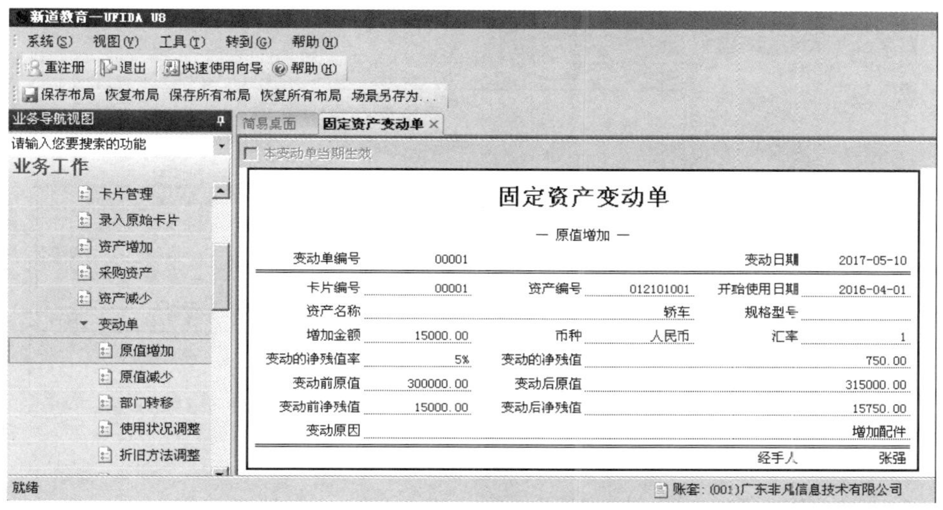

图 5-28　“固定资产变动单”窗口

(2) 在“固定资产变动单”窗口中单击“保存”按钮后，系统自动进入“填制凭证”窗口，选择凭证类型为“付”，制单日期为 2017.05.10，录入借方、贷方金额和现金流量项目，单击“保存”按钮，如图 5-29 所示。

图 5-29　资产变动生成的凭证

2. 资产部门转移

【例 6-4】 2017 年 5 月 12 日，将采购部的传真机转移到销售部，变动原因为“调拨”。

(1) 以账套主管的身份登录企业应用平台，登录日期设定为 2017-05-12，执行“业务工作”→“财务会计”→“固定资产”→“卡片”→“变动单”→“部门转移”命令，进入“固定资产变动单”窗口，在“固定资产变动单”窗口中输入卡片编号 00003，双击“变动后部门”，选择部门名称为“销售部”，输入“变动原因”为“调拨”，如图 5-30 所示。

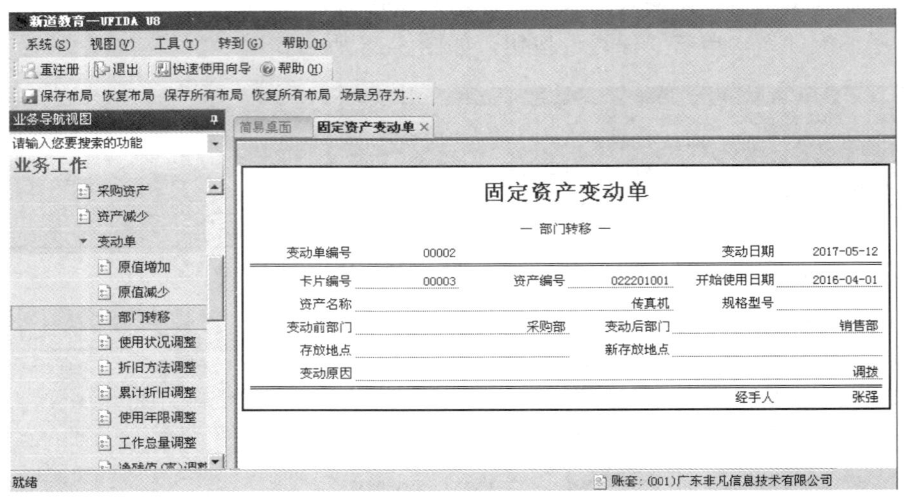

图 5-30 “固定资产变动单”窗口

(2) 在“固定资产变动单”窗口中单击“保存”按钮，系统弹出提示对话框，如图 5-31 所示。

(3) 由于本笔业务只是设备的部门发生了变动，会计科目和设备金额没有变，所以不需要做出凭证。

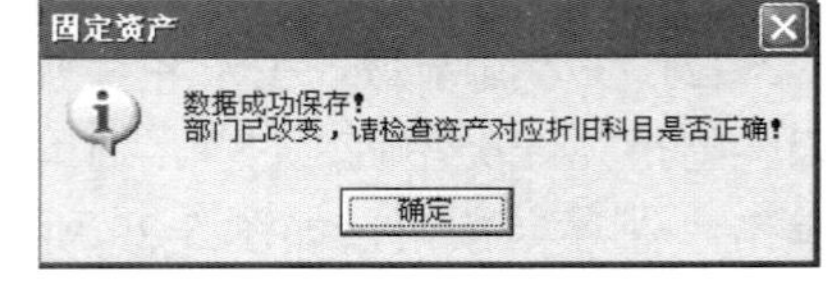

图 5-31 提示对话框

3. 计提减值准备

企业在期末或每年年度终止时，要对固定资产进行逐项检查，如果由于市价持续下跌或技术陈旧等原因导致其可回收金额低于账面价值的，应当对可回收金额低于账面价值的差额计提固定资产减值准备，固定资产减值准备必须按单项资产计提。

【例 6-5】2017 年 5 月 30 日，对 2016 年财务部购入的笔记本电脑计提 1000 元的减值准备。

(1) 以账套主管的身份登录企业应用平台登录日期设定为 2017-05-30，执行“业务工作”→“财务会计”→“固定资产”→“卡片”→“变动单”→“计提减值准备”命令，进入“固定资产变动单”窗口，输入“卡片编号”为 00002，输入“减值准备金额”为 1000，“变动原因”为“技术进步”，如图 5-32 所示。

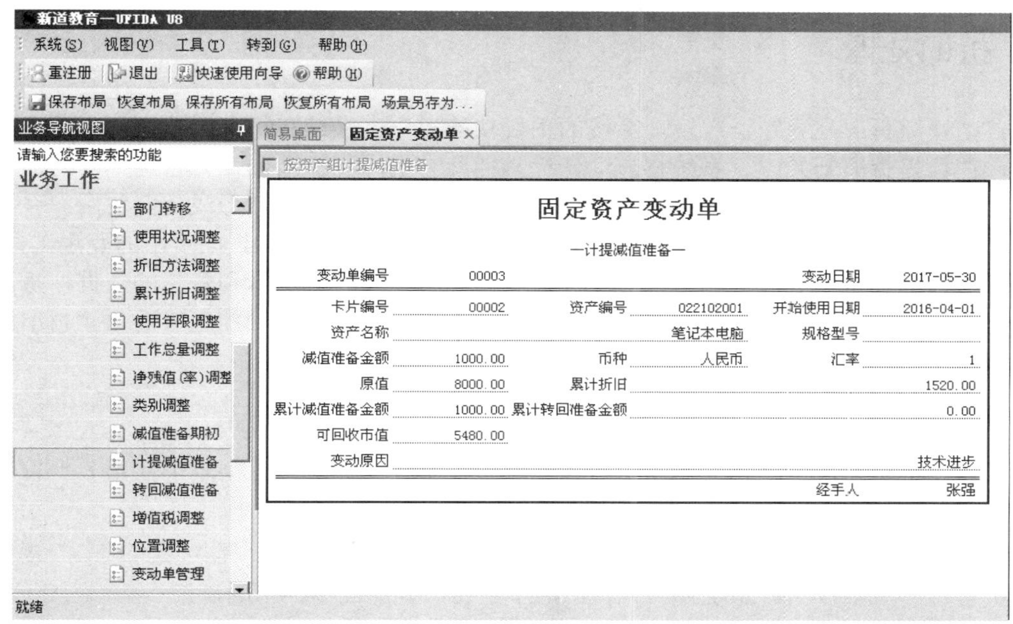

图 5-32　“固定资产变动单”窗口

(2) 在“固定资产变动单”窗口中，单击“保存”按钮后进入“填制凭证”窗口。

(3) 在“填制凭证”窗口中，选择凭证类别为“转”，因为总账系统中的转账凭证日期已经到 5 月 31 日，所以这里的“制单日期”应为 2017.05.31。录入凭证分录：

借：资产减值损失　　　　　　　　1000

　贷：固定资产减值准备　　　　　　　1000

分录录入完成后，单击“保存”按钮，生成的凭证如图 5-33 所示。

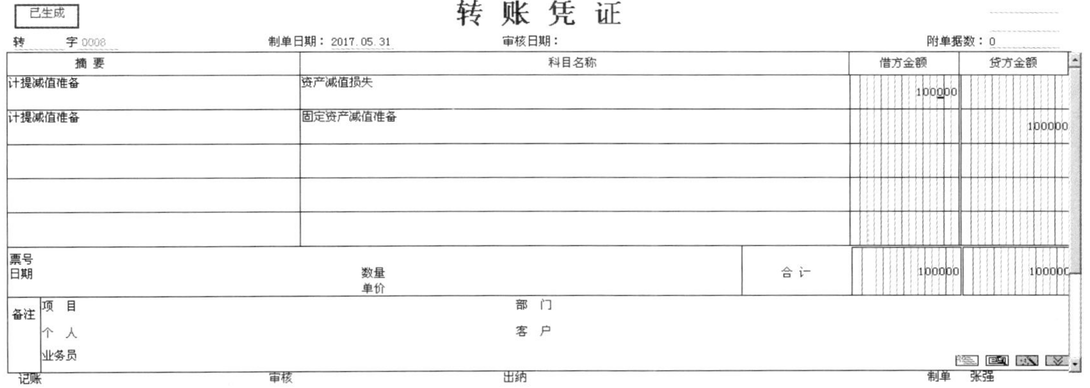

图 5-33　计提减值准备生成的凭证

特别提醒

需要注意的是，固定资产减值损失一经确认，在以后的会计期间内不得转回。

三、折旧处理

自动计提折旧是固定资产管理系统的主要功能之一。系统在每个会计期间内计提折旧一次，在计提折旧开始时，系统将自动计提当期所有资产的折旧额，并将当期的折旧额自动累加到累计折旧项目中。计提工作完成后，需要进行折旧分配，形成折旧费用，系统除了自动生成折旧清单外，同时还可生成折旧分配表，从而完成本期折旧费用的登账工作。

折旧分配表是生成凭证的基础，是计提折旧额分配到有关成本和费用的依据，折旧分配表有两种类型：类别折旧分配表和部门折旧分配表。折旧分配表的生成是由“折旧汇总分配周期”决定的，因此，凭证的生成是在折旧分配表生成后进行的。

【例 6-6】2017 年 5 月 31 日，计提本月折旧费用。

(1) 以账套主管的身份登录企业应用平台，执行“业务工作”→“财务会计”→“固定资产”→“处理”→“计提本月折旧”命令，系统弹出“是否要查看折旧清单？”提示对话框，单击“是”按钮。

(2) 系统继续弹出“本操作将计提本月折旧，并花费一定时间，是否要继续？”提示对话框，单击“是”按钮，系统弹出“折旧清单”窗口，如图 5-34 所示。

折旧清单 [2017.05]

输出 退出

2017.05(登录)(最新)

按部门查询

固定资产部门编码目录
1 综合部
2 供销部
3 生产部

卡片编号	资产编号	资产名称	原值	计提原值	本月计提折旧额	累计折旧	本年计提折旧	减值准备	净值	净残值	折旧率	单位折旧	本月工作量	累计工作量	规格型号
00001	012101001	轿车	315,000.00	300,000.00	3,960.00	51,460.00	3,960.00	0.00	263,540.00	15,750.00	0.0132		0.000	0.000	
00002	022102001	笔记本电脑	8,000.00	8,000.00	126.40	1,646.40	126.40	1,000.00	5,353.60	400.00	0.0158		0.000	0.000	
00003	022201001	传真机	4,000.00	4,000.00	63.20	823.20	63.20	0.00	3,176.80	200.00	0.0158		0.000	0.000	
00004	021201001	微机	6,000.00	6,000.00	94.80	1,234.80	94.80	0.00	4,765.20	300.00	0.0158		0.000	0.000	
00005	011201001	卡车	180,000.00	180,000.00	2,376.00	30,876.00	2,376.00	0.00	149,124.00	9,000.00	0.0132		0.000	0.000	
00006	021301001	微机	6,000.00	6,000.00	94.80	1,234.80	94.80	0.00	4,765.20	300.00	0.0158		0.000	0.000	
00007	03301001	机床A	2,000,000.00	2,000,000.00	15,800.00	94,966.67	15,800.00	0.00	1,905,033.33	100,000.00	0.0079		0.000	0.000	
00008	03301002	机床B	2,000,000.00	2,000,000.00	15,800.00	94,966.67	15,800.00	0.00	1,905,033.33	100,000.00	0.0079		0.000	0.000	
00009	03302001	生产线	1,500,000.00	1,500,000.00	14,850.00	89,068.75	14,850.00	0.00	1,410,931.25	75,000.00	0.0099		0.000	0.000	
合计			6,019,000.00	6,004,000.00	53,165.20	366,277.29	53,165.20	1,000.00	5,651,722.71	300,950.00			0.000	0.000	

图 5-34 “折旧清单”窗口

(3) 在“折旧清单”窗口中单击“退出”按钮，系统弹出“折旧分配表”窗口，如图 5-35 所示。

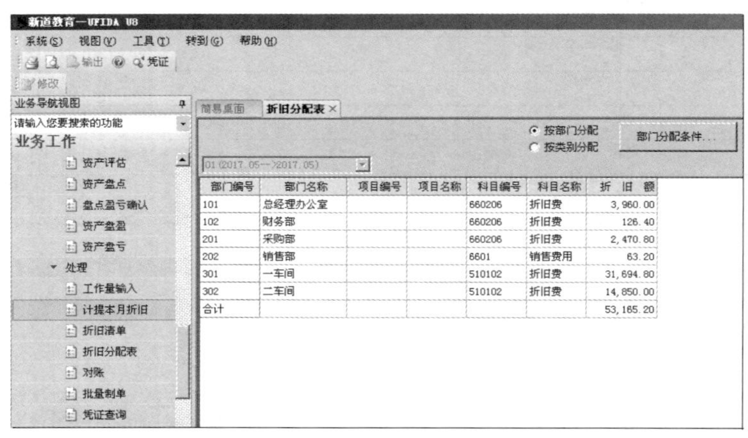

部门编号	部门名称	项目编号	项目名称	科目编号	科目名称	折 旧 额
101	总经理办公室			660206	折旧费	3,960.00
102	财务部			660206	折旧费	126.40
201	采购部			660206	折旧费	2,470.80
202	销售部			6601	销售费用	63.20
301	一车间			510102	折旧费	31,694.80
302	二车间			510102	折旧费	14,850.00
合计						53,165.20

图 5-35 “折旧分配表”窗口

(4) 系统默认“按部门分配”折旧，单击“凭证”按钮，出现“填制凭证”窗口，选择凭证类别为“转”，并修改其他项目，单击“保存”按钮，生成折旧计提的转账凭证，如图 5-36 所示。

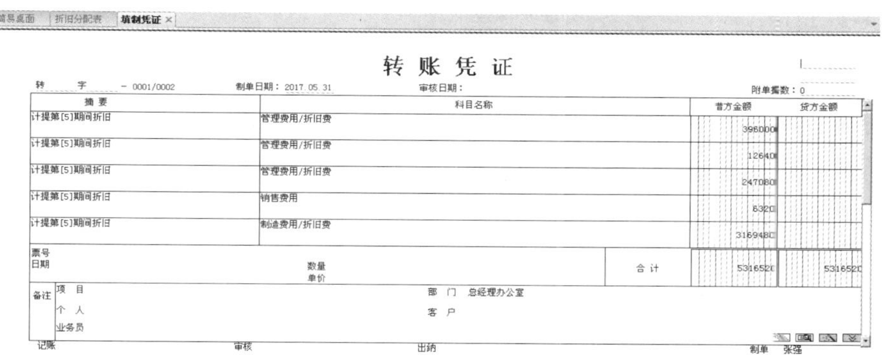

图 5-36　计提折旧的转账凭证

四、固定资产减少

资产在使用过程中，由于各种原因，如毁损、出售和盘亏等情况需退出企业，就会引起企业固定资产的减少。

【例 6-7】2017 年 5 月 31 日，采购部毁损微机一台。

(1) 以账套主管的身份登录企业应用平台，执行“业务工作”→“财务会计”→“固定资产”→“卡片”→“资产减少”命令，打开“资产减少”窗口，在“卡片编号”栏中选择要减少的资产编号为 00004 的“微机”，单击“增加”按钮，在“资产减少”窗口中新增一行，在“减少方式”下拉菜单中选择“毁损”，如图 5-37 所示。

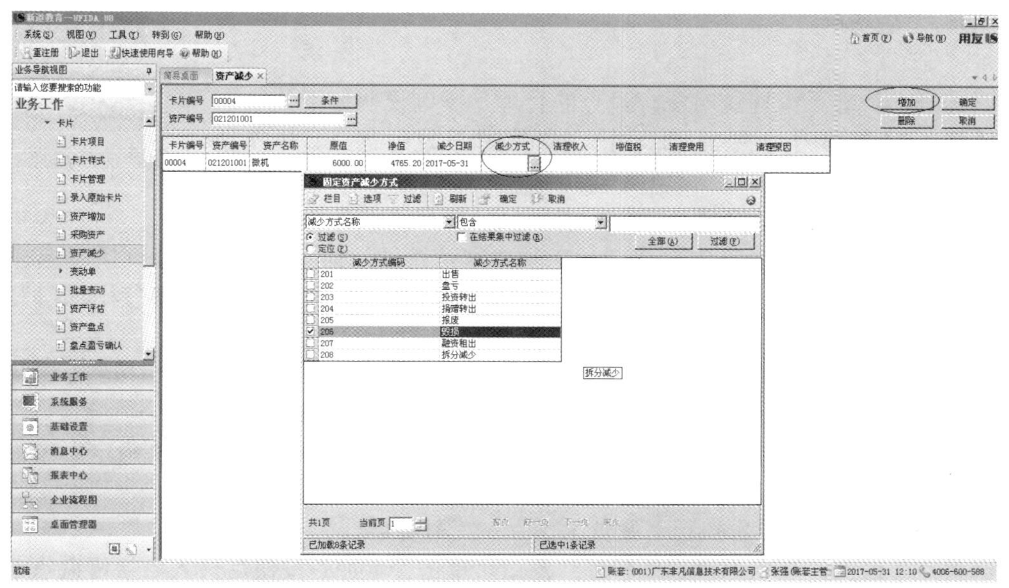

图 5-37　“资产减少”窗口

(2) 单击“确定”按钮，出现“填制凭证”窗口。

(3) 选择凭证类别为“转账凭证”，制单日期为2017-05-31，注意此处可能需要手工调整会计分录的金额(原因见课后实验七的“可能出现的问题及解决方法(2)”)为：

借：累计折旧　　　　　　1234.8

　　固定资产清理　　　　4765.2

贷：固定资产　　　　　　6000

分录录入完成后，单击“保存”按钮，如图5-38所示。

已生成

转 账 凭 证

转 字 0010　　制单日期：2017.05.31　　审核日期：　　附单据数：0

摘要	科目名称	借方金额	贷方金额
资产减少 - 累计折旧	累计折旧	123480	
资产减少	固定资产清理	476520	
资产减少 - 原值	固定资产		600000
票号 日期	数量 单价 合计	600000	600000

备注　项目　　部门

　　　个人　　客户

　　　业务员

记账　　审核　　出纳　　制单 张强

图5-38　资产减少生成的凭证

特别提醒

需要注意的是，固定资产的减少处理是在本月计提折旧处理后才能进行，否则系统不允许。

五、资产盘点

固定资产盘点.mp4

固定资产管理系统提供对资产盘点的管理，举例说明如下。

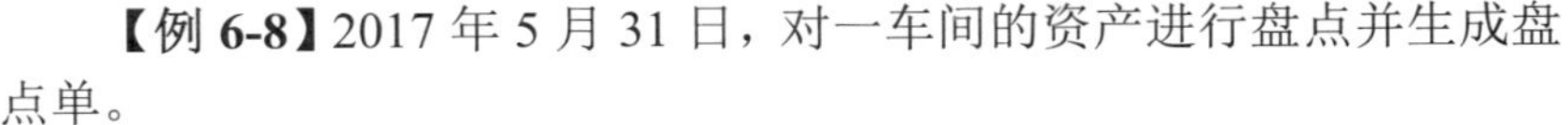

【例6-8】2017年5月31日，对一车间的资产进行盘点并生成盘点单。

(1) 以账套主管的身份登录企业应用平台，执行“业务工作”→“财务会计”→“固定资产”→“卡片”→“卡片管理”命令，打开“查询条件选择—卡片管理”对话框，设置“开始使用日期”为2016-04-01到2017-05-01，“使用部门”选择“一车间”，如图5-39所示。

(2) 单击“确定”按钮后进入“卡片管理”窗口，单击工具栏的“编辑”按钮，选择“列头编辑”选项，系统弹出“表头设定”对话框，如图5-40所示。

(3) 在“表头设定”对话框中，根据需要选择需要显示的项目，单击“确定”按钮，系统返回“卡片管理”窗口，单击☒按钮退出窗口。

(4) 以账套主管的身份执行“业务工作”→“财务会计”→“固定资产”→“卡片”→“资产盘点”命令，进入“盘点单管理”窗口，单击“增加”按钮后进入“新增盘点单——数据录入”窗口，如图5-41所示。

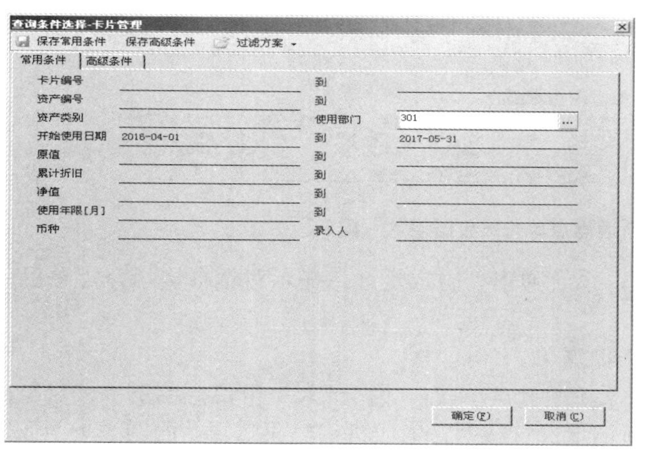

图 5-39　“查询条件选择—卡片管理”对话框

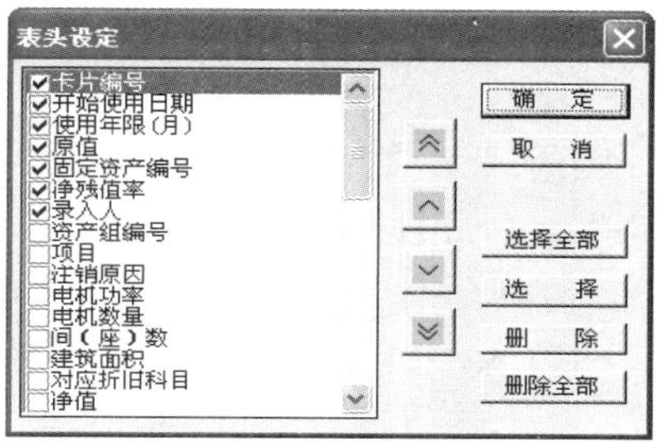

图 5-40　“表头设定”对话框

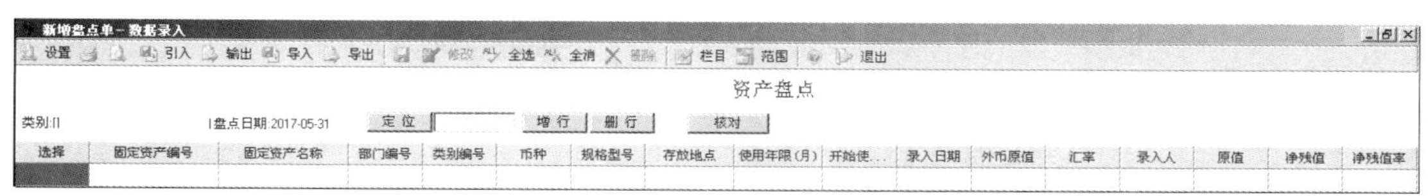

图 5-41　“新增盘点单——数据录入”窗口

(5) 单击工具栏的“栏目”按钮，打开“核对项目”对话框，在“核对项目”对话框的“核对项目”栏中选中“固定资产编号”和“固定资产名称”复选框，如图 5-42 所示。

(6) 单击“确定”按钮，系统返回“新增盘点单——数据录入”窗口，单击工具栏中的“范围”按钮，打开“盘点范围设置”对话框，录入“盘点日期”为 2017-05-31，选中“按使用部门盘点”复选框，“使用部门”选择“一车间”，如图 5-43 所示。

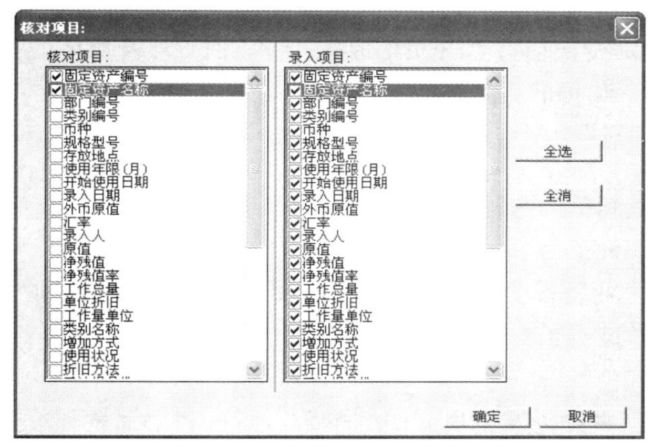

图 5-42　“核对项目”对话框

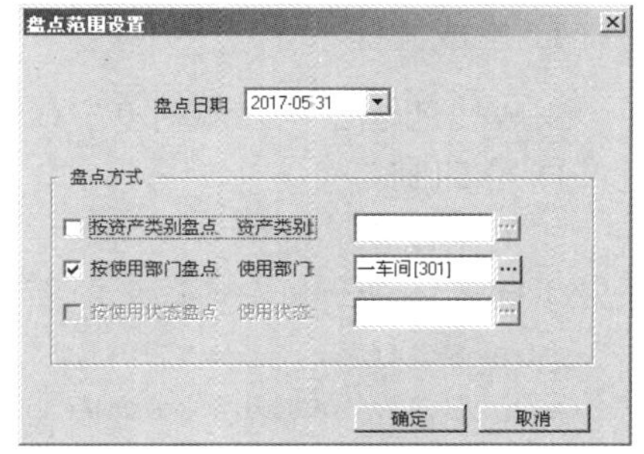

图 5-43　“盘点范围设置”对话框

(7) 单击“确定”按钮，系统返回“新增盘点单——数据录入”窗口，系统显示一车间的三项资产，如图 5-44 所示。

图 5-44 “新增盘点单——数据录入”窗口

(8) 单击工具栏中的“保存”按钮，系统弹出“固定资产”提示对话框提示盘点单已保存成功，如图 5-45 所示。

看到此对话框，表明已经生成资产盘点单。

(9) 单击“确定”按钮，系统返回“新增盘点单——数据录入”窗口，单击“核对”按钮，系统自动与一车间的固定资产账面记录进行核对，生成盘点结果清单，如图 5-46 所示。

图 5-45 “固定资产”提示对话框

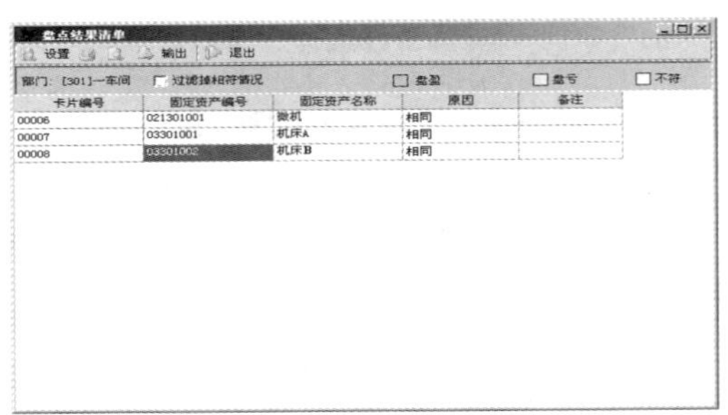

图 5-46 “盘点结果清单”窗口

六、凭证处理

固定资产管理系统发生的一部分业务有时需要生成凭证才能传递到总账系统。这些业务包括资产增加、资产减少、卡片修改(涉及原值或累计折旧时)、资产评估(涉及原值或累计折旧变化时)、原值变动、累计折旧调整和折旧分配等。

1. 生成凭证

生成凭证通过“立即制单”或“批量制单”两种方法实现。

1) 立即制单

如果在设置“选项”参数时选择了“业务发生后立即制单”，则以上需要制单的业务在发生后系统自动弹出凭证。前面已经举过例子。

2) 批量制单

如果在设置“选项”参数时没有选择“业务发生后立即制单”，则可利用批量制单完成制单工作。凡是在制单业务发生当时没有制单的，该业务会自动排列在批量制单表中，可同时将一批需要制单的业务连续制作凭证，传输到总账，避免了多次制单的烦琐。操作步骤如下。

(1) 以账套主管身份执行“业务工作”→“财务会计”→“固定资产”→“处理”→“批

量制单”命令，进入“批量制单”窗口，如图 5-47 所示。

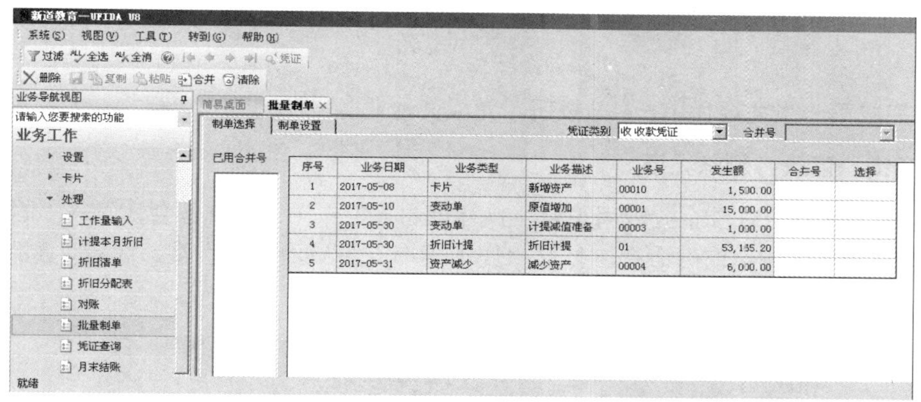

图 5-47 “批量制单”窗口

(2) 选择“制单选择”选项卡，在每个业务行的“选择”栏双击选中，如图 5-48 所示。

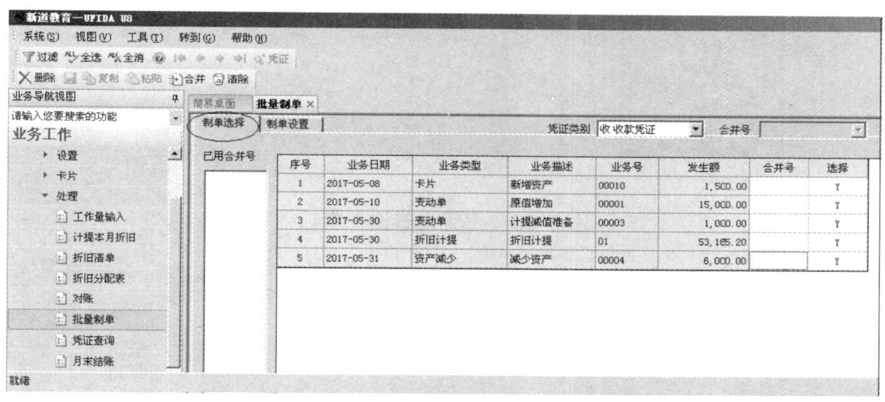

图 5-48 “制单选择”选项卡

如果要执行汇总制单，则在“合并号”一栏下输入标记，以确定哪几张卡片汇总制作一张单据。

(3) 在“批量制单”窗口中选择“制单设置”选项卡，系统先显示第一张凭证，如图 5-49 所示。

简易桌面 批量制单
制单选择 制单设置 凭证类别 收 收款凭证 合并号 00010卡片
☑ 方向相同时合并分录 ☑ 借方合并 ☑ 贷方合并 ☑ 方向相反时合并分录

序号	业务日期	业务类型	业务描述	业务号	方向	发生额	自定义项1	自定义项2	自定义项3	自定义项4	自定...	自定义项6	自定义项7
1	2017-05-08	卡片	新增资产	00010	借	1,500.00							
2	2017-05-08	卡片	新增资产	00010	贷	1,500.00							

图 5-49 “制单设置”选项卡

(4) 第一张凭证的日期、摘要、科目和金额都无误，然后在“批量制单”窗口的工具栏中单击“保存”按钮，然后再单击“制单”按钮，进入“填制凭证”窗口，生成的凭证与

图 5-27 所示凭证应相同，具体填制方法前面已经讲述，此处不再赘述。系统显示第二张凭证，检查凭证的日期、摘要、科目，确认无误后单击“保存”按钮，依次完成剩余凭证的设置。

(5) 完成第一张凭证后单击按钮，完成其他业务制单。

2. 查询、修改、删除凭证

以账套主管身份登录企业应用平台，执行“业务工作”→“财务会计”→“固定资产”→“处理”→“凭证查询”命令，打开“凭证查询”窗口，可以查询、编辑、删除凭证，如图 5-50 所示。

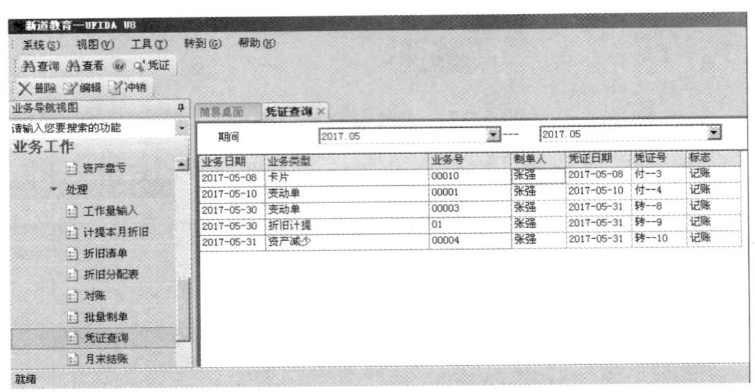

图 5-50 “凭证查询”窗口

固定资产管理系统传递到总账系统中的凭证，总账系统不能修改，只能在固定资产系统中修改。在固定资产系统中选择了需要删除的凭证，单击工具栏中的“删除”按钮，凭证并没有完全删除，只是“作废”，需要在总账系统中使用“凭证整理”功能进行完全删除。

第四节　固定资产管理系统的期末处理

固定资产管理系统期末处理工作主要包括对账和月末结账等。

一、对账

只有在固定资产管理系统的初始设置或“选项”命令中选择了“与总账系统对账”，才可使用本系统的对账功能。

这里指的对账，是与总账系统中已经记账的凭证金额进行的对账，固定资产卡片上的原值与“固定资产”科目核对，固定资产卡片上的累计折旧与“累计折旧”科目核对。

当总账管理系统记账完毕之后，固定资产管理系统才可以进行对账。对账平衡，就可以进行月末结账。对账操作不限制时间，任何时候均可对账。系统在执行月末结账时自动对账一次，并给出对账结果。

操作步骤如下。

(1) 在总账系统中对固定资产系统生成的凭证进行审核记账，如果有收款或付款凭证，还需要进行出纳签字。

(2) 以账套主管身份登录企业应用平台，执行“业务工作”→“财务会计”→“固定资产”→“处理”→“对账”命令，弹出“与账务对账结果”对话框，如图 5-51 所示。

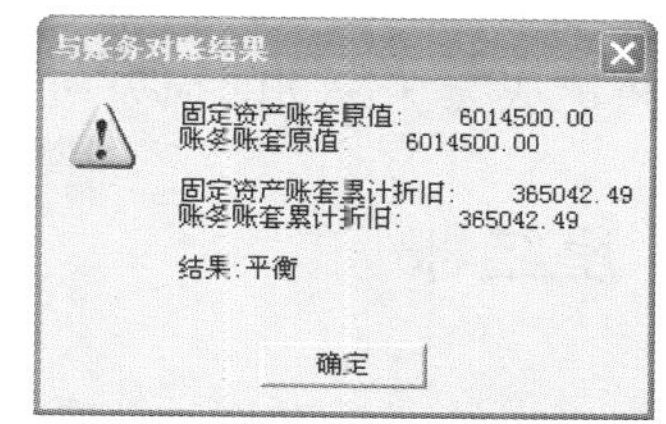

图 5-51　“与账务对账结果”对话框

二、月末结账

若在固定资产管理系统初始设置的“与账务系统接口”(图 5-12)选项卡中选中了“在对账不平的情况下允许固定资产月末结账”复选框，则可以直接进行月末结账。否则在对账不平的情况下，不能结账。

如果在“与账务系统接口”选项卡(图 5-12)中选中了“月末结账前一定要完成制单登账业务”复选框，则“批量制单”中还有业务没有制单时，不允许固定资产管理系统结账。本月没有计提折旧，也不允许固定资产管理系统结账。

月末结账的操作步骤如下。

(1) 以账套主管身份登录企业应用平台，执行“业务工作”→“财务会计”→“固定资产”→“处理”→“月末结账”命令，打开“月末结账”对话框，如图 5-52 所示。

(2) 单击“开始结账”按钮，系统将会自动进行结账处理，如图 5-53 所示。

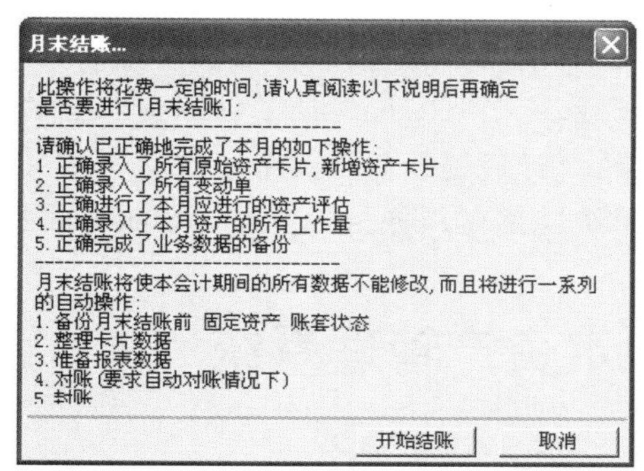

图 5-52　“月末结账”对话框

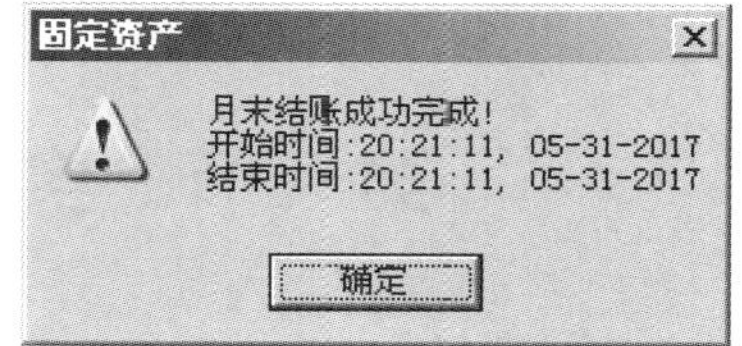

图 5-53　“固定资产”信息提示对话框

(3) 结账完成后，系统会提示系统的可操作日期已转成下一期间的日期，必须以下一期间的日期重新登录，才能继续对本账套进行操作，如图 5-54 所示。

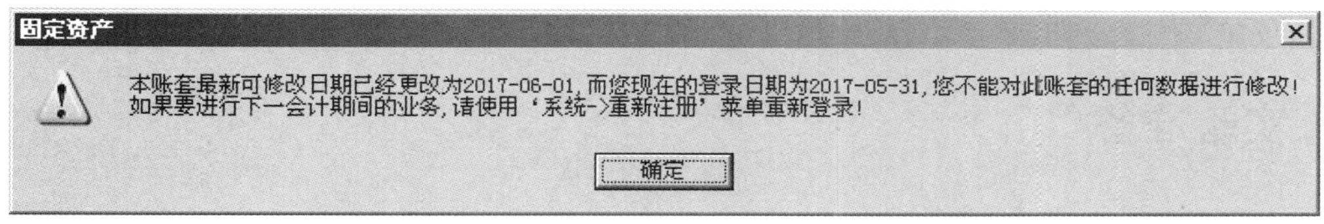

图 5-54　“月末结账”完成对话框

如果本期不结账，将不能处理下期的数据。结账前一定要进行数据备份，否则数据丢失，将造成无法挽回的损失。

三、反结账

如果在结账后发现结账前的操作有误，该系统有反结账功能，可以恢复到结账前状态进行修改。

反结账的操作步骤如下。

(1) 以账套主管身份登录企业应用平台，执行“业务工作”→“财务会计”→“固定资产”→“处理”→“恢复月末结账前状态”命令，弹出“固定资产”提示对话框，如图 5-55 所示。

图 5-55 “固定资产”提示对话框

(2) 单击“是”按钮，进行反结账，反结账完成后，系统弹出“成功恢复账套月末结账前状态”提示对话框，单击“确定”按钮返回。

特别提醒

需要注意的是，反结账后，会把新的月份所执行的操作自动取消。如反结账 5 月份，则 6 月份新增的卡片会自动删除。

只有在总账系统未进行月末结账时，固定资产系统才可以使用恢复结账前状态的功能。如果成本核算系统一旦提取了固定资产系统某期的数据，则固定资产系统该期不能反结账。如果当前的账套已做了年末处理，那么固定资产系统就不允许再执行恢复月初状态的功能。

第五节　实验七：固定资产管理系统

一、实验目的

(1) 通过上机实验，熟悉固定资产系统初始化和业务处理的各项功能。
(2) 理解固定资产系统初始化和日常业务处理的基本步骤，掌握相关操作技能。
(3) 理解固定资产与总账系统的数据关系，掌握固定资产系统月末处理相关操作。

二、实验准备

(1) 引入实验六的账套。
(2) 以 001 张强的身份进行固定资产业务处理。

三、实验内容

1. 初始设置

1) 控制参数

根据表 5-1 的内容完成控制参数的设置。

表 5-1 控制参数的设置

控制参数	参数设置
启用月份	2017-05
折旧信息	本账套计提折旧 折旧方法：平均年限法(一) 折旧汇总分配周期：1 个月 当“月初已计提月份=可使用月份-1”时，将剩余折旧全部提足
编码方式	资产类别编码方式：2112 固定资产编码方式：自动编码(按“类别编号+部门编号+序号”) 卡片序号长度为 3
账务接口	与账务系统进行对账 固定资产对账科目：固定资产(1601) 累计折旧对账科目：累计折旧(1602)
补充参数 (设置→选项)	业务发生后立即制单 月末结账前一定要完成制单登账业务 固定资产默认入账科目：1601 累计折旧默认入账科目：1602 减值准备默认入账科目：1603 增值税进项税额入账科目：22210101 固定资产清理入账科目：1606

2) 部门对应折旧科目

根据表 5-2 的内容完成部门对应折旧科目的设置。

表 5-2 部门对应折旧科目的设置

部 门	对应折旧科目
总经理办公室、财务部、采购部	管理费用/折旧费(660206)
销售部	销售费用(6601)
一车间、二车间	制造费用/折旧费(510102)

3) 资产类别

根据表 5-3 的内容完成资产类别的设置。

表 5-3　资产类别的设置

编　码	类别名称	净残值率(%)	单　位	计提属性
01	交通运输设备	5		正常计提
011	经营用设备	5		正常计提
012	非经营用设备	5		正常计提
02	电子设备及其他通信设备	5		正常计提
021	经营用设备	5	台	正常计提
022	非经营用设备	5	台	正常计提
03	生产设备	5	台	正常计提

4) 增减方式的对应入账科目

根据表 5-4 的内容完成增减方式对应入账科目的设置。

表 5-4　增减方式对应入账科目的设置

增减方式目录	对应入账科目
增加方式	
直接购入	工行存款(100201)
减少方式	
毁损	固定资产清理(1606)

5) 原始卡片

根据表 5-5 的内容完成原始卡片的设置。

表 5-5　原始卡片一览

固定资产名称	类别编号	使用部门	增加方式	使用状况	使用年限(月)	开始使用日期	原值	累计折旧	对应折旧科目名称
轿车	012	总经理办公室	直接购入	在用	72	2016.4.1	300 000	47 500	管理费用/折旧费
笔记本电脑	022	财务部	直接购入	在用	60	2016.4.1	8 000	1 520	管理费用/折旧费
传真机	022	采购部	直接购入	在用	60	2016.4.1	4 000	760	管理费用/折旧费
微机	021	采购部	直接购入	在用	60	2016.4.1	6 000	1 140	管理费用/折旧费
卡车	011	采购部	直接购入	在用	72	2016.4.1	180 000	28 500	管理费用/折旧费
微机	021	一车间	直接购入	在用	60	2016.4.1	6 000	1 140	制造费用/折旧费
机床 A	03	一车间	直接购入	在用	120	2016.11.1	2 000 000	79 166.67	制造费用/折旧费
机床 B	03	一车间	直接购入	在用	120	2016.11.1	2 000 000	79 166.67	制造费用/折旧费
生产线	03	二车间	直接购入	在用	96	2016.11.1	1 500 000	74 218.75	制造费用/折旧费

注：净残值率均为 5%，所有资产使用部门均为单部门，累计折旧的计提从使用月份的下个月开始计提折旧，截至 2017 年 5 月 1 日为止。折旧方法均采用平均年限法(一)。

6) 期初对账

略。

2. 日常业务

2017 年 5 月份发生的业务如下。

(1) 5 月 8 日，财务部购买扫描仪(资产类别 022)一台，价值 1 500 元，净残值率 5%，预计使用年限 5 年。

结算方式为现金支票，票号为 XJ06，发生日期为 2017-05-08。

本业务的现金流量为“投资活动现金流量/现金流出/购建固定资产、无形资产和其他长期资产所支付的现金”。

(2) 5 月 10 日，以工行存款为总经理办公室的轿车添置新配件 15 000 元。(结算方式为现金支票，票号为 XJ07，发生日期为 2017-5-10)

本业务的现金流量为投资活动现金流量/现金流出/支付的其他与投资活动有关的现金。

(3) 5 月 12 日，采购部的传真机转移到销售部，变动原因为“调拨”。

(4) 5 月 30 日，经核查对 2016 年财务部购入的笔记本电脑计提 1 000 元的减值准备。(制单过程中若出现日期不序时的情况，按 2017 年 5 月 31 日制单)

借：资产减值损失　　　　1 000

　贷：固定资产减值准备　　1 000

(5) 5 月 31 日，计提本月折旧费用。

(6) 5 月 31 日，采购部毁损微机(编号为 00004)一台。

生成的分录为：

借：累计折旧　　　　1 234.8

　　固定资产清理　4 765.2

　贷：固定资产　　　　6 000

(7) 5 月 31 日，对一车间的资产进行盘点并生成盘点报告单。

3. 期末处理

(1) 对传递到总账系统的收款凭证和付款凭证执行出纳签字，以 003 王军的身份审核固定资产传递的凭证并进行记账。

(2) 对账。

(3) 结账。

四、可能出现的问题及解决方法

(1) 资产盘点时，在输入“栏目”和“范围”时单击“保存”按钮后，一定要生成“盘点单”(参考图 5-46)。

(2) 业务 6 的分录可能出现“累计折旧”金额为 1140 元的情况，注意这个折旧数额是期初原始卡片中的金额，其折旧期间为 2016.05.01—2017.05.01，并未包括 2017 年 5 月的折旧额 94.80 元(图 5-34 的 0004 卡片中的“本月计提折旧额”)，因为业务 5 和 6 是在同一天发生，尽管业务 5 中对 5 月折旧进行了计提，但系统传递到总账的凭证还没有审核记账，所以在业务 6 的时候需要手工进行调整，录入“累计折旧”的金额为 1 234.80 元，“固定资产清理”的金额为 4 765.20 元。

(3) 固定资产系统生成的凭证不能在总账系统中删除，可以在固定资产/处理/凭证查询中进行删除。误删除的凭证可以在总账系统中利用凭证整理功能删除掉后，在固定资产系统重新生成。

(4) 在 2017 年 5 月执行“期末对账”时，可能出现对账不平，原因是虽然固定资产系统生成的凭证传递到总账了，但总账仍然显示的是期初余额，所以在总账系统中审核凭证并记账后再执行“期末对账”就可以了。

(5) 由于是张强做的凭证，可以让 003 王军审核凭证，001 张强完成记账，注意其中有两张付款凭证需要出纳签字后再审核记账。

第六章 会计报表系统

【学习目标】

通过本章的学习，了解报表系统的主要功能及操作流程。理解报表格式定义、公式定义的用法，掌握自定义报表和使用模板生成报表的操作。

会计报表是企业财务会计报告的重要组成部分，是会计核算工作的最终输出结果。用友 UFO 报表是一个开放式的会计报表管理系统，与其他子系统都有着相应的数据接口，可以通过公式取数进行会计数据的处理。UFO 报表系统是在各子系统的基础上提取数据进行操作的，当不启用应收应付系统，只在总账系统中处理应收应付业务的相关单据时，就可以生成会计报表。

第一节 会计报表系统概述

UFO 报表系统功能强大，内置了多个行业的常用会计报表，既可以调用模板生成报表，也可以自定义生成报表，其系统的业务流程如图 6-1 所示。

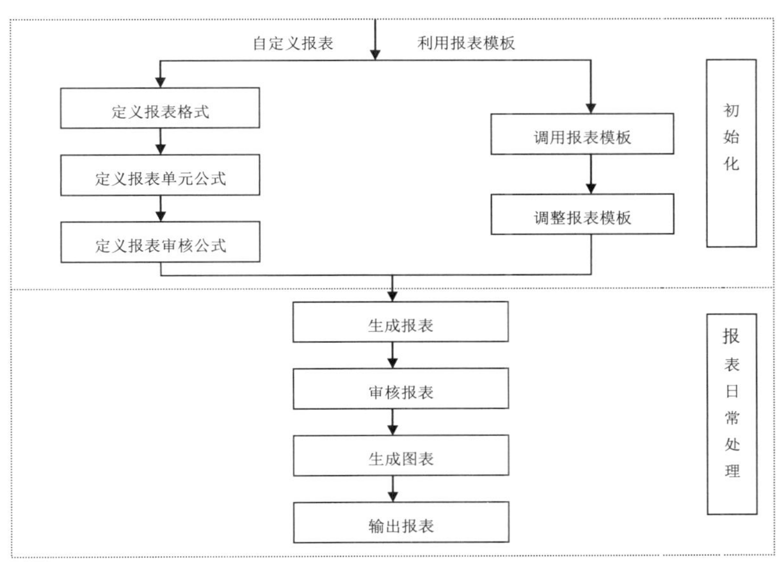

图 6-1 UFO 报表管理系统的业务处理流程

一、会计报表系统的功能

1. 文件管理功能

UFO 报表系统提供了各类文件的管理功能，除能完成报表文件的创建、保存等一般的文件管理外，系统的数据文件还能够转换为不同的文件格式，如文本文件、MDB 文件、XLS 文件等。此外，通过系统提供的“导入”和“导出”功能，可以实现与其他商用标准财务软件之间的数据交换。

2. 格式设计功能

UFO 报表系统提供的格式设计功能是把报表分为相对固定内容和相对变动内容两种形式。固定形式包括表的标题、表格部分、表中的项目和表中数据来源等内容，系统将此设计为报表模板，供以后编制此类报表时调用，此系统内置了 11 种套用格式和 33 个行业的标准财务报表模板，包括最新的现金流量表，简化了用户的报表格式设计工作。变动形式包括设置报表尺寸、组合单元、画表格线、定义报表关键字、设置单元公式、调整行高列宽、设置字体和颜色以及设计显示比例等内容，方便用户制作标准报表，对于用户单位内部常用的管理报表提供了自定义模板功能。

3. 数据处理功能

UFO 报表系统的数据处理功能是在预置的报表格式和报表公式中进行数据采集、计算和汇总等操作，生成会计报表，可以在固定的格式下管理大量数据不同的表页，能将多达 99 999 张具有相同格式的报表资料统一在一个报表文件中进行管理，并在每张表页之间建立联系。此外，还提供了排序、审核、舍位平衡和汇总等功能；提供了绝对单元公式和相对单元公式，可以方便、迅速地定义计算公式；提供了种类丰富的函数，在系统向导的引导下轻松地从账务及其他子系统中提取数据，生成财务报表。

4. 图表功能

图表功能可以方便地对数据进行图形组织和分析，制作包括直方图、立体图、圆饼图和折线图等多种分析图表，并能编辑图表的位置、大小、标题、字体、颜色和打印输出。“图文混排”形式使财务报表的数据更加直观。

5. 打印功能

UFO 报表系统提供“所见即所得”和“打印预览”的功能，可以随时查看报表或图形的打印效果。报表打印时，可以打印格式或数据，可以设置表头和表尾，可以在 0.3~3 倍缩放打印，可以横向或纵向打印等。

6. 二次开发功能

UFO 报表系统还能进行二次开发。它提供了批命令和自定义菜单，自动记录命令窗口中输入的多个命令，可将有规律性的操作过程编制成批命令文件，进一步利用自定义菜单可以开发出适合本企业的专用系统，方便用户进行各种个性化定制。

二、报表管理系统与其他系统的主要关系

1. 与其他子系统的关系

UFO 报表管理系统主要是从其他子系统中提取编制报表所需的数据。总账、工资、固定资产、应收、应付、财务分析、采购、库存、存货核算和销售等子系统均可向报表系统传递数据，以生成财务部门所需要的各种会计报表。

2. 会计报表管理系统的数据来源

手工会计和电算会计所编制的会计报表，其数据来源是一致的，对于编制会计报表的格式和内容的要求也是相同的。在会计信息系统中账簿数据以账簿文件的形式存在，账簿文件是总账系统和会计报表管理系统的接口。

会计报表管理系统的数据来源主要有总账系统、会计报表系统项目间的运算结果和外部数据输入。

三、会计报表系统的特点

1. 综合性

会计报表系统对其他子系统生成的核算数据进行加工、汇总处理，形成一个综合性的数据指标体系；所产生的数据可以总括地反映单位的财务状况和经营成果；报表系统的数据主要来源于账务处理、工资核算、固定资产核算和成本核算等子系统，各子系统核算数据经过会计报表系统的加工、整理和汇总，就形成了满足单位各方面要求的会计报表，因此，会计报表系统具有很强的综合性。

2. 通用性和灵活性的统一

会计报表系统要满足各类用户编制各种会计报表的要求，必须提供一种通用的编制方法，系统的内置报表模板都是根据最新的企业会计准则和企业会计制度预置的。用户还可通过自定义报表功能自行编制报表格式、报表内容和数据来源等，从而使不同用户能够根据各自的需要生成报表。

3. 编制的报表满足一定的报表勾稽关系

会计报表内部各项目之间以及会计报表之间存在一定的内在关系，如资产负债表中，资产=负债+所有者权益，现金流量表的正表和附表之间存在一定的勾稽关系。会计报表系统能进行这种勾稽关系的检验和核对。

第二节　自定义报表

自定义报表是由用户根据自己的需要定义会计报表的种类、格式和编制方法的报表。UFO 报表管理系统提供了自定义功能，用户可以根据自己的情况生成所需要的报表。在创建一张自定义报表时，需要完成新建报表、格式定义、公式定义和数据处理等操作。

一、设置报表格式

1. 报表定义

(1) 以账套主管的身份登录企业应用平台，执行“业务工作”→“财务会计”→ “UFO报表”命令，进入“UFO报表”窗口，如图6-2所示。

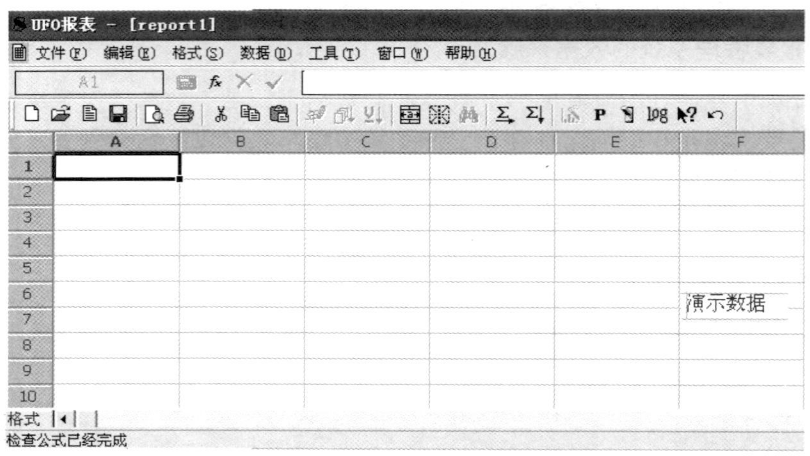

图6-2 “UFO报表”窗口

(2) 执行“文件”→“新建”命令或单击工具栏中的“新建”按钮，建立一张空白的报表，报表名系统默认为report1。

(3) 查看空白报表底部左下角的“格式/数据”按钮，设置当前状态为“格式”状态。

2. 报表尺寸

【例6-1】设置一个8行4列的表格。

(1) 在“UFO报表”窗口的“格式”状态下，执行“格式”→“表尺寸”命令，打开“表尺寸”对话框，如图6-3所示。

(2) 设置“行数”为8，“列数”为4，单击“确认”按钮后系统返回“UFO报表”窗口。

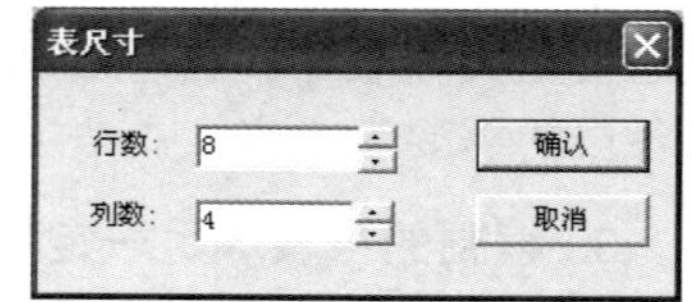

图6-3 “表尺寸”对话框

3. 定义组合单元

【例6-2】合并单元格A1至D1，输入表格标题“固定资产计算表”。

(1) 在“UFO报表”窗口的“格式”状态下，选择需要合并的单元区域A1:D1，执行“格式”→“组合单元”命令，打开“组合单元”对话框，如图6-4所示。

(2) 选择组合方式为“整体组合”或“按行组合”，该单元即合并成一个单元格，在单元格中输入“固定资产计算表”，如图6-5所示。

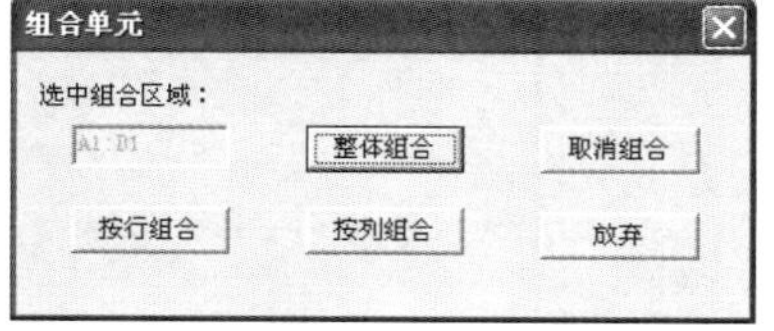

图 6-4 “组合单元”对话框

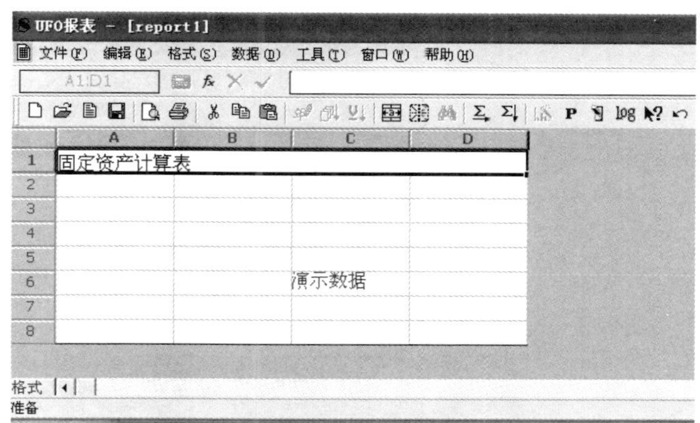

图 6-5 输入表格标题

4. 画表格线

【例 6-3】在图 6-5 所示的表格中，给第三行至第六行画上表格线。

(1) 在“UFO 报表”窗口的“格式”状态下，选定区域 A3:D7，执行“格式”→“区域画线”命令，打开“区域画线”对话框，如图 6-6 所示。

(2) 选中“网线”单选按钮，单击“确认”按钮，将所选区域画上表格线，如图 6-7 所示。

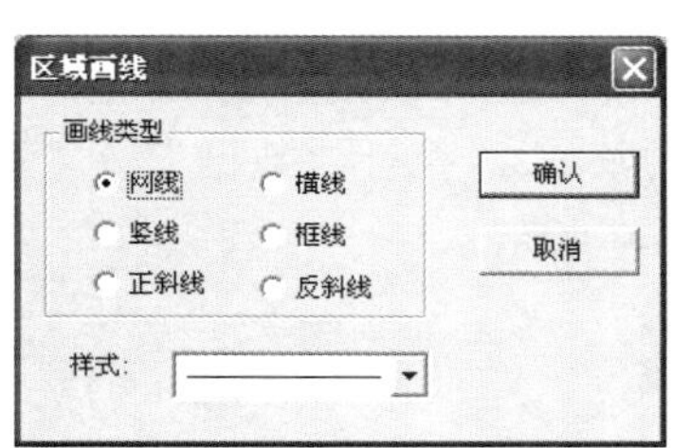

图 6-6 “区域画线”对话框

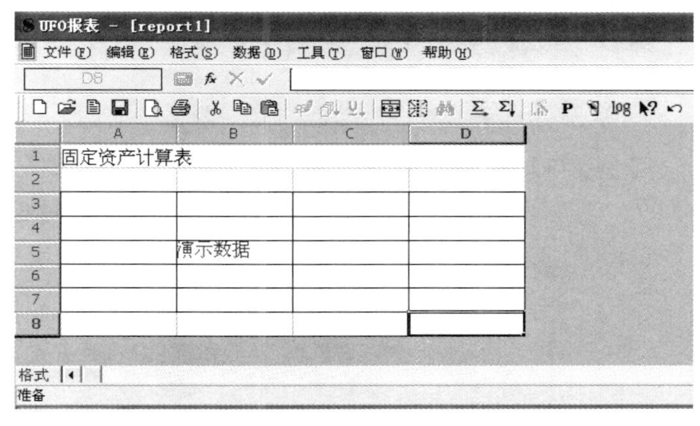

图 6-7 “UFO 报表”区域画线后的表格

5. 定义行高和列宽

行高和列宽的单位为毫米，设定时，在“UFO 报表”窗口的“格式”状态下，选定需要调整的区域，执行“格式”→“行高”命令，可设置行高。选中需要调整的单元所在列，执行“格式”→“列宽”命令，可设置该列的宽度，设置完成后单击“确认”按钮。

6. 设置单元格字体与格式

【例 6-4】承【例 6-3】，设置“固定资产计算表”为黑体，14 号字，居中。

(1) 在“UFO 报表”窗口的“格式”状态下，选定单元区域 A1，执行“格式”→“单元属性”命令，打开“单元格属性”对话框，如图 6-8 所示。

图 6-8 “单元格属性”对话框

(2) 选择“字体图案”选项卡，设置“字体”为“黑体”，“字号”为 14。选择“对齐”选项卡，设置“对齐方式”为“居中”。选择“单元类型”选项卡，选择“字符”选项，单击“确定”按钮。

特别提醒

需要注意的是，“格式”状态下输入的是字符，“数据”状态下输入的是数值，若需在“数据”状态下输入字符，应将其定义为字符单元。

7. 设置关键字

【例 6-5】承【例 6-4】，在表格第二行设置单位名称和年月日为关键字，并录入单位名称为“广东非凡公司”，录入年月日为 2017 年 5 月 31 日。

(1) 在“UFO 报表”窗口的“格式”状态下，选定单元区域 A2。执行“数据”→“关键字”→“设置”命令，打开“设置关键字”对话框，如图 6-9 所示。

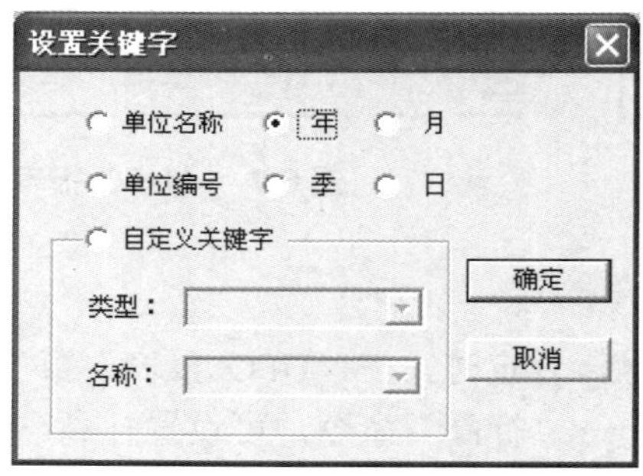

图 6-9 “设置关键字”对话框

(2) 选中“单位名称”单选按钮，单击“确定”按钮；同理，分别选中“年”“月”“日”单选按钮，单击“确定”按钮返回“UFO 报表”窗口。

关键字可以不受单元格边界线的限制，称为游离单元。当关键字重叠时，我们可以定

义关键字的“偏移”功能。

(3) 在“UFO 报表”窗口中，执行“数据”→“关键字”→“偏移”命令，偏移量单位为像素，向左表示负数，向右表示正数。例如，单位名称偏移量为 0，年的偏移量为 70，月的偏移量为 100，日的偏移量为 130。完成后单击“确定”按钮。

(4) 在“UFO 报表”窗口中，选中单元区域 A2，单击左下角切换为“数据”状态，执行“数据”→“关键字”→“录入”命令，打开“录入关键字”对话框。

(5) 输入“单位名称”为“广东非凡公司”，输入“年”为 2017，“月”为 5，“日”为 31，如图 6-10 所示。单击“确定”按钮，返回“UFO 报表”窗口。

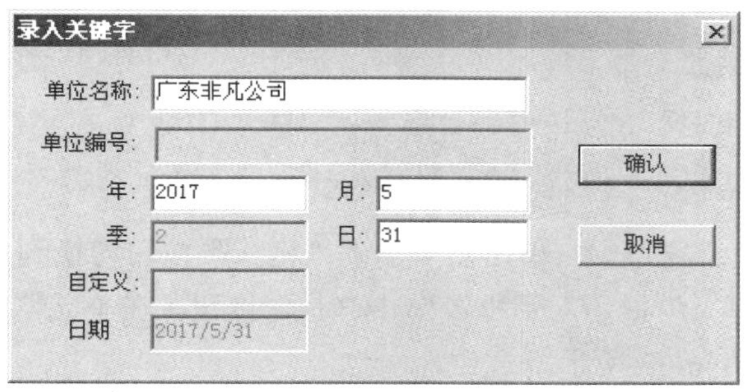

图 6-10　“录入关键字”对话框

8. 定义报表公式

定义报表公式有两种方法，即直接输入公式和使用函数向导输入公式。

1) 直接输入公式

【例 6-6】在图 6-11 所示的“固定资产计算表”中，设置“固定资产”的期初数公式并显示计算结果。

UFO报表 - [report1]

文件(F)　编辑(E)　格式(S)　数据(D)　工具(T)　窗口(W)　帮助(H)

D7@1

	A	B	C	D
1	固定资产计算表			
2	单位名称：广东非凡公司	2017 年 5 月 31 日		
3	项目	行次	期初数	期末数
4	固定资产	1		
5	减：累计折旧	2		
6	减：固定资产减值准备	3	演示数据	
7	固定资产净值			
8				制表人：

数据　第1页

图 6-11　固定资产计算表

(1) 在“UFO 报表”窗口中，从“数据”状态切换到“格式”状态下，选中需要定义公式的单元格 C4，执行“数据”→“编辑公式”→“单元公式”命令，打开“定义公式”

对话框，直接输入函数公式为 QC(“1601”，月)，如图 6-12 所示。

图 6-12 “定义公式”对话框

(2) 单击“确认”按钮，系统返回“UFO 报表”窗口。

特别提醒

单元公式中涉及的符号均为英文半角字符，单击“UFO 报表”窗口工具栏中的 fx 按钮或双击需要定义公式的单元或者按=键，都可以打开“定义公式”对话框。

(3) 在“UFO 报表”窗口中，单击左下角的“格式”按钮切换到“数据”状态，系统弹出“是否确定全表重算？”提示对话框，单击“是”按钮。在单元格 C4 中显示固定资产期初数为 6 004 000，如图 6-13 所示。

UFO报表 - [report1]

文件(F) 编辑(E) 格式(S) 数据(D) 工具(T) 窗口(W) 帮助(H)

D6@1

	A	B	C	D
1	固定资产计算表			
2	单位名称：广东非凡公司	2017 年 5 月 31 日		
3	项目	行次	期初数	期末数
4	固定资产	1	6004000.00	
5	减：累计折旧	2		
6	减：固定资产减值准备	3		
7	固定资产净值			
8				制表人：

数据 第1页

计算完毕！

图 6-13 “数据”状态下的“固定资产计算表”

2) 使用函数向导输入公式

【例 6-7】在图 6-13 所示的“固定资产计算表”中，设置“固定资产”的期末数公式并显示计算结果。

(1) 在“UFO 报表”窗口的“格式”状态下，选中需要定义公式的单元格 D4，单击“UFO 报表”窗口工具栏中的 fx 按钮，打开“定义公式”对话框，单击“函数向导”按钮，系统弹出“函数向导”对话框，如图 6-14 所示。

(2) 在“函数向导”对话框左侧的“函数分类”列表框中选择“用友账务函数”，在其右侧的“函数名”列表框中选择“期末(QM)”，单击“下一步”按钮，打开“用友账务函数”对话框，如图 6-15 所示。

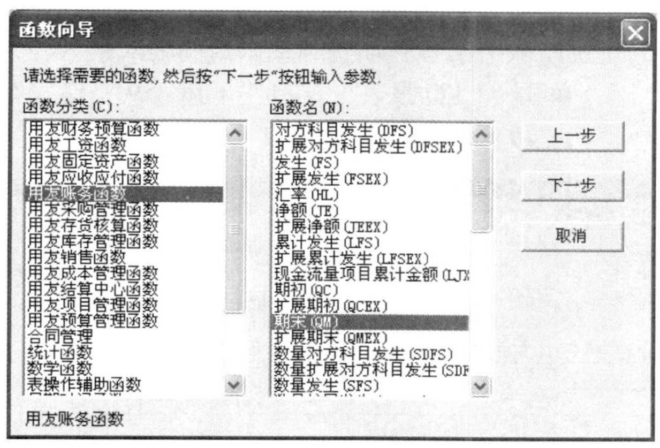

图 6-14 “函数向导”对话框

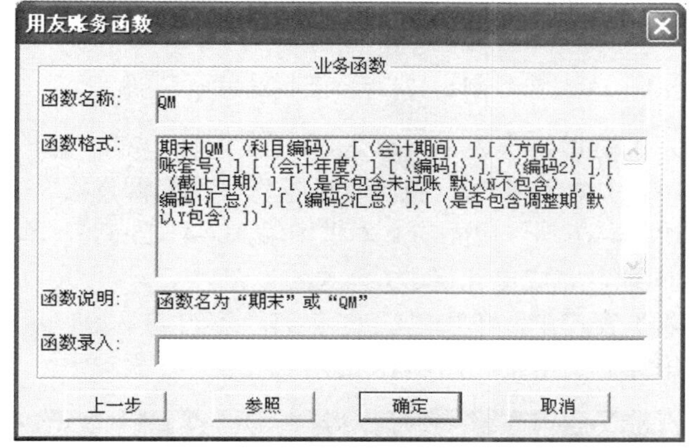

图 6-15 “用友账务函数”对话框

(3) 单击“参照”按钮，打开“账务函数”对话框，选择科目为 1601，其余各项均采用系统默认值，如图 6-16 所示。

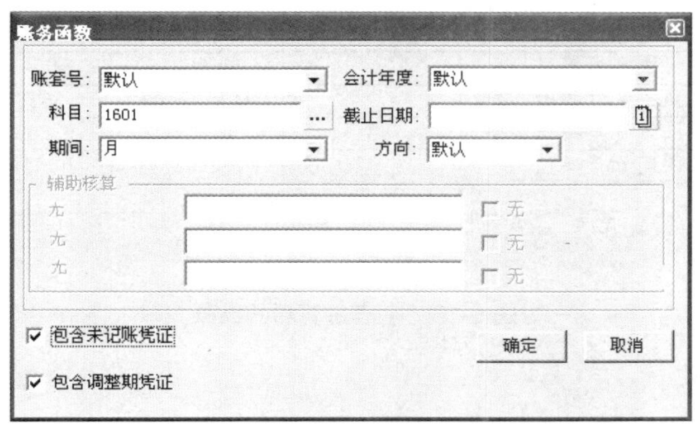

图 6-16 “财务函数”对话框

(4) 单击“确定”按钮，返回上一级“用友账务函数”对话框，再单击“确定”按钮，返回上一级“定义公式”对话框，再单击“确认”按钮，完成单元公式的定义。同理，完成“累计折旧”和“固定资产减值准备”期初和期末数的公式录入。

(5) 完成公式录入后，单击“UFO报表”窗口左下角，从“格式”状态切换为“数据”状态，显示报表中的数据，完成后的结果如图6-17所示。

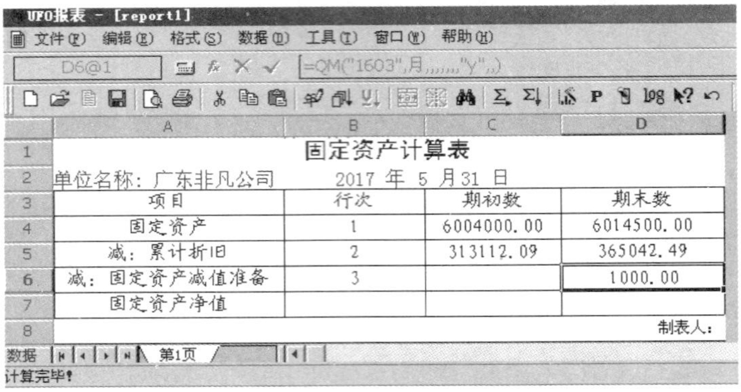

固定资产计算表

单位名称：广东非凡公司　　2017 年 5 月31 日

项目	行次	期初数	期末数
固定资产	1	6004000.00	6014500.00
减：累计折旧	2	313112.09	365042.49
减：固定资产减值准备	3		1000.00
固定资产净值			

制表人：

图6-17　完成后的结果

(6) 在图6-17所示的货币资金表中，单击“UFO报表”窗口左下角，从“数据”状态切换为“格式”状态，选中单元格C7，执行“数据”→“编辑公式”→“单元公式”命令，打开“定义公式”对话框，在等号后面的文本框中输入C4-C5-C6，单击“确认”按钮返回“UFO报表”窗口。同理，完成单元格D7公式的设定。

(7) 在“UFO报表”窗口中，单击“UFO报表”窗口左下角，从“格式”状态切换为“数据”状态，全表重算后的结果如图6-18所示。

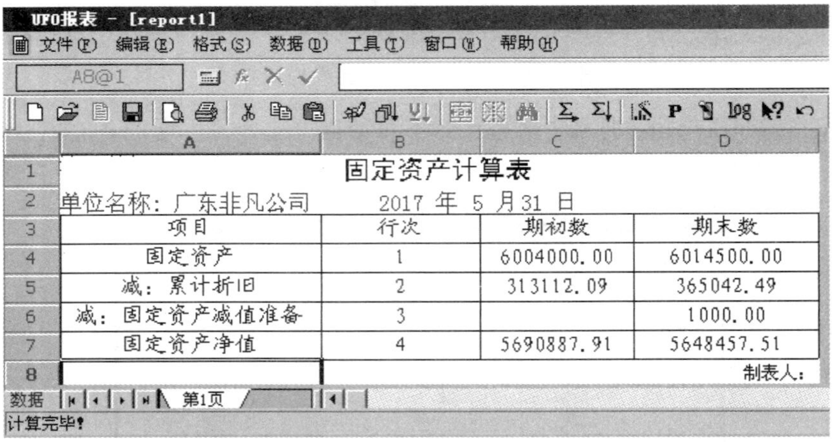

固定资产计算表

单位名称：广东非凡公司　　2017 年 5 月31 日

项目	行次	期初数	期末数
固定资产	1	6004000.00	6014500.00
减：累计折旧	2	313112.09	365042.49
减：固定资产减值准备	3		1000.00
固定资产净值	4	5690887.91	5648457.51

制表人：

图6-18　全表重算后的结果

9. 审核公式定义

审核公式是用于审核报表内或报表之间勾稽关系是否正确的设置。需要时，在“UFO报表”窗口的“格式”状态下，执行“数据”→“编辑公式”→“审核公式”命令即可。

10. 舍位平衡公式定义

舍位平衡公式是用来重新调整报表数据进位后的小数位平衡关系的公式定义。每个公式一行，各公式之间用逗号“,”(英文半角)隔开，最后一条公式不用写逗号，否则公式无法执行。

舍位平衡.mp4

舍位公式中只能使用“+”“-”符号，不能使用其他运算符及函数。

【例 6-8】对图 6-18 中的固定资产计算表使用舍位平衡公式进行设置。

(1) 在“UFO 报表”窗口的“格式”状态下，执行“数据”→“编辑公式”→“舍位公式”命令，打开“舍位平衡公式”对话框，如图 6-19 所示。

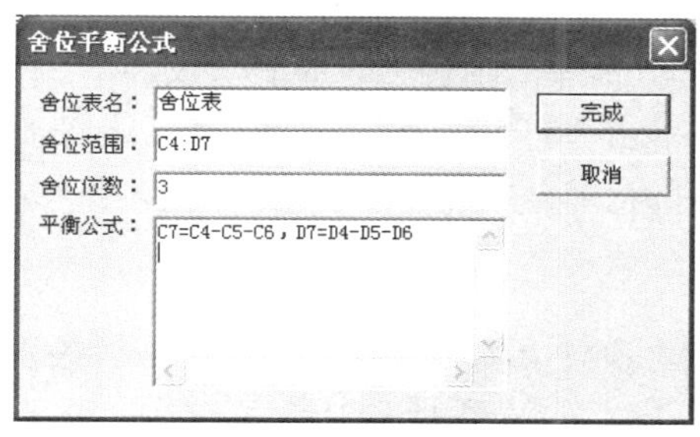

图 6-19　“舍位平衡公式”对话框

(2) 根据实验八资料，逐一输入信息，设置舍位表名为“舍位表”，将输入法切换为英文半角后输入舍位范围为 C4:D7，舍位位数为 3；设置平衡公式为 C7=C4-C5-C6，D7=D4-D5-D6。注意公式之间要用英文半角的逗号隔开，单击“完成”按钮，系统返回“UFO 报表”窗口。

其中，舍位位数 3 表示将表中的数据单位由“元”变成“千元”，并挤平数据，如 6 004 000 元执行舍位平衡后会变成 6 004 千元。

(3) 在“UFO 报表”窗口的“数据”状态下，执行“数据”→“舍位平衡”命令后的结果如图 6-20 所示。

UFO报表 - [舍位表]

文件(F)　编辑(E)　格式(S)　数据(D)　工具(T)　窗口(W)　帮助(H)

D8@1　制表人:

	A	B	C	D
1	固定资产计算表			
2	单位名称：广东非凡公司	2017 年 5 月31 日		
3	项目	行次	期初数	期末数
4	固定资产	1	6004.00	6014.50
5	减：累计折旧	2	313.11	365.04
6	减：固定资产减值准备	3		1.00
7	固定资产净值	4	5690.89	5648.46
8				制表人：

数据　第1页

图 6-20　“UFO 报表-[舍位表]”窗口

11. 保存报表格式

报表格式设置完成后要及时将这张报表格式保存下来，以便日后需要时使用。

在“UFO 报表”窗口中，执行“文件”→“保存”命令，如果是第一次保存，则打开“另存为”对话框。选择保存文件夹的目录，输入报表文件名为“固定资产计算表”，选择保存类型为*.REP，单击“保存”按钮，此时保存的是“报表舍位平衡”操作后的报表。

二、报表数据处理

报表数据处理必须在“数据”状态下进行。

1. 打开报表

启动用友系统，在“UFO 报表”窗口中，执行“文件”→“打开”命令，选择存放报表的文件夹中的报表文件，单击“打开”按钮。单击空白报表底部左下角的“格式/数据”按钮，使当前状态为“数据”状态。

2. 增加表页

在“UFO 报表”窗口中，执行“编辑”→“追加”→“表页”命令，打开“追加表页”对话框。输入需要增加的表页数 2，单击“确认”按钮。

需要注意的是，追加表页是在最后一张表页后追加 N 张空表页，插入表页是在当前表页后面插入一张空表页。一张报表最多能够管理 99 999 张表页，演示版最多只能够管理 4 张表页。

3. 录入关键字值

参见【例 6-5】。

4. 生成报表

检查剩余表格内容是否设定公式，在“UFO 报表”窗口中，执行“数据”→“表页重算”命令，系统弹出“是否重算第 1 页”提示信息对话框，单击“是”按钮。

5. 报表舍位操作

参见【例 6-8】。

6. 保护报表

为防止他人改动报表，必须保护报表，有以下两种方式。

1) 格式加锁

(1) 在“UFO 报表”窗口格式状态或数据状态下，执行“格式”→“保护”→“格式加锁”命令，打开“格式加锁”对话框，如图 6-21 所示。

(2) 输入新口令，则在下次打开报表的时候，只有输入口令才可以改动。

2) 文件口令

(1) 在“UFO 报表”窗口格式状态或数据状态下，执行“文件”→“文件口令”命令，打开“设置文件口令”对话框，如图 6-22 所示。

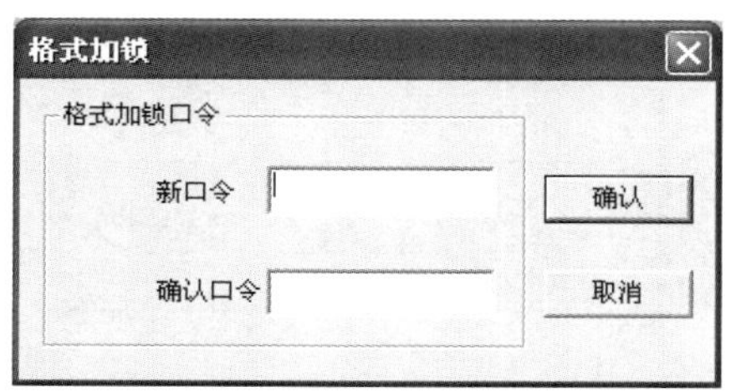
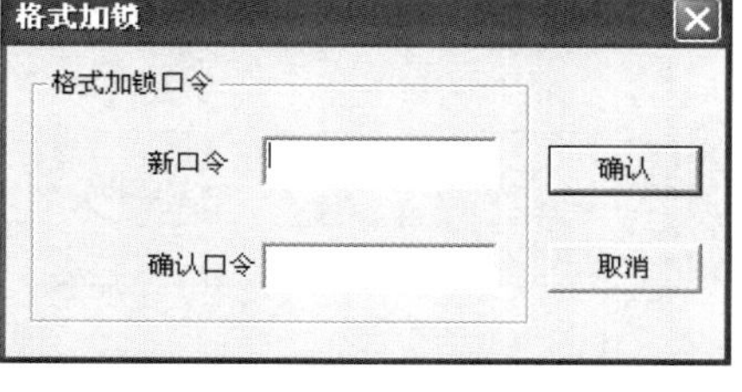

图 6-21　“格式加锁”对话框

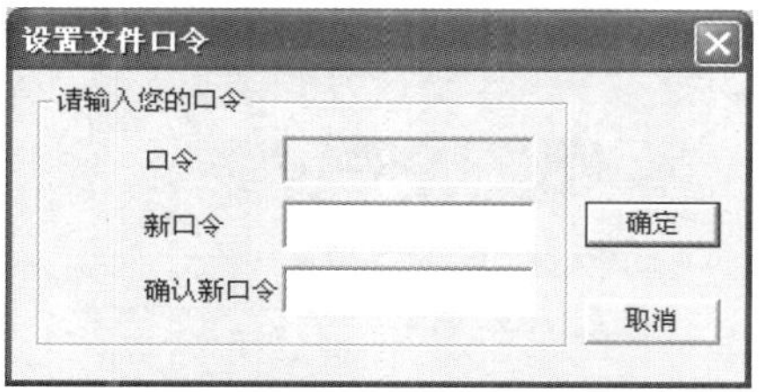

图 6-22　“设置文件口令”对话框

(2) 输入新口令，则在下次打开报表时就要输入口令。

7. 表页数据及报表查询工作

报表生成后，经常要对不同时期报表及多个表页的数据进行查询，以便分析或统计数据，具体操作有“透视操作”和“汇总操作”两种。

1) 透视操作

透视操作指查找本表中各页指定区域或单元格的数据。

【例 6-9】查找“固定资产计算表”的“固定资产”期初数据。

(1) 在“UFO 报表”窗口的数据状态下，选中区域范围 D4，执行“数据”→“透视”命令，打开“多区域透视”对话框，如图 6-23 所示。

(2) 单击“确定”按钮后，系统弹出“透视”对话框，如图 6-24 所示。

图 6-23　“多区域透视”对话框

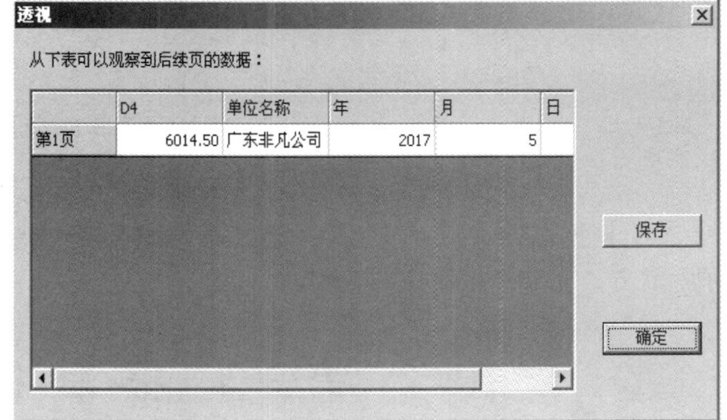

图 6-24　“透视”对话框

(3) 系统显示期初的“固定资产”数据为 6014.50(舍位平衡后的数据)。

2) 汇总操作

汇总操作指表页之间的汇总，可以在本表下汇总，也可以汇总到一张新表上。

(1) 在“UFO 报表”窗口的数据状态下，执行“数据”→“汇总”→“表页”命令，打开“表页汇总——三步骤之一——汇总方向”对话框，如图 6-25 所示。

(2) 选中“汇总到本表的最后一张表页”单选按钮，单击“下一步”按钮，打开“表页汇总——三步骤之二——汇总条件”对话框，如图 6-26 所示。

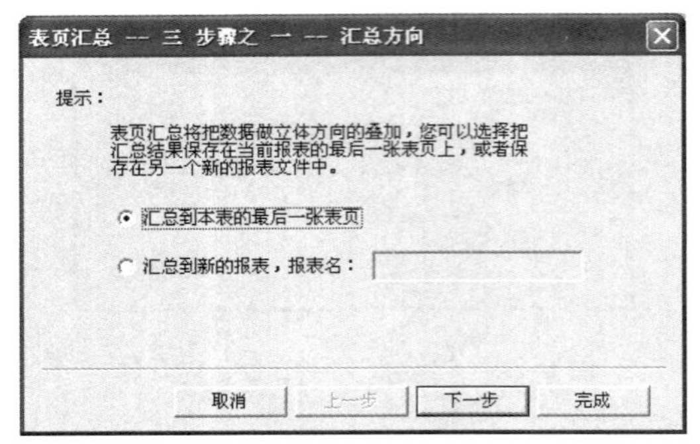

图 6-25 “表页汇总——三步骤之一——汇总方向”对话框

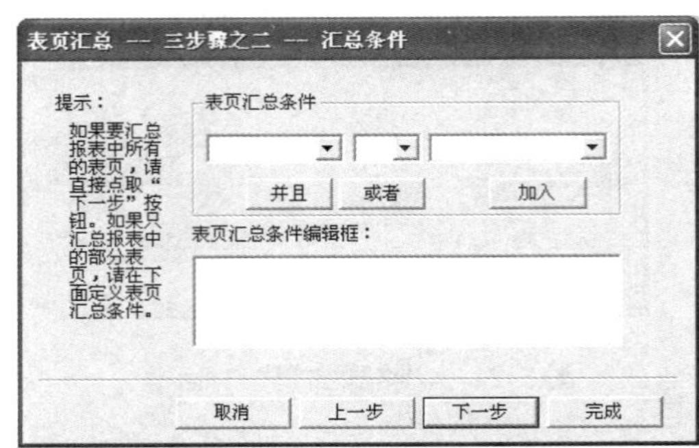

图 6-26 “表页汇总——三步骤之二——汇总条件”对话框

(3) 单击“下一步”按钮，出现“表页汇总——三步骤之三——汇总位置”对话框，如图 6-27 所示。

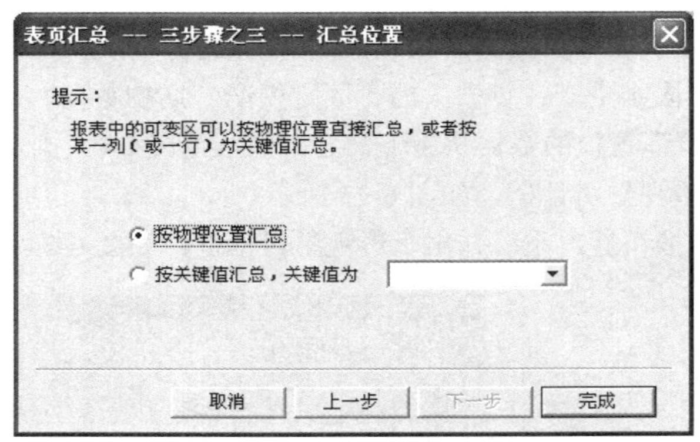

图 6-27 “表页汇总——三步骤之三——汇总位置”对话框

(4) 根据需要选中“按物理位置汇总”或“按关键值汇总，关键值为”单选按钮，选择好后单击“完成”按钮完成操作。

第三节 报 表 模 板

前述内容介绍了用户自定义报表，对于一些会计实务上常用的、格式基本固定的报表，UFO 报表管理系统也为用户提供了各行业的各种标准报表模板。在报表模板中，已经按照会计报表标准设置了格式、单元属性、公式等内容，免去了用户日后经常编制报表的重复工作。

一、调用报表模板生成资产负债表

进入 UFO 报表系统，新建一张空报表。

1) 选择模板

(1) 在“UFO 报表”窗口的格式状态下，执行“格式”→“报表模板”命令，打开“报表模板”对话框，在“您所在的行业”下拉列表中选择“2007 年新会计制度科目”，在“财务报表”下拉列表中选择“资产负债表”，如图 6-28 所示。

(2) 单击“确认”按钮，弹出“模板格式将覆盖本表格式！是否继续？”提示对话框，如图 6-29 所示。

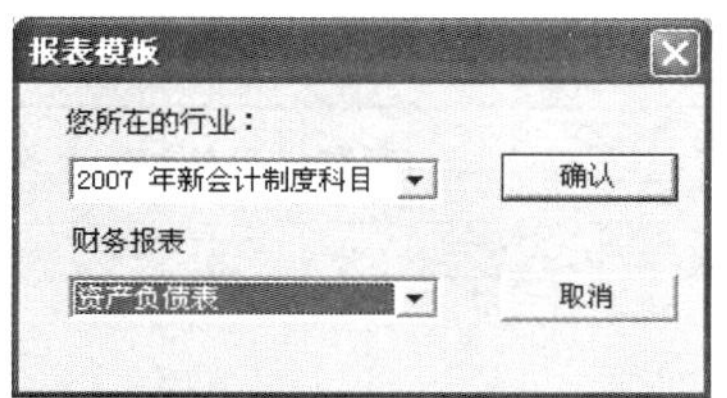

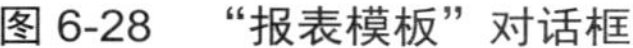

图 6-28 “报表模板”对话框

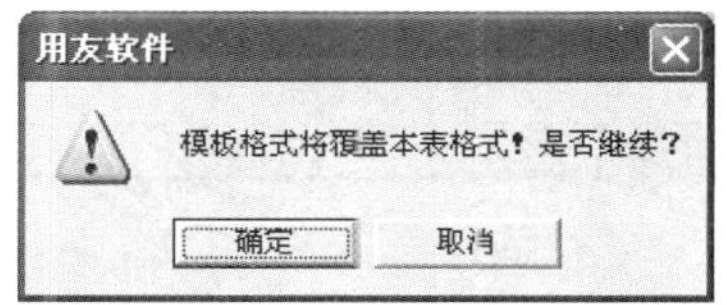

图 6-29 提示对话框

(3) 单击“确定”按钮，即可打开“资产负债表”模板。

2) 调整报表模板

在报表模板中，模板定义的格式或公式可能和单位所需的报表格式或公式存在差异，可以对模板的格式和公式进行修改。

3) 生成资产负债表数据

(1) 在“UFO 报表”窗口的数据状态下，执行“数据”→“关键字”→“录入”命令，输入关键字 2017 年 5 月 31 日，单击“确认”按钮，系统弹出“是否重算第 1 页？”提示对话框，单击“是”按钮，系统自动根据单元公式计算 5 月份报表数据。

这个过程大约需要十余秒，暂时不要操作计算机。待状态栏提示“计算完毕”后，可以查看到资产负债表内重算后的数据，如图 6-30 所示。

资　产	行次	期末余额	年初余额	负债和所有者权益（或股东权益）	行次	期末余额	年初余额
资产总计	31	7251153.21	7234987.91	负债和所有者权益(或股东权益)总计	60	7351158.59	7234987.91

图 6-30 “UFO 报表”窗口中的“资产负债表”(局部)

(2) 从图 6-30 中可以看出，“资产负债表”是不平的，需要手工调整一下“存货”和“未分配利润”的公式。

① 存货。

在格式状态下，清空原有公式，输入法切换为英文半角重新编辑公式如下：

年初数=QC(“1401”,月,)+QC(“1403”,月,)+QC(“1412”,月,)+QC(“1404”,月,)+QC(“1405”,月,)+QC(“1408”,月,) +QC(“5001”,月,)+QC(“5101”,月)

期末数=QM(“1401”,月,)+QM(“1403”,月,)+QM(“1412”,月,)+QM(“1404”,月,)+QM(“1405”,月,)+QM(“1408”,月,) +QM(“5001”,月,)+QM(“5101”,月,)

② 未分配利润。

在格式状态下，清空原有公式，重新编辑公式如下：

年初数=QC("410415",月,)

期末数= QM("410415",月,)+QM("4103",月,)

特别提醒

期末未分配利润=期初未分配利润+本期净利润-提取的盈余公积-分配给投资者的利润。本实验中，期初未分配利润为 1 111 134.32 元，本期净利润为-53 918.62，提取的盈余公积和分配给投资者的利润为 0，因此在编辑未分配利润的公式时进行了简化。

(3) 在"UFO 报表"窗口的左下角将"格式"状态切换为"数据"状态，系统重算报表后报表年初余额平衡而期末余额不平衡，如图 6-31 所示。

资　产	行次	期末余额	年初余额	负债和所有者权益 (或股东权益)	行次	期末余额	年初余额
资产总计	31	7302071.01	7234987.91	负债和所有者权益(或股东权益)总计	60	7351158.59	7234987.91

图 6-31　资产负债表(局部)

(4) 期初数字平衡说明公式无误，所以应检查总账系统的凭证是否正确。

(5) 检查后，发现总账系统已生成"损益结转"的转账凭证，在这一凭证后又完成了工资系统和固定资产系统的凭证生成，而这两个系统中的损益类科目并没有结转到"本年利润"中，所以应在总账系统中取消记账、取消审核，删除先前的"损益结转"转账凭证(转-0004，金额为 8200 元)，然后再重新生成"损益结转"转账凭证。

(6) 对重新生成的"损益结转"转账凭证(转-0010，金额为 57 287.58 元)进行审核和记账。

(7) 在"UFO 报表"窗口中，执行"数据"→"表页重算"命令，此时，报表期末数平，如图 6-32 所示(完整报表见实验八附表 1)。

资　产	行次	期末余额	年初余额	负债和所有者权益 (或股东权益)	行次	期末余额	年初余额
资产总计	31	7302071.01	7234987.91	负债和所有者权益(或股东权益)总计	60	7302071.01	7234987.91

图 6-32　资产负债表(局部)

4) 保存报表

在"UFO 报表"窗口中，执行"文件"→"另存为"命令，重命名为"资产负债表"，保存在账套备份所在的文件夹中。

二、调用模板生成利润表

1. 选择模板

在"UFO 报表"窗口的格式状态下，执行"格式"→"报表模板"命令，弹出"报表模板"窗口，分别在"您所在的行业"和"财务报表"的下拉菜单中选择"2007 年新会计制度科目"和"利润表"，单击"确认"按钮，弹出"模板格式将覆盖本表格式！是否继续？”提示对话框，单击“确定”按钮，即可打开“利润表”模板。

2. 调整报表模板

在报表模板中，模板定义的格式或公式可能和单位所需的报表格式或公式存在差异，可以对模板的格式和公式进行修改。

3. 生成利润表数据

在“UFO 报表”窗口的数据状态下，执行“数据”→“关键字”→“录入”命令，输入关键字 2017 年 5 月，单击“确认”按钮，系统弹出“是否重算第 1 页？”提示对话框，单击“是”按钮，系统自动根据单元公式计算 5 月份报表数据。待状态栏提示“计算完毕”后，可以查看到利润表内重算后的数据(利润表见实验八表 6-3)。

4. 保存报表

在“UFO 报表”窗口中，执行“文件”→“另存为”命令，重命名为“利润表”，保存在账套备份所在的文件夹中。

三、调用模板生成现金流量表主表

1. 选择模板

在“UFO 报表”窗口的格式状态下，执行“格式”→“报表模板”命令，弹出“报表模板”窗口，分别在“您所在的行业”和“财务报表”的下拉菜单中选择“2007 年新会计制度科目”和“现金流量表”，单击“确认”按钮。弹出“模板格式将覆盖本表格式！是否继续？”提示对话框，单击“确定”按钮，即可打开“现金流量表”模板。

2. 调整报表模板

(1) 在报表模板中，没有设置关键字“年”和“月”，在模板的“单位名称”栏设置即可。

(2) 在“UFO 报表”窗口的格式状态下，单击选中 C6 单元格(销售商品、提供劳务收到的现金)，单击 fx 按钮，打开“公式定义”对话框，单击“函数向导”按钮，系统弹出“函数向导”对话框，在“函数分类”列表框中选择“用友账务函数”，在“函数名”列表框中选择“现金流量项目金额(XJLL)”，单击“下一步”按钮后，打开“用友账务函数”对话框。

(3) 单击“参照”按钮，打开“账务函数”对话框，如图 6-33 所示。

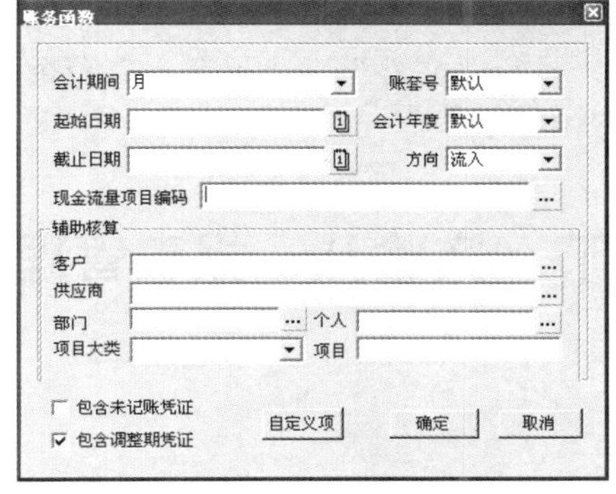

图 6-33 “账务函数”对话框

(4) 单击“现金流量项目编码”右侧的“参照”按钮，进入“参照”窗口，如图 6-34 所示。

图 6-34 “参照”窗口

(5) 在“参照”窗口的“现金流量项目编码”栏中，双击选择与 C6 单元对应的项目“销售商品、提供劳务收到的现金”，单击“确定”按钮，返回“账务函数”对话框。单击“确定”按钮，返回“用友账务函数”对话框，单击“确定”按钮，返回“定义公式”对话框，单击“确认”按钮。

(6) 重复步骤(2)到步骤(5)的操作，输入其他单元公式。

(7) 单击工具栏中的“保存”按钮，保存调整后的报表模板。

3. 生成现金流量表主表数据

在“UFO 报表”窗口的数据状态下，执行“数据”→“关键字”→“录入”命令，输入关键字 2017 年 5 月，单击“确认”按钮，系统弹出“是否重算第 1 页？”提示对话框，单击“是”按钮，系统自动根据单元公式计算 5 月份报表数据。待状态栏提示“计算完毕”后，可以查看到现金流量表表内重算后的数据(现金流量表见实验八附表 3)。

计算完成后，现金流量表的“现金及现金等价物净增加额”的金额应等于资产负债表中货币资金的期末数减去期初数的金额。

4. 保存报表

在“UFO 报表”窗口中，执行“文件”→“另存为”命令，重命名为“现金流量表”，保存在账套备份所在的文件夹中。

第四节 实验八：报表管理系统

一、实验目的

(1) 通过上机实验，熟悉报表编制的原理及流程。

(2) 掌握报表格式定义、公式定义的操作方法；理解报表单元公式的用法。
(3) 理解报表数据处理、表页管理及图表功能等操作。
(4) 掌握自定义报表的操作。

二、实验准备

(1) 引入实验七的账套。
(2) 以账套主管 001 张强的身份进行报表管理操作。

三、实验内容

1) 自定义报表
(1) 根据表 6-1 的内容完成自定义报表的内容输入。

表 6-1　固定资产计算表

编制单位：　　　　　　　　　　　年　月　日　　　　　　　　　　单位：元

项　目	行　次	期 初 数	期 末 数
固定资产	1		
减：累计折旧	2		
减：固定资产减值准备	3		
固定资产净值			

制表人：

(2) 格式要求。
① 表头。
标题“固定资产计算表”设置为黑体、14 号、居中。
单位名称和年、月、日设置为关键字。
② 表体。
表格为 8 行 4 列，给第三行至第七行进行区域画线(网线)
文字部分设置为楷体、12 号、居中。
③ 表尾。
制表人设置为宋体、10 号、右对齐。
(3) 报表公式。
固定资产期初数：C4=QC(“1601”,月,)
固定资产期末数：D4=QM(“1601”,月,)
累计折旧期初数：C5=QC(“1602”,月,)
累计折旧期末数：D5=QM (“1602”,月,)
固定资产减值准备期初数：C6=QC(“1603”,月,)
固定资产减值准备期末数：D6=QM(“1603”,月,)
固定资产净值期初数：C7=C4−C5−C6

固定资产净值期初数：D7=D4-D5-D6

(4) 舍位公式。

舍位表名：舍位表；舍位范围：C4:D7；舍位位数：3

平衡公式：C7=C4-C5-C6，D7= D4-D5-D6

(5) 报表保存。

保存名称为：固定资产计算表.REP。

(6) 输入关键字。

单位名称：广东非凡公司　　2017 年 5 月 31 日

(7) 生成报表。

2) 资产负债表、利润表和现金流量表

利用报表模板生成资产负债表、利润表和现金流量表。

生成结果参见表 6-2、表 6-3 和表 6-4。

四、可能出现的问题

1. 利用模板生成的资产负债表不平

1) 存货

在格式状态下，清空原有公式，重新编辑公式如下：

年初数=QC(“1401”,月,)+QC(“1403”,月,)+QC(“1412”,月,)+QC(“1404”,月,)+QC(“1405”,月,)+QC(“1408”,月,) +QC(“5001”,月,)+QC(“5101”,月,)

期末数=QM(“1401”,月,)+QM(“1403”,月,)+QM(“1412”,月,)+QM(“1404”,月,)+QM(“1405”,月,)+QM(“1408”,月,) +QM(“5001”,月,)+QM(“5101”,月,)

2) 未分配利润

在格式状态下，清空原有公式，重新编辑公式如下：

年初数=QC(“410415”,月,)

期末数=QM(“410415”,月,)+QM(“4103”,月,)

2. 利用模板生成的资产负债表中的未分配利润数据错误

由于在总账系统中进行了损益结转，后来的固定资产系统和薪资系统又生成了新的凭证，因此为了保证报表数据的准确性，需要首先删除原有的损益结转凭证，重新生成 5 月的损益结转凭证。

3. 利用模板生成的现金流量表主表部分需要手工调整的公式

(1) 单元格 C23(购建固定资产、无形资产和其他长期资产所支付的现金)根据函数向导选择后，显示的是 C23=XJLL(,,“流入”,“13”,,,“y”,月,,,,,,)，应将“流入”手工调整为“流出”。

(2) 单元格 C24~C26、单元格 C10~C13 和 C34~C36 需要将公式中的“流入”手工调整为“流出”。

(3) 调整完成后，“现金及现金等价物的净增加额”应等于资产负债表货币资金期末数-期初数，即 1 088 200-1 030 000=58 200。

表 6-2　资产负债表

资产负债表

会企01表

编制单位:广东非凡公司　　　　2017 年　5 月　31 日　　　　单位:元

资　产	行次	期末余额	年初余额	负债和所有者权益（或股东权益）	行次	期末余额	年初余额
流动资产：				流动负债：			
货币资金	1	1088200.00	1030000.00	短期借款	32	100000.00	100000.00
交易性金融资产	2			交易性金融负债	33		
应收票据	3			应付票据	34		
应收账款	4	56000.00	146000.00	应付账款	35	208190.00	200000.00
预付款项	5			预收款项	36		
应收利息	6			应付职工薪酬	37	53470.68	
应收股利	7			应交税费	38	-1190.00	
其他应收款	8	-2000.00	7000.00	应付利息	39		
存货	9	506648.30	361100.00	应付股利	40	8000.00	8000.00
一年内到期的非流动资产	10			其他应付款	41	200.00	
其他流动资产	11			一年内到期的非流动负债	42		
流动资产合计	12	1648848.30	1544100.00	其他流动负债	43		
非流动资产：				流动负债合计	44	368670.68	308000.00
可供出售金融资产	13			非流动负债：			
持有至到期投资	14			长期借款	45		
长期应收款	15			应付债券	46		
长期股权投资	16			长期应付款	47		
投资性房地产	17			专项应付款	48		
固定资产	18	5648457.51	5690887.91	预计负债	49		
在建工程	19			递延所得税负债	50		
工程物资	20			其他非流动负债	51		
固定资产清理	21	4765.20		非流动负债合计	52		
生产性生物资产	22		演示数据	负债合计	53	368670.68	308000.00
油气资产	23			所有者权益（或股东权益）：			
无形资产	24			实收资本（或股本）	54	5879553.59	5815853.59
开发支出	25			资本公积	55		
商誉	26			减：库存股	56		
长期待摊费用	27			盈余公积	57		
递延所得税资产	28			未分配利润	58	1053846.74	1111134.32
其他非流动资产	29			所有者权益（或股东权益）合计	59	6933400.33	6926987.91
非流动资产合计	30	5653222.71	5690887.91				
资产总计	31	7302071.01	7234987.91	负债和所有者权益(或股东权益)总计	60	7302071.01	7234987.91

表 6-3　利润表

利润表

会企02表

编制单位:广东非凡有限公司　　2017 年　5 月　　单位:元

项　　目	行数	本期金额	上期金额
一、营业收入	1		
减：营业成本	2		
营业税金及附加	3		
销售费用	4	19,040.75	
管理费用	5	37,046.83	
财务费用	6	200.00	
资产减值损失	7	1,000.00	
加：公允价值变动收益（损失以“-”号填列）	8		
投资收益（损失以“-”号填列）	9		
其中:对联营企业和合营企业的投资收益	10		
二、营业利润（亏损以“-”号填列）	11	-57287.58	
加：营业外收入	12		
减：营业外支出	13		
其中：非流动资产处置损失	14		
三、利润总额（亏损总额以“-”号填列）	15	-57287.58	
减：所得税费用	16		
四、净利润（净亏损以“-”号填列）	17	-57287.58	
五、每股收益:	18		
（一）基本每股收益	19		
（二）稀释每股收益	20		

表 6-4　现金流量表

现金流量表

会企03表

编制单位：广东非凡有限公司　　2017 年 5 月　　单位：元

项　　目	行次	本期金额	上期金额
一、经营活动产生的现金流量：			
销售商品、提供劳务收到的现金	1	90000.00	
收到的税费返还	2		
收到其他与经营活动有关的现金	3	1000.00	
经营活动现金流入小计	4	91000.00	
购买商品、接受劳务支付的现金	5	80000.00	
支付给职工以及为职工支付的现金	6		
支付的各项税费	7		
支付其他与经营活动有关的现金	8		
经营活动现金流出小计	9	80000.00	
经营活动产生的现金流量净额	10	11000.00	
二、投资活动产生的现金流量：			
收回投资收到的现金	11		
取得投资收益收到的现金	12		
处置固定资产、无形资产和其他长期资产收回的现金净额	13		
处置子公司及其他营业单位收到的现金净额	14		
收到其他与投资活动有关的现金	15		
投资活动现金流入小计	16		
购建固定资产、无形资产和其他长期资产支付的现金	17	1500.00	
投资支付的现金	18		
取得子公司及其他营业单位支付的现金净额	19		
支付其他与投资活动有关的现金	20	15000.00	
投资活动现金流出小计	21	16500.00	
投资活动产生的现金流量净额	22	-16500.00	
三、筹资活动产生的现金流量：			
吸收投资收到的现金	23	63700.00	
取得借款收到的现金	24		
收到其他与筹资活动有关的现金	25		
筹资活动现金流入小计	26	63700.00	
偿还债务支付的现金	27		
分配股利、利润或偿付利息支付的现金	28		
支付其他与筹资活动有关的现金	29		
筹资活动现金流出小计	30		
筹资活动产生的现金流量净额	31	63700.00	
四、汇率变动对现金及现金等价物的影响	32		
五、现金及现金等价物净增加额	33	58200.00	
加：期初现金及现金等价物余额	34		
六、期末现金及现金等价物余额	35	58200.00	

第七章　应收款管理系统

【学习目标】

通过本章的学习，了解应收款管理系统的主要功能及操作流程。理解应收款管理系统的业务处理流程，掌握应收款管理系统初始化、日常业务处理和期末业务处理的操作。

应收款管理系统是利用计算机对应收款进行管理的系统，它主要通过发票、其他应收单、收款单等单据的录入，对企业的往来账款进行综合管理，及时、准确地提供客户的往来账款余额资料，提供各种分析报表，帮助合理地进行资金的调配，提高资金的利用效率。

第一节　应收款管理系统概述

一、应收款管理系统的功能

应收款管理系统主要是实现企业与客户业务往来账款的核算与管理，在应收款管理系统中，以销售发票、费用单、其他应收单等原始单据为依据，记录销售业务及其他业务所形成的往来款项，处理应收款项的收回、计提坏账准备和转账等情况；同时提供票据处理的功能，实现对应收票据的管理。

根据对客户往来款项核算和管理的程度不同，系统提供了应收账款“详细核算”和“简单核算”两种应用方案。

1. 详细核算应用方案

详细核算应用方案适用于销售业务以及应收款核算业务比较复杂，或者需要追踪每一笔业务的应收款、收款等情况，或者需要将应收款具体核算到产品一级的情况。这种方案实现了该系统对应收业务的核算和管理，业务凭证全部由应收款系统生成。

详细核算应用方案下应收款管理系统的主要功能如下。

(1) 可根据输入的单据或由销售管理系统传递过来的单据，记录应收款项的形成。

(2) 处理收款业务，并完成企业在客户往来中发生的转账业务，如预收款冲应收款、应收款冲应付款、红字单据冲蓝字单据和应收款冲应收款等。

(3) 对应收票据进行贴现、背书、计息和结算处理。

(4) 对各种应收票据和销售发票、各种转账业务、票据处理业务和坏账处理业务生成凭证，并传递到总账。

(5) 对外币业务及对应的汇兑损益进行处理。

(6) 提供查询统计功能，实现单据查询、业务账表查询、业务分析和科目账表查询。

2. 简单核算应用方案

如果应收款业务比较简单，或者现销业务很多，则可以选择“简单核算”方案。“简单核算”方案是在总账系统中通过辅助核算完成客户往来款项的管理工作。该方案着重于对客户的往来款项进行查询和分析。

简单核算应用方案下应收款管理系统的主要功能如下。

(1) 若同时使用销售管理系统，可以接收销售管理系统的发票，并对其进行制单处理，传递给总账。

(2) 若相关业务生成凭证，并传递到总账，可以在应收款管理系统中查询。

二、应收款管理系统与其他系统的关系

应收款管理系统与会计信息系统中的其他系统存在着数据传递关系，如图 7-1 所示。

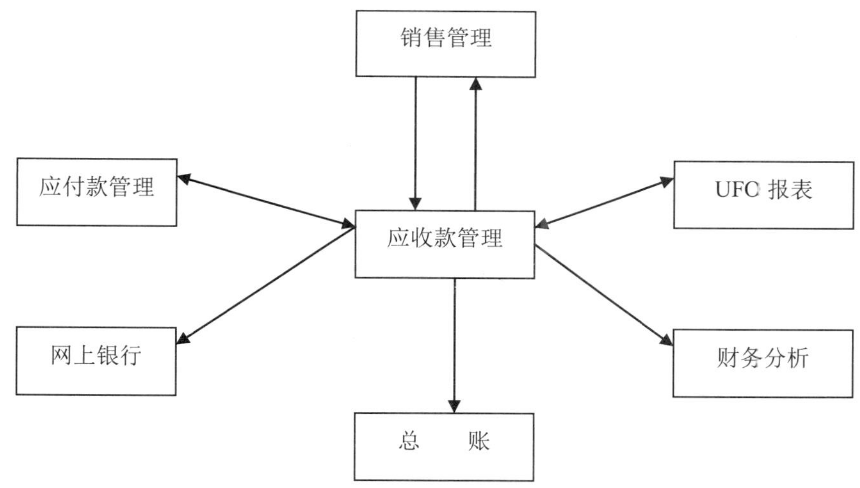

图 7-1　应收款管理系统与其他系统的关系

(1) 应收款管理系统接收销售管理系统提供的发票、销售调拨单以及代垫费用单，由此生成凭证，并对发票进行收款结算处理。

(2) 应收款管理系统为销售管理系统提供销售发票、销售调拨单的收款结算情况以及代垫费用的核销情况。

(3) 向总账传递凭证，并能够查询到所生成的凭证。

(4) 应收款管理系统和应付款管理系统之间可以进行转账处理。

(5) 应收款管理系统向财务分析系统提供各种分析数据。

(6) 应收款管理系统向报表系统提供数据。

(7) 应收款管理系统可以与网上银行进行付款单的导入和导出。

三、应收款管理系统业务处理流程

应收款管理系统的业务处理分为初始设置、日常处理和期末处理，如图 7-2 所示。

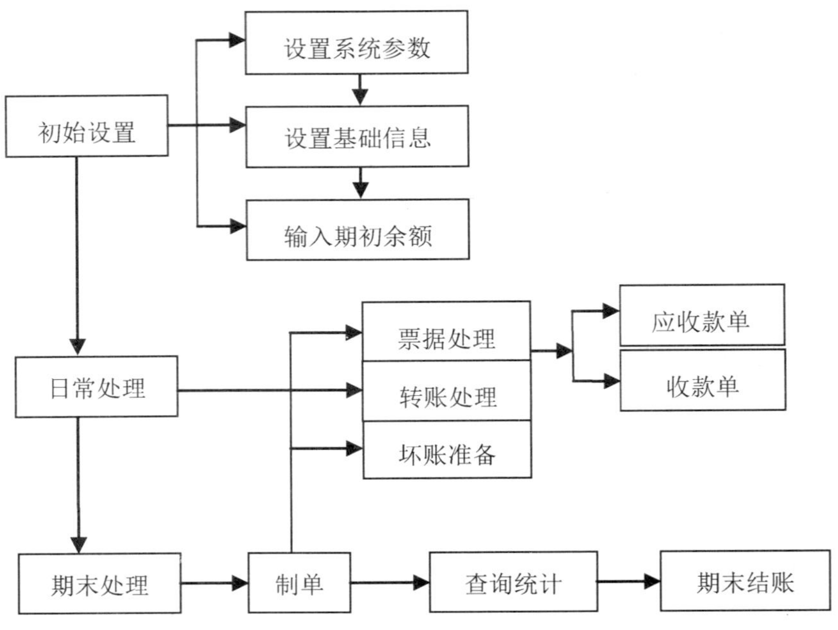

图 7-2　应收款管理系统业务处理流程

第二节　应收款管理系统的业务处理

在运行应收款管理系统之前，需要进行账套参数的设置和基础信息的设置。

一、初始化设置

1. 账套参数的设置

(1) 以系统管理员 Admin 的身份登录系统管理，引入实验三的账套。

(2) 以账套主管的身份登录企业应用平台，执行“基础设置”→“基本信息”→“系统启用”命令，启用“应收款管理”系统，启用日期为 2017 年 5 月 1 日，单击“退出”按钮。

(3) 以账套主管的身份给 004 刘雪授权，在“数据权限分配”中授予所有科目的“查账”和“制单”权限。

(4) 以 004 刘雪的身份登录企业应用平台，执行“业务工作”→“财务会计”→“应收款管理”→“设置”→“选项”命令，打开“账套参数设置”对话框，如图 7-3 所示。

(5) 单击“编辑”按钮，在“坏账处理方式”下拉菜单中选择“应收余额百分比法”，选中

“自动计算现金折扣”复选框，单击“确定”按钮后退出对话框。需要注意的是，坏账处理方式一经选定，以后不能修改。

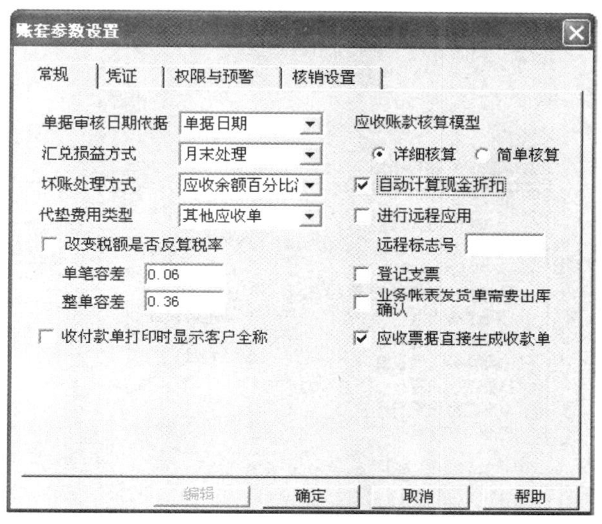

图 7-3　“账套参数设置”对话框

2. 基础信息的设置

1) 基础应收款核算信息设置

(1) 以 004 刘雪的身份登录企业应用平台，执行“财务会计”→“应收款管理”→“设置”→“初始设置”命令，进入“初始设置”窗口，如图 7-4 所示。

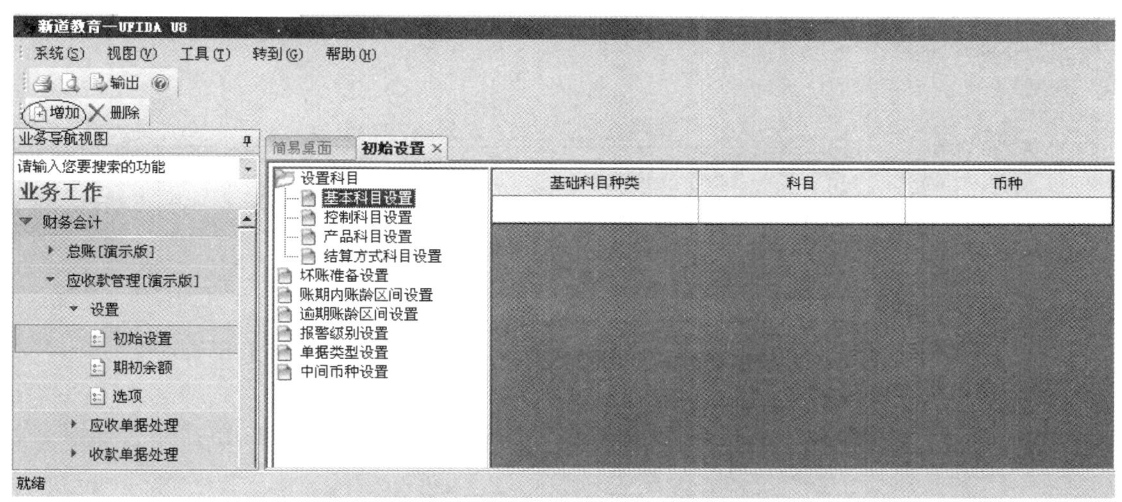

图 7-4　“初始设置”窗口的“设置科目”选项

(2) 选中窗口左侧的“基本科目设置”选项，单击工具栏“增加”按钮，按实验九的资料完成“基本科目设置”。同理，完成“控制科目设置”“产品科目设置”和“结算方式科目设置”。

(3) 完成科目设置后，单击窗口左侧的“坏账准备设置”选项，按实验九的资料完成后如图 7-5 所示。

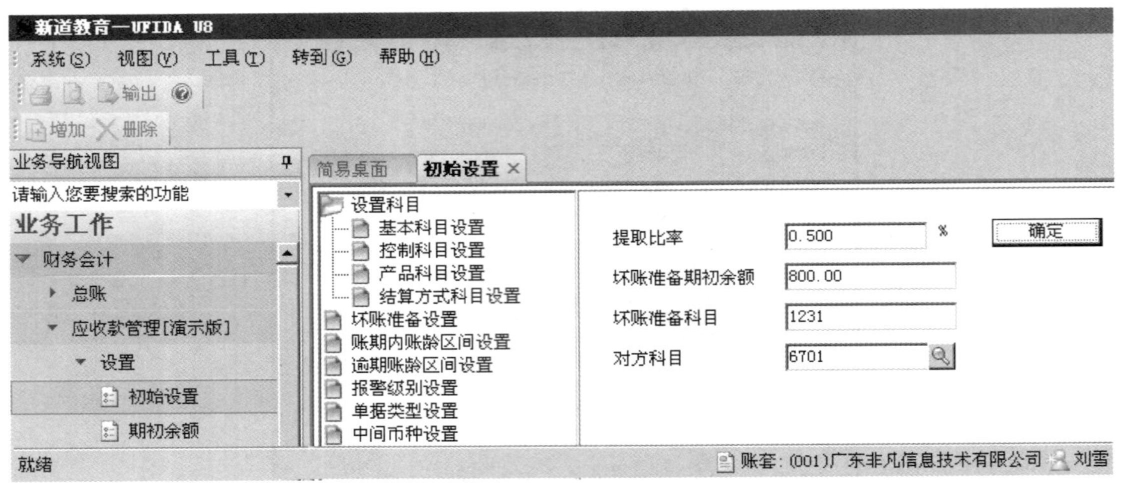

图 7-5 “初始设置”窗口中的“坏账准备设置”选项

需要注意的是，完成坏账准备设置后，一定要单击“确定”按钮，出现“储存完毕”的提示对话框才表示设置被保存。

(4) 完成了坏账准备设置后，单击窗口左侧的“账期内账龄区间设置”选项，如图 7-6 所示。

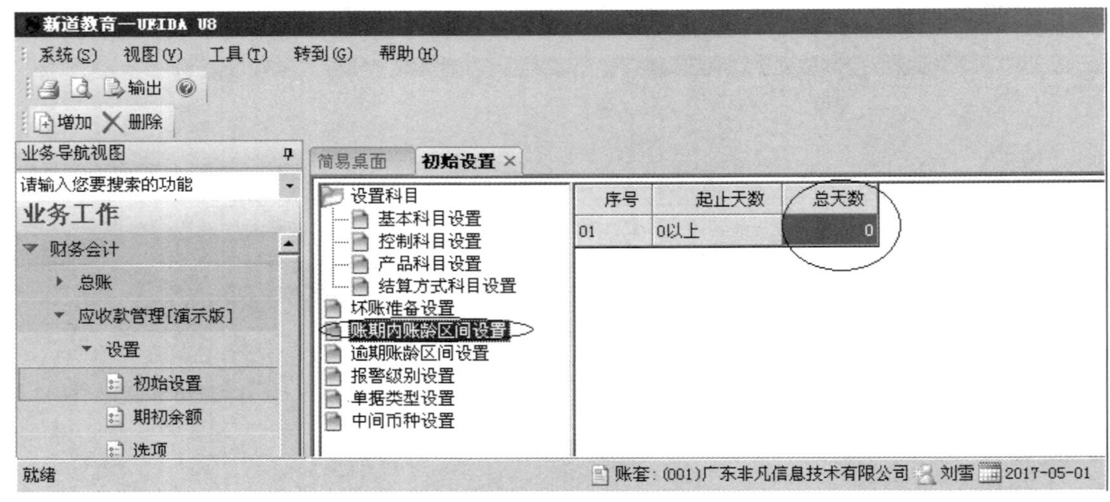

图 7-6 “初始设置”窗口中的“账期内账龄区间设置”选项

账期内账龄区间及逾期账龄区间的设置只需要录入“总天数”，录入下一信息时按 Enter 键，系统自动新增一行，到倒数第二条信息时，再按一下 Enter 键，系统会自动新增最后一行。

2) 计量单位组设置

【例 7-1】 增加计量单位组，编号为 01，名称为“无换算关系”，类别是“无换算率”。

(1) 以 004 刘雪的身份登录企业应用平台，执行“基础设置”→“基础档案”→“存货”→“计量单位”命令，打开“计量单位-计量单位组”窗口，如图 7-7 所示。

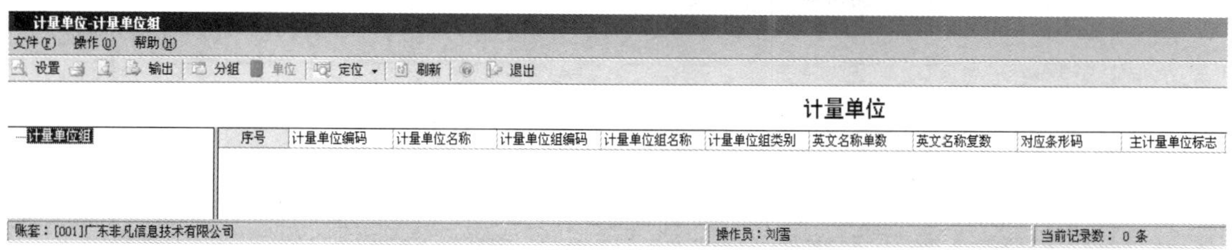

图 7-7　“计量单位-计量单位组”窗口

(2) 单击工具栏中的“分组”按钮，打开“计量单位组”窗口，如图 7-8 所示。

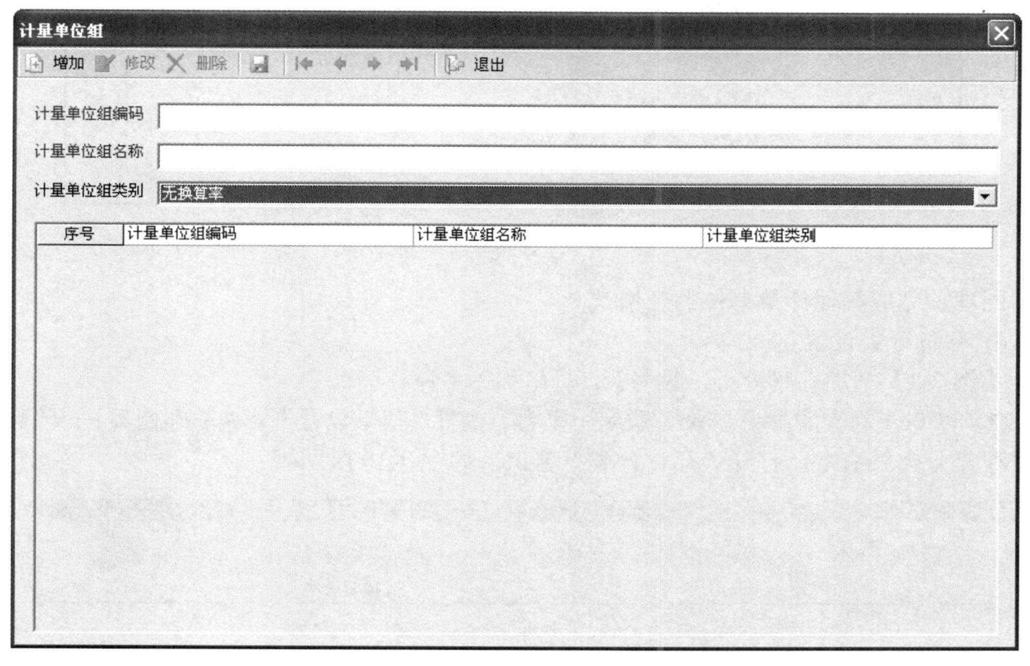

图 7-8　“计量单位组”窗口

(3) 再单击工具栏中的“增加”按钮，输入“计量单位组编码”为 01，“计量单位组名称”为“无换算关系”，“计量单位组类别”为“无换算率”，单击“保存”按钮，完成计量单位组的设置。

3) 计量单位设置

【例 7-2】增加计量单位，编号为 01，名称为“台”，所属计量单位组是“无换算关系”。

以 004 刘雪的身份登录企业应用平台，执行“基础设置”→“基础档案”→“存货”→“计量单位”命令，打开“计量单位-计量单位组”窗口，单击工具栏中的“单位”按钮，打开“计量单位”窗口，单击工具栏中的“增加”按钮，在“计量单位编码”中录入 01，在“计量单位名称”中录入“台”，因为只有一个计量单位组“无换算关系”，系统默认为该计量单位组。完成后，单击工具栏中的“保存”按钮，系统会新增一条记录，如

图 7-9 所示。

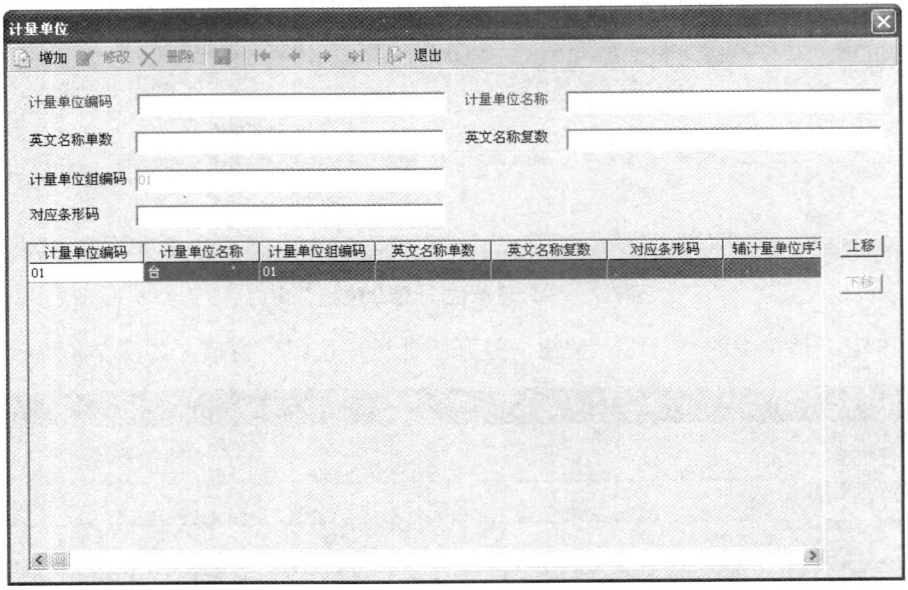

图 7-9 “计量单位”窗口

同理，完成其他计量单位的新增。

4) 存货分类设置

【例 7-3】增加存货分类，编号为 1，名称为“库存商品”。

(1) 以 004 刘雪的身份登录企业应用平台，执行“基础设置”→“基础档案”→“存货”→“存货分类”命令，打开“存货分类”窗口，如图 7-10 所示。

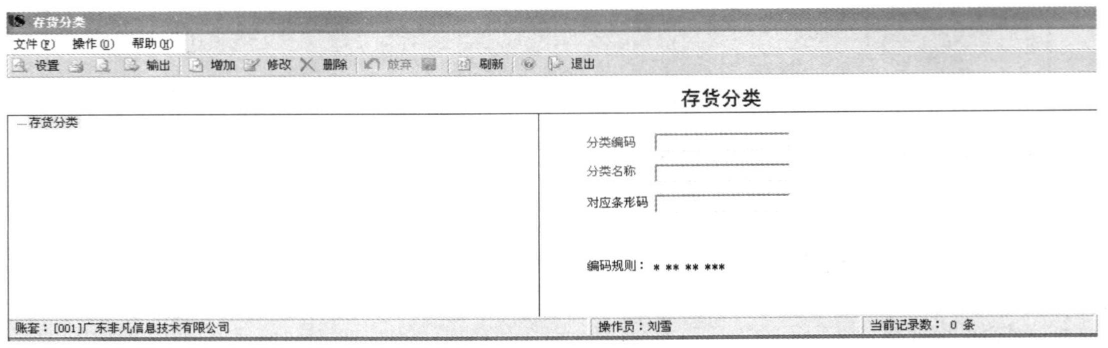

图 7-10 “存货分类”窗口(1)

(2) 单击工具栏中的“增加”按钮，输入“分类编码”为 1，“分类名称”为“库存商品”，单击工具栏中的“保存”按钮，完成存货分类的设置，如图 7-11 所示。

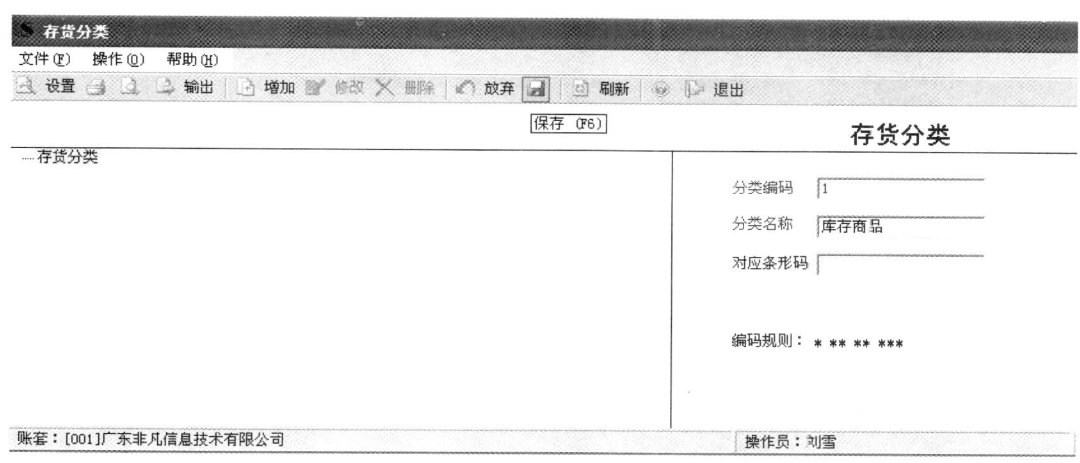

图 7-11　“存货分类”窗口(2)

同理，完成其他存货分类的新增。

5) 存货档案设置

【例 7-4】增加一条存货信息，编码为 01，名称为“联想电脑”，属于库存商品，单位为“台”，税率为 17%，存货属性为“外购、内销、外销”，参考成本为 4000 元，参考售价为 6000 元，无计划价或售价。

(1) 以 004 刘雪的身份登录企业应用平台，执行“基础设置”→“基础档案”→“存货”→“存货档案”命令，打开“存货档案”窗口，如图 7-12 所示。

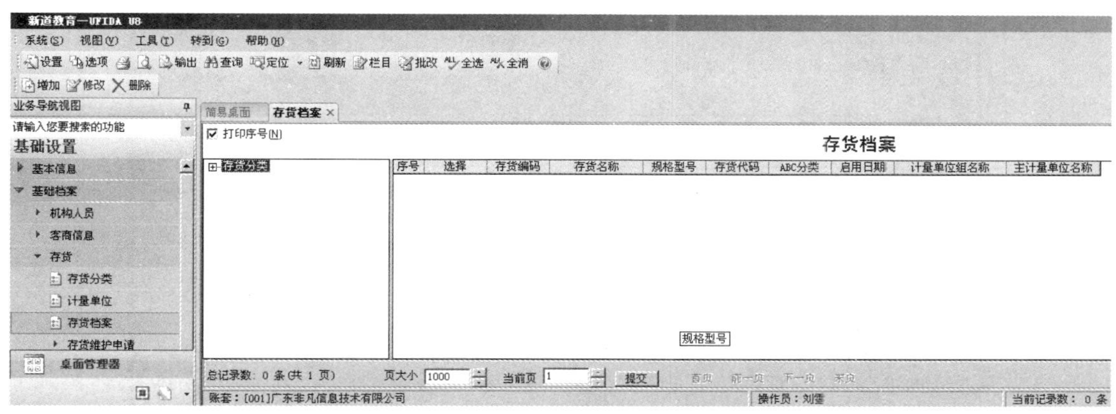

图 7-12　“存货档案”窗口

(2) 单击工具栏中的“增加”按钮，打开“增加存货档案”窗口，选择“基本”选项卡，录入“存货编码”为 01，“存货名称”为“联想电脑”，“存货分类”系统默认为“库存商品”，“计量单位组”选择“01-无换算关系”，“主计量单位”选择“01-台”，“销售税率”系统默认为 17%，“存货属性”选中“内销”“外销”和“外购”复选框，如图 7-13 所示。

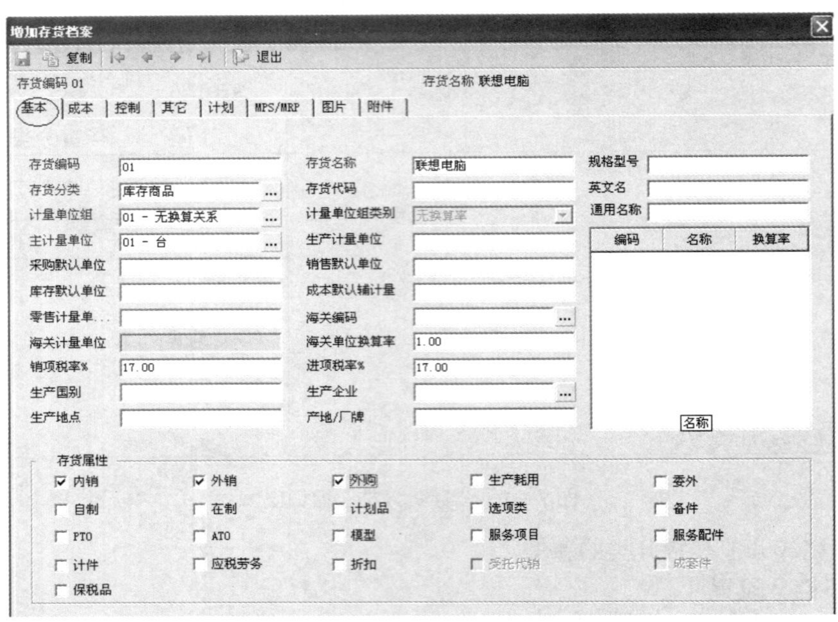

图 7-13　“增加存货档案”对话框(“基本”选项卡)

(3) 选择“成本”选项卡，录入“参考成本”为 4000 元，“参考售价”为 6000 元，如图 7-14 所示。

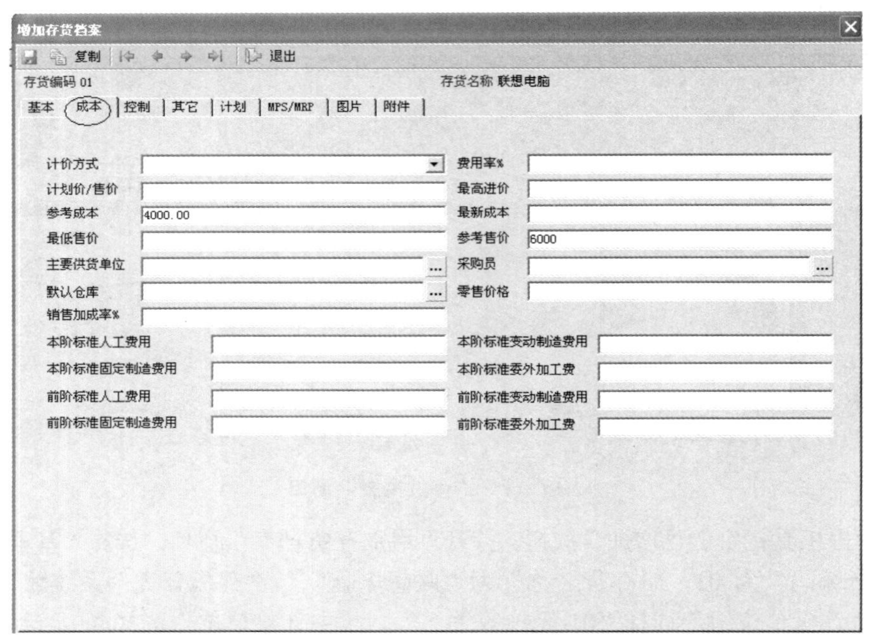

图 7-14　“增加存货档案”对话框(“成本”选项卡)

单击工具栏中的“保存并新增”按钮，系统将自动新增下一条记录。根据实验九的资料依次完成其余存货档案的设置。

6) 开户银行设置

【例 7-5】 增加企业开户银行信息，编码为 01，银行账号为 621412345678，币种为“人民币”，开户行名称为“工商银行天河区分行”，所属银行编码为 01。

(1) 以 004 刘雪的身份登录企业应用平台，执行“基础设置”→“基础档案”→“收付结算”→“本单位开户银行”命令，打开“本单位开户银行”窗口，如图 7-15 所示。

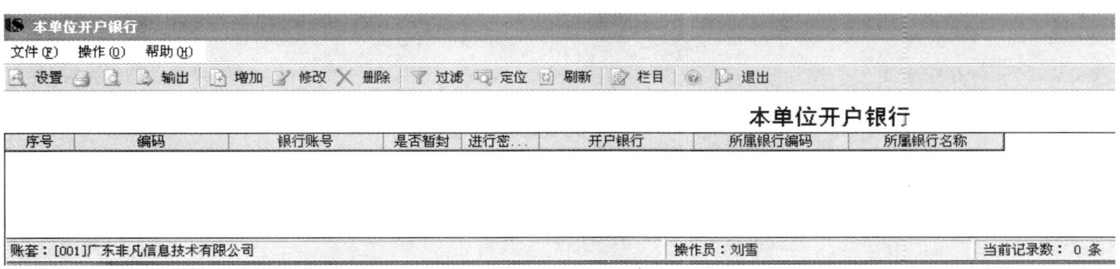

图 7-15　“本单位开户银行”窗口

(2) 单击工具栏中的“增加”按钮，打开“增加本单位开户银行”窗口，录入“编码”“银行账号”“币种”“开户银行”和“所属银行编码”信息后，单击工具栏中的“保存”按钮，如图 7-16 所示。

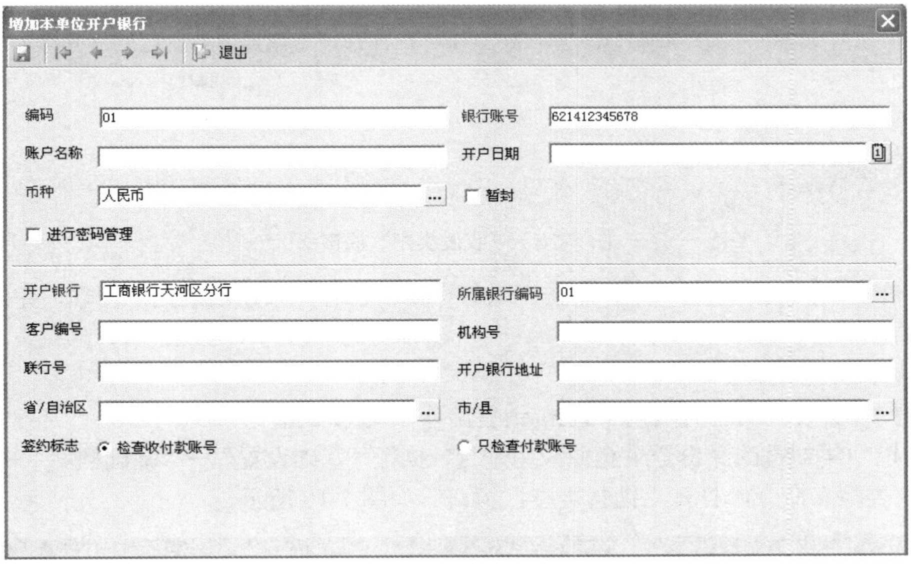

图 7-16　“增加本单位开户银行”窗口

7) 收发类别设置

【例 7-6】 设置收发类别为：1 正常入库(收)。

(1) 以账套主管的身份登录企业应用平台，启用销售管理系统，时间为 2017 年 5 月 1 日，单击“企业应用平台”窗口工具栏中的“重注册”按钮，系统打开登录对话框。

(2) 以 004 刘雪的身份登录企业应用平台，执行“基础设置”→“基础档案”→“业务”→“收发类别”命令，打开“收发类别”窗口，如图 7-17 所示。

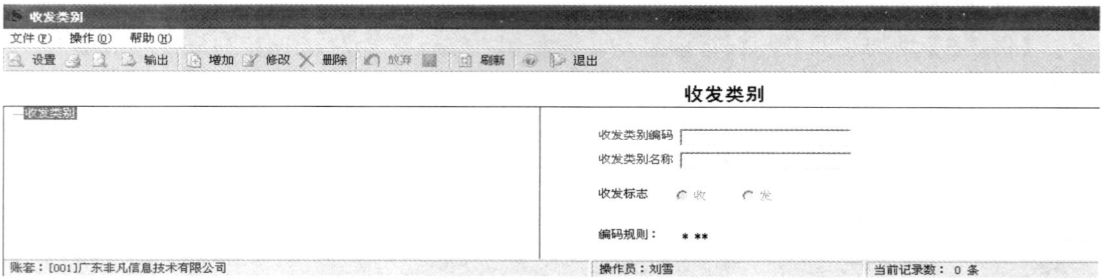

图 7-17 “收发类别”窗口(1)

(3) 单击工具栏中的“增加”按钮，录入“收发类别编码”为 1，“收发类别名称”为“正常入库”，“收发标志”选中“收”单选按钮，如图 7-18 所示。

图 7-18 “收发类别”窗口(2)

(4) 在“收发类别”窗口中，单击工具栏中的“保存”按钮后退出。同理，完成其余收发类别的新增。

8) 销售类型设置

【例 7-7】设置销售类型为 1 直销(销售出库)，取默认值。

(1) 以 004 刘雪的身份登录企业应用平台，执行“基础设置”→“基础档案”→“业务”→“销售类型”命令，打开“销售类型”窗口，如图 7-19 所示。

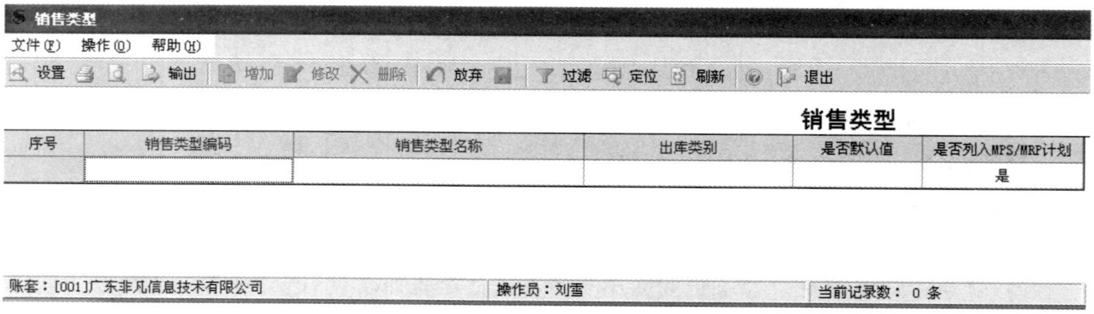

图 7-19 “销售类型”窗口

(2) 单击工具栏中的“增加”按钮，系统新增一行，录入“销售类型编码”为 1，“销售类型名称”为“直销”，“出库类别”为“销售出库”，“是否默认值”选择“是”，单击工具栏中的“保存”按钮，如图 7-20 所示。

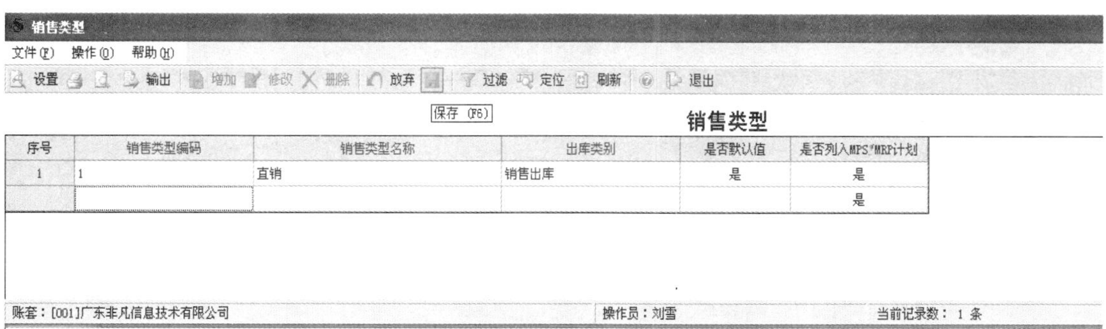

图 7-20　输入数据

同理，完成其他销售类型的新增。

9) 期初余额录入

【例 7-8】录入一张销售普通发票，开票日期为 2017 年 3 月 12 日，由销售部销售给思诚公司的联想电脑 10 台，每台含税单价为 7000 元，共计 70 000 元。

(1) 以账套主管张强的身份登录企业应用平台，执行“财务会计”→“应收款管理”→“设置”→“期初余额”命令，打开“期初余额——查询”对话框，如图 7-21 所示。

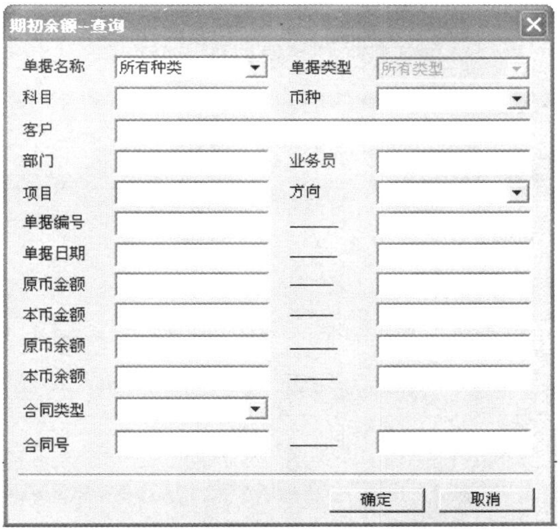

期初余额--查询
单据名称 所有种类 单据类型 所有类型
科目 币种
客户
部门 业务员
项目 方向
单据编号 ——
单据日期 ——
原币金额 ——
本币金额 ——
原币余额 ——
本币余额 ——
合同类型
合同号 ——
确定 取消

图 7-21　“期初余额——查询”对话框

(2) 单击“确定”按钮，进入“期初余额”窗口，如图 7-22 所示。

(3) 单击工具栏中的“增加”按钮，打开“单据类别”对话框，在“单据名称”下拉列表中选中“销售发票”，“单据类型”下拉列表中选中“销售普通发票”，如图 7-23 所示。

(4) 单击“确定”按钮，进入“销售普通发票”窗口，如图 7-24 所示。

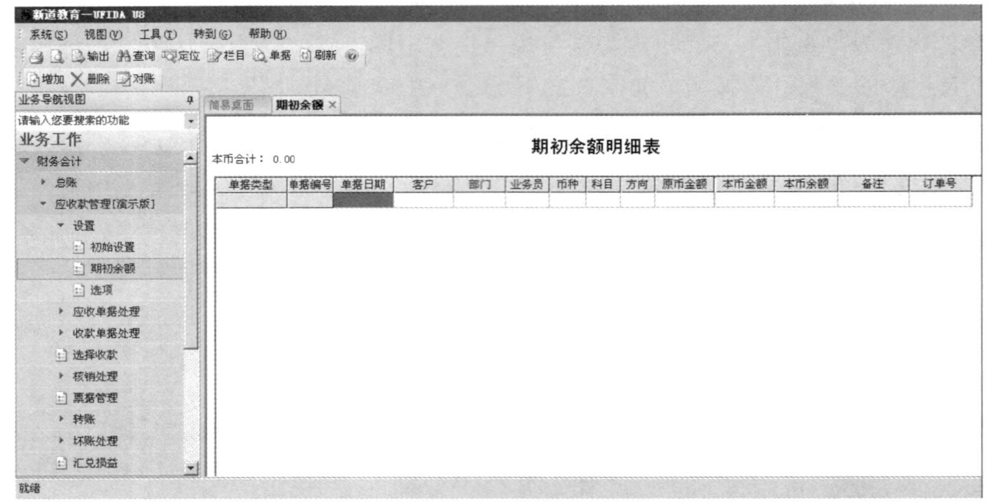

图 7-22 “期初余额”窗口

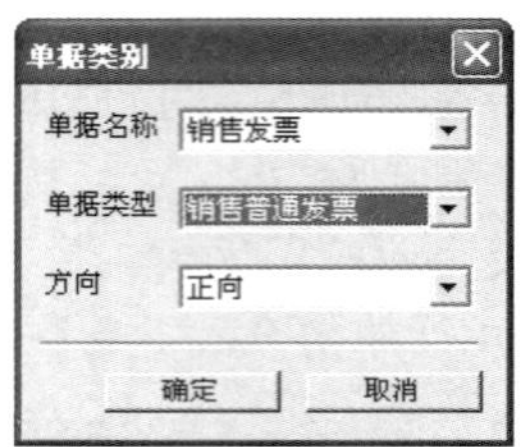

图 7-23 “单据类别”对话框

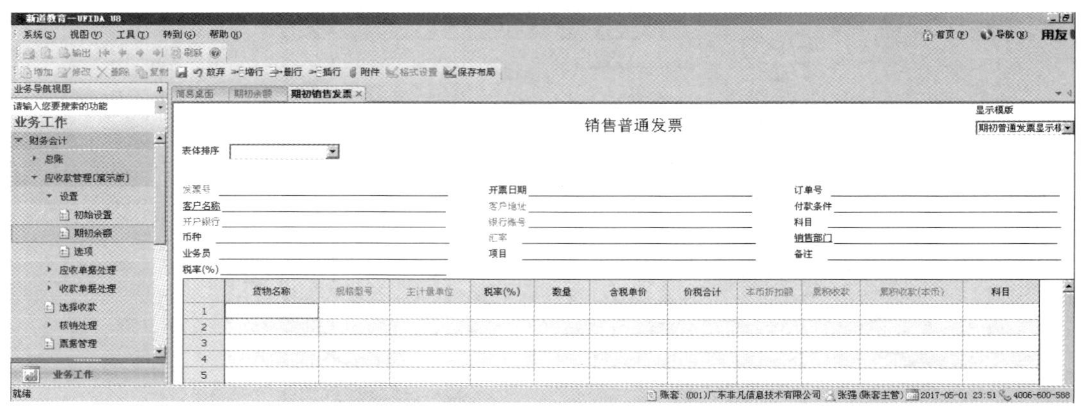

图 7-24 “销售普通发票”窗口

(5) 单击工具栏中的“增加”按钮，输入“开票日期”为 2017-03-12，“客户名称”通过单击“参照”按钮选择“思诚公司”，“销售部门”通过单击“参照”按钮选择“销售部”，“业务员”选择“刘雪”，“业务”选择“刘雪”，单击“货物名称”栏右侧的“参照”按钮选择“联想电脑”，“数量”为 10，录入“含税单价”为 7000，按 Enter 键，系统自动计算“价税合计”为 70 000 元，如图 7-25 所示。

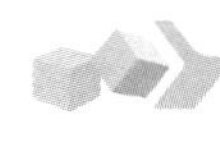

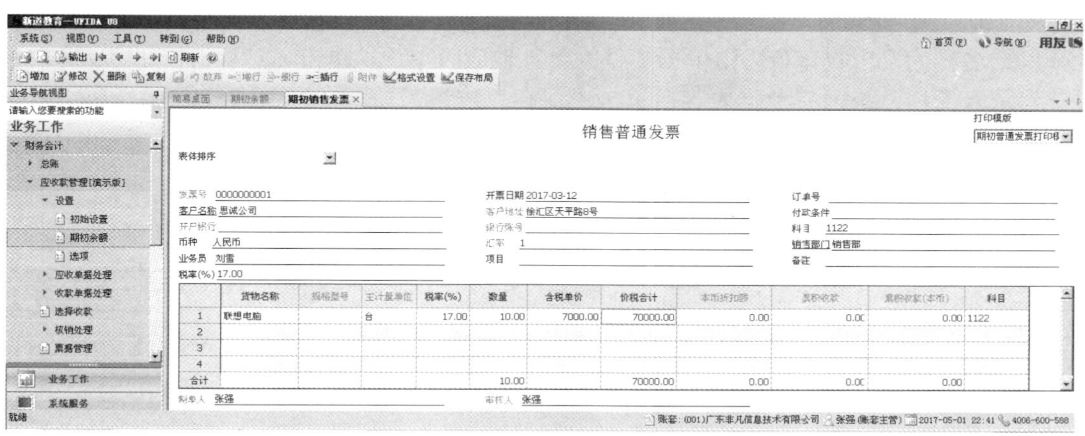

销售普通发票

表体排序

发票号 0000000001　　开票日期 2017-03-12　　订单号
客户名称 思诚公司　　客户地址 徐汇区天平路8号　　付款条件
开户银行　　银行账号　　科目 1122
币种 人民币　　汇率 1　　销售部门 销售部
业务员 刘雪　　项目　　备注
税率(%) 17.00

	货物名称	规格型号	主计量单位	税率(%)	数量	含税单价	价税合计	本币折扣额	累积收款	累积收款(本币)	科目
1	联想电脑		台	17.00	10.00	7000.00	70000.00	0.00	0.00	0.00	1122
2											
3											
4											
合计					10.00		70000.00	0.00	0.00	0.00	

制单人 张强　　审核人 张强

图 7-25 “销售普通发票”录入窗口

(6) 录入完毕后，单击“保存”按钮。系统会自动在“审核人”栏签上账套主管的名字“张强”。

特别提醒

需要注意的是，期初余额中“销售普通发票”“销售专用发票”和“其他应收单”的操作需要账套主管完成，如果是其他人录入这三种发票，保存时，系统会提示没有审核权限，将无法保存所录入的内容。

同理，可增加一张销售专用发票，如图 7-26 所示。

销售专用发票

表体排序

开票日期 2017-04-20　　发票号 0000000001　　订单号
客户名称 进取公司　　客户地址 海珠区大学城90号　　电话
开户银行　　银行账号　　税号
付款条件　　税率(%) 17.00　　科目 1122
币种 人民币　　汇率 1.00000000　　销售部门 销售部
业务员 潘静　　项目　　备注

	货物编号	货物名称	规格型号	主计量单位	税率(%)	数量	无税单价	含税单价	税额	无税金额	价税合计
1	02	华硕电脑		台	17.00	18.00	3500.00	4095.00	10710.00	63000.00	73710.00
2											
3											
4											
5											
6											
7											
8											
9											
10											
11											
合计						18.00			10710.00	63000.00	73710.00

制单人 张强　　审核人

账套：(001)广东非凡信息技术有限公司　张强(账套主管)　2017-05-01 10:51

图 7-26 “销售专用发票”录入窗口

如果在“期初余额”窗口中，单击“增加”按钮后，在弹出的“单据类别”对话框中选择单据名称为“应收单”，则单据类型为“其他应收单”，单击“确认”按钮，进入“应收单”录入窗口。录入完单据内容后单击“保存”按钮，如图 7-27 所示。

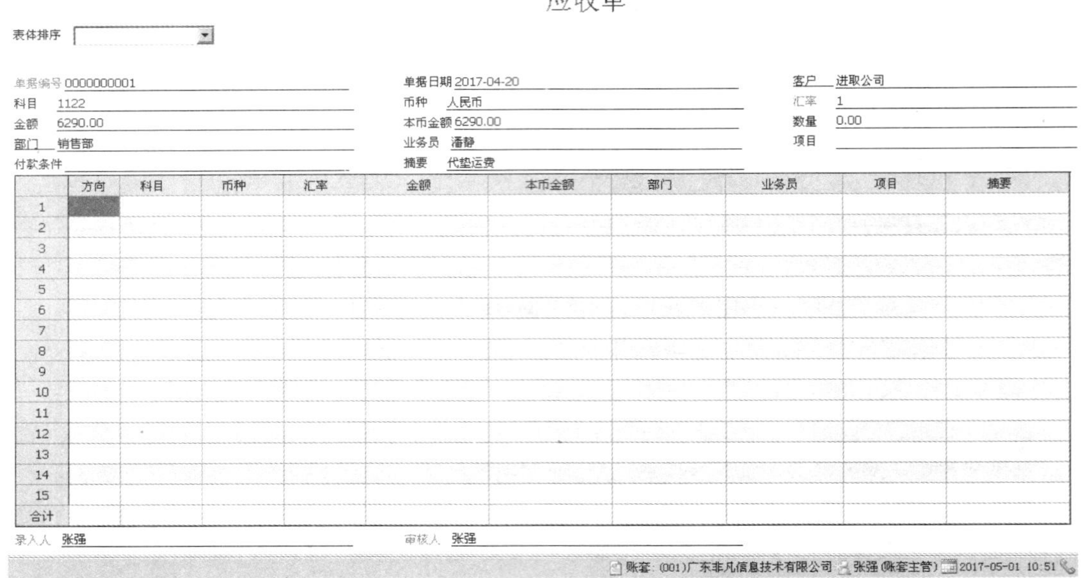

图 7-27 “应收单”录入窗口

10) 期初对账

在“期初余额”窗口中，单击“对账”按钮，进入“期初对账”窗口，如图 7-28 所示。

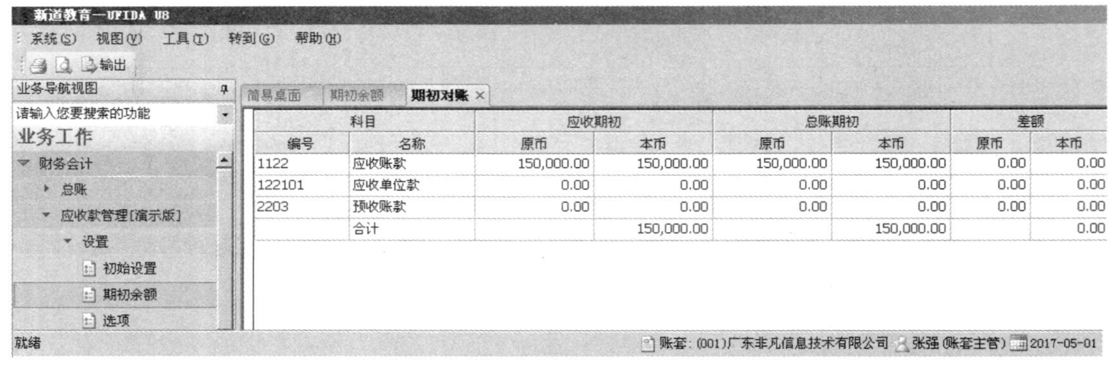

图 7-28 “期初对账”窗口

在“期初对账”窗口中可以看到应收款管理系统与总账管理系统的期初余额是一致的。

二、日常业务处理

1. 应收单据处理

1) 录入

应收单据录入前，首先应取消“销售系统”的启用，否则无法录入“销售普通发票”和“销售专用发票”。

特别提醒

需要注意的是，初始设置时启用“销售系统”是为了完成“收发类别”的设置，取消“销售系统”的启用是为了在“应付款管理系统”日常业务处理时能录入“销售普通发票”和“销售专用发票”，否则只能在“应付款管理系统”中录入“应收单”，而“销售普通发票”和“销售专用发票”只能在“销售系统”中录入。

【例 7-9】2017 年 5 月 4 日，销售部潘静销售给黑马公司 5 台华硕电脑，单价每台 3500 元(不含税)，开出增值税专用发票，货已发出，同时代垫运费 3000 元。销售类型为直销。

(1) 以账套主管的身份登录企业应用平台，执行“财务会计”→“基础设置”→“基本信息”→“系统启用”命令，选中“销售管理”复选框，取消系统启用。

(2) 执行“财务会计”→“应收款管理”→“应收单据处理”→“应收单据录入”命令，打开“单据类别”对话框，“单据名称”选择“销售发票”，“单据类型”选择“销售专用发票”，“方向”为“正向”，单击“确定”按钮，进入“销售专用发票”窗口，如图 7-29 所示。

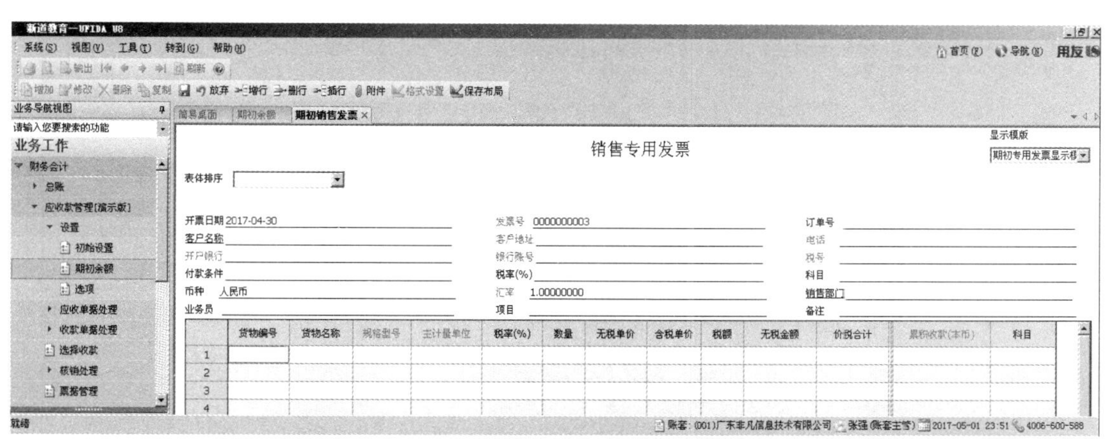

图 7-29　“销售专用发票”窗口

(3) 单击工具栏中的“增加”按钮，系统自动设定发票号，修改“开票日期”为业务日期 2017-05-04，“销售类型”为“直销”，“客户简称”通过单击“参照”按钮选择“黑马公司”，“存货名称”通过单击“参照”按钮选择“华硕电脑”，录入“数量”为 5，“无税单价”为 3500，按 Enter 键，自动计算价税合计金额，完成后如图 7-30 所示。

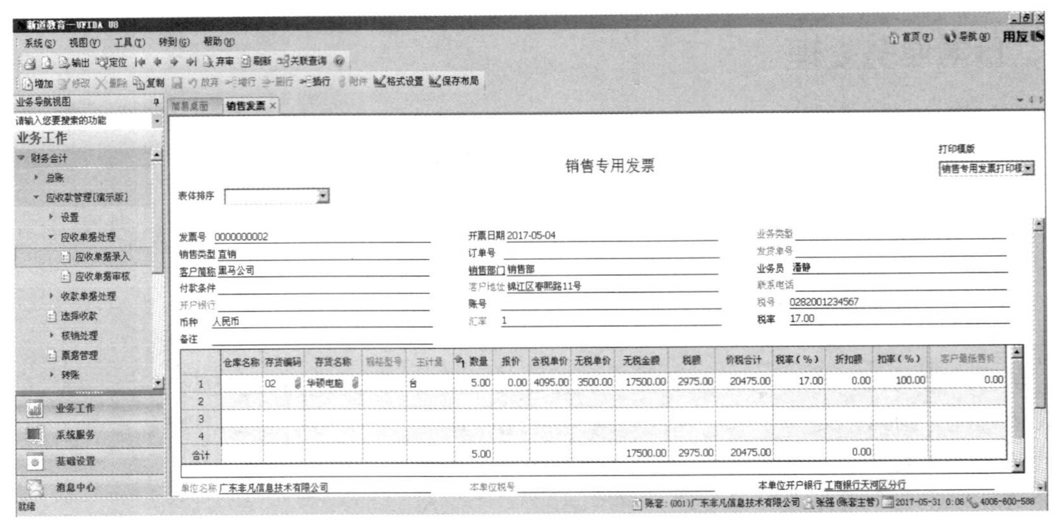

图 7-30 输入数据

特别提醒

需要注意的是，这里没有录入的项目如“开户银行”“单位名称”和“银行账号”等信息由系统根据基础资料中的信息自动带出。

(4) 在“销售专用发票”窗口中单击工具栏中的“保存”按钮后退出该窗口，在企业应用平台执行“财务会计”→“应收款管理”→“应收单据处理”→“应收单据录入”命令，打开“单据类别”对话框，“单据名称”选择“应收单”，“单据类型”选择“其他应收单”，“方向”为“正向”，单击“确定”按钮，进入“应收单”窗口，如图 7-31 所示。

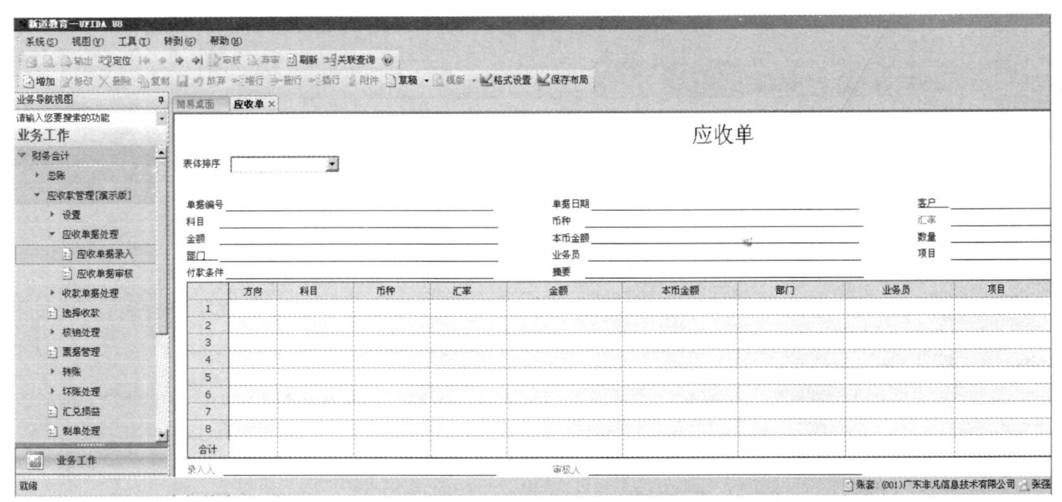

图 7-31 “应收单”窗口

(5) 单击工具栏中的“增加”按钮，系统自动设定发票号，修改“单据日期”为业务日期 2017-05-04，“客户”为“黑马公司”，录入“金额”为 3000，“摘要”为“代垫运费”，单击工具栏中的“保存”按钮。此时会在“应收单”窗口下侧自动生成第 1 条记

录，如图 7-32 所示。

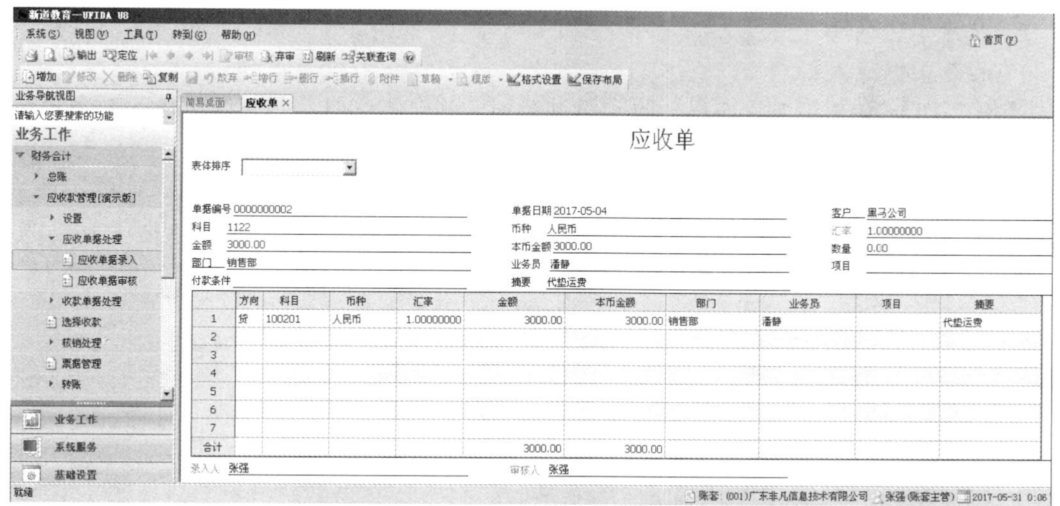

图 7-32　输入数据

(6) 单击工具栏“审核”按钮，系统审核签字并询问“是否立即制单？”，单击“否”按钮，退出“应收单”窗口。

特别提醒

需要注意的是，已审核和生成凭证的应收单不能修改删除，如果需要修改或删除，必须取消相应的操作，所以这里不制单，等所有单据全部完成后再批量制单。

2) 审核

应收单据的审核有以下两种方法。

第一种方法：完成应收单据录入后，可以在退出录入窗口前选择“审核”按钮，系统进行审核签字并弹出对话框询问“是否立即制单？”，单击“否”按钮，暂不生成凭证。

第二种方法：在企业应用平台中，以账套主管的身份执行“财务会计”→“应收款管理”→“应收单据处理”→“应收单据审核”命令，进入“应收单过滤条件”对话框，单击“确定”按钮后进入“应收单据列表”窗口，如图 7-33 所示。

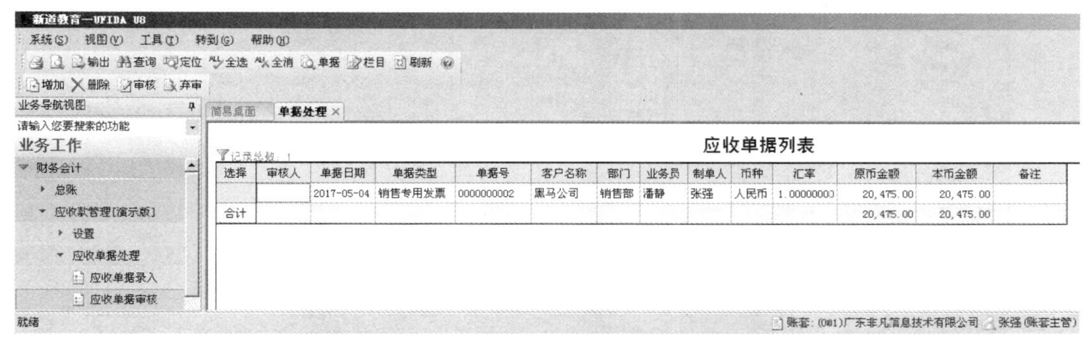

图 7-33　“应收单据列表”窗口

在其中选定需要审核的应收单据，单击“审核”按钮，操作完成。

2. 收款单据处理

1) 收款单据录入

【例 7-10】2017 年 5 月 5 日，收到思诚公司一张转账支票，归还前欠货款 35 000 元，票据号 zp001，输入一张收款单据。

(1) 以账套主管的身份登录企业应用平台，执行“财务会计”→“应收款管理”→“收款单据处理”→“收款单据录入”命令，打开“收款单”窗口，如图 7-34 所示。

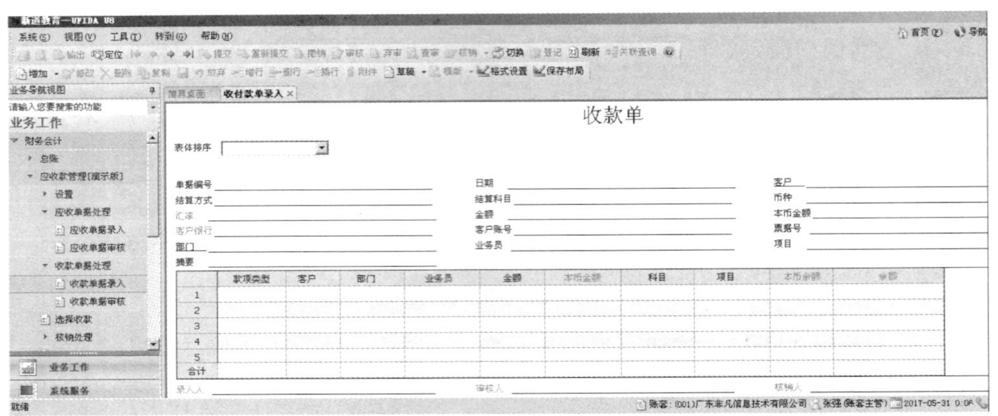

图 7-34 “收款单”窗口

(2) 在“收款单”窗口中单击“增加”按钮，录入“日期”为 2017-05-05，“客户”选择“思诚公司”，“结算方式”选择“转账支票”，录入“金额”为 35 000，“票据号”为 zp001，单击工具栏中的“保存”按钮，如图 7-35 所示。

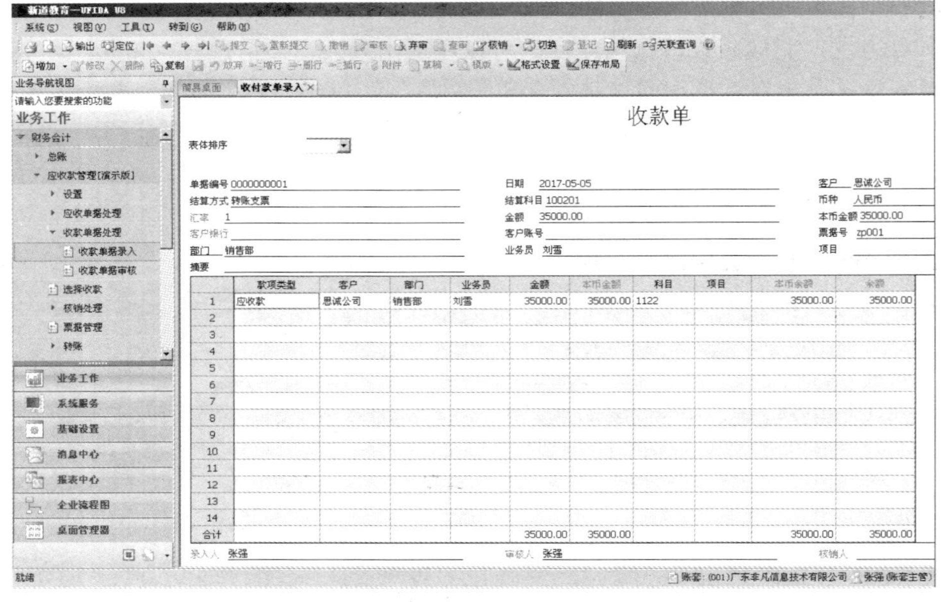

图 7-35 输入数据

(3) 单击工具栏中的“审核”按钮，系统审核签字并询问“是否立即制单”，单击“否”按钮。

2) 完全核销应收款

【例 7-11】承上例，核销例 7-10 中的应收款。

(1) 在“收款单”窗口中，单击⇒|按钮，找到 2017 年 5 月 5 日的收款单，单击“核销”按钮，打开“核销条件”对话框，如图 7-36 所示。

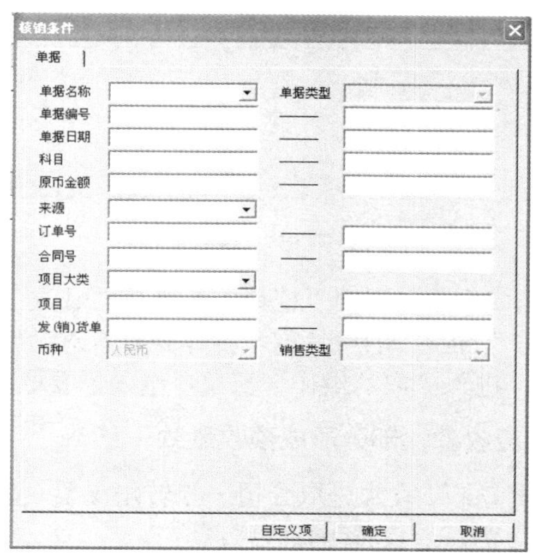

图 7-36　“核销条件”对话框

(2) 单击“确定”按钮，进入“单据核销”窗口，如图 7-37 所示。

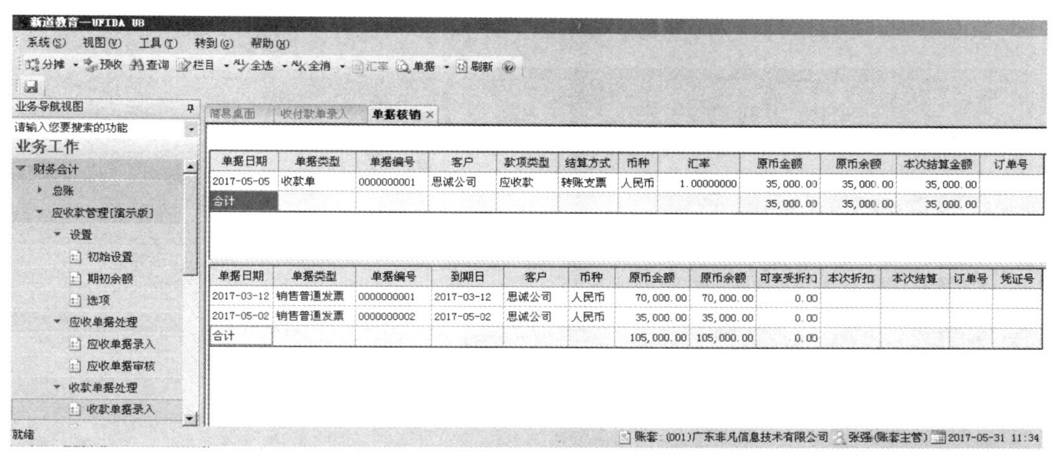

图 7-37　“单据核销”窗口

(3) 选中“单据日期”为 5 月 2 日的“销售普通发票”，在“本次结算”栏中输入 35 000 元，单击“保存”按钮，如图 7-38 所示。

(4) 单击“保存”按钮后，系统以 5 月 5 日的收款单核销了 5 月 2 日销售普通发票中的 35 000 元，只剩下 3 月 12 日的销售普通发票。

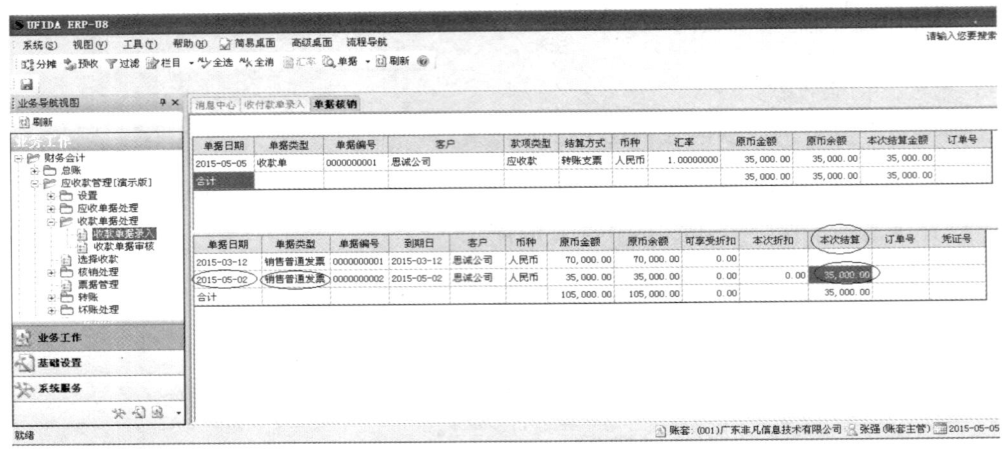

图 7-38 已核销

(5) 如果在核销操作完成后需要取消“核销”，执行“财务会计”→“应收款管理”→“其他处理”→“取消操作”命令，打开“取消操作条件”对话框，“操作类型”选中“核销”，单击“确定”按钮，进入“取消操作”窗口，选中需要取消核销的单据即可。

3. 收款单据部分核销应收款，部分形成预收账款

【例 7-12】2017 年 5 月 7 日，收到进取公司一张转账支票，支票号 zp002，金额 100 000 元，归还前欠货款及代垫运费，余款转为预收账款。

(1) 以账套主管的身份登录企业应用平台，执行“财务会计”→“应收款管理”→“收款单据处理”→“收款单据录入”命令，打开“收款单”窗口，单击“增加”按钮，录入“日期”为 5 月 7 日，“客户”选择“进取公司”，“结算方式”选择“转账支票”，录入“金额”为 100 000，“票据号”为 zp002，单击工具栏中的“保存”按钮，如图 7-39 所示。

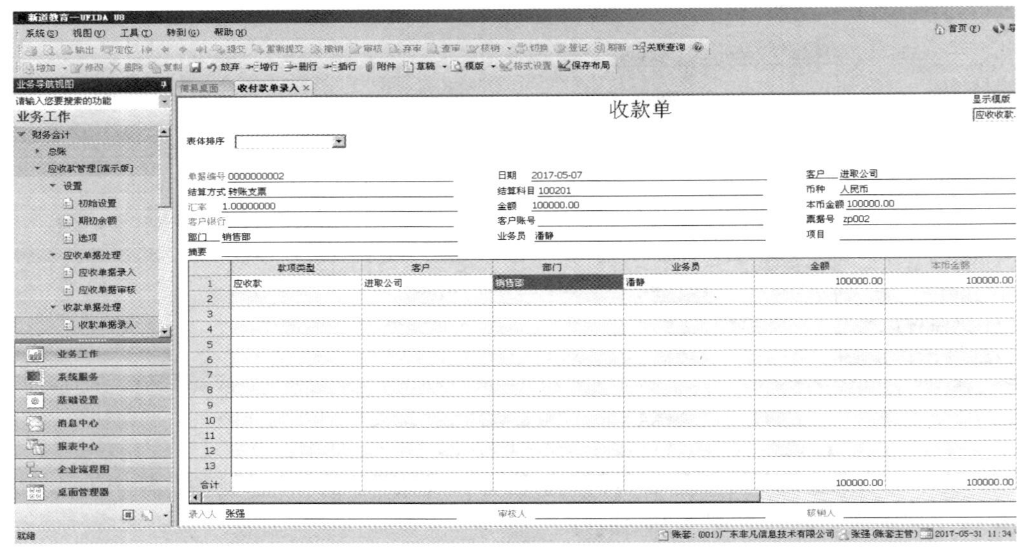

图 7-39 “收款单”窗口

(2) 单击“核销”按钮，系统询问“是否立即制单？”，单击“否”按钮，系统弹出“核销条件”对话框，单击“确定”按钮，进入“单据核销”窗口，如图 7-40 所示。

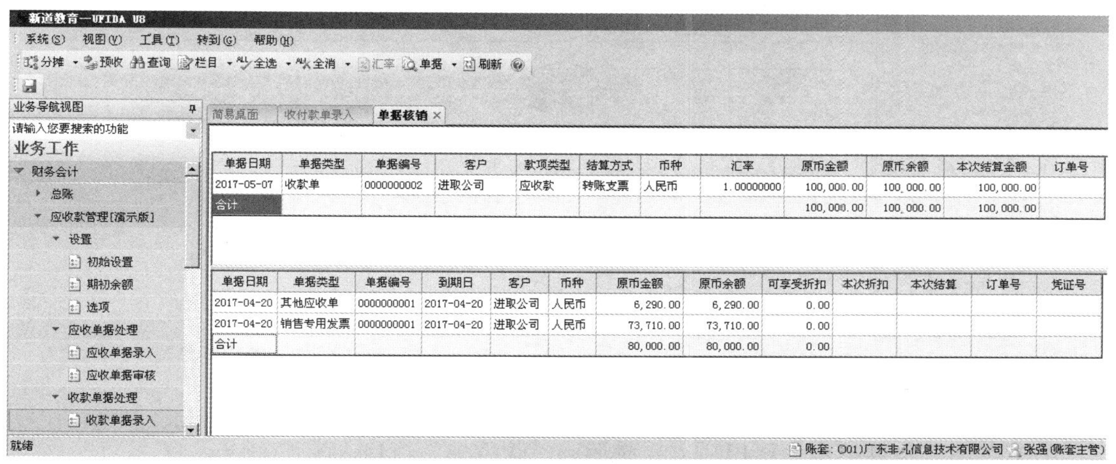

图 7-40 “单据核销”窗口

(3) 输入“销售专用发票”的“本次结算金额”为 73 710，“其他应收单”的“本次结算”金额为 6290，系统自动合计金额为 80 000，如图 7-41 所示。

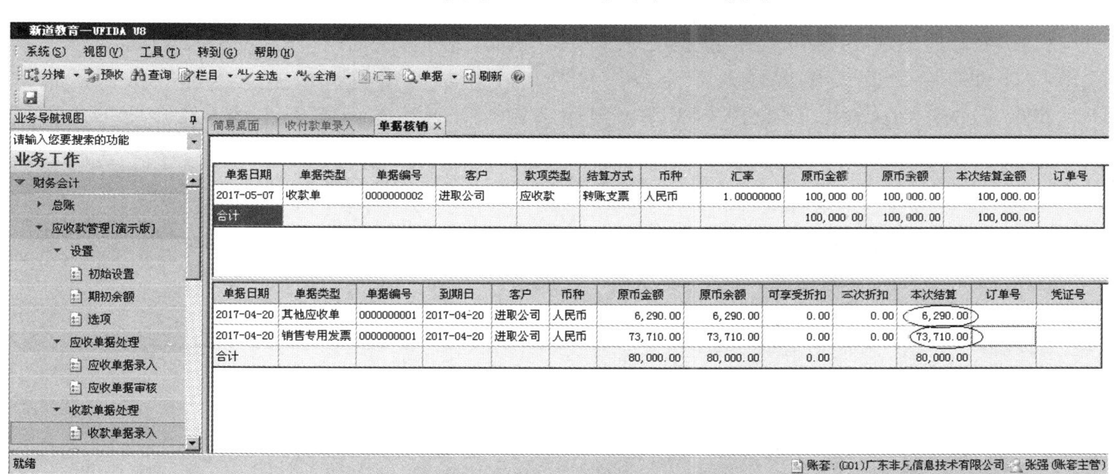

图 7-41 输入金额

(4) 单击“保存”按钮，系统弹出“应收款管理”对话框，询问“是否将剩余金额作为预收款处理”，如图 7-42 所示。

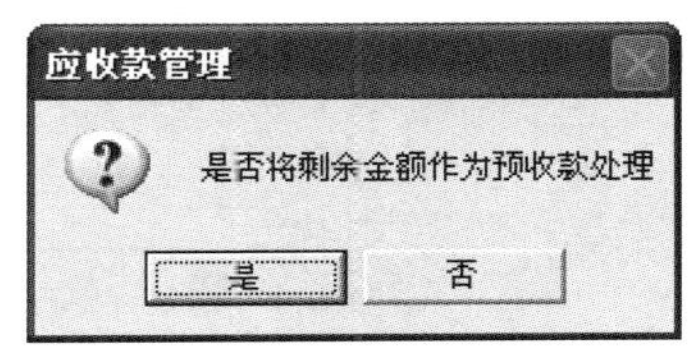

图 7-42 “应收款管理”对话框

(5) 单击“是”按钮后，继续关闭“单据核销”窗口，系统返回“收款单”窗口，再次单击“核销”按钮，在“核销条件”对话框中单击“确定”按钮，进入“单据核销”窗口，显示余款 20 000 元的“款项类型”为“预收款”，如图 7-43 所示。

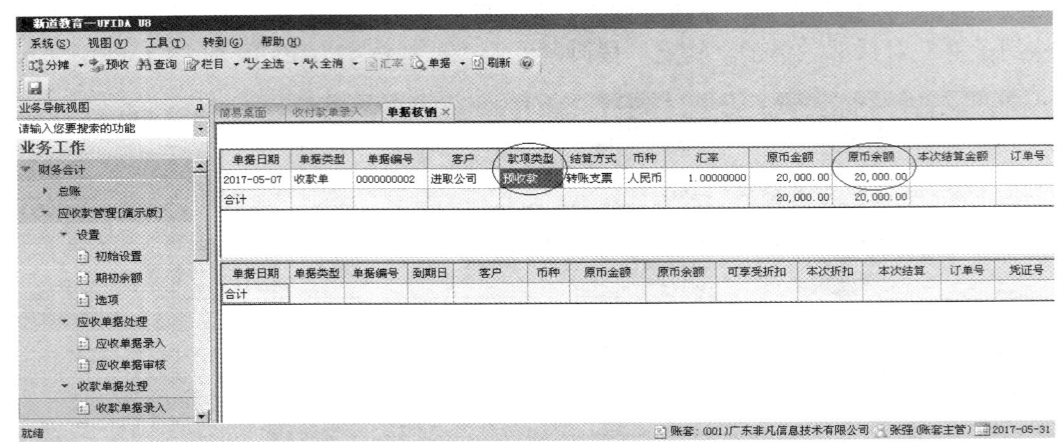

图 7-43 “单据核销”窗口

(6) 关闭“单据核销”窗口后，系统返回“收款单”窗口，操作完成。

4. 录入一张收款单据全部形成预收账款

【例 7-13】2017 年 5 月 8 日，收到思诚公司的一张转账支票，支票号 zp003，金额 10 000 元，作为预购惠普打印机的定金。

(1) 以账套主管的身份登录企业应用平台，执行“财务会计”→“应收款管理”→“收款单据处理”→“收款单据录入”命令，打开“收款单”窗口，单击“增加”按钮，录入“日期”为 2017-05-08，“客户”选择“思诚公司”，“结算方式”选择“转账支票”，录入“金额”为 10 000，“票据号”为 zp003，“部门”选择“销售部”，“业务员”选择“刘雪”，款项类型为“预收款”，单击工具栏中的“保存”按钮，如图 7-44 所示。

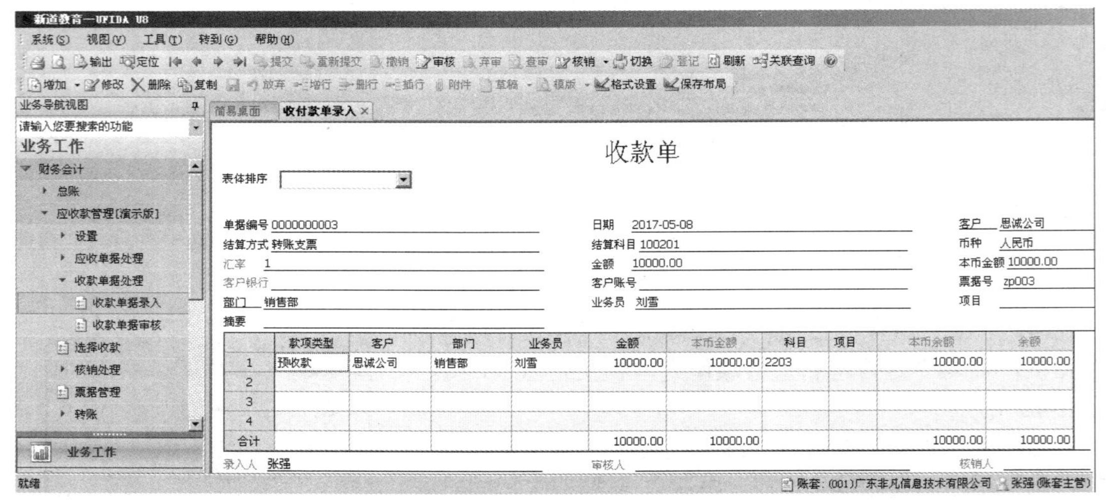

图 7-44 “收款单”录入窗口

(2) 单击“审核”按钮，系统弹出“是否立即制单？”提示对话框，单击“否”按钮，暂不生成凭证。

特别提醒

需要注意的是，全部形成预收账款的收款单据，可在“结算单查询”功能中查看，以后可通过“预收充应收”以及“核销”等操作使用此笔预收款。

5. 转账的业务处理

1) 应收冲应收

做此项操作前，需要确保所有录入的应收单据和收款单据都已审核。

【例 7-14】2017 年 5 月 9 日，将黑马公司购买华硕电脑的应收款转给进取公司。

(1) 以账套主管的身份登录企业应用平台，执行“财务会计”→“应收款管理”→“转账”→“应收冲应收”命令，打开“应收冲应收”对话框，如图 7-45 所示。

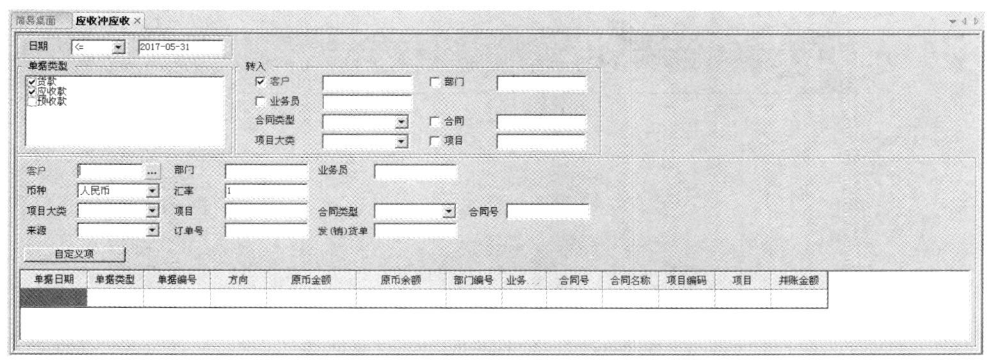

图 7-45　“应收冲应收”对话框

(2) “日期”范围系统默认为<=，“日期”修改为 2017-05-09，“客户”选择“黑马公司”，“转入客户”选择“进取公司”，单击工具栏“查询”按钮，系统列出“黑马公司”未核销的应收款。双击 2017-05-04 的“销售专用发票”栏的“原币金额”，系统自动填入“并账金额”20 475，单击工具栏“保存”按钮，如图 7-46 所示。

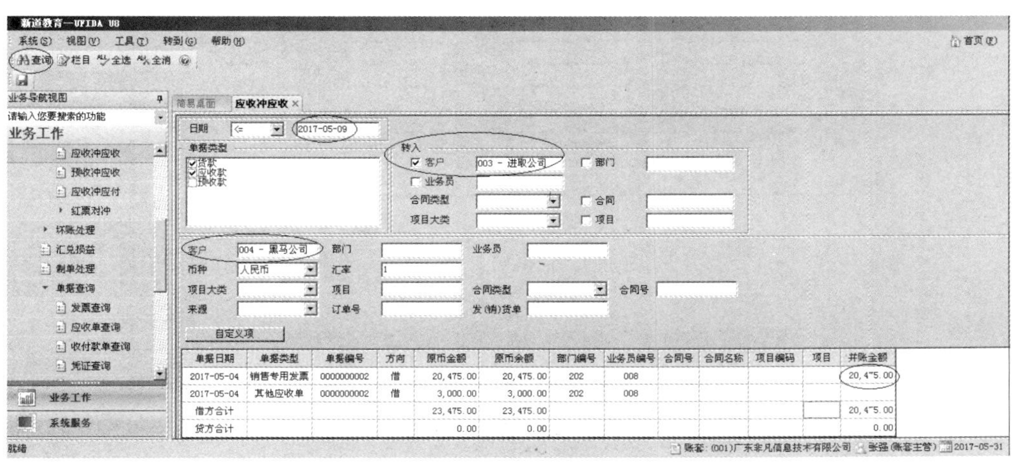

图 7-46　输入数据

(3) 系统弹出“是否立即制单？”提示对话框，单击“否”按钮，暂不生成凭证，操作完成。

2) 预收冲应收

【例 7-15】2017 年 5 月 10 日，用思诚公司交来的定金冲抵其期初的应收款项。

(1) 以账套主管的身份登录企业应用平台，执行“财务会计”→“应收款管理”→“转账”→“预收冲应收”命令，打开“预收冲应收”对话框，如图 7-47 所示。

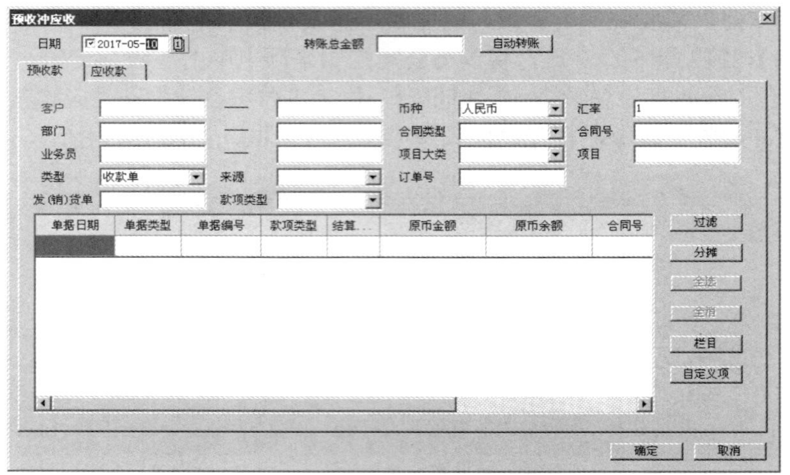

图 7-47 “预收冲应收”对话框

(2) 选择“预收款”选项卡，“日期”输入 2017-05-10，“客户”选择“思诚公司”，单击“过滤”按钮，系统列出该客户的“收款单”。在“转账金额”栏录入 10 000，单击“确定”按钮，如图 7-48 所示。

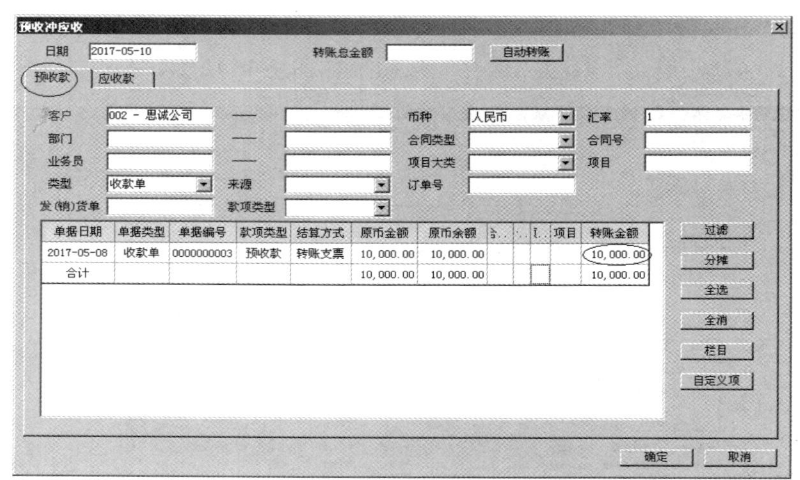

图 7-48 设置预收款

(3) 在“预收冲应收”对话框中选择“应收款”选项卡，单击“过滤”按钮，系统列出该客户的“应收款”。在“转账金额”栏录入 10 000，如图 7-49 所示。

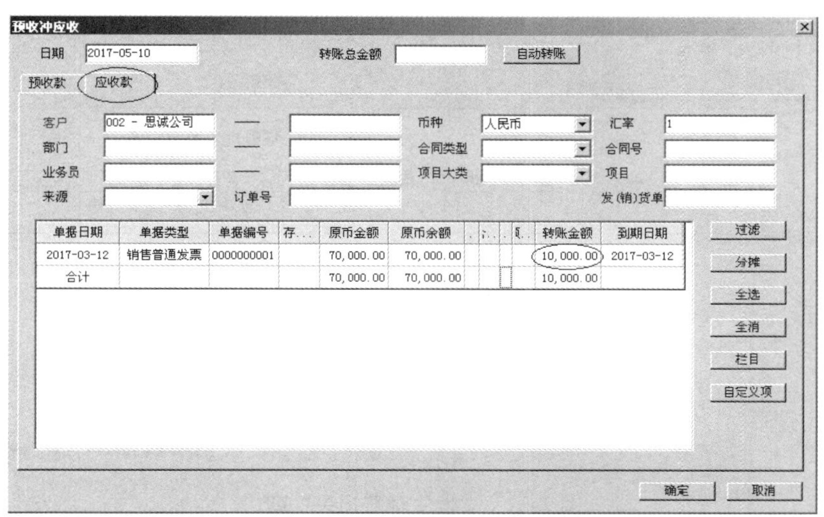

图 7-49　设置应收款

(4) 单击“确定”按钮，系统弹出“是否立即制单？”提示对话框，单击“否”按钮，暂不生成凭证。

特别提醒

需要注意的是，每一笔应收款的转账金额不能大于其余额。应收款的转账金额合计应该等于预收款的转账金额合计。

在初始设置时，如果将应收科目和预收科目设置为同一科目，将无法通过预收冲应收功能生成凭证。

6. 坏账处理

1) 发生坏账

【例 7-16】2017 年 5 月 15 日，确认 5 月 4 日为 004 公司代垫的 3000 元运费收不回来，作为坏账处理。

(1) 以账套主管的身份登录企业应用平台，执行“财务会计”→“应收款管理”→“坏账处理”→“坏账发生”命令，打开“坏账发生”对话框，修改“日期”为 2017-05-15，“客户”选择 004，“币种”选择“人民币”，如图 7-50 所示。

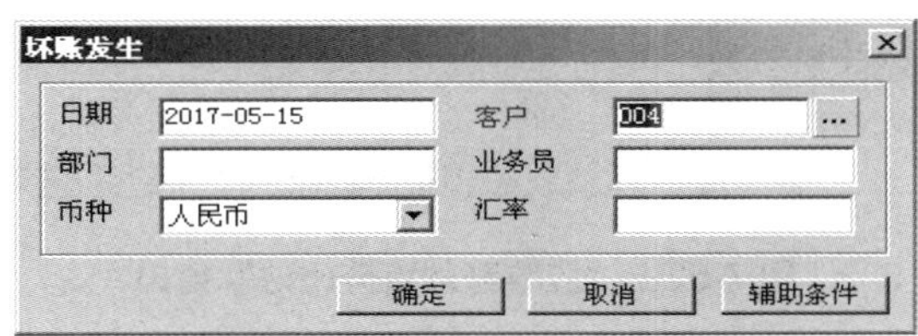

图 7-50　“坏账发生”对话框

(2) 单击“确定”按钮，进入“发生坏账损失”窗口，如图 7-51 所示。

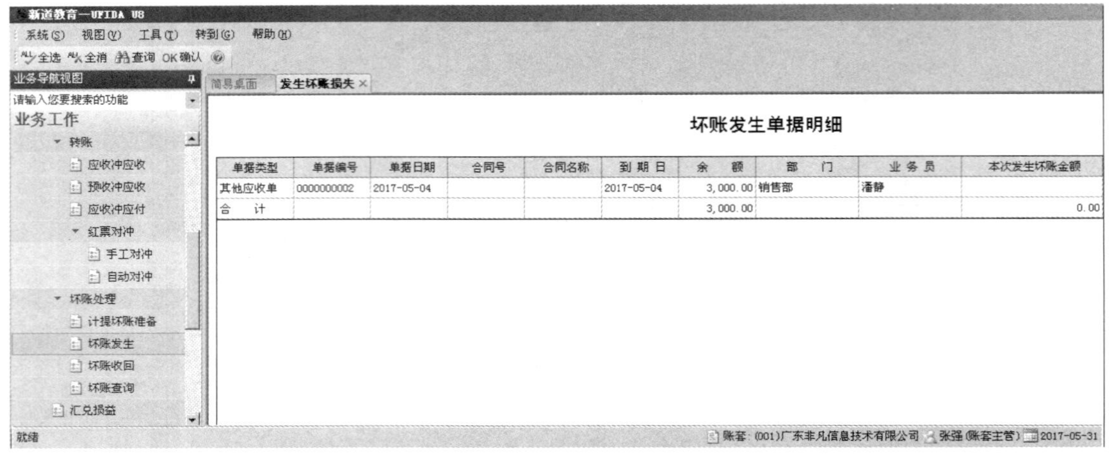

图 7-51 “发生坏账损失”窗口

(3) 系统列出该客户所有未核销的应收单据。在“本次发生坏账金额”栏输入金额 3000，单击工具栏中的“OK 确认”按钮。系统弹出“是否立即制单？”提示对话框，单击“否”按钮，暂不生成凭证。

2) 计提坏账准备

【例 7-17】2017 年 5 月 31 日，计提本月坏账准备。

(1) 以账套主管的身份登录企业应用平台，执行“财务会计”→“应收款管理”→“坏账处理”→“计提坏账准备”命令，进入“应收账款百分比法”窗口，如图 7-52 所示。

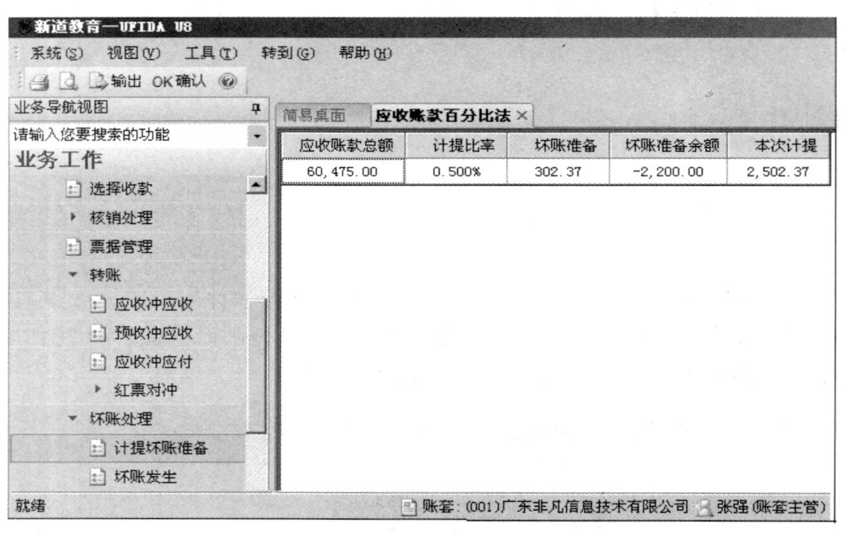

图 7-52 “应收账款百分比法”窗口

(2) 系统会根据应收账款余额、坏账准备余额、坏账准备初始设置情况自动计算出本次计提金额，单击“OK 确认”按钮，系统弹出“是否立即制单？”提示对话框，单击“否”按钮，暂不生成凭证。

需要注意的是，如果坏账准备已计提成功，本年度将不能再次计提坏账准备。

第三节　应收款管理系统的期末处理

应收款管理系统期末处理主要是指制单、查询统计、期末结账等操作。

一、制单

制单有两种方式，立即制单和批量制单。在单据录入并审核完毕后，系统会询问是否立即制单，单击“是”按钮，则立即生成凭证。单击“否”按钮则要在期末进行批量制单。

批量制单的操作步骤如下。

(1) 以账套主管 001 的身份登录企业应用平台，执行“财务会计”→“应收款管理”→“制单处理”命令，打开“制单查询”对话框，如图 7-53 所示。

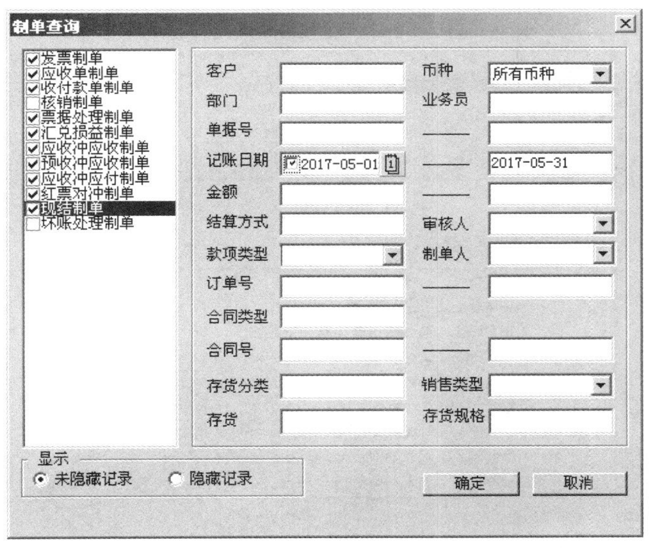

图 7-53　“制单查询”对话框

(2) 分别选中“发票制单”“应收单制单”“收付款单制单”“票据处理制单”“应收冲应收制单”“预收冲应收制单”“应收冲应付制单”“红票对冲制单”和“现结制单”复选框，“记账日期”范围是 2017-05-01 至 2017-05-31，单击“确定”按钮，进入“应收制单”窗口，如图 7-54 所示。

(3) 先选中第一张要生成凭证的单据，在“单据类型”栏中双击选中后在“选择标志”中会出现 1，单击“制单”按钮，如图 7-55 所示。

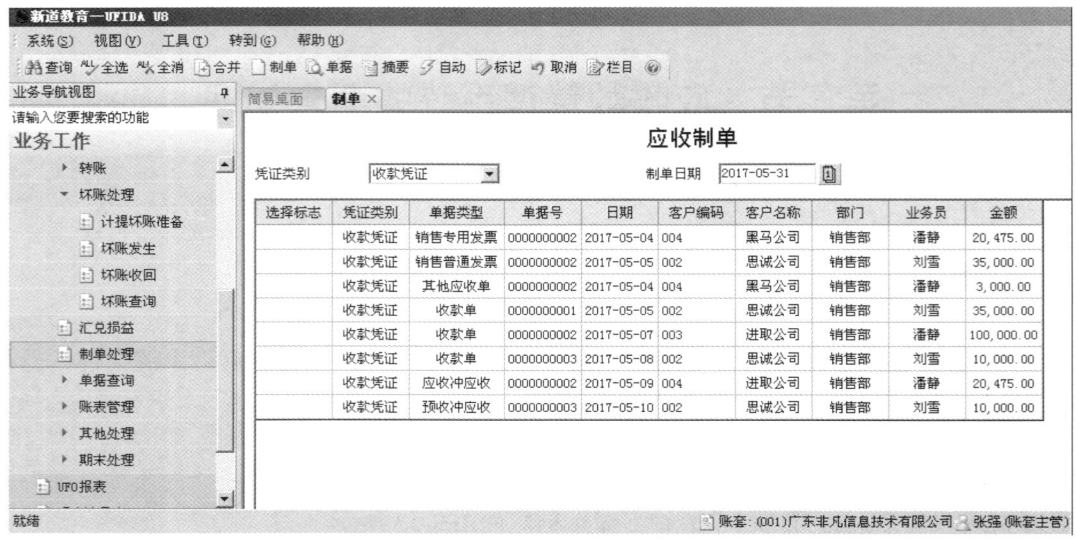

图 7-54 “应收制单”窗口

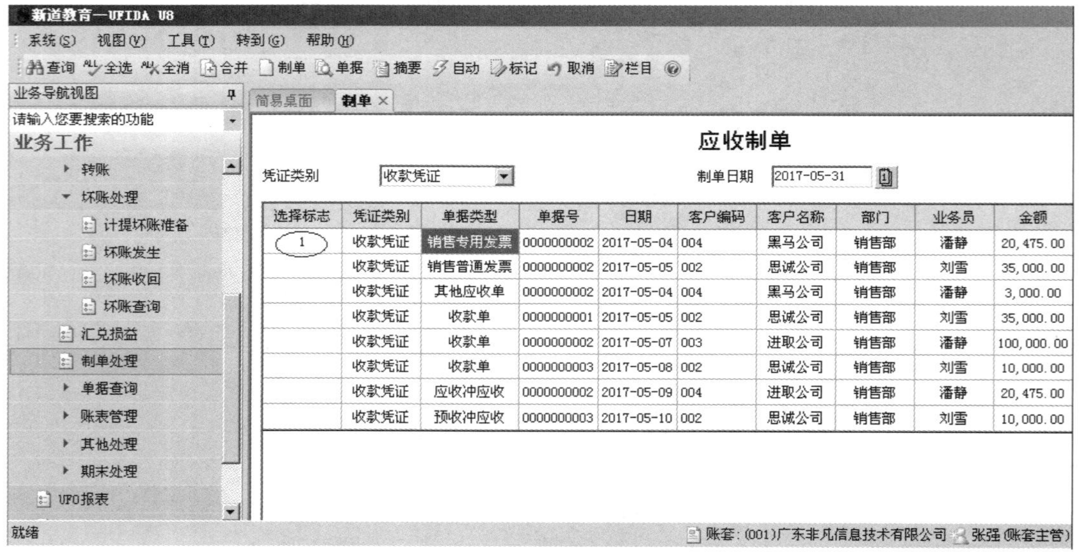

图 7-55 修改制单日期

(4) 单击工具栏中的“制单”按钮后，系统生成一张凭证，根据业务的分录判断凭证类别为“转”，修改业务日期为2017-05-04，单击“保存”按钮，如图7-56所示。

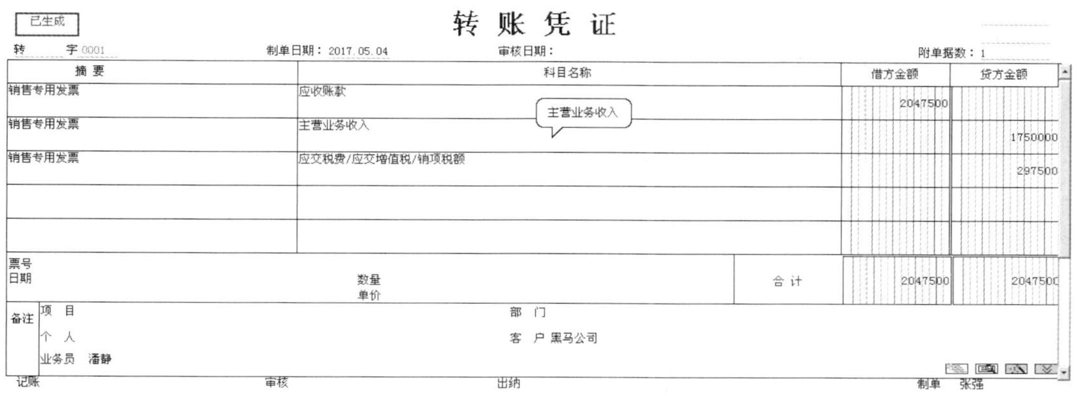

图 7-56　“填制凭证”窗口

(5) 第一张凭证保存后退出，系统返回“制单”窗口，继续生成其余 7 张凭证。完成后，退出“制单”窗口。

(6) 以 001 张强身份执行“财务会计”→“应收款管理”→“制单处理”命令，打开“制单查询”对话框，选中“坏账处理制单”复选框，如图 7-57 所示。

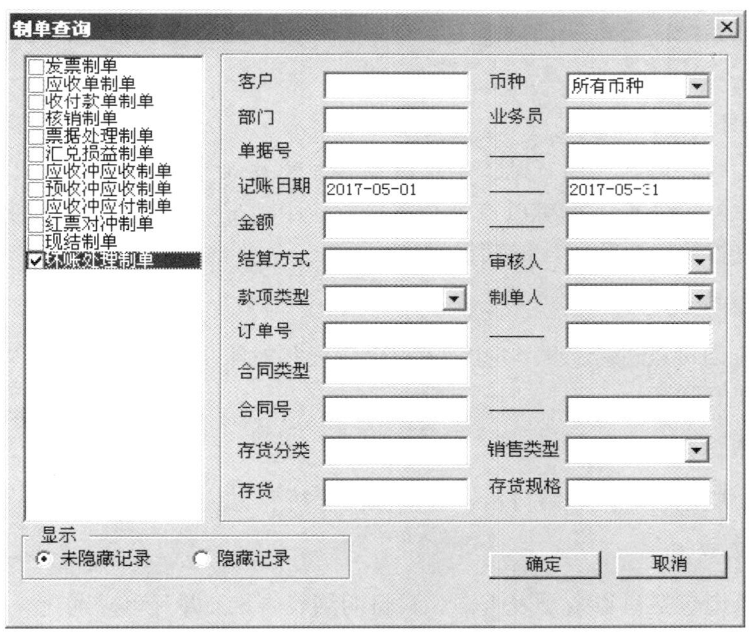

图 7-57　“制单查询”对话框

(7) 单击“确定”按钮，打开“坏账制单”窗口，如图 7-58 所示。

(8) 选择要生成凭证的单据，依次生成凭证。

(9) 制单全部完成后，需要在总账系统中以 003 王军的身份进行审核和记账。

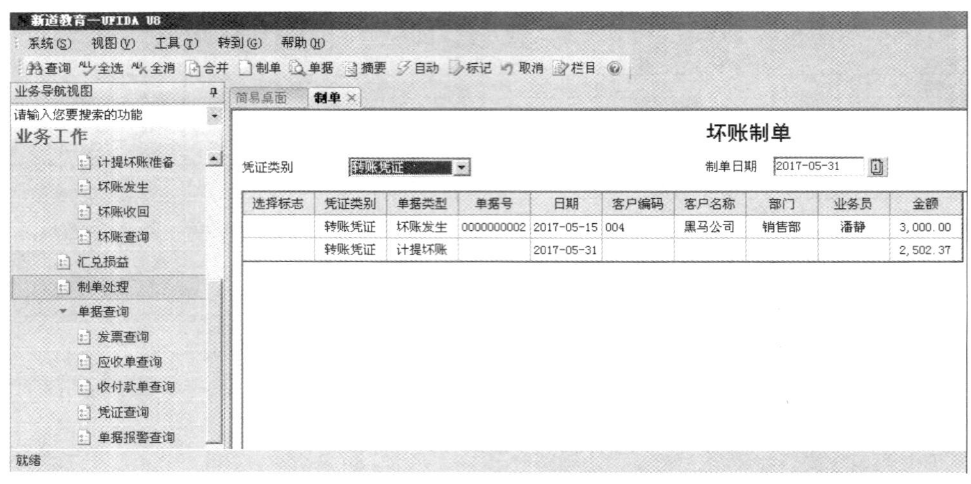

图 7-58 “坏账制单”窗口

二、查询统计

应收款管理系统的查询统计功能主要有单据查询、业务账表查询、业务分析和科目账表查询。

1. 单据查询

单据的查询包括发票、应收单、结算单和凭证的查询。可以查询已经审核的各类型应收单据的收款、结余情况；也可以查询结算单的使用情况；还可以查询本系统所生成的凭证，并且对其进行修改、删除、冲销等操作。

2. 业务账表查询

业务账表查询可以进行总账、明细账、余额表和对账单的查询，并可以实现总账、明细账、单据之间的联查。

3. 业务分析

业务分析功能包括应收账龄分析、收款账龄分析和欠款分析。

4. 科目账表查询

科目账表查询包括科目余额表查询和科目明细表查询，并且可以通过一个“总账/明细”的切换按钮进行联查，实现总账、明细账、凭证的联查。

三、期末结账

如果确认本月的各项业务已经结束，可以选择执行月末结账功能。结账后，本月不能再进行单据、票据、转账等业务的增、删、改、审等处理。该系统也有取消月末结账的功能，但取消结账操作只能在该月总账系统未结账时才能进行。如果与销售管理系统集成运

行，销售管理系统结账后，应收款管理系统才能结账。

需要注意的是，本月的单据在结账前应全部审核，若本月的结算还有未核销的，不能结账。

1. 结账的操作

(1) 以 001 张强的身份登录企业应用平台，执行“财务会计”→“应收款管理”→“期末处理”→“月末结账”命令，打开“月末处理”对话框，如图 7-59 所示。

(2) 双击 5 月份的结账标志栏，出现“Y”表示选中，单击“下一步”按钮， 屏幕显示各处理类型的处理情况，如图 7-60 所示。

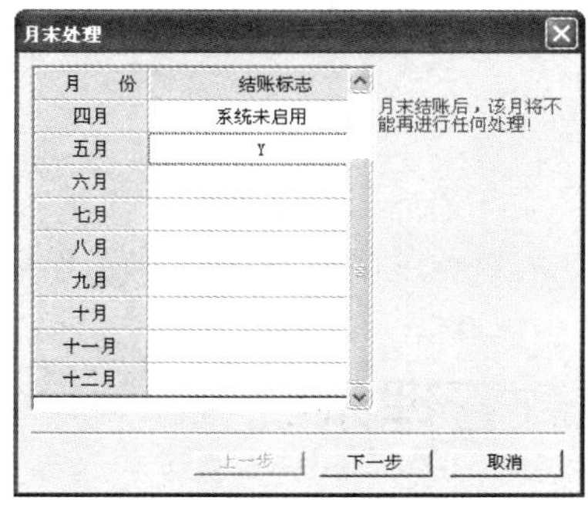

图 7-59　“月末处理”对话框

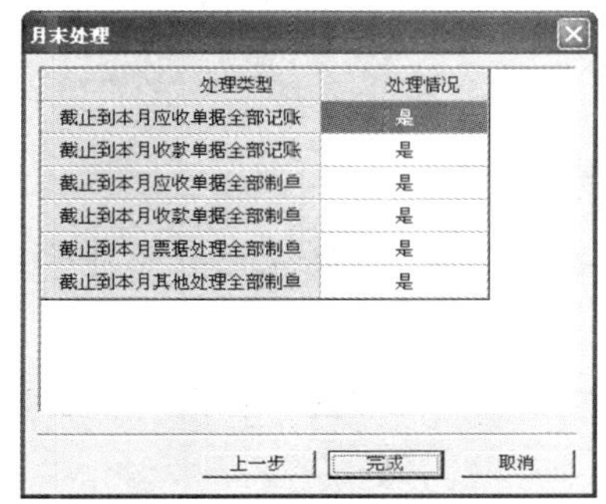

图 7-60　各处理类型的处理情况

(3) 在处理情况都是“是”的情况下，单击“完成”按钮，系统打开“应收款管理”对话框，如图 7-61 所示。

(4) 单击“确定”按钮，系统自动在对应的结账月份 5 月的“结账标志”栏中显示“已结账”字样，如图 7-62 所示。

图 7-61　“应收款管理”对话框

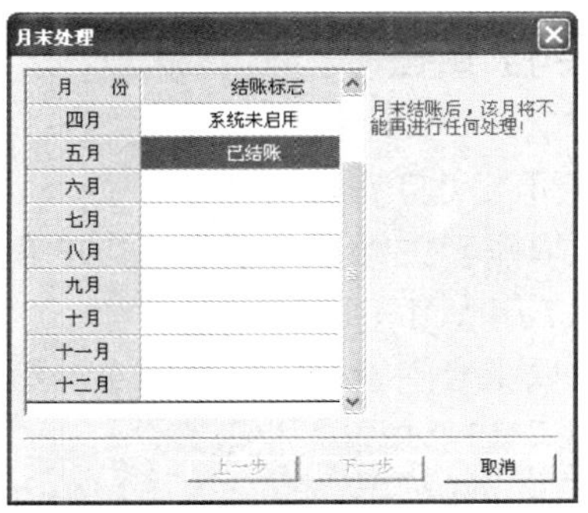

图 7-62　显示“已结账”

2. 取消结账

(1) 以 001 张强的身份登录企业应用平台，执行“财务会计”→“应收款管理”→“期末处理”→“取消月结”命令，打开“取消结账”对话框，如图 7-63 所示。

(2) 选择五月“已结账”月份栏，单击“确定”按钮，系统弹出“取消结账成功！”提示对话框，如图 7-64 所示。

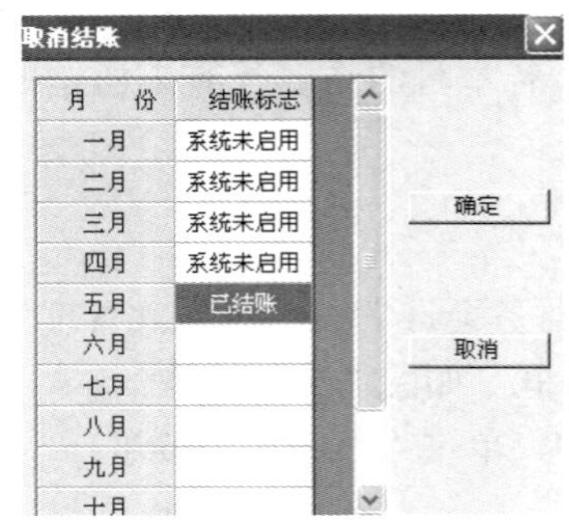

图 7-63 “取消结账”对话框

图 7-64 “取消结账成功”提示对话框

(3) 单击“确定”按钮，当月结账标志即被取消。

特别提醒

需要注意的是，如果当月总账管理系统已经结账，则应收管理系统不能取消结账。

第四节 实验九：应收款管理系统

一、实验目的

(1) 通过上机实验，熟悉应收款管理系统的操作流程。
(2) 掌握系统初始参数设置的顺序，完成初始设置操作。
(3) 掌握应收款日常业务处理和期末业务处理的操作。

二、实验准备

(1) 引入实验三的账套。

(2) 以账套主管 001 张强的身份登录企业应用平台，启用“应收款管理”系统，启用日期为 2017 年 5 月 1 日。

(3) 以账套主管 001 张强的身份给 004 刘雪授权，在“数据权限分配”中授予所有科目的“查账”和“制单”权限。

(4) 以 004 刘雪的身份完成初始设置中从“账套参数设置”到“销售类型”的设置，以 001 张强的身份完成从初始设置“期初余额”至“期末处理”的操作。

三、实验内容

1) 初始设置

(1) 账套参数设置。

根据表 7-1 由操作员 004 刘雪完成账套参数设置。

表 7-1 账套参数设置

账套参数	参数设置
坏账处理方式	应收余额百分比
是否自动计算现金折扣	√

(2) 设置科目。

根据表 7-2 由操作员 004 刘雪完成科目设置。

表 7-2 科目设置

科目类别	设置方式
基本科目设置	应收科目(本币)：1122 预收科目(本币)：2203 销售收入科目(本币)：6001 税金科目：22210105
控制科目设置	所有客户 应收科目：1122 预收科目：2203
结算方式科目设置	结算方式：现金支票 币种：人民币 科目：100201 结算方式：转账支票 币种：人民币 科目：100201

(3) 坏账准备设置。

根据表 7-3 由操作员 004 刘雪完成坏账准备设置。

表 7-3 坏账准备设置

控制参数	参数设置
提取比例	0.5%
坏账准备期初余额	800
坏账准备科目	1231
对方科目	6701

(4) 账期内账龄区间及逾期账龄区间。

根据表 7-4 由操作员 004 刘雪完成账期内账龄区间设置，同理完成逾期账龄区间设置。

表 7-4 账期内账龄区间/逾期账龄设置

序 号	起止天数	总 天 数
01	01~30	30
02	31~60	60
03	61~90	90
04	91 以上	

(5) 计量单位组。

根据表 7-5 由操作员 004 刘雪完成计量单位组设置。

表 7-5 计量单位组设置

计量单位组编号	计量单位组名称	计量单位组类别
01	无换算关系	无换算率

(6) 计量单位。

根据表 7-6 由操作员 004 刘雪完成计量单位设置。

表 7-6 计量单位设置

计量单位编号	计量单位名称	所属计量单位组名称
01	台	无换算关系
02	千米	无换算关系

(7) 存货分类。

根据表 7-7 由操作员 004 刘雪完成存货分类设置。

表 7-7 存货分类设置

存货类别编码	存货类别名称
01	库存商品
02	应税劳务

(8) 存货档案。

根据表 7-8 由操作员 004 刘雪完成存货档案设置。

表 7-8 存货档案设置

编　码	名　称	分 类 码	单　位	税　率	存货属性	参考成本	参考售价	计划价/售价
01	联想电脑	1	台	17%	外购、内销、外销	4 000	6 000	
02	华硕电脑	1	台	17%	外购、内销、外销	3 000	4 500	
03	惠普打印机	1	台	17%	外购、内销、外销	800	1 500	1 200
04	运输费	2	千米	7%	外购、内销、外销、应税劳务			

(9) 由操作员 004 刘雪完成“本单位开户银行”的设置。

编码：01　银行账号：621412345678　币种：人民币

开户银行：工商银行天河区分行　所属银行编码：01

(10) 收发类别(需要启用销售系统)。

根据表 7-9 和表 7-10 由操作员 004 刘雪完成收发类别设置。

表 7-9 收发类别设置

收发类别编码	收发类别名称	收发标志
1	正常入库	收
101	采购入库	收
102	成品入库	收
103	调拨入库	收
104	其他入库	收

表 7-10 收发类别设置

收发类别编码	收发类别名称	收发标志
2	正常出库	发
201	销售出库	发
202	领用出库	发
203	调拨出库	发
204	其他出库	发

(11) 销售类型。

根据表 7-11 由操作员 004 刘雪完成销售类型设置。

表 7-11 销售类型设置

销售类型编码	销售类型名称	出库类别	是否默认值
1	直销	销售出库	是
2	代销	销售出库	否

(12) 期初余额。(以下操作由操作员 001 张强完成)

会计科目：应收账款(1122)　　　　余额(借)：150 000 元

销售普通发票见表 7-12。

表 7-12 销售普通发票

开票日期	客　户	销售部门	业务员	科　目	货物名称	数　量	含税单价	金　额
2017-03-12	思诚公司	销售部	刘雪	1122	联想电脑	10	7 000	70 000

销售专用发票见表 7-13。

表 7-13 销售专用发票

开票日期	客　户	销售部门	业务员	科　目	货物名称	数　量	不含税单价	税　率	价税合计
2017-04-20	进取公司	销售部	潘静	1122	华硕电脑	18	3 500	17%	73 710

其他应收单见表 7-14。

表 7-14　其他应收单

单据日期	科目编号	客　户	销售部门	业务员	金　额	摘　要
2017-04-20	1122	进取公司	销售部	潘静	6290	代垫运费

(13) 期初对账。

查看应收款管理系统与总账管理系统的期初余额是否平衡。

2) 2017 年 5 月份的经济业务(取消“销售系统”的启用)

注意：以下业务不要马上生成凭证，全部完成后批量制单。

每一笔业务的日期不同，可以修改右下角的系统日期与业务日期一致，再进行操作，完成一笔业务修改一次。或者一次修改为 5 月 31 日，实际操作每笔业务时再修改业务日期。

业务类型一：应收单据录入。

(1) 5 月 2 日，销售部刘雪销售给思诚公司联想电脑 5 台，含税单价 7000 元/台，开出普通发票，货已发出。

要求：输入并审核销售普通发票。

销售类型为：直销。

(2) 5 月 4 日，销售部潘静销售给黑马公司华硕电脑 5 台，不含税单价 3500 元/台，销售类型为：直销。开出增值税专用发票，货已发出(销售专用发票)，同时以银行存款(工行存款)代垫运费 3000 元(其他应收单)。结算方式为现金支票，票号 XJ05， 时间为 5 月 4 日，摘要为代垫运费。

要求：输入并审核销售专用发票；输入并审核其他应收单。

业务类型二：收款单据录入。

(3) 5 月 5 日，收到思诚公司交来的转账支票一张，用以归还前欠货款，金额 35 000 元，票据号 zp001。

要求：输入一张收款单据并完全核销应收款。

(4) 5 月 7 日，收到进取公司交来的转账支票一张，金额为 100 000 元，支票号 zp002，用以归还前欠货款及代垫运费，剩余款项转为预收账款。

要求：输入一张收款单据，部分核销应收款，部分形成预收账款。

(5) 5 月 8 日，思诚公司交来转账支票一张，金额 10 000 元，支票号 zp003，作为预购惠普打印机的定金。

要求：输入一张收款单据，全部形成预收款。

业务类型三：应收冲应收。

(6) 5 月 9 日，将黑马公司购买华硕电脑的应收款 20 475 元转给进取公司。

业务类型四：预收冲应收。

(7) 5 月 10 日，用思诚公司交来的 10 000 元定金冲抵其期初应收款项。

业务类型五：坏账的处理。

(8) 5 月 15 日，确认本月 4 日为黑马公司代垫的运费 3000 元收不回来，作为坏账处理。

(9) 5 月 31 日，计提坏账准备。分录为：

借：资产减值损失　　　　2502.37

　贷：坏账准备　　　　　　　2502.37

3) 制单

以 001 张强的身份采用批量制单方式生成凭证。以 003 王军的身份进行凭证的审核与记账。

4) 期末处理

001 张强执行期末处理，完成 5 月份的月末结账。结账完成后，再试一下取消结账的操作。

四、可能出现的问题及解决方法

问题 1： 取消“销售系统”的启用时，可能出现如图 7-65 所示的窗口。

图 7-65 “系统启用”窗口

解决方法：在“系统管理”窗口中，执行“视图”→“清退站点”命令，在弹出的“清退站点”对话框中，选择 001 账套，单击“确定”按钮。实质上是解除对账套的占用，如图 7-66 所示。

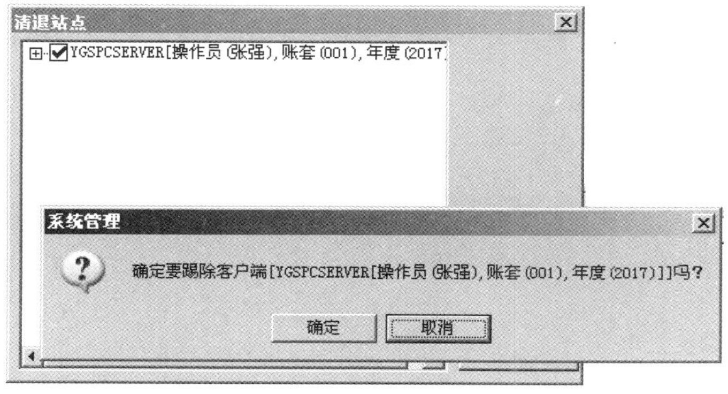

图 7-66 “清退站点”对话框

问题 2：应收单据录入时，单据名称只有“应收单”，没有“销售发票”。

原因：这是因为启用了供应链的“销售系统”。

解决方法：取消系统启用就可以了。但需要注意的是，应收款管理系统如果与销售管理系统集成使用，销售发票只能在销售管理系统中录入并审核，应收款管理系统只对这些销售发票进行查询、核销、制单等操作。如果没有使用销售管理系统，则可以在应收款管理系统中录入并审核销售发票，以形成应收款，并对这些发票进行查询、核销、制单等操作。

问题 3：做预收冲应收业务时，单击“过滤”按钮后，系统显示为无记录。

原因：在做收款单据录入时，款项类型没有在下拉菜单中选定“预收款”，则系统默认为“应收款”。如果款项类型选择无误，那就是做完这张单据录入后只选择了保存，没有选择“审核”按钮。

解决方法：一旦出现这种情况，返回当时系统单据录入对话框，单击“修改”按钮修改，如果是生成了凭证的，先删除凭证后再修改。

问题 4：应付款系统结账时“月末处理”对话框提示“本月其他处理全部制单”显示为“否”，不能结账，如图 7-67 所示。

原因：有记录没有生成凭证，核销业务不用生成凭证。

解决方法：以账套主管 001 身份进行“制单处理”操作，在“制单查询”对话框中勾选“核销制单”；“记账日期”选择为“2017-05-01—2017-05-31”，单击“确定”按钮后进入“核销制单”窗口，单击工具栏“标记”按钮，系统弹出“共有 2 条未制单记录将被隐藏”提示对话框，单击“是”按钮，如图 7-68 所示。此时再进行结账就可以了。

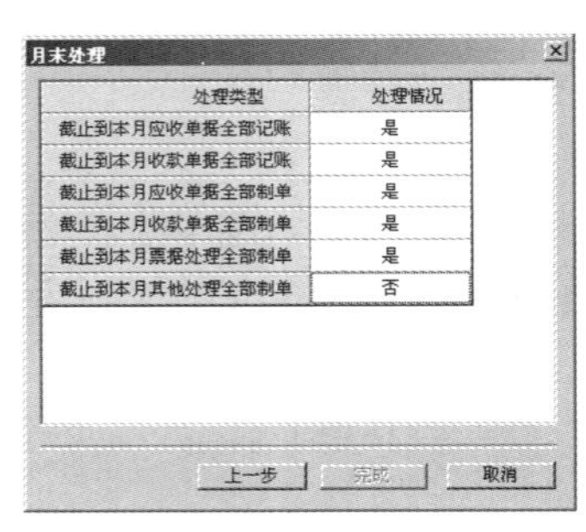

图 7-67 “月末处理”对话框

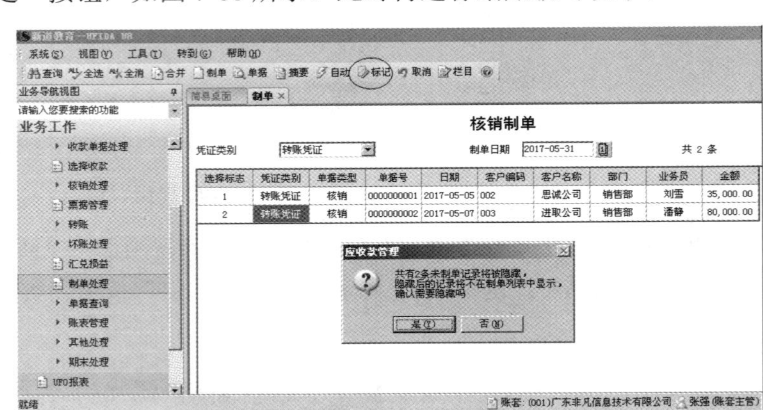

图 7-68 “核销制单”窗口

第八章　应付款管理系统

【学习目标】

通过本章的学习，了解应付款管理系统的主要功能及操作流程。理解应付款管理系统的业务处理流程，掌握应付款管理系统初始化、日常业务处理和期末业务处理的操作。

应付款管理系统是利用计算机对应付款进行管理的系统，它主要是处理企业因赊购商品或劳务而发生的与销售单位或提供劳务单位的往来业务核算的系统，提供票据处理功能，对企业的往来账款进行综合管理，及时、准确地提供关于供应商的往来账款余额资料，提供各种分析报表，帮助合理地进行资金的调配，提高资金的利用效率。

第一节　应付款管理系统概述

一、应付款管理系统的功能

应付款管理系统主要提供企业与供应商业务往来账款的核算与管理，在应付款管理系统中，以发票、费用单和其他应付单等原始单据为依据，记录销售业务及其他业务所形成的往来款项，处理应付款项的收回、转账等情况；提供票据处理的功能，实现对应付票据的管理。

根据对供应商往来款项核算和管理的程度不同，提供了应付账款“详细核算”和“简单核算”两种应用方案。

1. 详细核算应用方案

详细核算应用方案适用于销售业务以及应付款核算业务比较复杂，或者需要追踪每一笔业务的应付款、预收款等情况；或者需要将应付款核算到具体产品一级等情况的核算管理。

在详细核算应用方案下，应付款管理系统的功能如下。

(1) 根据输入的单据或由采购系统传递过来的单据，记录应付款项的形成，处理应付项目的收款及转账业务；对应付票据进行记录和管理，在应付项目的处理过程中生成凭证，并向总账管理系统进行传递，提供各种查询及分析。

(2) 单据处理功能。单据录入、单据管理。解决增删、修改单据和查询、审核单据的工作。

(3) 单据核销工作。手工核销和自动核销。

(4) 应付转账功能。进行应付冲应付、预付冲应付、应付冲应收、红票对冲等操作。

(5) 对外币业务及对应的汇兑损益进行处理。

(6) 对各个业务处理提供制单功能，并传递到总账，提供对银行承兑汇票和商业承兑汇票进行管理的功能。

(7) 进行一次支付多个供应商、多笔款项的业务处理，简化日常付款操作。

(8) 提供查询统计功能，实现单据查询、业务账表查询、业务分析和科目账表查询。

这种核算方案下的操作流程如图 8-1 所示。

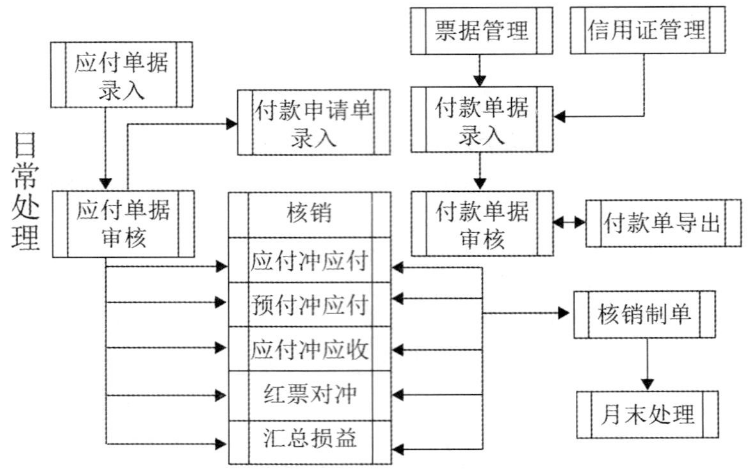

图 8-1 详细核算应用方案下的系统操作流程

2. 简单核算应用方案

如果应付款业务比较简单，或者现购业务很多，则可以选择“简单核算”方案。“简单核算”方案在总账系统通过辅助核算完成供应商往来核算。该方案着重于对供应商的往来款项进行查询和分析。

在简单核算应用方案下，应付款管理系统的功能如下。

(1) 若同时使用采购管理系统，可以接收采购管理系统的发票，并对其进行制单处理，传递给总账。

(2) 若相关业务生成凭证，传递到总账。

这种核算方案下的操作流程如图 8-2 所示。

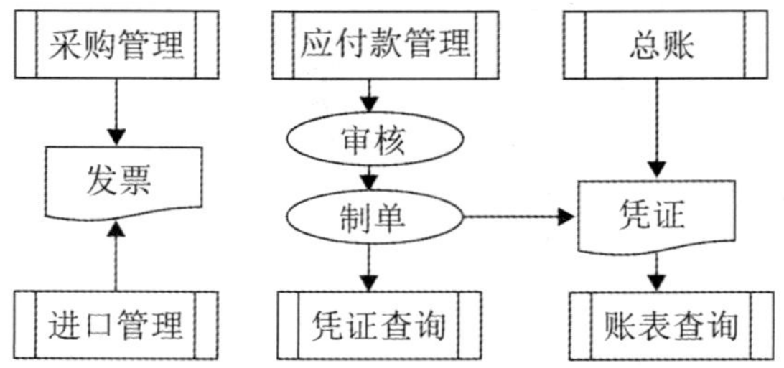

图 8-2 简单核算应用方案下系统的操作流程

二、应付款管理系统与其他系统的关系

应付款管理系统既可以单独使用，也可以与库存管理、存货核算、采购管理等集成使用，如图 8-3 所示。

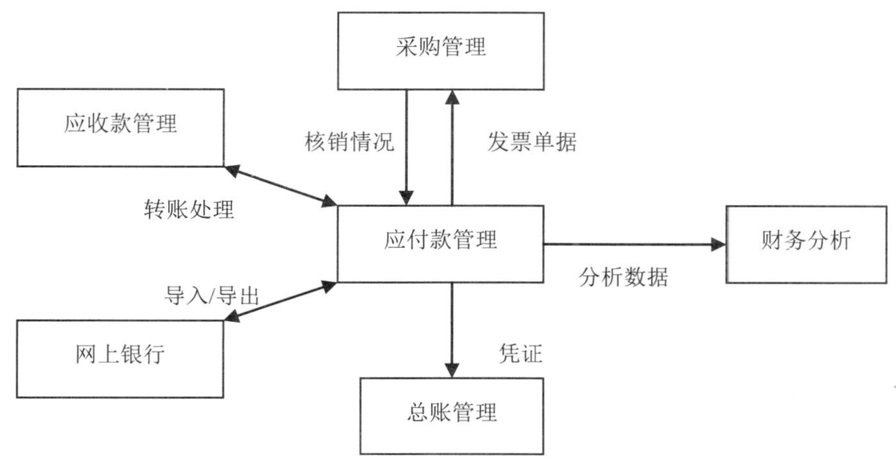

图 8-3 应付款管理系统与其他管理系统的数据关系

三、应付款管理系统的基本操作流程

应付款管理系统的操作流程总体上分为三大块，一是初始化，主要定义基础档案和录入期初数据。二是日常业务，主要处理形成应付和付款结算管理及应付转账业务，其中形成应付和付款结算是日常业务的主要业务。三是月末处理，主要完成月末结账。基本操作流程如图 8-4 所示。

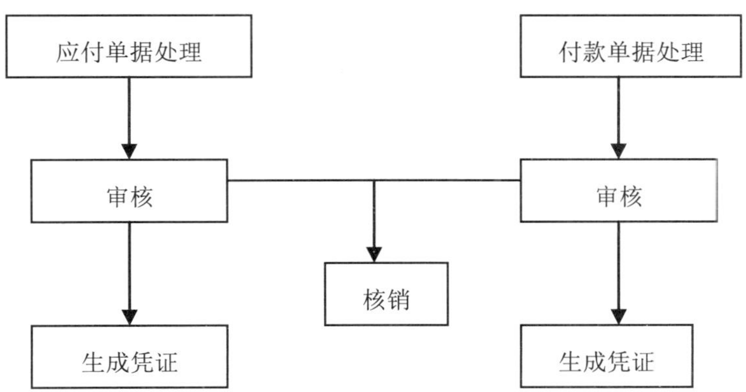

图 8-4 应付款业务的基本操作流程

其中，应付单据处理可以简单理解为收到发票，付款单据处理可以简单理解为付款。应付单据处理和付款单据处理是应付款的两个方面。

第二节　应付款管理系统的日常业务处理

在运行应付款管理系统之前，需要首先设置账套参数。

一、初始化设置

1. 账套参数设置

(1) 以系统管理员 Admin 的身份登录系统管理，引入实验三的账套。

(2) 以账套主管的身份登录企业应用平台，执行“基础设置”→“基本信息”→“系统启用”命令，启用“应付款管理”系统，启用日期为 2017 年 5 月 1 日，单击“退出”按钮。

(3) 以 005 周天的身份登录企业应用平台，执行“业务工作”→“财务会计”→“应付款管理”→“设置”→“选项”命令，打开“账套参数设置”对话框，如图 8-5 所示。

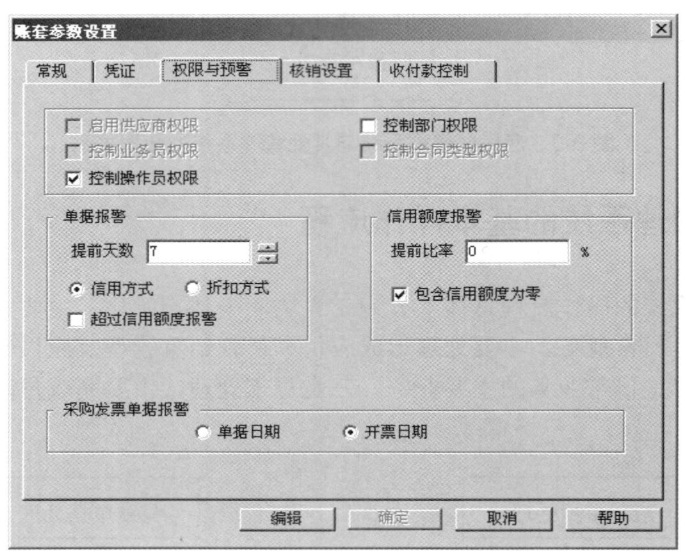

图 8-5　“账套参数设置”对话框

(4) 选择需要设置的控制参数，设置完成后单击“确定”按钮。

2. 基础信息的设置

1) 科目设置

(1) 以 005 周天的身份登录企业应用平台，执行“基础设置”→“基础档案”→“财务”→“会计科目”命令，设置科目(预付账款——其他)112302 和应付票据(2201)的辅助核算为“供应商往来”，单击“退出”按钮返回企业应用平台。

(2) 执行“财务会计”→“应收款管理”→“设置”→“初始设置”命令，按实验十的资料完成基础科目的设置，如图 8-6 所示。

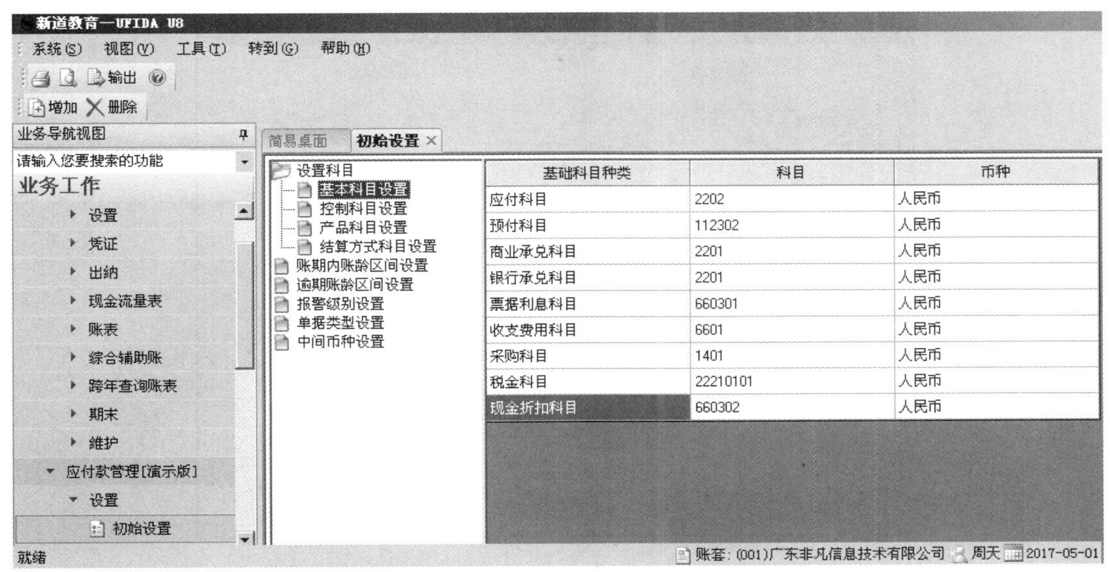

图 8-6　“初始设置”窗口

以相同的操作，完成控制科目设置和结算方式科目的设置。

2) 账期内账龄区间及逾期账龄区间的设置

(1) 以 005 周天的身份登录企业应用平台，单击“初始设置”窗口左侧的“账期内账龄区间设置”选项，进行账期内账龄区间的设置。只需要录入“总天数”信息，当录入到 90 天的时候，按 Enter 键，系统会自动显示起止天数“91 以上”。

(2) 以同样的操作，完成逾期账龄区间的设置。

3) 报警级别设置

以 005 周天的身份登录企业应用平台，单击“初始设置”窗口左侧的“报警级别设置”选项，按实验十的资料完成设置。

4) 单据编号设置

【例 8-1】将采购专用发票和付款单的单据编号方式修改为完全手工编号方式。

(1) 以 005 周天的身份登录企业应用平台，执行“基础设置”→“单据设置”→“单据编号设置”命令，打开“单据编号设置”对话框，如图 8-7 所示。

(2) 在左边的“单据类型”列表中选择“采购管理”→“采购专用发票”选项。单击工具栏中的“修改”按钮，选中“完全手工编号”复选框，单击“保存”按钮，如图 8-8 所示。

以同样的操作，在“单据编号设置”对话框中左边的“单据类型”列表中选择“应付款管理”→“付款单”选项。单击工具栏中的“修改”按钮，选中“完全手工编号”复选框，单击“保存”按钮。

5) 计量单位组、计量单位、存货分类、存货档案和本单位开户银行的设置与应付款系统中的设置一样，此处略

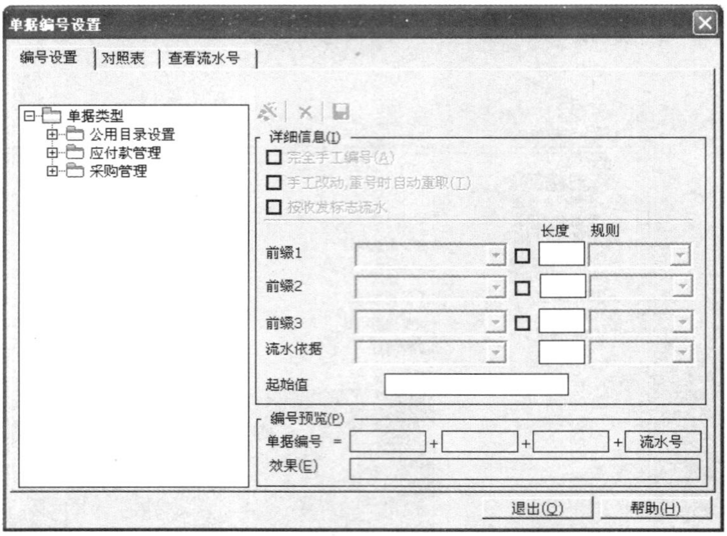

图 8-7 “单据编号设置”对话框

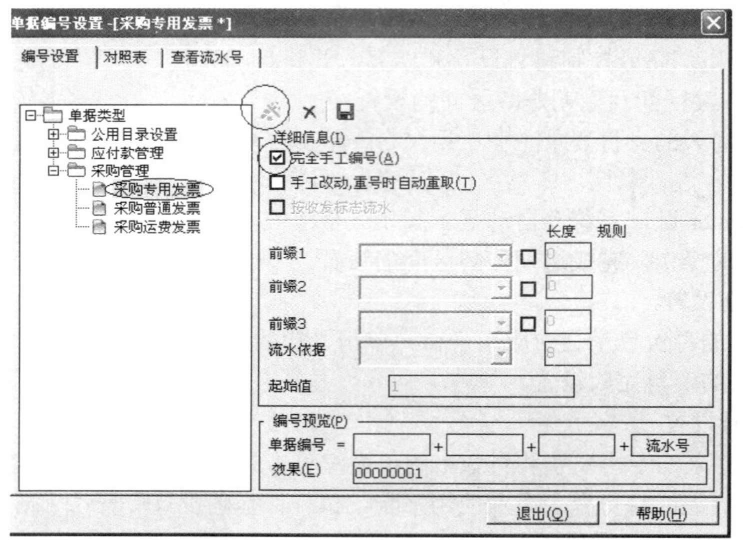

图 8-8 设置并保存

特别提醒

需要注意的是，计量单位组、计量单位、存货分类、存货档案和本单位开户银行的设置本来在实验九中做过，但是本章实验是引入实验三的账套进行的，所以在本实验中仍然需要再做一遍。

6) 期初余额的设置

【例 8-2】录入一张采购专用发票，发票号为 B111，开票日期为 2017 年 4 月 20 日，由采购部从智慧公司购入华硕电脑 45 台，每台单价为 3500 元，价税合计 184 275 元，运费由智慧公司垫付 15 725 元。

(1) 以 001 张强的身份登录企业应用平台，执行“财务会计”→“应付款管理”→“设置”→“期初余额”命令，弹出“期初余额——查询”对话框，单击“确定”按钮，进入“期初余额”窗口，如图 8-9 所示。

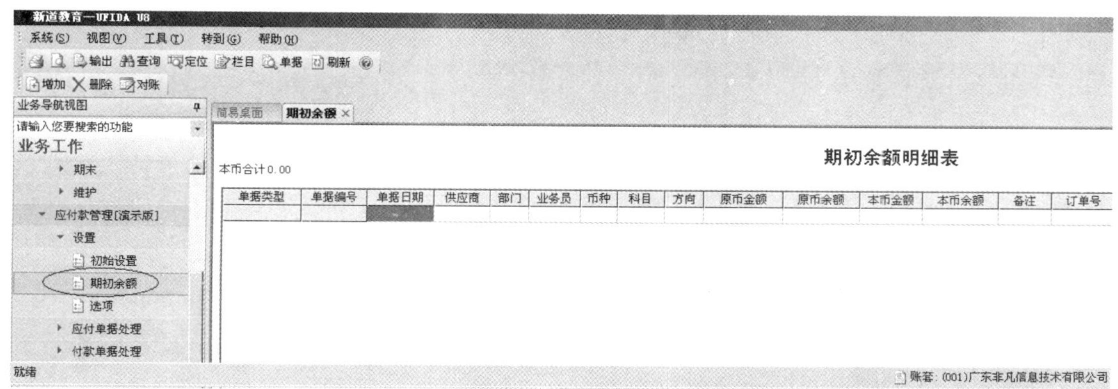

图 8-9　“期初余额”窗口

(2) 单击“增加”按钮，打开“单据类别”对话框，如图 8-10 所示。

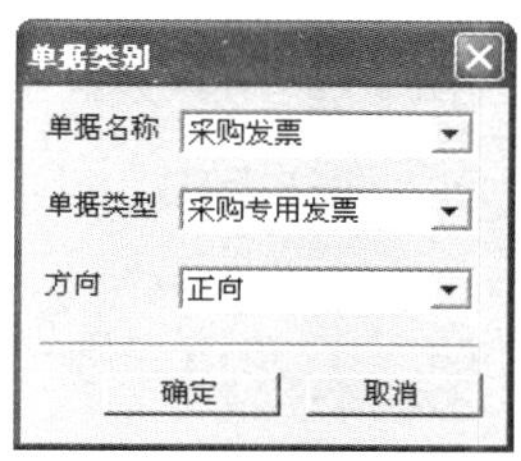

图 8-10　“单据类别”对话框

(3) 在“单据名称”下拉列表中选中“采购发票”，在“单据类型”下拉列表中选中“采购专用发票”，单击“确定”按钮，进入“采购发票”窗口，如图 8-11 所示。

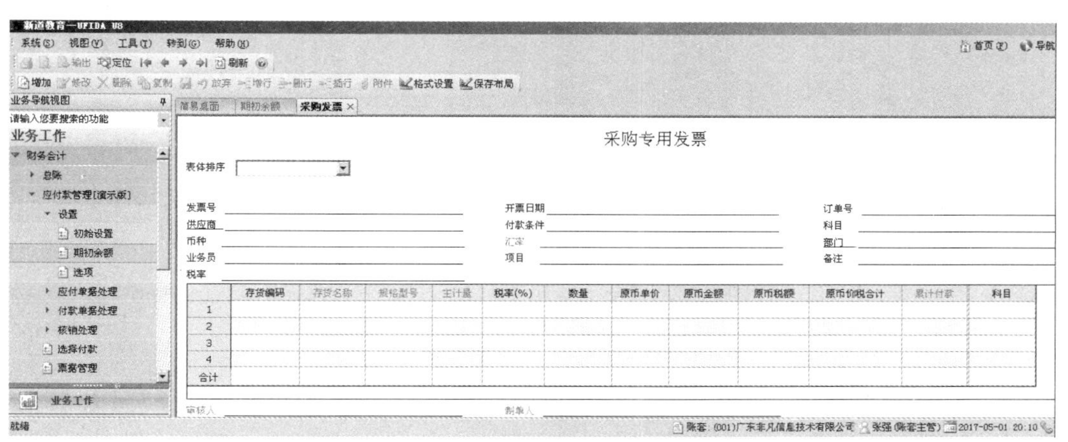

图 8-11　“采购发票”窗口

(4) 单击工具栏“增加”按钮，输入发票号为B111，“开票日期”为2017-04-20，“供应商名称”通过单击“参照”按钮选择“智慧公司”，部门选择“采购部”，业务员选择“周天”，单击“货物名称”栏右侧的“参照”按钮选择“华硕电脑”，“数量”为45，录入“原币单价”为3500，按Enter键，系统自动计算“价税合计”为184 275元，如图8-12所示，单击“保存”按钮即可。

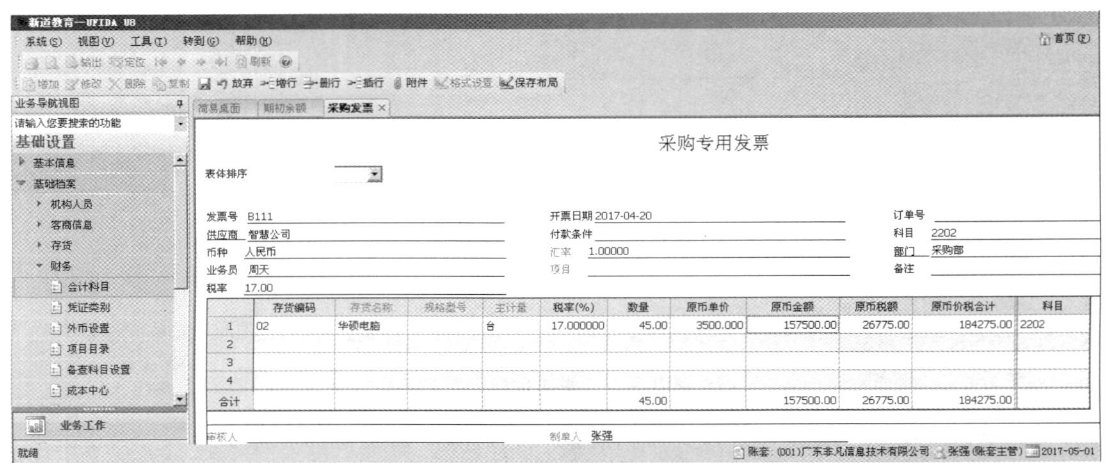

图 8-12　输入数据

(5) 关闭“采购发票”窗口，返回“期初余额”窗口，在“期初余额”窗口中单击“增加”按钮，打开“单据类别”对话框，在“单据名称”下拉列表中选中“应付单”，在“单据类型”下拉列表中选中“其他应付单”，单击“确定”按钮，进入“应付单”窗口，如图8-13所示。

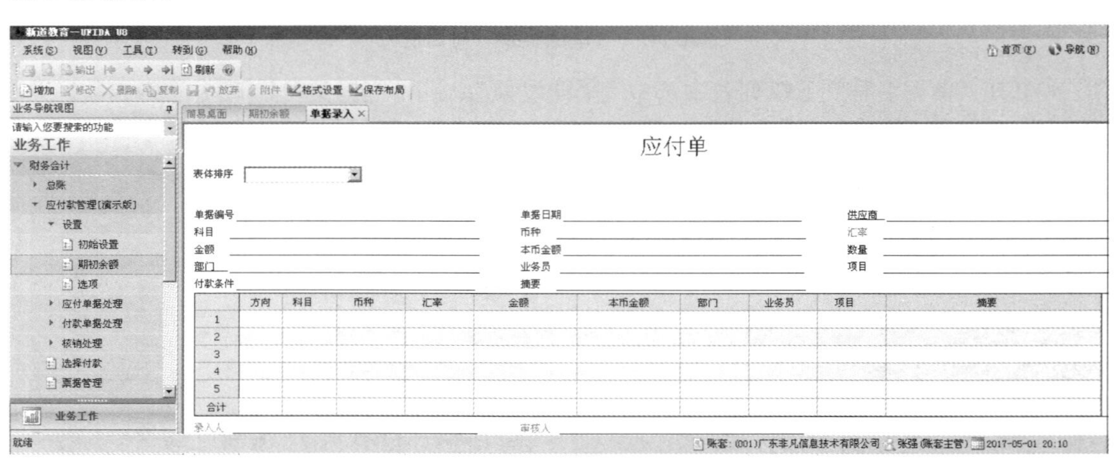

图 8-13　“应付单”窗口

(6) 录入“单据日期”为2017-04-20，“供应商”选择“智慧公司”，“金额”录入15 725，“业务员”选择“周天”，“摘要”录入“运费”，如图8-14所示，单击“保存”按钮后退出。

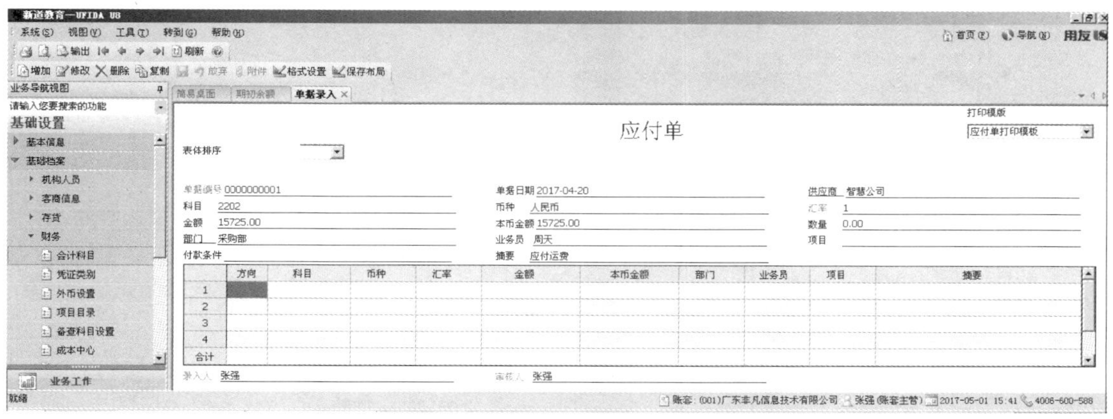

图 8-14　输入数据并保存

7) 期初对账

(1) 在“期初余额”窗口的菜单栏中单击“对账”按钮，进入“期初对账”窗口，如图 8-15 所示。

(2) 应付款管理系统与总账管理系统的期初余额是一致的，均为 200 000 元。

简易桌面 | 期初余额 | 期初对账

科目		应付期初		总账期初		差额	
编号	名称	原币	本币	原币	本币	原币	本币
112302	其他	0.00	0.00	0.00	0.00	0.00	0.00
2201	应付票据	0.00	0.00	0.00	0.00	0.00	0.00
2202	应付账款	200,000.00	200,000.00	200,000.00	200,000.00	0.00	0.00
	合计		200,000.00		200,000.00		0.00

图 8-15　“期初对账”窗口

二、日常业务的处理

1. 应付单据的处理

1) 录入

【例 8-3】2017 年 5 月 3 日，采购部从智慧公司采购华硕电脑 5 台，单价 6000 元，增值税率 17%，开出专用发票(票号 100100)，款项未付，智慧公司代垫运费 200 元。

(1) 以 001 张强的身份登录企业应用平台，执行“财务会计”→“应付款管理”→“应付单据处理”→“应付单据录入”命令，单击“增加”按钮，打开“单据类别”对话框，在“单据名称”下拉列表中选中“采购发票”，在“单据类型”下拉列表中选中“采购专用发票”，单击“确定”按钮，进入“采购发票”窗口。

(2) 单击工具栏中的“增加”按钮，输入发票号为 100100，“开票日期”为 2017-05-03，“供应商名称”选择“智慧公司”，“部门”选择“采购部”，业务员选择“周天”，“存货名称”选择“华硕电脑”，“数量”为 5，录入“原币单价”为 6000，按 Enter 键，系统自动计算“价税合计”为 35 100 元，如图 8-16 所示。

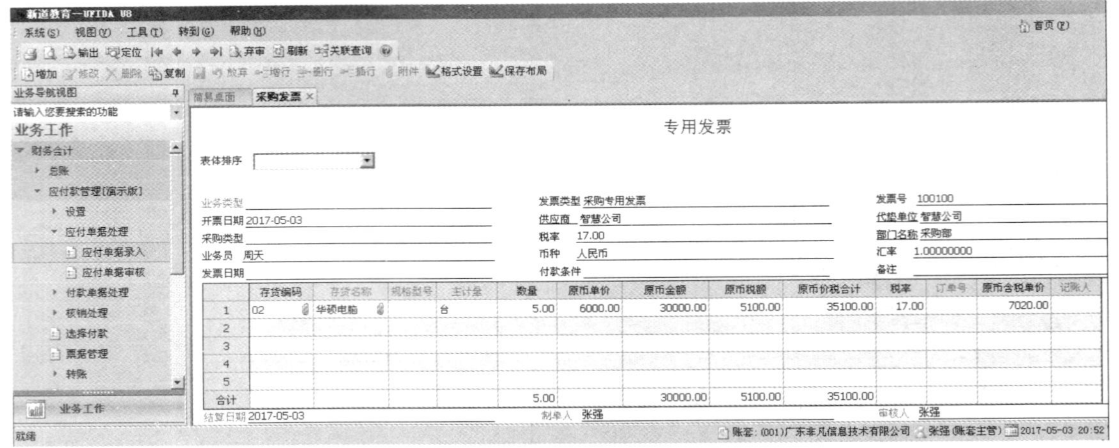

图 8-16 “采购发票”窗口

(3) 单击“保存”按钮后退出。在“采购发票”窗口中，打开“单据类别”对话框，在“单据名称”下拉列表中选中“应付单”，在“单据类型”下拉列表中选中“其他应付单”，单击“确定”按钮，进入“应付单”窗口。

(4) 单击“增加”按钮，录入“单据日期”为2017-05-03，“供应商”选择“智慧公司”，“金额”录入200，“业务员”选择“周天”，“摘要”录入“运费”，如图8-17所示，单击“保存”按钮后退出。

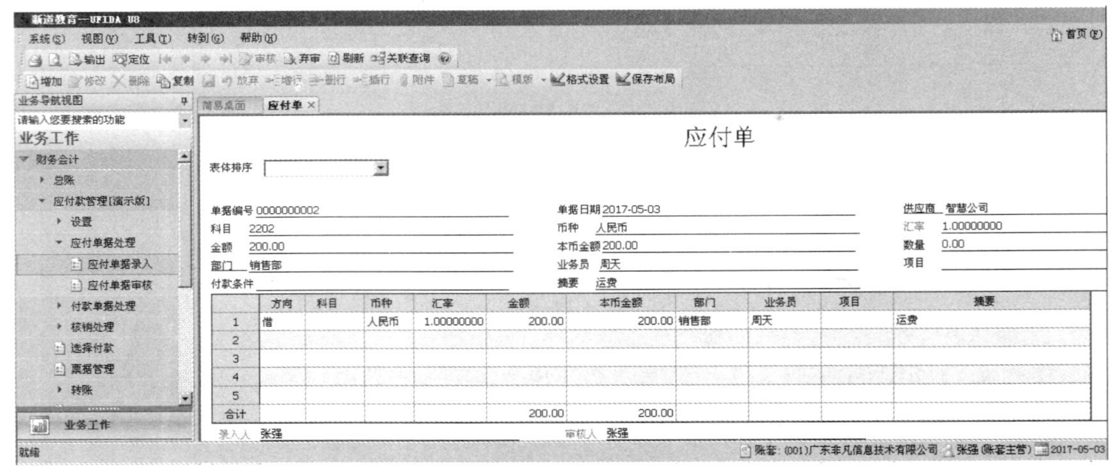

图 8-17 “应付单”窗口

2) 审核

(1) 以001张强的身份登录企业应用平台，执行“财务会计”→“应付款管理”→“应付单据处理”→“应付单据审核”命令，打开“应付单过滤条件”对话框，如图8-18所示。

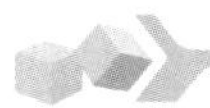

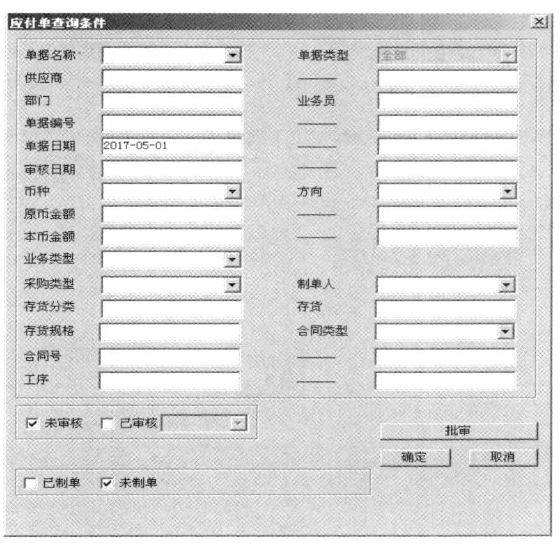

图 8-18　“应付单过滤条件”对话框

(2) 单击“确定”按钮，进入“单据处理”窗口，如图 8-19 所示。

(3) 单击“全选”按钮后，在应付票据列表的“选择”栏出现 Y，表示选中，单击工具栏中的“审核”按钮。系统弹出“是否立即制单？”提示对话框，单击“否”按钮，暂不生成凭证。

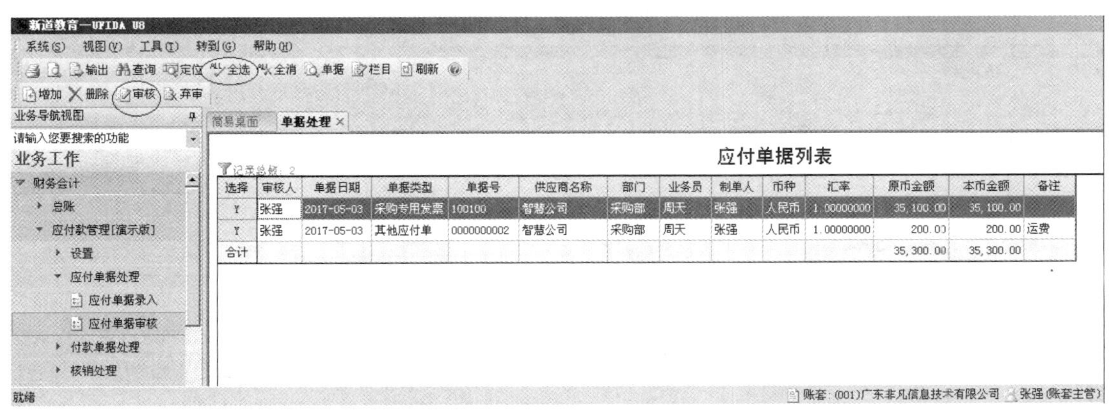

选择	审核人	单据日期	单据类型	单据号	供应商名称	部门	业务员	制单人	币种	汇率	原币金额	本币金额	备注
Y	张强	2017-05-03	采购专用发票	100100	智慧公司	采购部	周天	张强	人民币	1.00000000	35,100.00	35,100.00	
Y	张强	2017-05-03	其他应付单	0000000002	智慧公司	采购部	周天	张强	人民币	1.00000000	200.00	200.00	运费
合计											35,300.00	35,300.00	

图 8-19　“单据处理”窗口

特别提醒

需要注意的是，已审核和生成凭证的应付单不能修改或删除，如果需要修改或删除，必须取消相应的操作，所以这里不制单，等所有单据全部完成后再批量制单。

2. 付款单据的处理

1) 录入付款单据，核销应付款

【**例 8-4**】2017 年 5 月 5 日，采购部向智慧公司支付货款 35 100 元，开出转账支票一张(票号 ZZ008)。

(1) 以 001 张强的身份登录企业应用平台，执行“财务会计”→“应付款管理”→“付款单据处理”→“付款单据录入”命令，进入“付款单”窗口，如图 8-20 所示。

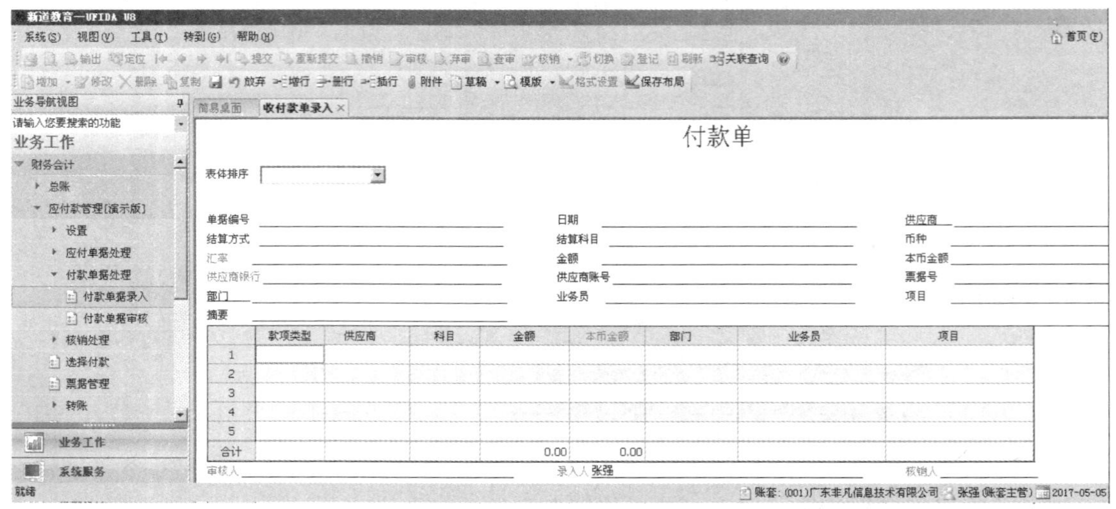

图 8-20 “付款单”窗口

(2) 单击“增加”按钮，输入“日期”为 2017-05-05，选择“供应商”为“智慧公司”，“结算方式”为“转账支票”，录入“金额”为 35 100，“票据号”为 zz008，单击“保存”按钮，系统自动生成 1 条记录，如图 8-21 所示。

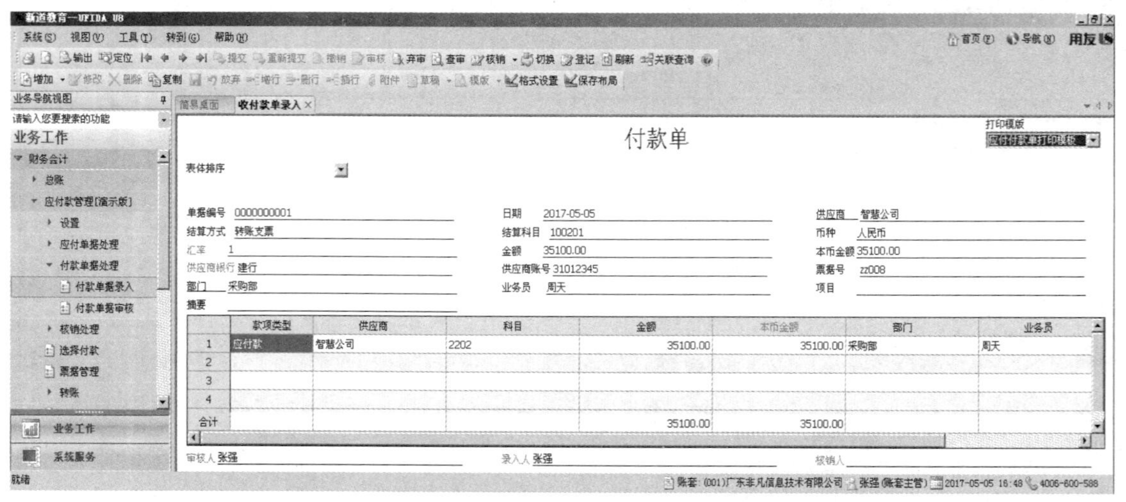

图 8-21 “付款单”窗口

(3) 在“付款单”窗口中，单击“审核”按钮，系统弹出“是否立即制单？”提示对话框，单击“否”按钮，暂不生成凭证。

在付款单据录入窗口中，单击工具栏中的“核销”按钮，打开“核销条件”对话框，如图 8-22 所示。

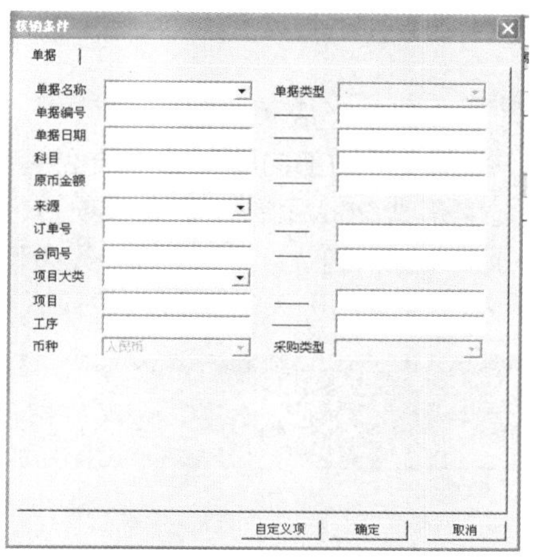

图 8-22　“核销条件”对话框

(4) 单击“确定”按钮，进入“单据核销”窗口，如图 8-23 所示。

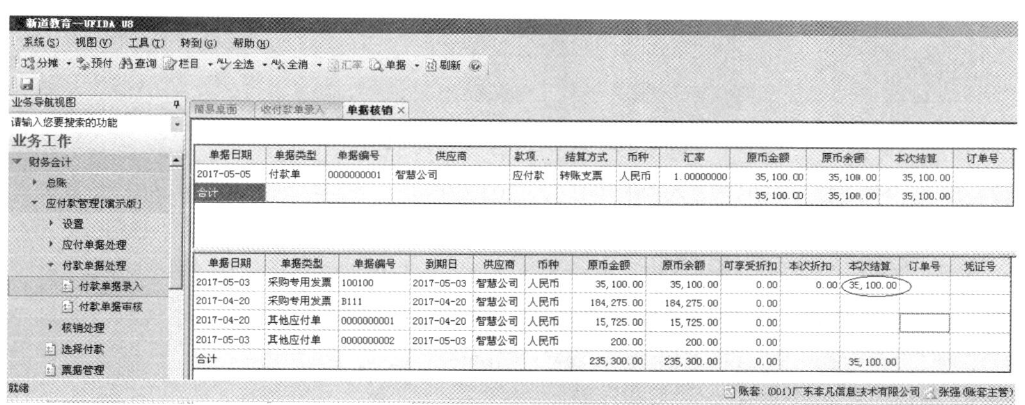

图 8-23　“单据核销”窗口

(5) 选择单据日期为 2017-05-03 的发票，在“本次结算”栏中输入本次结算金额 35 100 元。单击“保存”按钮后显示核销结果，如图 8-24 所示。

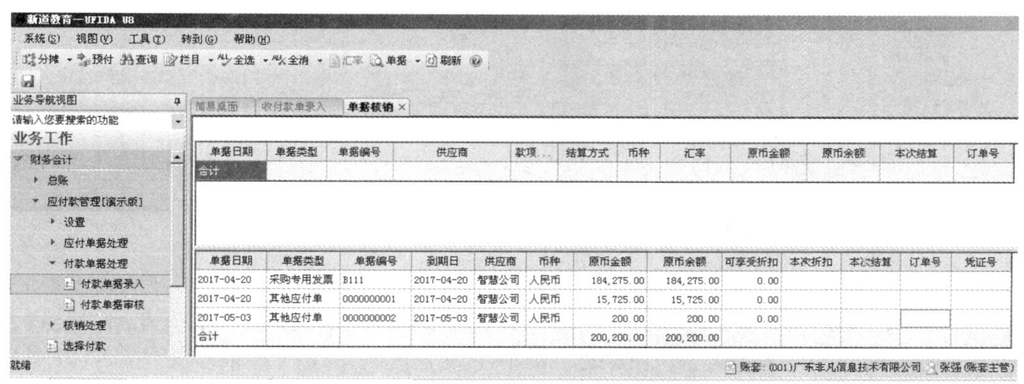

图 8-24　“单据核销”窗口

从图 8-24 中可以看到，5 月 5 日的“付款单”金额与 5 月 3 日的“采购专用发票”金额已进行完全核销。

2) 付款单据部分核销应付款，部分形成预付账款

【例 8-5】2017 年 5 月 9 日，采购部向智慧公司支付运费，开出转账支票一张(票号 ZZ009)，金额为 8000 元，支付完运费 200 元后，剩余款项转为预付账款。

(1) 以 001 张强的身份登录企业应用平台，执行“财务会计”→“应付款管理”→“付款单据处理”→“付款单据录入”命令，进入“收付款单录入”窗口，如图 8-25 所示。

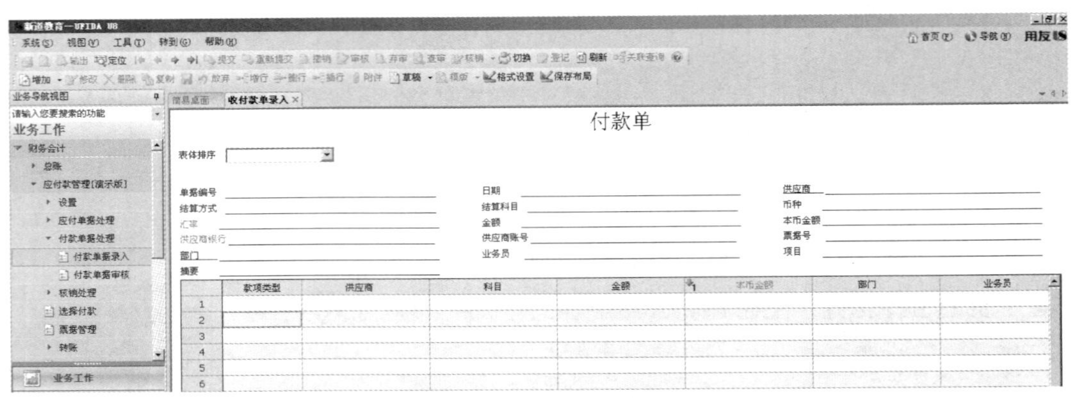

图 8-25 “收付款单录入”窗口

(2) 单击“增加”按钮，输入“日期”为 2017-05-09，选择“供应商”为“智慧公司”，“结算方式”为“转账支票”，“金额”为 8000，“票据号”为 ZZ009，“业务员”为“周天”，单击“保存”按钮，系统生成 1 条记录，如图 8-26 所示。

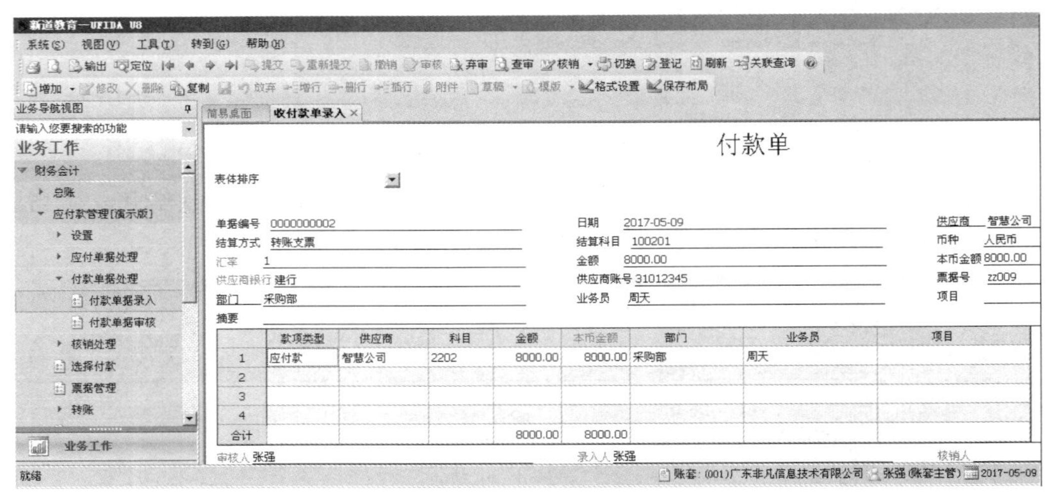

图 8-26 输入数据

(3) 在“收付款单录入”窗口中，单击工具栏中的“审核”按钮，系统弹出“是否立即制单？” 提示对话框，单击“否”按钮，暂不生成凭证。单击“核销”按钮，打开“核销条件”对话框，单击“确定”按钮，进入“单据核销”窗口，如图 8-27 所示。

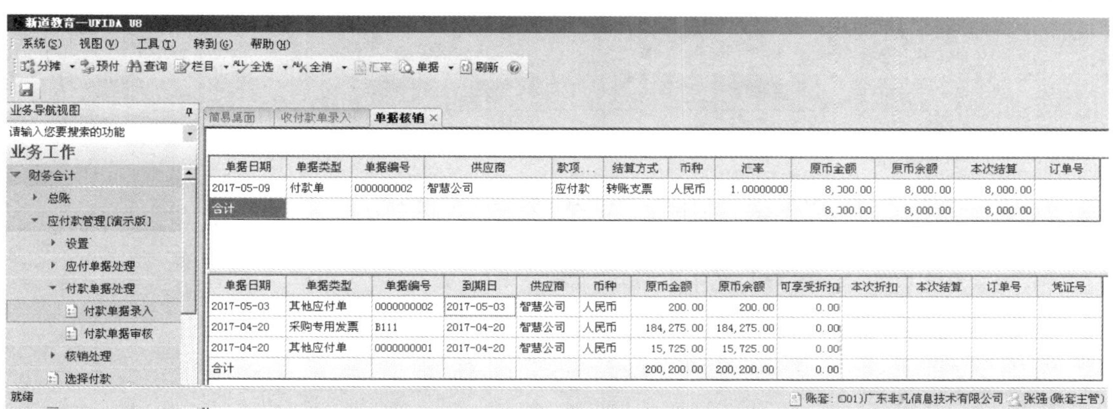

图 8-27　“单据核销”窗口

(4) 单击选中“单据日期”为 2017-05-03 的“其他应付单”，在“本次结算”栏中输入金额 200，单击“保存”按钮后，系统弹出对话框询问“是否将剩余金额作为预付款处理”，单击“是”按钮，单击“保存”按钮，显示核销后的结果，如图 8-28 所示。

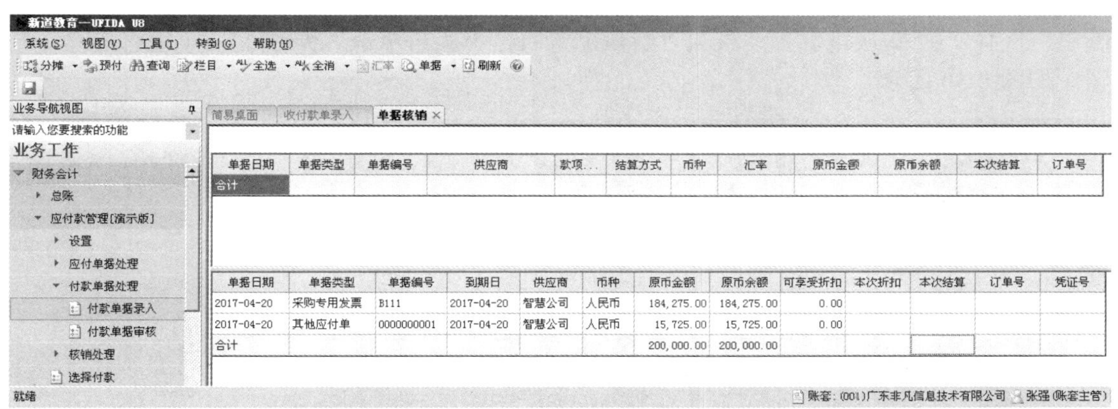

图 8-28　“付款单据核销”之后的窗口

比较图 8-27 和图 8-28 可以看出，5 月 9 日的“付款单”金额与 5 月 3 日的“其他应付单”金额已进行部分核销应付款 200 元，余款 7800 元转作预付款。

3) 退货与退款

退货与退款业务操作流程与标准业务相同，只是方向相反，“正向”会变成“负向”。退货时，填制的是红字采购专用发票和红字付款单。

【例 8-6】 2017 年 5 月 11 日，因质量原因，向智慧公司按原价 6000 元退回华硕电脑一台，智慧公司开出红字专用发票一张(票号 200130)，非凡公司收到一张现金支票(票号 XX111)。

(1) 以 001 张强的身份登录企业应用平台，执行“财务会计”→“应付款管理”→“应付单据处理”→“应付单据录入”命令，打开“单据类别”对话框，在“单据名称”下拉列表中选择“采购发票”，在“单据类型”下拉列表中选择“采购专用发票”，“方向”为“负向”，单击“确定”按钮，进入红字“采购发票”窗口，如图 8-29 所示。

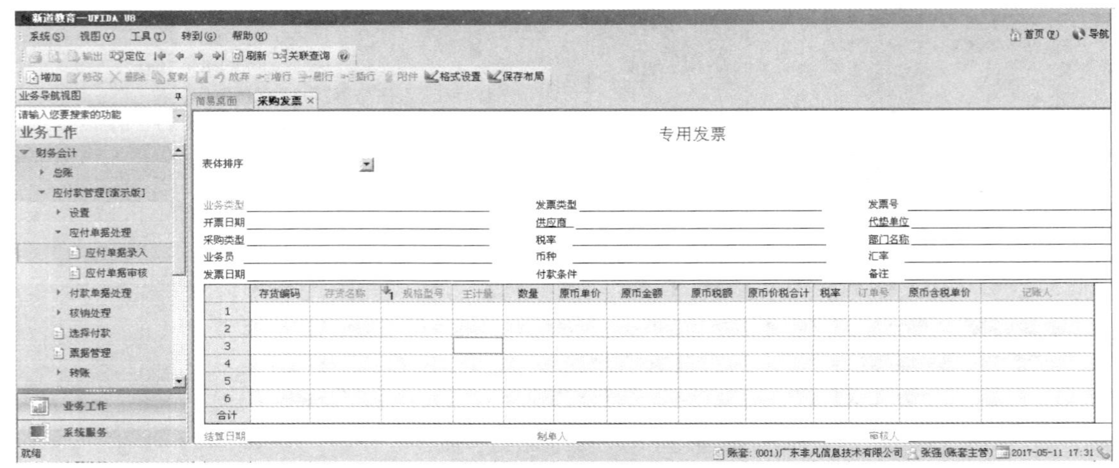

图 8-29 红字“采购发票”窗口

(2) 单击工具栏中的“增加”按钮，增加一张应付单据。输入“日期”为 2017-05-11，“发票号”为 200130，选择“供应商”为“智慧公司”，“业务员”为“周天”，“存货编码”选择“02 华硕电脑”，录入“数量”为-1，“原币单价”为 6000，单击“保存”按钮，如图 8-30 所示。

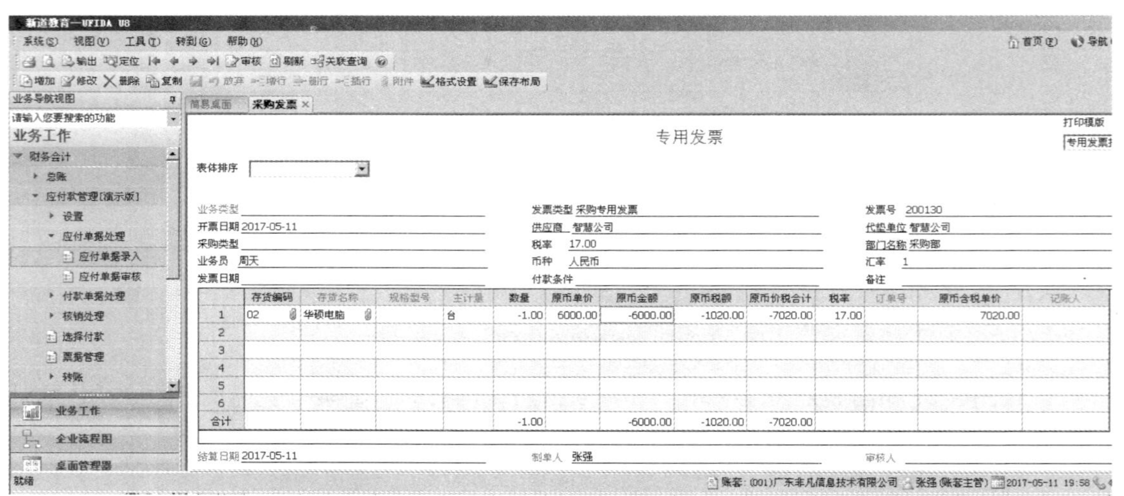

图 8-30 输入数据

(3) 单击“审核”按钮，系统弹出“是否立即制单？”提示信息对话框，单击“否”按钮，暂不生成凭证。

(4) 以账套主管身份继续执行“财务会计”→“应付款管理”→“付款单据处理”→“付款单据录入”命令，单击工具栏中的“切换”按钮，进入红字“收款单”录入窗口，单击工具栏中的“增加”按钮，增加一张新的付款单据，录入日期为 5 月 11 日，选择“供应商”为“智慧公司”，“结算方式”为“现金支票”，“金额”为 7020，“票据号”为 XX111，“业务员”为“周天”，录入摘要“退还货款”，单击“保存”按钮，如图 8-31 所示。

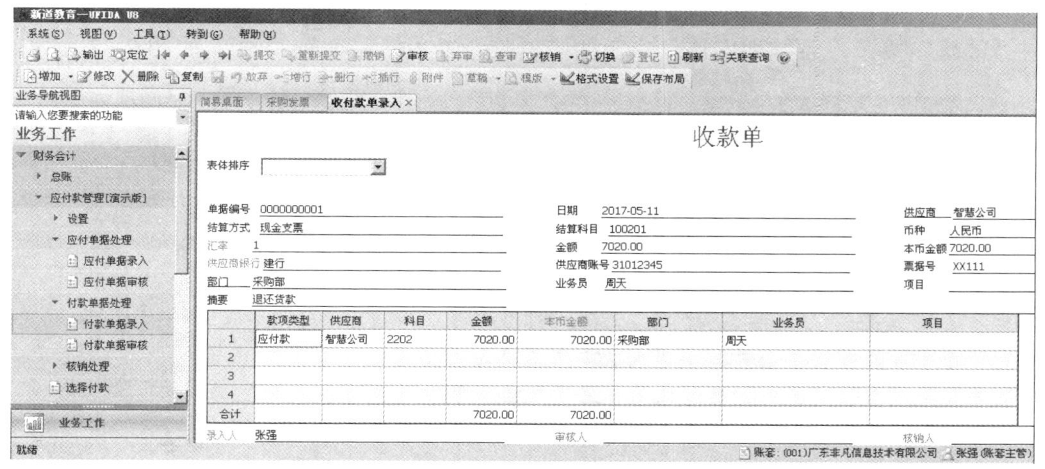

图 8-31 红字“收款单”窗口

(5) 在红字“收款单”录入窗口中，单击“审核”按钮，系统弹出“是否立即制单？”提示对话框，单击“否”按钮，暂不生成凭证。

4) 转账的业务处理

转账业务包括应付冲应付、预付冲应付、应付冲应收、红票对冲。其操作与应收款系统类似。这里以“预付冲应付”为例进行说明。

【例 8-7】2017 年 5 月 12 日，向智慧公司采购惠普打印机一台，无税单价为 5000 元，增值税率 17%(票号 100120)，价税款共计 5850 元，经协商，将其与 5 月 9 日采购部支付的预付款冲抵。

(1) 以 001 张强的身份登录企业应用平台，执行“财务会计”→“应付款管理”→“转账”→“预付冲应付”命令，打开“预付冲应付”对话框，如图 8-32 所示。

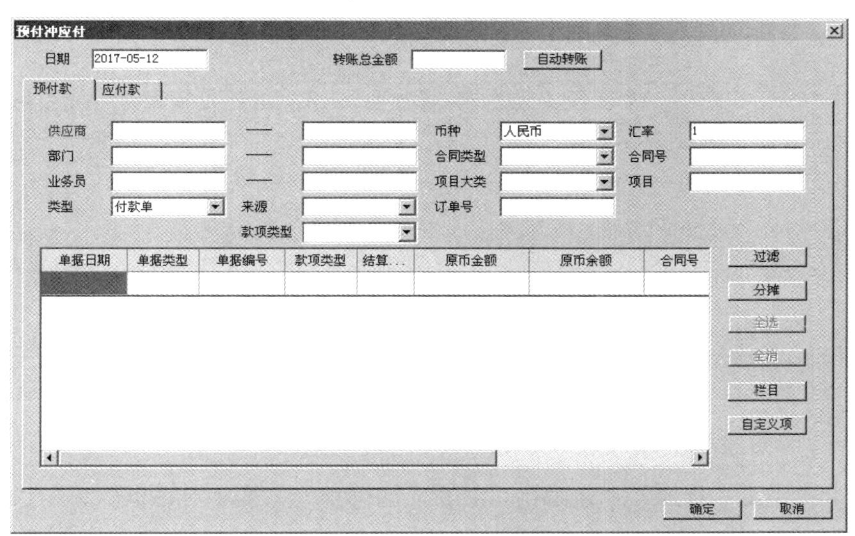

图 8-32 “预付冲应付”对话框

(2) 输入“日期”2017-05-12，选择“预付款”选项卡，选择“供应商”为“智慧公司”，单击“过滤”按钮，系统列出该供应商的应付款，输入转账金额5850，如图8-33所示。

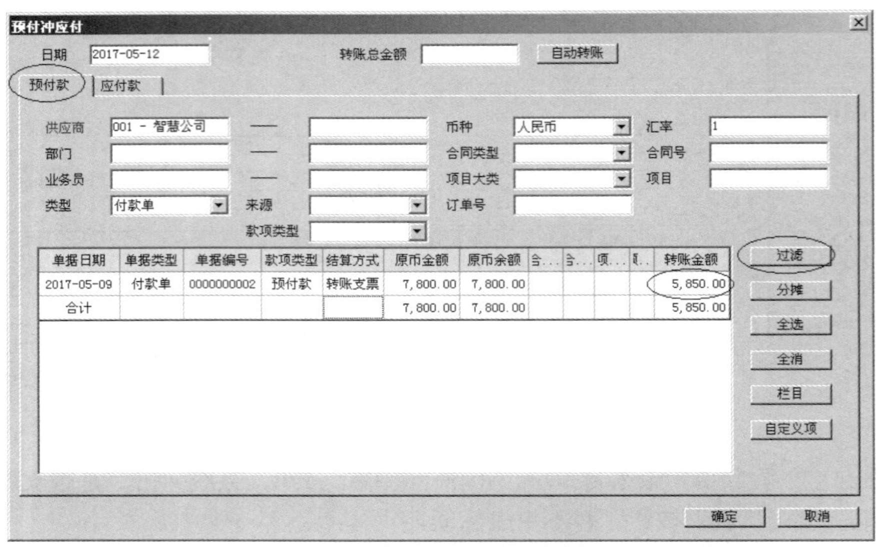

图 8-33 输入数据

(3) 在“预付冲应付”对话框中，选择“应付款”选项卡，单击“过滤”按钮，系统列出该供应商的应付款，输入转账金额5850，如图8-34所示。

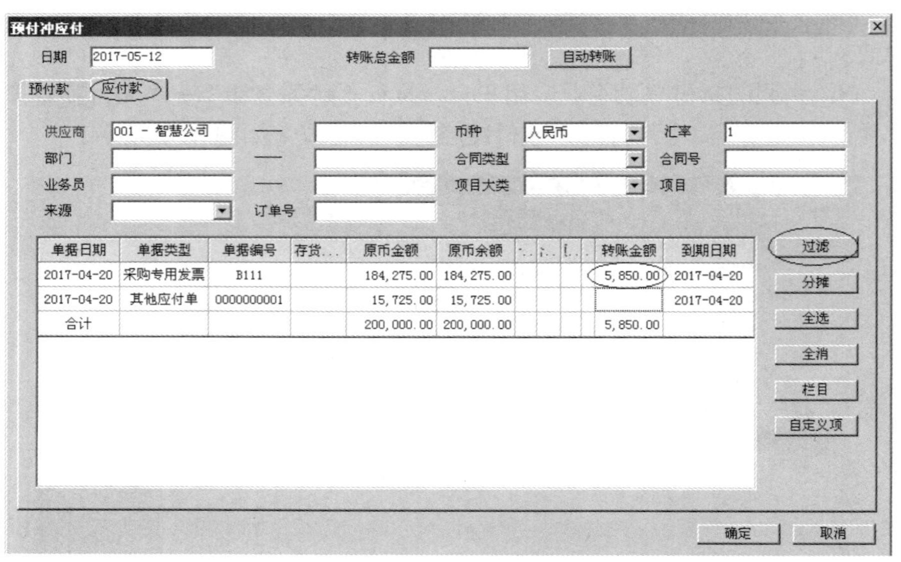

图 8-34 “应付款”选项卡

(4) 单击“确定”按钮。系统弹出“是否立即制单？”提示对话框，单击“否”按钮，暂不生成凭证。

特别提醒

需要注意的是，每一笔应付款的转账金额不能大于其余额。应付款的转账金额合计应该等于预收款的转账金额合计。在初始设置时，如果将应付科目和预付科目设置为同一科目，将无法通过“预收冲应收”功能生成凭证。

第三节　应付款管理系统的期末处理

应付款管理系统期末处理主要是指制单、查询统计和期末结账等操作。

一、制单

制单有两种方式，立即制单和批量制单。在单据录入并审核完毕后，系统会询问是否立即制单，单击“是”按钮，则立即生成凭证。单击“否”按钮，则在期末进行批量制单。

批量制单时，计算机系统日期可设定为5月31日，登录企业应用平台也是5月31日，生成凭证时再根据实际业务日期进行修改。批量制单的操作步骤如下。

(1) 以001张强的身份登录企业应用平台，执行“财务会计”→“应付款管理”→“制单处理”命令，打开“制单查询”对话框，如图8-35所示。

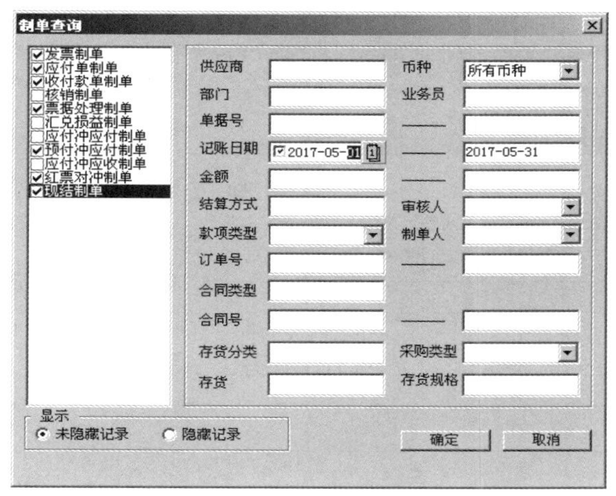

图8-35　“制单查询”对话框

(2) 分别选择“发票制单”“应付单制单”“收付款单制单”“票据处理制单”“预付冲应付制单”“红票对冲制单”和“现结制单”等复选框，单击“确定”按钮，进入“应付制单”窗口。

(3) 选定第一张要生成凭证的单据(在凭证类别栏单击选定)，“选择标志”栏中出现1，修改制单日期为业务发生时的日期，如图8-36所示。

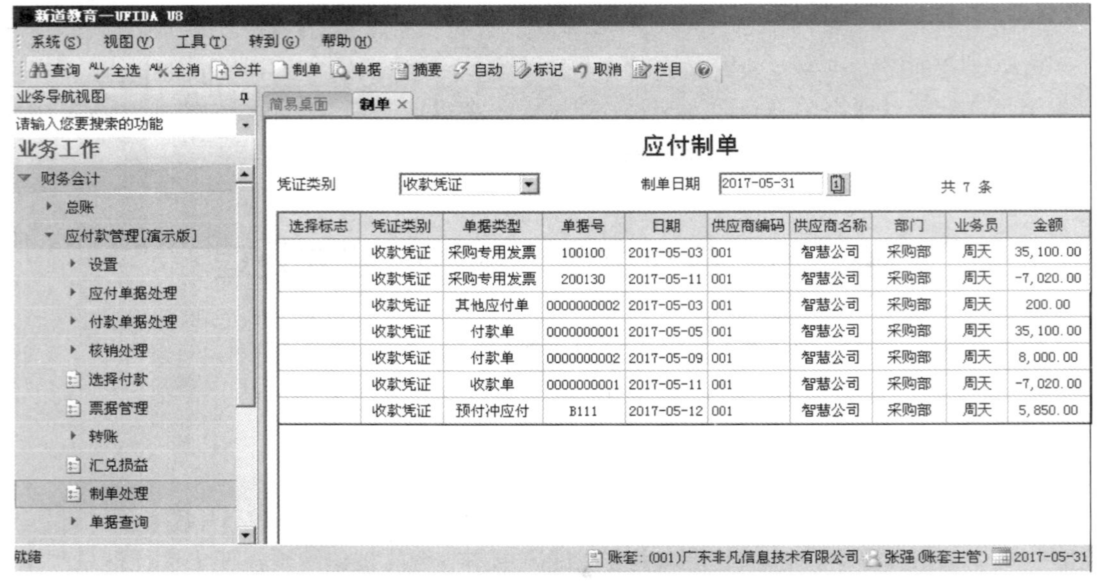

选择标志	凭证类别	单据类型	单据号	日期	供应商编码	供应商名称	部门	业务员	金额
	收款凭证	采购专用发票	100100	2017-05-03	001	智慧公司	采购部	周天	35,100.00
	收款凭证	采购专用发票	200130	2017-05-11	001	智慧公司	采购部	周天	-7,020.00
	收款凭证	其他应付单	0000000002	2017-05-03	001	智慧公司	采购部	周天	200.00
	收款凭证	付款单	0000000001	2017-05-05	001	智慧公司	采购部	周天	35,100.00
	收款凭证	付款单	0000000002	2017-05-09	001	智慧公司	采购部	周天	8,000.00
	收款凭证	收款单	0000000001	2017-05-11	001	智慧公司	采购部	周天	-7,020.00
	收款凭证	预付冲应付	B111	2017-05-12	001	智慧公司	采购部	周天	5,850.00

图 8-36 “制单”列表窗口

(4) 单击工具栏中的“制单”按钮，进入后，根据业务的分录判断这是转账凭证，单击凭证字按钮，选择“转”，制单日期修改为业务日期 2017.05.03，单击“保存”按钮，凭证左上角显示“已生成”，如图 8-37 所示。

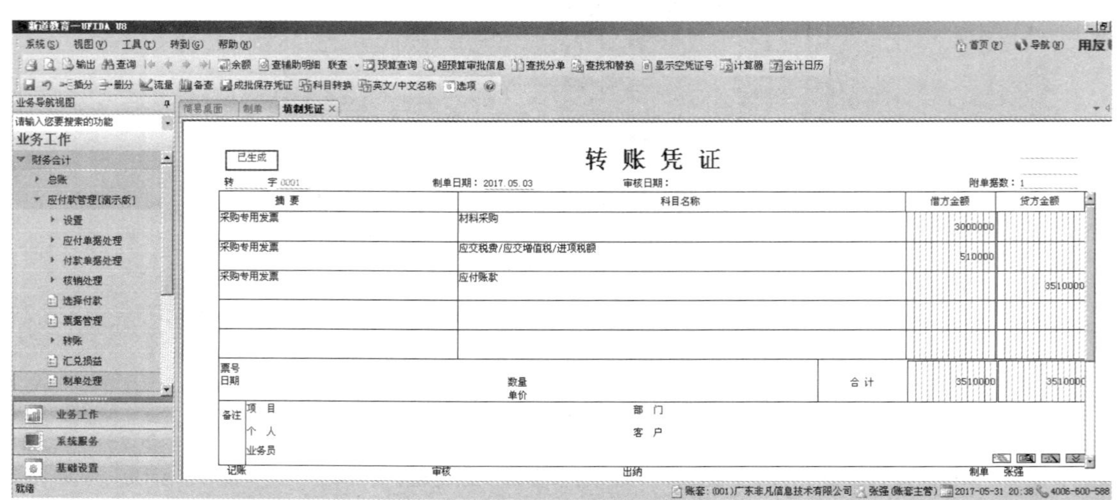

图 8-37 “填制凭证”窗口

(5) 保存后退出，系统返回刚才如图 8-36 所示的窗口，继续选择下一张单据，生成凭证即可。

需要注意的是，在 5 月 11 日的采购专用发票中，金额显示为-7020，因为这是一笔退货业务，因而凭证中的金额为红字。共有两张凭证：一张是转账红字凭证，如图 8-38 所示。

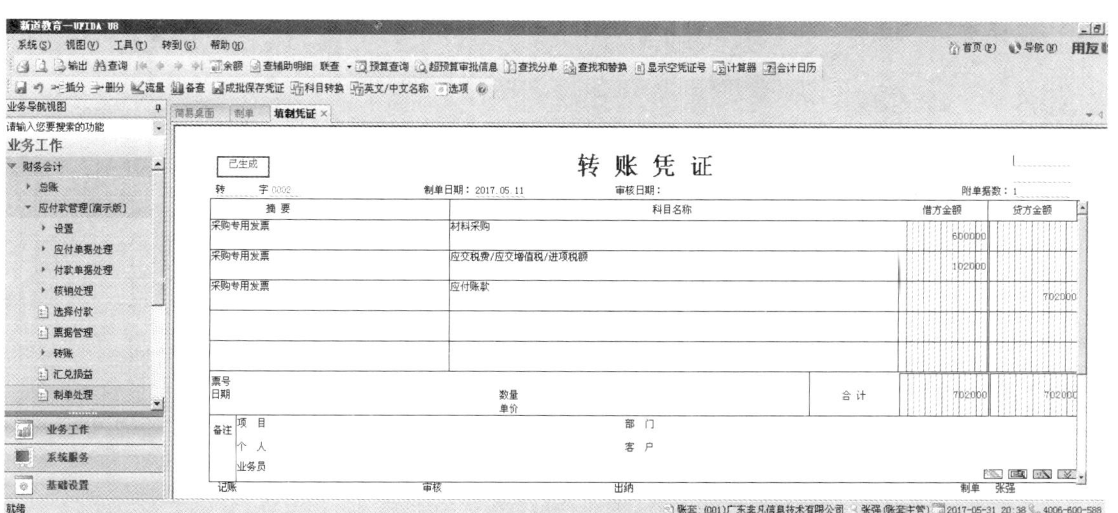

图 8-38　转账红字凭证

另一张是付款红字凭证，如图 8-39 所示。

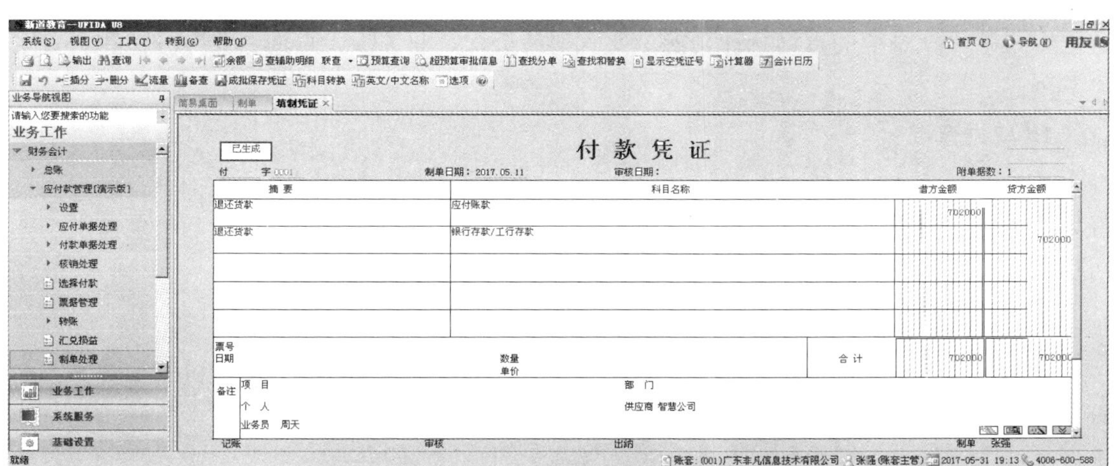

图 8-39　退款生成的红字凭证

(6) 选择 5 月 3 日的其他应付单，生成凭证时，系统提示“日期不序时，[转]类凭证已制单到 2017-5-11”，因此选择录入日期为 2017-5-11,。系统借方科目为空，录入“在途物资”科目，如图 8-40 所示。

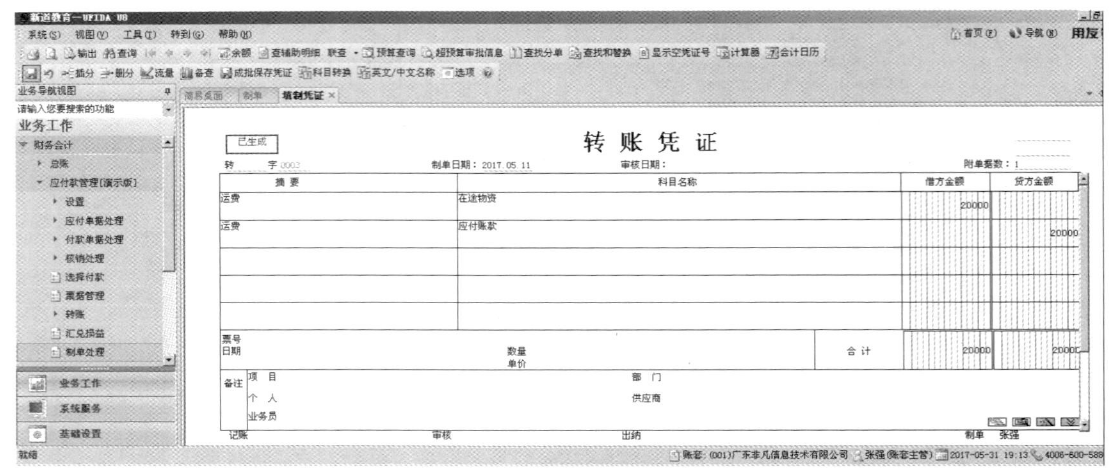

图 8-40 其他应付单生成的凭证

二、查询统计

应付款管理系统的查询统计功能主要有单据查询、业务账表查询、业务分析和科目账表查询。

1. 单据查询

单据查询包括发票、应付单、收付款单、凭证和应付核销明细表的查询。可以查询已经审核的各类型应付单据的收款、结余情况；也可以查询应付核销明细表的核销情况；还可以查询本系统所生成的凭证，并且对其进行修改、删除、冲销等操作。

2. 业务账表查询

业务账表查询可以进行总账、明细账、余额表和对账单的查询，并可以实现总账、明细账、单据之间的联查。

3. 统计分析

统计分析功能包括应付账龄分析、付款账龄分析和欠款分析。

4. 科目账查询

科目账查询包括科目明细账和科目余额表查询，并且可以通过一个“总账/明细”的切换按钮进行联查，实现总账、明细账、凭证的联查。

三、期末结账

如果应付款管理系统与采购管理系统集成使用，应在采购管理系统结账后，才能对应付系统进行结账处理。

需要注意的是，应付款管理系统初始设置时，当选项中设置审核日期为单据日期时，本月的单据(发票和应付单)在结账前应该全部审核；当选项中设置审核日期为业务日期时，截止到本月末还有未审核单据(发票和应付单)，照样可以进行月结处理。如果有合同结算单未审核，系统期末仍然可以进行月结处理。如果本月的付款单还有未审核的，期末不能结账。

应付款管理系统初始设置时，选项中设置月结条件为必须将当月单据以及处理业务全部制单的，则期末检查当月有未制单的记录时不能进行月结处理；选项中设置月结条件为不用检查是否全部制单，则期末时，无论当月有无未制单的记录，均可以进行月结处理。如果期末月结是本年度最后一个期间结账，应将本年度进行的所有核销、转账等业务处理全部制单。如果这个月的前一个月没有结账，则本月不能结账。

1. 结账的操作

(1) 以账套主管的身份登录企业应用平台，执行“财务会计”→“应付款管理”→“期末处理”→“月末结账”命令，打开“月末处理”对话框，如图 8-41 所示。

(2) 双击 5 月份的结账标志栏，单击“下一步”按钮，屏幕显示各处理类型的处理情况，如图 8-42 所示。

(3) 在处理结果都为“是”的情况下，单击“完成”按钮，结账后，系统弹出“5 月份结账成功！”提示对话框，如图 8-43 所示。

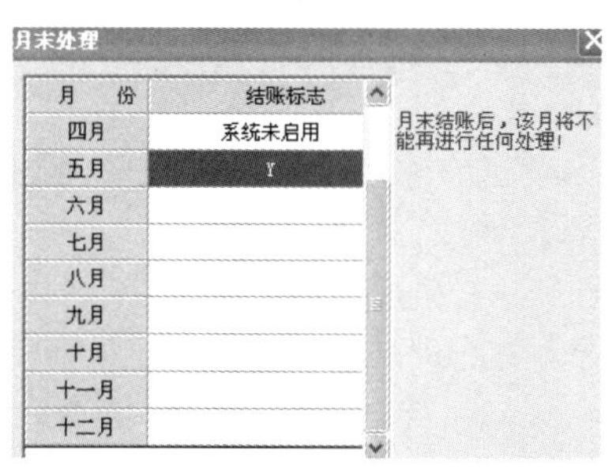

图 8-41　“月末处理”对话框

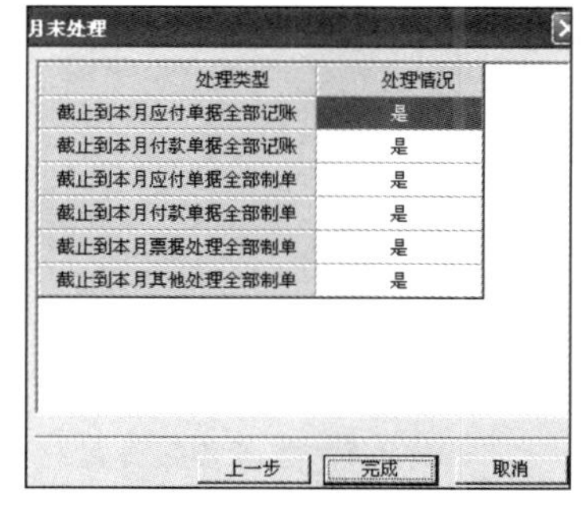

图 8-42　某月各处理类型的处理情况

图 8-43　结账成功提示对话框

(4) 单击“确定”按钮，系统自动在对应的结账月份的“结账标志”栏中显示“已结账”字样。

2. 取消结账

(1) 以账套主管的身份登录企业应用平台，执行“财务会计”→“应付款管理”→“期末处理”→“取消月结”命令，打开“取消结账”对话框。选择“5 月已结账”月份，单击“确定”按钮，系统弹出“取消结账成功！”提示信息对话框，如图 8-44 所示。

图 8-44　“取消结账成功”提示对话框

(2) 单击“确定”按钮，当月结账标志即被取消。

需要注意的是，如果当月总账管理系统已经结账，则应付款管理系统不能取消结账。

第四节　实验十：应付款管理系统

一、实验目的

(1) 通过上机实验，熟悉应付款管理系统的操作流程。
(2) 掌握系统初始参数设置的顺序，完成初始设置操作。
(3) 掌握应付款日常业务处理和期末业务处理的操作。

二、实验准备

(1) 引入实验三的账套。

(2) 以账套主管 001 张强的身份登录企业应用平台，启用“应付款管理”系统，启用日期为 2017 年 5 月 1 日。

(3) 以账套主管 001 张强的身份给 005 周天授权，在“数据权限分配”中授予所有科目的“查账”和“制单”权限。

(4) 以 005 周天的身份完成初始设置中从“账套参数设置”到“本单位开户银行”的设置，以 001 张强的身份完成从“期初余额”至“取消结账”的操作。

三、实验内容

1) 初始设置

(1) 账套参数设置。

根据表 8-1 以 005 周天的身份完成账套参数的设置。

表 8-1　账套参数设置

账套参数	参数设置
权限与预警	单据报警：　提前天数　7
包含信用额度为零	√

(2) 设置科目。

设置科目预付账款——其他(112302)和应付票据(2201)的辅助核算为“供应商往来”。

根据表 8-2 以 005 周天的身份完成科目的设置。

表 8-2　科目设置

科目类别	设置方式
基本科目设置	应付科目(本币)：2202　　预付科目(本币)：112302 商业承兑科目：2201　　银行承兑科目：2201 票据利息科目：660301　　收支费用科目：6601 采购科目(本币)：1401　　税金科目：22210101 现金折扣科目：660302

续表

科目类别	设置方式
控制科目设置	所有客户 应付科目：2202　　预付科目：112302
结算方式科目设置	结算方式：现金支票　币种：人民币　科目：100201 结算方式：转账支票　币种：人民币　科目：100201

(3) 账期内账龄区间及逾期账龄区间(只录入总天数)。

根据表 8-3 以 005 周天的身份完成账期内账龄区间及逾期账龄区间的设置。

表 8-3　账期内账龄区间及逾期账龄区间的设置

序　号	起止天数	总 天 数
01	01～30	30
02	31～60	60
03	61～90	90
04	91 以上	

(4) 报警级别。

根据表 8-4 以 005 周天的身份完成报警级别的设置。

表 8-4　报警级别设置

序　号	起止比率	总 比 率	级　别
01	0～10%	10%	A
02	10%～20%	20%	B
03	20%～30%	30%	C
04	30%～40%	40%	D
05	40%～50%	50%	E
06	50%以上		F

(5) 单据编号设置。

以 005 周天的身份修改采购专用发票和付款单的单据编号方式，采用完全手工编号。

(6) 计量单位组。

根据表 8-5 以 005 周天的身份完成计量单位组的设置。

表 8-5　计量单位组的设置

计量单位组编号	计量单位组名称	计量单位组类别
01	无换算关系	无换算率

(7) 计量单位。

根据表 8-6 以 005 周天的身份完成计量单位的设置。

表 8-6　计量单位的设置

计量单位编号	计量单位名称	所属计量单位组名称
01	台	无换算关系
02	千米	无换算关系

(8) 存货分类。

根据表 8-7 以 005 周天的身份完成存货分类的设置。

表 8-7　存货分类的设置

存货类别编码	存货类别名称
1	库存商品
2	应税劳务

(9) 存货档案。

根据表 8-8 以 005 周天的身份完成存货档案的设置。

表 8-8　存货档案的设置

编　码	名　称	分类码	单　位	税　率	存货属性	参考成本	参考售价	计划价/售价
01	联想电脑	1	台	17%	外购、内销、外销	4000	6000	
02	华硕电脑	1	台	17%	外购、内销、外销	4500	6000	
03	惠普打印机	1	台	17%	外购、内销、外销	4000	5000	5200
04	运输费	2	千米	7%	外购、内销、外销、应税劳务			

(10) 本单位开户银行(以 005 周天的身份完成)。

编码：01　银行账号：621412345678　币种：人民币

开户银行：工商银行天河区分行　所属银行编码：01

(11) 期初余额(以下操作由 001 张强完成)。

单据类型为采购专用发票，方向为正向，存货税率均为 17%。

根据表 8-9 和表 8-10 完成期初余额的设置。

表 8-9　销售专用发票

开票日期	发票号	供应商	业务员	部　门	科　目	货物名称	数量	原币单价(元)	价税合计(元)
2017-04-20	B111	智慧公司	周天	采购部	2202	华硕电脑	45	3500	184 275

表 8-10　其他应付单

开票日期	科目编号	供应商	销售部门	业务员	金额(元)	摘　要
2017-04-20	2202	智慧公司	销售部	周天	15 725	应付运费

(12) 应付款系统与总账系统对账。

查看应付款管理系统与总账管理系统的期初余额是否平衡。

2) 2017 年 5 月份的经济业务

注意：以下业务不要马上生成凭证，全部完成后批量制单。

业务类型一：应付单据录入。

(1) 5 月 3 日，采购部从智慧公司采购华硕电脑 5 台，原币单价为 6000 元，增值税率 17%(采购专用发票号码：100100)，原币价税合计 35 100 元，开出专用发票，款项未付，同时由智慧公司代垫运费 200 元。

要求：输入并审核采购专用发票，输入并审核其他应付单。

业务类型二：付款单据录入。

(2) 5 月 5 日，采购部向智慧公司支付货款 35 100 元。开出转账支票一张，支票号 ZZ008。

要求：输入一张付款单据并完全核销应付款。

(3) 5 月 9 日，采购部向智慧公司支付运费，开出转账支票一张，支票号 ZZ009，金额 8000 元，支付运费 200 元后，剩余款项转为预付账款。

要求：输入一张付款单据，部分核销应付款，部分形成预付账款。

业务类型三：退货与退款。

(4) 5 月 11 日，因质量原因，向智慧公司按原价退回华硕电脑一台，智慧公司开出红字专用发票，票号为 200130，同时收到一张现金支票(XX111)，退还货款。

业务类型四：预付冲应付。

(5) 5 月 12 日，向智慧公司采购惠普打印机一台，无税单价 5000 元，增值税率 17%(采购专用发票号码为 100120)，共计 5850 元，款未收，经双方协商，将其与 5 月 9 日采购部支付的预付款冲抵。

3) 制单

以 001 张强的身份，采用批量制单方式生成凭证。以 003 王军的身份进行凭证的审核与记账。

4) 期末处理

执行期末处理，由 001 张强完成 5 月份的月末结账。结账完成后，再试一下取消结账的操作。

四、可能出现的问题及解决方法

问题 1：设置基础科目“预付账款(112302)”时，系统可能弹出“本科目应为应付受控科目”提示对话框，如图 8-45 所示。

图 8-45　系统提示

解决方法：在“基础设置”→“基础档案”→“财务”→“会计科目”中，找到资产类 112302 并选定，在打开的“会计科目”对话框中单击“修改”按钮，在辅助核算中选中“供应商往来”复选框，依次单击“确定”“返回”“退出”按钮即可。

在设置“银行承兑科目”为“应付票据(2201)”时，如果出现同样的信息提示对话框，解决方法相同。

问题 2：月末结账时，系统可能出现“截止到本月其他处理全部制单”为“否”的情况，无法单击“完成”按钮，如图 8-46 所示。

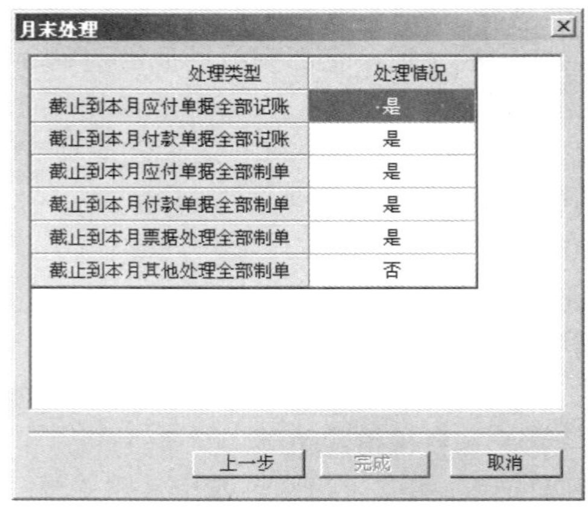

图 8-46 “月末处理”对话框

解决方法：执行“业务工作”→“财务会计”→“应付款管理”→“制单处理”命令，在“制单查询”对话框中勾选所有项目，单击“确定”按钮，进入“应付制单”窗口，系统自动列出两条记录，在“凭证类别”栏中分别选定这两条记录，如图 8-47 所示。

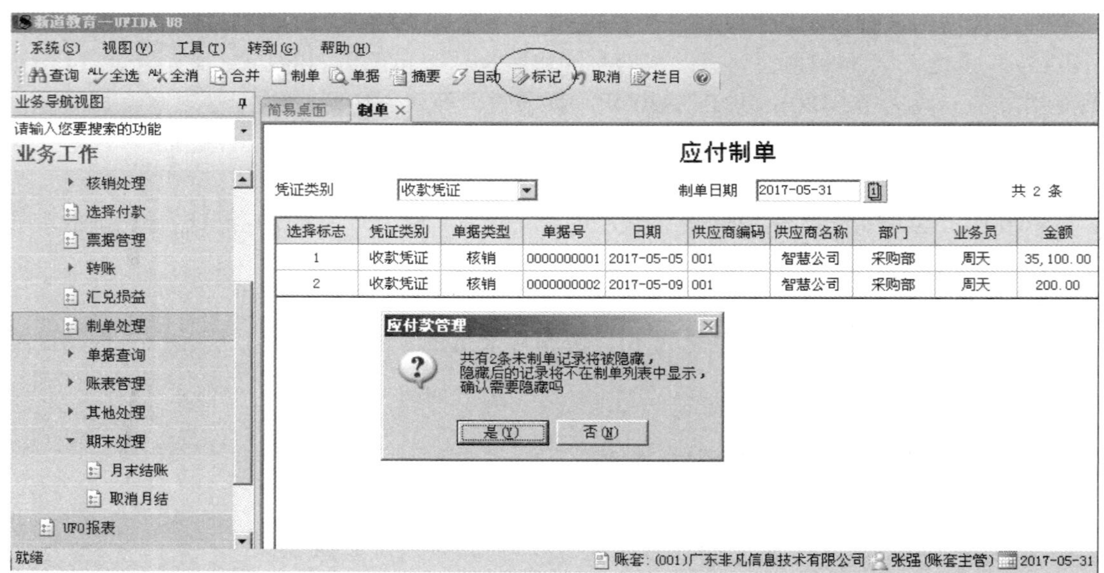

图 8-47 “应付制单”窗口

单击“标记”按钮，系统弹出对话框询问是否需隐藏，单击“是”按钮，此时再继续“月末结账”操作就可以了。

参 考 文 献

[1]薛云奎，饶艳超. 会计信息系统[M]. 2 版. 上海：复旦大学出版社，2008.
[2]陈旭，毛华扬. 会计信息系统分析设计与开发[M]. 北京：清华大学出版社，2006.
[3]王新玲，汪刚. 会计信息系统实验教程[M]. 北京：清华大学出版社，2009.
[4]宋理升，朱传宝. 会计信息系统[M]. 北京：中国经济出版社，2013.
[5]代鹏，范晓曦. 对我国会计信息系统发展的研究[J]. 商场现代化，2010.5:138
[6]李清. 会计信息系统原理与实验教程[M]. 北京：清华大学出版社，2010.
[7]刘晓红. 会计电算化[M]. 北京：对外经济贸易大学出版社，2008.
[8]叶桂中，冯俊萍. 会计电算化应用教程[M]. 上海：立信会计出版社，2008.
[9]吕永霞，刘维. 财务软件操作[M]. 大连：大连理工大学出版社，2010.
[10]王曦东. 会计电算化实务[M]. 北京：北京邮电大学出版社，2013.
[11]罗勇，杨梅. 会计电算化[M]. 北京：机械工业出版社，2007.
[12]曹军，刘洪南. 会计电算化基础[M]. 北京：清华大学出版社，2005.
[13]陈福军，孙芳. 会计信息系统实务教程[M]. 北京：清华大学出版社，2010.
[14]陈英蓉，文兴斌. 会计电算化信息系统[M]. 成都：西南财经大学出版社，2009.
[15]韩庆兰. 会计信息系统[M]. 2 版. 北京：机械工业出版社，2011.